高等院校经济学管理学系列教材
GAODENG YUANXIAO JINGJIXUE GUANLIXUE XILIE JIAOCAI

商务谈判

SHANGWU TANPAN

毛晶莹 ⊙主　编

徐世腾 ⊙副主编

北京大学出版社

PEKING UNIVERSITY PRESS

图书在版编目(CIP)数据

商务谈判/毛晶莹主编.—北京:北京大学出版社,2010.7
(高等院校经济学管理学系列教材)
ISBN 978-7-301-17440-1

Ⅰ.①商… Ⅱ.①毛… Ⅲ.①贸易谈判-高等学校-教材
Ⅳ.①F715.4

中国版本图书馆CIP数据核字(2010)第125103号

书　　　名:商务谈判
著作责任者:毛晶莹　主编
责 任 编 辑:刘秀芹　朱　彦　王业龙
标 准 书 号:ISBN 978-7-301-17440-1/F·2559
出 版 发 行:北京大学出版社
地　　　址:北京市海淀区成府路205号　100871
网　　　址:http://www.pup.cn　电子邮箱:law@pup.pku.edu.cn
电　　　话:邮购部62752015　发行部62750672　编辑部62752027
　　　　　出版部62754962
印　刷　者:北京鑫海金澳胶印有限公司
经　销　者:新华书店
　　　　　730毫米×980毫米　16开本　22.5印张　428千字
　　　　　2010年7月第1版　2014年10月第2次印刷
定　　　价:38.00元

前　言

谈判的历史非常悠久。早在原始社会末期,出现了私有财产,并出现了简单的商品交换,这时就出现了谈判。谈判广泛应用于政治、经济、军事、外交、科技、文化等领域,而经济谈判是现代经济生活中一个不可缺少的重要组成部分。商务谈判是经济谈判的一种,是目前国内外发生频率最高、范围最广、与人们日常生活联系最密切的人类活动。

商务谈判既是一门科学,也是一门艺术。在当代,商务谈判理论已越来越受到重视。欧美等西方发达国家对谈判理论的研究起步较早,并不断深入,逐步使谈判理论发展成为一门学科。当谈判人员参与商务谈判活动时,既需要精通商务谈判的理论知识,也需要掌握谈判的谋略与技巧,这就需要谈判人员进行谈判知识的积累和谈判实践的磨炼。谈判实践表明,谁掌握了谈判的要领并能熟练运用谈判谋略与技巧,谁就能在商战中占据有利的地位。一次成功的谈判能使陷入困境的企业绝处逢生,而一次失败的谈判也可能会令企业陷入破产的困境。本书致力于使更多的人了解商务谈判,也使更多的人成为谈判高手。

本书较全面地介绍了商务谈判的基础知识、谈判的程序、商务谈判人员的素质要求、谈判前的准备、谈判各个阶段的策略、商务谈判谋略、商务谈判中的技巧、商务谈判中僵局的处理、商务谈判礼仪、国际商务谈判中各国商人的谈判风格等内容。本书的特色在于理论与实践相结合,引入实际的案例深入浅出地介绍商务谈判相关理论。

本书由华东师范大学毛晶莹任主编,徐世腾任副主编。具体分工如下:毛晶莹编写第一章至第六章,徐世腾编写第七章至第九章。本书既可以作为高等院校经济学、工商管理、国际贸易、市场营销等专业的本科生教材;也可以作为企业营销人员、中高层管理人员的专业培训书籍;还可以作为 MBA 营销研究和国际商务方向学生、营销部经理、商务部经理、企业管理人员以及对商务谈判感兴趣人士的阅读书籍。

本书是在借鉴众多专家和学者的研究成果的基础上写成的,在此表示衷心的感谢。

毛晶莹

2010 年 4 月

目　　录

第一章　商务谈判概述

【本章学习目标】

- 了解商务谈判的概念、内容及特征；
- 了解商务谈判的分类；
- 掌握商务谈判的基本原则；
- 了解商务谈判的程序。

谈判既是一门科学，又是一门艺术。在谈判实践中，既要用科学的方法指导谈判，又要善于运用具有说服力的语言艺术，向对方说明自己的观点和意见，通过沟通与妥协寻求自己利益的最大化。谈判是人类生活中普遍存在的活动，谈判的历史可以追溯到古代。古代社会的部落相争、君位禅让、皇权世袭、两国修好和民间纠纷等都离不开谈判活动。如今，谈判作为解决分歧的一种有效手段，已经渗透到政治、军事、外交、经济、文化等各个领域之中，成为人与人之间、机构与机构之间、国家与国家之间沟通、协调、合作必不可少的工具。谈判学作为一个专门的学科，从 20 世纪 70 年代开始建立，并逐渐发展成为一门集政治性、技术性、艺术性为一体的综合性学科。在谈判领域中，商务谈判占据非常重要的地位。商务谈判主要集中在经济领域，是企业经营业绩的重要影响因素。随着我国货物经济的发展，以及国际经济地位的不断上升，具有商务谈判能力的人才越来越受到社会的青睐。商务谈判课程从无到有，已经成为管理学、经济学等专业重要的必修课程。

第一节　商务谈判的概念及特征

谈判，从字面上理解，就是“谈”和“判”的总和，就是既有谈又有判的沟通活动。在谈判活动中，谈就是表达己方的意愿和所要追求的目标；判就是对对方的意愿和目标作出分辨和断定，选择接受还是拒绝。显然，谈与判是两个可以拆分的不同概念，但两者是有联系的，判是根据谈作出的，谈的目的是要得到对方相应的判。商务谈判是谈判的一种，是指经济组织在经济活动中，以经济利益为目的，因各种业务往来而进行的谈判，包括一切国内经济组织间的商务谈判和国内经济组织与国外经济组织间的涉外商务谈判。本小节将重点介绍商务谈判的概念以及商务谈判的特征。

一、商务谈判的概念

(一) 谈判(Negotiation)

谈判的历史非常悠久,早在原始社会末期,出现了私有财产,并出现了简单的商品交换,这时就出现了谈判。但谈判一直没有形成一门系统的学科,直到1968年,美国谈判学会会长、著名律师杰德勒·尼尔伦伯格(Gerard I. Nierenberg)写了《谈判的艺术》一书,从而使谈判学成为一门独立的学科。此书出版后被翻译成多种文字,各国学者以此书为基础纷纷开创了适合本国国情的谈判理论和实务体系。

尼尔伦伯格在《谈判的艺术》一书中所阐述的观点非常明确:"谈判的定义最为简单,而涉及的范围却最为广泛,每一个要求满足的愿望和每一次要求满足的需要,至少都是诱发人们展开谈判过程的潜因。只要人们为了改变相互关系而交换观点,只要人们为了取得一致而磋商协议,他们就是在进行谈判。"

我国国内对谈判理论的研究始于20世纪80年代末,在已出版的著作中较典型的定义有:

"谈判是双方或多方为了消除分歧、改变关系而交换意见,为了取得一致、谋取共同利益和契合利益而磋商协议的社会交往活动。"①

"谈判是人们为了各自的利益或责任,通过交换意见,谋求一致协议的交往活动。"②

"谈判就是人们基于一定的需求而彼此进行信息交流、磋商协议的一种过程,是人们旨在确立、强化、发展或消除其相互关系而进行的一种积极行为。"③

"谈判是一个过程,在这个过程中,利益双方就共同关心或感兴趣的问题进行磋商、协调和调整各自的经济、政治或其他利益,谋求妥协,从而使双方都感到是在有利的条件下达成协议,促成均衡。谈判的目的是协调利害冲突,实现共同利益。"④

综上所述,可以概括出谈判的定义:谈判就是指人们为了协调彼此之间的关系,满足各自的需求,通过协商而争取达到意见一致的行为和过程。简言之,谈判是人们为了改变相互关系而交换意见,为了取得一致而相互磋商的一种行为和过程。

谈判作为协调各方关系的重要手段,广泛应用于政治、经济、军事、外交、科技、文化等领域。商务谈判是经济谈判的一种,是目前国内外发生频率最高、范

① 《实用文库》编委会编:《实用谈判技法大全》,电子工业出版社2008年版,第4页。
② 同上。
③ 同上。
④ 同上。

围最广、与人们日常生活联系最密切的谈判活动，下面将重点介绍商务谈判的概念。

（二）商务谈判（Business Negotiation）

商务谈判主要集中在经济领域，是参与各方为了协调、改善彼此的经济关系，满足贸易的需求，围绕标的物的交易条件，彼此通过信息交流、磋商协议达到交易目的的行为过程。商务谈判是一项集政策性、技术性、艺术性于一体的社会经济活动，是市场经济条件下流通领域最普遍的活动之一。商务谈判作为一种主要的谈判类型，既具有一般谈判的质的规定性，又具有商务活动的本质特性。随着经济的发展，商品概念的外延不断扩大，商务活动的领域不断扩展。商务活动已涵盖一切有形与无形资产的交换与买卖活动，不仅包括一般的消费资料和生产资料商品，而且包括劳务、技术、资金、信息、房地产等经济要素货物。商务谈判具体包括货物买卖、工程承包、技术转让、融资、投资、信息咨询、劳务输出输入、经济合作等。

综上所述，商务谈判的定义为：商务谈判是经济谈判的一种，是指不同利益群体或个体之间，以经济利益为目的，就双方或多方的商务往来关系而进行的谈判。

二、商务谈判的内容

商务谈判的内容非常广泛，既包括货物、技术、劳务的贸易谈判，也包括工程项目、投资和经贸合作谈判。其中，货物贸易谈判是最为基本和普遍的商务谈判活动，这里具体介绍货物贸易谈判的一般内容。货物贸易谈判是谈判各方就与货物贸易有关的各项交易条件所进行的洽谈。就商务谈判合同基本条款而言，它一般包括以下基本内容：

（一）货物品质

货物品质是指货物的内在质量和外观形态。它们由货物的自然属性决定，具体表现为货物的化学成分、物理性能和造型、结构、色泽、味觉等特征。进行货物品质谈判的关键是要掌握货物品质构成的有关内容以及品质表示方法的通用做法。不同种类的货物，有不同的品质表示方法。常用的表示方法如下：

1. 规格

货物的规格是反映货物品质的技术指标，如成分、含量、纯度、大小、长短、粗细等方面的指标。各种货物的品质特征不同，其规格也不相同。买卖双方用规格表示货物的品质，并作为谈判的条件，称为凭规格买卖。一般来说，凭规格买卖是比较准确的，所以大多数货物交易都采用这种方法。

2. 等级

货物的等级，是同类货物规格差异的分类。根据生产和商务的实践，通常用

一、二、三或甲、乙、丙或大、中、小等数码、文字或符号来表示，以反映同类货物中的品质差异。在制定了货物等级的情况下，买卖货物只要说明货物的级别，就可以表达买卖双方对货物品质提出的要求。这种表示方法是以规格表示法为基础的。

3. 标准

商品标准是对商品质量以及与质量有关的各个方面（如商品的品名、规格、性能、用途、使用方法、检验方法、包装、运输、储存等）所作的统一技术规定，是评定、监督和维护商品质量的准则和依据。凡正式生产的各类商品，都应制定或符合相应的商品标准。商品标准由主管部门批准、发布后，就是一种技术法规，具有法律效力，同时也具有政策性、科学性、先进性、民主性和权威性。它是生产、流通、消费等部门对商品质量出现争议时执行仲裁的依据。

我国现行的商品标准主要分为国际标准（如 ISO9000）、国家标准、行业标准和企业标准。在有商品标准的前提下，交易谈判时，只需说明商品的标准，就可以表达谈判双方对商品品质提出的要求。这种表示法也是以规格表示法为基础的。应该注意的是，在标上标准名称的同时，还需注明制定标准的年份。在我国出口业务中，以往多采用我们国家自己的国家标准、行业标准或企业标准，近几年来已越来越多地采用国际标准或外国先进标准。

4. 样品

样品是最初设计加工出来或者从一批货物中抽取出来的，能够代表交货货物品质的少量实物。无论样品由哪一方提出，只要双方确认下来，买卖供应的货物必须同样品一致。为了处理样品与实物品质不一致而引起的纠纷，如果是由买方提出样品，卖方在收到来样后可以按照来样复制或提供品质相近的样品供买方确认；如果是由卖方提出样品，买方应留存备查。由于这种方法容易引起日后交货时的纠纷，所以实践中单凭样品成交的情况不多，一般是规定货物的某几个方面的品质指标作为样品的依据，如“色彩样品”、“形式样品”等。货物其他方面的品质指标，则采用其他方法表示。

5. 牌名或商标

牌名是货物的名称，商标是货物的标记。牌名和商标之所以能被用来表示货物的品质，是因为它们所表示的货物在品质上稳定，规格上统一，并在市场上树立了较为可靠的信誉，为广大购买者所熟悉。在货物贸易谈判中，只要说明牌名或商标，买卖双方就能明确货物的品质情况，不必再说明标准或提出样品。但是，在采用这种方法进行交易时，要注意这些货物是否因其他原因造成损坏或变质，还要注意同一牌名或商标的货物是否来自不同的工厂，以防止货物品质与牌名或商标所代表的品质不一致。

6. 说明书

大型的专用设备或精密仪器由于构造复杂，无法用几项指标来反映其全貌，又无标准可依，必须凭详细的说明书来说明，必要时还要辅以图样或照片，即为凭说明书的买卖。

上述表示品质的方法可以结合使用，也可以单独使用，谈判中应根据具体的交易情况进行选择。

（二）货物数量

货物的数量是指货物贸易双方对具体货物的交易实物数量，主要由数字和计量单位构成。

1. 货物的计量单位

货物的计量单位一般可采用重量、长度、体积、容积、面积和个数等单位表示。货物的性质不同，采用的计量单位也不同。例如：粮食、矿石、钢材、茶叶等通常使用重量单位；机器设备、服装、家电等通常采用个数单位；棉布通常使用长度单位；木材通常使用体积单位等。有些货物如石油，既可以使用重量单位，也可以使用容积单位，具体如何选用，要视实际交货的情况而定。在选择采用计量单位时，还要特别注意有关的度量衡制度。国内贸易按国家的有关制度规定，应采用公制单位；如果是国际贸易，则会有公制、英制、美制等多种度量衡制度，谈判中应予以明确，并掌握各种度量衡之间的换算关系。

2. 货物重量的计算

货物的重量分毛重和净重两种。毛重是货物本身重量加包装物重量之和；净重是货物本身的重量。采取毛重还是净重，谈判中应当予以明确。例如：玉米，采用麻袋包装，在实际交货时，带包装测量会更容易一些，但如果规定是净重，则需要在毛重中扣除麻袋的重量。皮重（即包装物的重量）有多种计算方法，可以按实际皮重计算，也可以按约定皮重或抽检皮重计算，或者以毛作净，无论采用何种方法，谈判中均应明确作出规定。

根据惯例，应该规定“溢短装条款”，即对有关货物的数量规定合理的机动幅度，以防止日后产生纠纷。

（三）货物包装

除少数货物因其本身特点无需包装外，大多数货物都需要有符合其特点的包装。货物按是否需要包装可以分为三类，即散装货、裸装货和包装货。包装分为运输包装和销售包装两种。货物是否需要包装以及采用何种包装主要取决于货物的特点和买方的要求。对于货物的包装，谈判中主要应当明确以下一些问题：

1. 包装材料

包装材料涉及采用何种物质对货物进行包装，如纸箱、木箱、麻袋、塑料袋、钢瓶等。包装材料直接关系到包装成本,应尽量选择资源丰富、价格低廉的物质作为包装材料。

2. 包装形式

包装形式即如何对货物进行包装,如筐装、外包麻布、麻绳捆扎等。包装形式具体可分为纸类、塑料类、玻璃类、金属类、木材类、复合材料类、陶瓷类、纺织品类、其他材料类等包装。

3. 包装费用

按照一般的交易惯例,包装所涉及的费用是包含在货价之中的,不再向买方另行收取。但如果买方有特殊要求,双方可另行商定,或提高货物的价格,或另外收取包装费。

除此之外,双方在谈判中还应就运输标记,包装物的循环使用、是否回收以及包装物的供应方法等进行商谈或确定,在合同中明确予以表述。

在国际贸易中,要了解国内外对包装装潢的要求以及图案和色彩等方面的习俗和禁忌,注意满足其特殊要求。世界各国(地区)通常对一些货物的标签、贴头、印记、文字、图案、色彩都有不同的规定。例如,加拿大规定:凡进口到加拿大的食品必须以英文和法文标明品名,并标明货物的重量、用法、保质期以及外国生产者或加拿大进口商的名称与地址,否则,不准进口。我国香港地区对食品的包装要求是:包装需准确反映货物形象,构图要层次分明、突出重点以及有恰当的色彩和文字说明等。因此,货物的包装必须符合货物输入国(地区)的要求,以避免不必要的麻烦、纠纷或索赔事件。

(四) 货物价格

价格是谈判中的核心问题。买方希望为买进货物所支出的货币越少越好,卖方则希望价格在补偿成本的基础上越高越好。在许多交易中,价格的高低是影响双方利益分配的重要因素。因此,有关价格的谈判往往是整个谈判进程中最为重要、最为敏感也最为艰巨的一环。价格的确定与其他交易条件有密切联系,双方在确定最终价格时必须考虑一些因素,如货物品质、交易数量、交货期限、支付条件、运输方式、交货地点等。

价格由单价和总值构成。单价即单位货物的价格,包括计量单位、计价货币、单位金额和价格术语四个部分。总值是单价与数量的乘积。下面介绍单价的构成:

1. 计量单位

即计算货物数量的单位。

2. 计价货币

即计算货物价格使用的标准货币。在国内贸易中,人民币是法定的计价货币;在对外贸易中,使用何种货币计价,要由双方协商确定,一般出口贸易要争取选用“硬通货”①,进口贸易争取使用“软通货”②。

3. 单位金额

即货物每一计量单位以计价货币表示的金额。

4. 价格术语

价格术语也称价格条件,在国际贸易中代表不同价格构成,表示买卖双方各自应负担的责任、费用、风险以及划分货物所有权转移界限的一种术语。依据有关国际贸易惯例,较常用的价格术语有:FOB(装运港船上交货价)、CFR(成本加运费价)、CIF(成本、保险费加运费价)等。

此外,双方还应就货物的作价方法进行商讨。一般情况下,双方对所交易的货物都要确定一个固定价格,但如果货物的价格市场波动较大,交货期又比较长,也可以采用后定价格或滑动价格来对货物进行作价。

(五)支付方式

在货物交易中,付款的方式也很重要。从表面看,不论以什么方式付款,用什么支付工具付款,买方的付出和卖方的收入都是合同中规定的总额。但实际上,在不同的支付条件下,尽管支付的价格总额不变,但买卖双方实际的支付和收入水平可能会有很大差异。

1. 预付款和最终付款

预付款是指买方在订货时预先付给对方的款项;当产品制造完成并经买方检验合乎合同确定的标准时,买方可最终付款。双方协商的内容包括预付款的比例,最终付款的期限、方式,延期支付的赔偿,提前支付的折扣,产品在制造加工期间的其他付款等。

2. 支付金额和支付货币

支付金额一般是指合同规定的总金额。但在有些情况下,支付金额与合同金额会不一致。例如,分批交货、分批付款;采用滑动价格;品质优劣浮动价格或数量溢短装规定;谈判时一些附加费用暂难确定等。

支付货币在国内贸易中统一规定使用人民币。在国际贸易中情况就比较复杂,可能会涉及汇率风险的问题,一般应选择兑换比较方便、币值相对稳定的币种作为支付货币。

3. 支付方式

支付方式包括支付时间、支付地点和支付方式。国内贸易中,货款的结算通常有现金结算和转账结算两大类,其中又包括多种具体方式;国际贸易一般多采用信用证结算。在支付方式中较为关键的是支付时间,时间不同,对双方利益会

① 硬通货是指国际信用好、币值稳定、汇价呈坚挺状态的货币。

② 软通货是指币值不稳、汇价呈疲软状态的货币。

有较大影响,谈判中应予以重视。

案例分析

支付方式影响交易双方的利益

我国曾有一个水电工程项目面向全世界招标。我方从国外争取到一笔数额很大的优惠贷款,就水电设备采购选择供货商时,为便于统一标准以利于评估,按照国际惯例,我方同意由各国厂商用信用证支付方式报价(由我方开证),最后A公司中标。在供货合同将要签字时,我方内部就付款方式产生了分歧。在通常情况下,利用这类国外贷款我方都是以托收方式付款的,因为采用信用证方式付款我方没有审单权(只有银行有审单权),风险较大;另外,开立信用证要支付较高的开证费,所以我方提出改用托收方式付款。但是A公司对此表示强烈反对,他们提出原来的报价是基于信用证方式付款而计算的,若我方一定要改为托收方式,则合同价格要增加110万美元。经了解,情况是,A公司若以托收方式收款,其间隔时间比信用证方式收款要长10天左右,这就意味着要多占用其资金10天,等于其要承担大致相当于向银行借款10天所需支付的利息的资本成本,整个供货合同分8次付款,那么累计起来A公司差不多要多承担110万美元的银行利息。我方为此请教了银行专家,设法做到了开立信用证的费用与托收方式支付的银行费用相同。同时,为了减少风险,我方与A公司谈判商定,并得到双方开户银行确认,有关信用证方面的条款将确保把真正的支付地点放在我国。在这样的条件下,我方内部很快统一了思想,一致同意采用信用证方式向A公司付款,由此加快了向对方付款的时间,避免了对方所要承担的额外费用,同时又使我方避免了因合同价格提高带来的损失。从这个案例可以看到,不同的支付方式对交易双方的利益会带来极大的影响。因此,交易双方必须在交易前明确支付方式。

(六)装运与交付

在合同中,对货物的装运和交接问题作出明确的规定,可以维护双方的利益。

1. 运输方式

货物的交接必须借助于空间的转移来实现,运输方式不同,运费差别很大。双方应在明确由谁支付运费的基础上,规定运输方式及各方应负的责任。运输方式包括:海洋运输、铁路运输、公路运输、航空运输、管道运输和联合运输等。双方应根据时间的要求和运输成本选择合适的运输方式。

2. 交货时间

在经济活动中,许多合同纠纷起因于装运和交接货物的时间规定比较模糊。

为尽可能避免纠纷，谈判人员应在切实可行的基础上，力求把装运和交接货物的时间定得明确合理。通常情况下，卖方谈判人员应在充分考虑货源情况、运输条件、市场供应情况及货物本身状况等因素的基础上决定装运时间或交货时间。双方在确定交货日期后，应明确卖方延期交货或买方不能按期接货所应负的责任，以及由此给对方带来损失的赔偿。

3. 交货地点

交货地点的选择关系到运费和结算价格的高低，同时也与交接双方所承担的责任有关。地点规定必须明确具体，谨防因规定过于笼统或重名问题引起合同履行中的麻烦。

（七）运输保险

货物运输保险是被保险人或投保人在货物装运以前，估定一定的投保金额（即保险金额），向保险人或称承保人（即保险公司）投保货物运输险。被保险货物若在运输过程中遭受自然灾害或意外事故造成经济损失，保险人负责对保险险别责任范围内的损失，按保险金额及损失程度赔偿保险利益人。

在国内贸易谈判中，谈判人员应当根据实际情况，把保险条件与交货地点联系起来考虑，即如果在卖方所在地交货，可由买方办理货物运输保险；如果在买方所在地交货，可由卖方办理货物运输保险。无论是何方办理保险，都应将保险费用计入经营成本。

在对外贸易谈判中，货物运输保险较为复杂，应在了解中国人民保险公司有关保险条款、对方国家的有关保险条款及国际通用做法的基础上，根据货物的性质、金额、包装情况、装载条件及赔偿及时与否，合理确定保险金额、险别以及按何种保险条款办理保险等事宜。

（八）货物检验

货物检验是指对货物的品质、数量和包装进行的检验，以确定其是否符合合同规定以及违约的责任归属。货物检验的洽谈应注意以下几个方面的问题：

1. 货物检验的内容和方法

检验的内容一般涉及货物的品质、数量等。检验的方法有视觉、味觉、嗅觉、触觉及科学仪器的检验。谈判中还应明确规定是抽样检验，还是全部检验。

2. 货物检验的时间和地点

对于货物检验的时间和地点，可根据货物的性质和港口、车站、码头的情况争取对己方有利的时间和地点。

3. 货物检验的机构、检验标准和检验证明

应根据我国及国际上的有关规定，以及检验机构的权限、信誉、检验设施等，确定合法、合格的检验机构，结合各方所商定的检验标准、方法、时间、地点等条件，向有关检验部门提出申请，并从指定的检验机构取得检验证明，作为办理货

物交接、结算、计费、处理争议的依据。我国对外贸易的货物检验，均由国家质量监督检验检疫总局和其委托的检验部门、检验机构进行。

（九）索赔、仲裁与不可抗力

1．索赔

索赔是指一方认为对方未能全部或部分履行合同规定的责任时，向对方提出索取赔偿的要求。双方在谈判时，一般就索赔问题事先进行约定，避免日后产生纠纷。有关索赔问题的谈判，通常涉及以下内容：

（1）索赔依据。在什么情况下可以提出索赔要求。

（2）索赔期限。要求赔偿的一方应在什么时间内提出索赔要求才为有效。双方对此应事先作出约定，过期可不予受理。

（3）索赔金额。要求赔偿的数额，包括违约金和赔偿金。违约金具有惩罚性质，只要确认是违约，违约方就需向对方支付。赔偿金具有补偿性，如违约金不足以弥补对方的损失，还应进一步赔偿。赔偿金的计算一般以给对方造成的直接损失为限。

2．仲裁

仲裁是指双方当事人在谈判中商定，在双方发生争议时，如果通过协商不能解决，自愿将有关争议提交给双方所同意的第三者进行解决。有关仲裁问题的谈判主要包括仲裁地点、仲裁机构、仲裁程序和仲裁效力等内容。

（1）仲裁地点。可以是卖方所在地、买方所在地或是双方约定的第三国（地区）。

（2）仲裁机构。国内贸易的仲裁一般由国家工商行政管理局和地方各级工商行政管理部门设立的经济合同仲裁委员会进行仲裁。国际贸易的仲裁可由中国对外贸易仲裁委员会或其他国家的仲裁机构进行仲裁。

（3）仲裁程序。一般按仲裁机构规定的程序办理。

（4）仲裁效力。它是指仲裁裁决对双方当事人有无约束力，裁决是否具有终局性，当事人如果不服裁决，能否向法院起诉等。一般在谈判时，可以对此作出一些限制性的规定。

3．不可抗力

不可抗力是指在合同签订后，发生了当事人不能预见、不能避免、不能克服的客观事件，以至于影响到合同的顺利履行，甚至导致合同完全不能履行。不可抗力事件的发生，一种是由自然力量引起的，如地震、水灾、火灾等，另一种是由社会力量引起的，如战争、政策禁令等。

各国法律均认可不可抗力，但对不可抗力究竟应包括哪些内容、不可抗力事件发生后合同的履行问题应如何处理等没有共同的解释。有关不可抗力问题的谈判应主要解决的问题是：

（1）不可抗力事件的范围。认可哪些事件属不可抗力事件。

（2）不可抗力事件的后果。规定在出现不可抗力事件后，哪些情况下可以延迟履行合同，哪些情况下可以中止履行合同等。

（3）出证机构及事件通知。一旦出现不可抗力事件，应由什么机构出具证明，应在多长时间内通知对方等。

三、商务谈判的特征

商务谈判是一项十分复杂的综合性经营管理活动，虽然集中于经济领域，但融合了政治、经济、技术、法律、文字、心理、社交等诸多因素。同其他所有类型的谈判一样，商务谈判也是一个彼此相互交流和沟通的过程，是彼此为实现各自的利益而与对方协商、讨论以获得一致意见的过程。另一方面，商务谈判也有其不同于其他类型谈判的特征，主要体现在以下几个方面：

（一）商务谈判以获得经济利益为目的

人们之所以要进行各种谈判，是因为有一定的目标和利益需要得到实现。参与谈判的各方都希望自己的利益最大化，而不同的谈判所追求的利益是不同的。如外交谈判追求的是国家利益；政治谈判追求的是政党、团体的根本利益；军事谈判追求的是关系敌对双方的安全利益；商务谈判追求的是经济利益。虽然，在商务谈判过程中，谈判者可以调动和运用各种因素，各种非经济利益的因素也会影响谈判的结果，但其最终目标仍是经济利益。与其他谈判相比，商务谈判更加重视谈判的经济效益。在商务谈判中，谈判者都比较注意谈判所涉及的货物或技术的成本、效率和效益。所以，人们通常以获取经济效益的好坏来评价一项商务谈判的成功与否。不讲求经济效益的商务谈判就失去了价值和意义。

（二）商务谈判以价格作为谈判的核心

商务谈判涉及的因素很多，谈判者的需求和利益表现在众多方面，但价格几乎是所有商务谈判的核心内容。这是因为在商务谈判中，价格最直接地反映了谈判各方的利益。谈判各方在其他利益上的得与失，在很多情况下或多或少都可以折算为一定的价格，并通过价格升降而得到体现。诸如货物的质量、数量、付款方式、交货时间、包装、运输、保险等交易条件，都可以折算为一定的价格。

（三）商务谈判的内容具体明确

商务谈判的内容一般比较具体明确，而且通常有量化的指标。例如，在合资企业谈判中，谈判的项目包括合资的方式和规模、合资各方的出资方式和作价、合资的期限和清算方式等；在工程承包谈判中，谈判的项目包括合同的种类、作价方式、工程范围、工程师和工程师代表的职责权利、工程的保护、工程推迟或停工、竣工和维修、工程变更、违约和仲裁等；在贸易谈判中，谈判的项目一般包括货物的价格、支付方式、货物品质、交货日期、包装、运输、保险、索赔等。商务谈判除了内容较具体之外,通常还有量化指标。例如,货物的品质都有严格的技术标准来衡量,透明度较高,因此商务谈判各方对自己利益的得失了解得较清楚。

(四) 商务谈判的对象具有广泛性和不确定性

与其他类型谈判相比,商务谈判的对象更广泛。例如,军事谈判和外交谈判,其谈判对象通常是确定的。货物交易是社会生活的一个基本内容,从理论上讲,每个人都可以成为卖方,也可以成为买方。在竞争的市场上,买卖双方都有权利选择自己认为最合适的交易对象,因此交易对象是不确定的。商务谈判人员应及时掌握市场供求关系的变化情况,处理好与现在客户和潜在客户的关系。

(五) 商务谈判注重合同条款的严密性与准确性

商务谈判的结果是由参与谈判的各方协商一致的协议或合同来体现的。合同条款实质上反映了各方的权利和义务,合同条款的严密性与准确性是保障谈判者获得各种利益的重要前提。有些谈判者在商务谈判中花了很大气力,好不容易为自己获得了较有利的结果,对方为了得到合同,也迫不得已作了许多让步,这时谈判者似乎已经获得了这场谈判的胜利。但是,如果在拟订合同条款时掉以轻心,不注意合同条款的完整、严密、准确、合理、合法,可能会被谈判对手在条款措辞或表述技巧上引入歧途。这不仅会把即将到手的利益丧失殆尽,而且还要为此付出惨重的代价。这种例子在商务谈判中屡见不鲜。因此,在商务谈判中,谈判者不仅要重视口头上的承诺,更要重视合同条款的准确和严密。

第二节 商务谈判的类型

商务谈判客观上存在着不同的类型。认识谈判的不同类型,目的在于根据不同类型谈判的特征和要求,更好地参与谈判和采取有效的谈判策略。对谈判类型的正确把握,是谈判成功的起点。任何一项商务谈判指向的都是各方的共同利益和满足,成功的商务谈判追求的都是一种双赢的结局。但就某一项具体的商务谈判而言,它的发生总是依存于某些特定的条件,服从于谈判者的特定的目标。因而,在现实生活中存在的大量商务谈判行为又是各不相同的。商务谈判可以按谈判参与方的数量、谈判目标、交易地位、所属部门、谈判地点、谈判方式、谈判主体的地域范围和谈判内容等不同的标准分为不同的类型。

一、按谈判参与方的数量分类

按谈判参与方的数量的不同,可以把商务谈判分为双方谈判和多方谈判。

(一) 双方谈判

双方谈判是指只有两个当事方参与的谈判。例如,一个卖方和一个买方参与的交易谈判,或者只有两个当事方参与的合资谈判,均为双方谈判。在国家或地区之间进行的双方谈判,也叫双边谈判。一般而言,双方谈判涉及的责、权、利划分较为简单明确,因而谈判也比较易于把握。双方谈判的利益关系比较明确、具体,彼此之间的协调比较容易。

（二）多方谈判

多方谈判是指有三个及三个以上的当事方参与的谈判。例如,甲、乙、丙三方合资兴办企业的谈判。在国家或地区之间进行的多方谈判,也叫多边谈判。如政府为阻止罢工而卷入了工会与资方的谈判中,或者两个以上的国家共同谈判一项多边条约等。在多方谈判中,参与方越多,其谈判条件越错综复杂,需要顾及的方面就越多,也难以在多方的利益关系中加以协调。与双方谈判相比,各方之间更不易达成一致意见,协议的形成往往十分困难。

二、按目标分类

按谈判目标的不同,可以把商务谈判分为不求结果的谈判、意向性谈判、准合同与合同谈判,以及索赔谈判。

（一）不求结果的谈判

不求结果的谈判通常不要求谈判取得成功的结果。有的谈判是属于探询性的谈判,是为今后的谈判成功作准备的;而有的谈判是根本不想谈成的,因为该项交易对己方是不利的。不求结果的谈判主要表现为:预备性会见、技术性交流、封门性会谈。

1. 预备性会见

预备性会见属于谈判的初级阶段或是准备阶段,参与谈判的各方是带着探询的态度来参加谈判的。这种会见的作用在于传递双方的信息、试探谈判的意向、准备议程等。预备性会见可以在高级行政人员之间进行,也可以在低级行政人员之间进行;可以是参与谈判各方的行政人员进行接触,也可以是技术人员进行接触。在同高级行政人员会见时,旨在确定方向性或可能性,气氛大多热情友好,注意培养友谊和连续性。与中低级行政人员会见,则具有较强的探询性,要注意礼貌。与技术人员的会见,则应注重货物的性能与市场情况,卖方应重点介绍货物的优点,买方则应关注货物的技术性能。无论同什么类型的人员会见,均应重视信息的传递,努力创造具有吸引力的形象,为今后进入实质性谈判作好准备。

2. 技术性交流

技术性交流是指谈判各方就谈判标的所涉及的技术问题进行的交谈和沟通,以便更好地为下一步的谈判作准备。参与这种谈判的人员中,一般都有各方的技术人员。对于简单的标的,交流地点可设在买方所在地,而对于复杂的标的，交流地点可设在卖方所在地，可以使买方更详细地了解技术资料以及进行现场考察。技术性交流是交易的前奏，其表现形式有报告会、讨论会、演示或展示等。技术性交流的特点是：

（1）广告性强。卖方应大力宣扬自己的货物在质量、性能方面的优越之处。

（2）审视性强。买方应充分地了解货物的技术性能和技术水平，对同类货物进行技术上的比较。

3. 封门性会谈

封门即堵死某项交易的可能性，或了结正在进行中的谈判，其特点是“外交上的委婉性”，找出各种貌似客观、合理的理由和条件，让对方一方面明白达不到这样的要求，只能知难而退，另一方面也不觉丢面子。比如，在封门性会谈中，为了不伤及与对方的友谊，谈判人员在封门时，常常作远期的、有条件的许诺，如“这次虽然没有与贵方达成交易，但给我方留下了真诚的合作愿望、理解和友谊，相信以后我们会有合作机会的”。这种承诺虽不是实际的承诺，但安慰了对方的情绪。下面的案例就是一种典型的封门性会谈。

案例分析

设条件婉拒矿产设备贸易

1985年，某国家的工业贸易代表团来华谈判，该国大使事先找到了我国有关领导，要求促成贸易合作。有关领导指示，在可能的前提下，尽量与对方达成协议。

谈判的主要项目之一是对方要向我国出口矿产设备，对方的矿产设备比不上先进国家的水平，而且要价很高，并坚持要用外汇结算。我方谈判代表认为，如果按对方的要求达成协议，我方的损失太大；而考虑到两国之间的关系，又不便直截了当地拒绝对方的要求。

在深思熟虑之后，我方主谈想到了让对方知难而退的好办法。经过周密研究，我方提出一项新提案，要求对方拿出一台矿产设备，到我国北方某严寒地区的矿山进行一定时间的试验。如果在-40℃的严寒中，工作性能可靠，我国就可以留购，并批量购买；至于不能经受-40℃严寒的考验，那该怎么办之类的话，就不必多说了。

对方谈判代表表示他们要回去研究研究。两个月后，对方答复说，他们的这些设备虽然经过工业试验和一定时间的使用，但他们国家的最低温度才达到-20℃，要适应我国-40℃的工作条件，目前在技术上还有一定的困难。所以，对方放弃了向我国出口矿产设备的要求。

在此案例中，由于政治上的因素，我方难以直接回绝对方的贸易要求。但如果同意对方的贸易要求，又对我方不利。所以，我方代表巧妙地运用合理又客观的条件，令对方无法满足此合理的条件，从而知难而退，主动放弃了原先的谈判要求和目标。

（二）意向性谈判

这种谈判是指交易人在谈判时为了明确双方交易的愿望，保持谈判的连续性、交易的可靠性而提出要求签订意向书。这类谈判一般是以参与谈判的各方签署某项意向书或是口头许诺作为结局的。意向书不具备法律约束力，仅仅是谈判参与方意向性的总结与展望。意向书是一种简单的意向声明，也有人称其为备忘录或谅解备忘录，主要说明签字各方的某种愿望或某个带先决条件的、可能的承诺。

意向性谈判多数是合同谈判的准备阶段或初始阶段。谈判各方为了了解交易的可能性，摸清对方的底细，相互沟通信息，都会使出浑身解数，斗智斗勇。由于在这一阶段，双方尚未全部摊牌，气氛也比较热烈友好，互相探底的方式也多种多样，如进行私下接触，通过就餐、娱乐等形式，了解和收集己方所需要的各种信息情报。即使是面对面的会谈，也不像合同签约时那样紧张、严肃。寒暄、介绍、题外话等，以及非实质性的接触也占有较大比重。

（三）准合同与合同谈判

准合同是带有先决条件或保留条件的合同。该先决条件是指决定合同要件成立的条件，如许可证落实问题、外汇筹集、待律师审查或者待最终正式文本的打印、正式签字等。准合同的格式、内容和合同完全相同，全面反映交易双方的意愿，也具备了合同成立的所有要件，但由于准合同的保留性及先决条件的限制，其中往往有“该文件仅为草本，待××条件达成后，双方再正式签约”的条款。在先决条件丧失时，准合同自动失效，而无需承担任何损失责任。这种准合同的谈判应该注意要限定完成保留条件的时间。同时，保留是客观需要，也是主观需要，应善于利用保留的权利来保护自己，如争取时间考验谈判结果，或向有关领导、专家汇报，以求指导、审核。

合同谈判可以被认为是以达成契约作为实现某项交易的保障的谈判形式。产品、资金、技术、劳务等交易形式，都是通过合同谈判实现的。合同应具有最基本的要件，包括货物特性、价格、交货期。一旦就这几个要件达成协议，并以法律形式规定下来，这就是合同谈判。由于合同谈判是交易双方进入实质性交涉阶段，所以合同谈判具有以下几个特点：

1. 谈判目标明确，涉及实质问题

在合同谈判中，参与谈判各方对谈判中的合同目标已十分明确，因此参与谈判各方很可能在谈判时很快就进入实质问题的磋商，如产品交易中的价格、付款方式、交货期限，投资项目中的利率、期限、宽限期等。此时，参与谈判各方的协商就是讨论合同条款,都千方百计地发挥各自的优势,运用各种策略技巧,取得妥协,签下合同。

2. 合同谈判是以法律形式明确参与谈判各方交易的有效性

谈判如果能进入签约阶段,则进入实质性阶段,它标志着参与谈判各方合作的开始,也为交易提供了可能性和保障性。如果有一方在交易中不执行合同条款,就要承担违约责任。正因为如此,参与谈判各方对谈判中的合同条款考虑都十分慎重,决不轻易许诺、妥协、让步。此外,合同谈判都是正式谈判,场合正规,气氛严肃。

3. 合同谈判人员通常是企业的负责人

在合同谈判中,参与谈判各方的主谈人基本都是企业或项目的负责人,或者是授权代理人,具有拍板决定权。合同的成立是以签字的书面形式体现的,要确保合同为有效合同,参与谈判各方的签字者必须是法人或者委托代理人,只有这样,才能敲定合同的主要条款。

(四) 索赔谈判

索赔谈判是指合同义务不能履行或不完全履行时,合同当事人各方所进行的谈判。在合同执行过程中,经常由于各种原因出现违约的情况,所以索赔谈判也是一种主要的谈判类型。与合同谈判和意向性谈判相比,这种谈判的特点是:

1. 谈判的难度较大

在多数情况下,索赔谈判是由于一方或多方违约造成损失,受损方要求违约方赔偿。由于给受损方造成损失,因此在谈判的初始阶段,受损方会提出具体的索赔要求,而违约方也会针锋相对,提出自己的立场,谈判气氛紧张激烈。意向性谈判与合同谈判是参与谈判各方试探、摸底,以求最大限度满足己方要求的合作。而索赔要求是参与谈判各方在合作中出现矛盾或重大分歧,给某一方甚至参与谈判各方均造成损失的情况下提出的,参与谈判各方在感情上、行动上都比较冲动,态度也比较强硬,谈判的气氛自然也比较紧张。由于谈判人员处在解决问题的对立面,要达成赔偿的协议十分困难。许多谈判专家认为,索赔谈判是最为困难的谈判之一。

2. 重合同、重证据

重合同是指索赔应在合同的基础上提出。必须按照合同条款确定索赔内容,提出违约方的责任和行为,并确定赔偿的金额和形式。所以,合同是判定违约的唯一标准。

重证据是指一方要求向另一方提出索赔,必须在依据合同条款的基础上提供证据以确保索赔成功。如提出供货方产品质量有问题,就要拿出有关部门开出的技术鉴定书或产品鉴定书;如指控货物数量有问题,则要有商检的记录;如指控卖方不按期交货,必须提交货物运输提单。此外,电传、信件、照片、产品样品、商检证明等，都是提出索赔要求的有关证据，要妥善保存。证据是确立索赔谈判的重要法律手段。

3. 索赔的处理方式是谈判的主要内容

受损方提出索赔，就要提出索赔的证据和理由，违约方的反应可能有两种：一是承认己方责任，同意赔偿，参与谈判各方协商赔偿的方式和金额；二是不承认被指控的责任，在这种情况下，受损方要求索赔可能有两种形式：一种是提出索赔的一方利用自己有利条件，如货款未付，迫使对方同意赔偿，即强行索赔；另一种是向合同管理机关申请调解或仲裁，甚至向法院起诉。一般来讲，索赔有三种形式：协商索赔、强行索赔和第三方干预索赔。如果是前两种情况，索赔主要是通过谈判解决，如果是第三方出面仲裁解决，则具有强制性，纠纷各方都要无条件服从仲裁结果。

4. 索赔谈判内容的独特性

索赔条款的协商与意向性谈判、合同谈判不同，索赔谈判的内容包括：

(1) 违约的行为是什么。如产品交易的索赔，买方指责卖方产品质量不合格，双方要坐下来弄清楚产品质量是否有问题。提出索赔方应提交证据，证据应具有可靠性。

(2) 违约的责任在哪一方。如果产品质量有问题，还要明确责任在哪一方或谁负主要责任。如安装的设备发生故障，买方指责卖方产品有问题，卖方却认为是买方安装使用不当造成的，这就需要出示各种证据和原始资料，双方坐下来认真分析。

(3) 确定赔偿金额。赔偿的形式和赔偿金额可参照合同规定的违约金、赔偿金，也可以根据参与谈判各方合作的情况、合同执行情况协商议定。如确定赔偿金额有困难，可由仲裁机构进行仲裁，或诉讼至法院，由法院来判决。

(4) 确定赔偿期限。赔偿期限的确定也很重要，因为很可能在赔偿过程中情况发生重大变化（如企业破产，企业已无赔偿能力），如果不确定赔偿期限，赔偿就可能无任何意义。

5. 索赔应注重时效

为了减少风险，参与谈判各方在合同谈判时均定有“有效索赔期”。任何索赔都要在有效索赔期内提出，过期则不负。在展开索赔谈判之前，提出索赔方要检查合同的有关保证与索赔权限的规定，以确定该索赔谈判的必要性。

案例分析

中日索赔谈判

某年，我国从日本S汽车公司进口了大批FP148货车，但在使用时普遍发生了严重的质量问题,致使我国蒙受巨大经济损失。为此,我方向日方提出索赔。

谈判一开始,我方简明扼要地介绍了FP148货车在我国各地的损坏情况以及用户对此的反应。我方在此虽然只字未提索赔问题,但已为索赔说明了理由和事实根据,展示了我方谈判威势,恰到好处地拉开了谈判的序幕。日方对我方的这一招早有预料,因为货车的质量问题是一个无法回避的事实,日方无心在这一不利的问题上纠缠。为避免劣势,日方平淡地说:"是的,有的车子轮胎炸裂,挡风玻璃炸碎,电路有故障,铆钉震断,有的车架偶有裂纹。"

我方觉察到对方的用意,便反驳道:"贵公司代表都到现场看过,经商检和专家小组鉴定,铆钉非属震断,而是剪断,车架出现的不仅仅是裂纹,而是裂缝、断裂!而车架断裂不能用'有的'或'偶有',最好还是用比例数据表达,更科学、更准确……"

日方淡然一笑说:"请原谅,比例数据尚未准确统计。"

"那么,对货车质量问题贵公司能否取得一致意见?"我方对这一关键问题紧追不舍。

"中国的道路是有问题的。"日方转了话题,答非所问。

我方立即反驳:"诸位已去过现场,这种说法是缺乏事实根据的。"

日方说:"当然,我们对贵国实际情况考虑不够……"

"不,在设计时就应该考虑到中国的实际情况,因为这批车是专门为中国生产的。"我方步步紧逼,日方步步为营,谈判气氛渐趋紧张。中日双方在谈判开始不久,就在如何认定货车质量问题上陷入僵局。日方坚持说我方有意夸大货车的质量问题。此时,我方觉得该是举证的时候了,并将有关材料向对方一推说:"这里有商检、公证机关的公证结论,还有商检拍摄的录像。如果……"

"不!不!对商检公证机关的结论,我们是相信的,我们是说贵国是否能够作出适当让步。否则,我们无法向公司交代。"日方在我方所提质量问题的攻势下,及时调整了谈判方案,采用以柔克刚的手法,向对方踢皮球,但不管怎么说,日方在质量问题上设下的防线已被攻克了,这就为我方进一步提出索赔价格要求打开了缺口。随后,双方在FP148货车损坏原因归属问题上取得了一致意见。日方一位部长不得不承认,这属于设计和制作上的质量问题所致。初战告捷,但我方代表意识到:更艰巨的较量还在后头,索赔金额的谈判才是根本性的。

随即,双方谈判的问题升级到索赔的具体金额上——报价,还价,提价,压价,比价,一场毅力和技巧较量的谈判竞争展开了。我方主谈代表擅长经济管理和统计,精通测算。他翻阅了许多国内外的有关资料,对索赔金额进行了科学准确的计算。根据多年的经验,他不紧不慢地提出:"贵公司对每辆车支付加工费是多少?这项总额又是多少?"

"每辆车10万日元,计5.84亿日元。"日方接着反问道:"贵国报价是多少?”

我方立即回答:“每辆16万日元,此项共计9.5亿日元。”精明强干的日方主谈人与其副手耳语了一阵,问:“贵国报价的依据是什么?”

我方主谈人将车辆损坏后各部件需如何修理、加固、花费多少工时等逐一报价。“我们提出的这笔加工费并不高。”接着,我方代表又用了欲擒故纵的一招:“如果贵公司感到不合算,派员维修也可以。但这样一来,贵公司的耗费恐怕是这个数的好几倍。”

这一招很奏效,顿时把对方将住了。日方被我方如此精确的计算所折服,自知理亏,转而以恳切的态度征询:“贵国能否再压低一点?”

此刻,我方意识到,就具体数目的实质性讨价还价开始了。我方答道:“为了表示我们的诚意,可以考虑贵方的要求,那么,贵公司每辆出价多少呢?”

“12万日元。”日方回答。

“13.4万日元怎么样?”我方问。

“可以接受”。日方深知我方在这一问题上已作出了让步。于是,双方很快就此项索赔达成了协议,日方在此项目费用上共支付7.76亿日元。

然而,中日双方争论索赔的最大数额的项目却不在此,而在于高达几十亿日元的间接经济损失赔偿金。在这一巨大数目的索赔谈判中,日方率先发言。他们也采用了逐项报价的做法,报完一项就停一下,看看我方代表的反应,但他们的口气却好似报出的每一个数据都是不容打折扣的。最后,日方统计可以向我方支付赔偿金30亿日元。我方对日方的报价一直沉默不语,用心揣摩日方所报数据中的漏洞,把所有的“大概”、“大约”、“预计”等含糊不清的字眼都挑了出来,有力地抵制了对方所采用的浑水摸鱼的谈判手段。

在此之前,我方谈判班子昼夜奋战,计算出精确数字。在谈判桌上,我方报完每个项目的金额后,讲明这个数字测算的依据。最后,我方提出间接经济损失费70亿日元!

日方代表听了这个数字后,惊得目瞪口呆,老半天说不出话来,连连说:“差额太大,差额太大!”于是,进行无休止的报价、压价。

“贵国提的索赔额过高,若不压半,我们会被解雇的。我们是有妻儿老小的……”日方代表哀求着。老谋深算的日方主谈人使用了“恻隐术”策略。

“贵公司生产如此低劣的产品,给我国造成多么大的经济损失啊!”我方主谈接过日方的话头,顺水推舟地使用了欲擒故纵的一招:“我们不愿为难诸位代表,如果你们做不了主,请贵方决策人来与我们谈判。”双方各不相让,只好暂时休会。这种拉锯式的讨价还价,对双方来说是一种毅力和耐心的较量。因为谈判桌上,率先让步的一方就可能被动。

随后,日方代表急用电话与日本S公司的决策人密谈了数小时。接着,谈判重新开始了,此轮谈判一交火就进入了高潮,双方舌战了几个回合,又沉默下来。此时,我方意识到,己方毕竟是实际经济损失的承受者,如果谈判破裂,就会使已获得的谈判成果付诸东流;而要诉诸法律,麻烦就更大。为了使谈判已获得的成果得到巩固,并争取有新的突破,适当的让步是打开成功大门的钥匙。我方主谈人与助手们交换了一下眼色,率先打破沉默说:"如果贵公司真有诚意的话,彼此均可适当让步。"我方主谈为了防止由于己方率先让步所带来的不利局面,建议双方采用"计分法",即双方等量让步。"我公司愿意付40亿日元。"日方退了一步,并声称:"这是最高突破数了。""我们希望贵公司最低限度必须支付60亿日元。"我方坚持说。

这样一来,中日双方各自从己方的立场上退让了10万日元。双方比分相等,谈判又出现了转机。几经周折,双方共同接受了由双方最后报价金额相加除以2,即50亿日元的最终谈判方案。

除此之外,日方愿意承担下列三项责任:

1. 确认出售给中国的全部FP148型货车为不合格品,同意全部退货,更换新车;

2. 新车必须重新设计试验,制作优良,并请中方专家检查验收;

3. 在新车未到之前,对旧车进行应急加固后继续使用,日方提供加固件和加固工具等。

一场罕见的特大索赔案终于公正地交涉成功了!

三、按交易地位分类

按谈判者交易地位的不同,可以把商务谈判分为买方地位的谈判、卖方地位的谈判、代理地位的谈判和合作者地位的谈判。

(一) 买方地位的谈判

买方是指一切求购货物、证券、服务、不动产的一方。在商务谈判中,买方谈判者的特点是:

1. 情报性强

买方在采购之前应先大量搜集情报,如产品的市场价格与历史价格、产品的型号与技术水平、供应商情况等,以确定自己的谈判目标。买方在谈判的准备阶段就应开始搜集情报,并且在谈判的整个过程中也应注重情报的收集。

2. 压价狠

在商务谈判中,买方总是追求更优惠的价格,想尽办法压对方的价格。卖方开的价格通常有较大的虚头,买方必须采取较狠的压价方式。买方压价,可以采取多种方式:(1) 揭穿对方的把戏,直接指出实质,比如算出对方产品的成本费用,挤出对方报价的水分;(2) 制定一个价格的上下限,然后围绕着上下限标准进行讨价还价;(3) 用反抬价来回击,如果在价格上迁就对方,必须在其他方面获得补偿。

3. 度势压人

由于买方想以较低的价格成交,因此会通过度量双方的地位强弱来调整自己谈判的态度和压力的强度。如果买方想购买的货物处于短缺状况,或者被卖方所垄断,那么买方压价不宜过狠;如果供应商较多,卖方的竞争很激烈,市场处于“买方市场”,那么买方可以向卖方多施加压力。总之,买方要根据自己的所处地位来压制卖方。

(二) 卖方地位的谈判

卖方是指所有提供货物、证券、服务、不动产的一方。卖方的特点是:

1. 主动性强

由于卖方是产品的销售方,因而更关注交易的成功率。通常卖方会主动出击,寻找买方,并主动与买方联系,向买方推销产品。卖方更关注产品的市场占有率、收益、投资回收等问题,所以谈判的主动性较强。如美国人为推销其电话交换机,公司派出大型专家团进行技术交流,还派遣高级职员进行上层活动,充分体现出卖方的主动性。

2. 虚实相映

与买方相比,卖方更了解产品的真实成本和价值,但为了获取最大利益,卖方应采取虚实相映的策略。在谈判时,卖方往往时而态度诚恳,时而态度强硬;介绍的情况真真假假,似明若暗。为了拉住买方,卖方应介绍些真情,但不可完全说出,要令买方算不清实际价值。卖方运用虚实相映的策略是为了争取高的卖价。

3. 紧疏结合

为了应付买方谈判者的重压,卖方的谈判常表现为时而紧锣密鼓,似急于求成;时而又偃旗息鼓,静观买方的动静。卖方采取这种形式可以加强其谈判地位,也利于考虑各种方案或结果的细节。紧疏结合策略有利于克服买方的压力和加强卖方地位。

(三) 代理地位的谈判

代理谈判是指受人委托参与某项交易或合作的谈判。代理分为两种情况:一种是只有谈判权而无签约权,另一种是全权代理资格。这两种代理有相同点,也有不同点。

1. 相同点

(1) 姿态超脱。由于代理是受人委托参与谈判,财产不是自己私有的,因而其谈判地位较为超脱。代理谈判人常以“第三者身份”来评论买卖双方条件,以迷惑、说服对手。

（2）谈判人的权限观念强。代理人的谈判十分注重自己的授权范围，代理人总是谨慎地、准确地在委托范围内行事。

（3）态度积极。如果谈判成功，代理人可以获得一定的佣金。因此，代理人会采取进取、积极的态度，让委托人产生信心，从而给予他更大的谈判余地。代理人会以积极的态度促成交易。

2. 不同点

两种代理的最根本区别是谈判目标不同。有签约权的代理人谈判，目标是成交签字。无签约权的代理人谈判，目标则是仅到成交为止。谈判中应区分两种代理，并采取不同的谈判策略。

（四）合作者地位的谈判

合作者是指经济活动中的各方，愿以人力、管理、技术、资金来协作完成某个共同制订的目标，并分享实现预定目标所带来的利益。例如，合资经营、合作生产等都属于此类谈判。这类谈判的特点是：

1. 谈判直接性强

对于合作谈判，因为合作双方需要直接了解对方的意图，所以一般表现为合作双方的直接见面，而不需增加中间环节。这样做，一方面可以避免中间环节的干扰，提高谈判效率和成功的概率；另一方面又可以降低费用。所以，在合作谈判中，双方可以带顾问、律师，但一般不要代理人参加。

2. 合作各方的共同语言多

合作各方的利益基本一致，对抗性小。合作各方通常可以取长补短，优势互补，例如一方有现成的厂房和熟练工人，另一方有技术设备和资金。为达到合作的目的，合作各方无论从立场到用语，都是和平友好的，气氛是和谐的，各方能充分肯定共同的利益。

3. 谈判面广且层次深

合作谈判首先注意的是合作目标的可行性。为研究可行性，合作各方的谈判人员要分析研究各方专家提供的政策、经济、能源、资源、劳动力、市场、地理文化等方面的资料和信息，要去伪存真，得出赢利的结论，这样才具有合作的可能性。通常，合作项目的影响因素多且复杂，因此需要进行广泛而深入的谈判。

4. 影响面大

合作谈判的影响面大、涉及的层次深。从小处看，合作谈判会影响到企业的管理层和普通员工；从大处看，合作谈判可影响到地方政府，甚至中央政府。比如，有的大型合作项目，不仅仅涉及企业，还需政府出面。

四、按所属部门分类

按谈判所属部门的不同,可以把商务谈判分为民间谈判、官方谈判和半官半民谈判。

(一) 民间谈判

民间谈判是指非官方组织、社团、民营企业或个人之间进行的谈判。民间谈判的内容不涉及政府活动,交易的内容纯属两个或多个民间团体或个人的经济利益的谈判。这类谈判的范围极为广泛,既有正式的民间各类组织之间的交易、磋商,也有大量以非正式谈判形式存在的个人之间的利益、观点或行为方式的协调。民间谈判的主要特征是:

1. 具有较强的灵活性

民间谈判不涉及政府活动,谈判中的条件可以很快由组织负责人或个人作出,而不必经过许多程序,因此这种谈判的灵活性较大。企业或个人对产品提出的技术要求完全是独立的,不必请求政府。谈判中的价格条件可根据企业或个人的盈利目标来确定,也可根据谈判的影响因素灵活调整价格,具有很强的灵活性。

2. 重私交

在民间谈判中,参与谈判各方较注重企业之间、领导人或谈判人之间的私交。如果谈判各方的私交深,那么交易谈成功的希望大;相反,如果谈判各方的私交浅,那么谈判的成功率就低。因此,在民间谈判中,谈判各方最好先建立友谊,然后再进入实质性谈判。

3. 计较得失

无论是民营企业还是个人,都以生存为重,而生存在于利益,所以在民间谈判中,第一位是利益的得失。

(二) 官方谈判

官方谈判是指国际组织之间、国家之间、各级政府及其职能部门之间进行的谈判。具体包括由政府出面组织的谈判,交易企业属政府管辖且有政府代表参加的谈判,以及所有执行政府间科技合作和经济贸易合作项目下的谈判。官方谈判的主要特征是:

1. 谈判人员的级别高

官方谈判的内容多为要事、大事,政府机构要处理的问题必然与国家的政治、经济、国防、外交等有关,所以参加或主持谈判的人均有一定的级别。

2. 保密程度高

因为涉及国家利益问题,无论是进口还是出口,对第三方必有影响。所以,为了避免第三方的干扰,官方代表们均会在谈判开始前就明确保密要求及保密的具体条文。

3. 谈判节奏快

官方性的商业谈判节奏快，往往是连续作战，甚至有时不主动让对方去进餐，故意拖延对方，以求对方作出让步。

4. 信息处理及时

在官方谈判中，参与谈判各方的主谈者和助手都十分注重及时处理信息，在谈判的过程中就将各方意见及时写成文字，并译成相应语言。谈判结束后，合同草稿基本已完成。

5. 注重礼貌

官方谈判的参与者均为政府官员，位居高职，他们更注重谈判的礼貌性。官方代表为了体现政府的形象，均会很谨慎地参与或引导谈判，谈判中尽量避免争执，多使用礼貌性语言。

（三）半官半民的谈判

半官半民的谈判是指谈判议题涉及官方和民间两方面的利益，或者指官方人员和民间人士共同参加的谈判，以及受官方委托以民间名义组织的谈判等。半官半民的谈判具有以下特点：

1. 制约因素多

因谈判的内容涉及官方和民间的双重意图及利益，谈判代表须两头兼顾。如果谈判人员分别来自政府和民间，他们考虑问题的角度和侧重点均不同，谈判时会受到多种因素的制约。

2. 表达方式要兼顾官民两方

作为谈判代表，在陈述理由的过程中，或在实质性谈判过程中，以及对谈判作出总结时，均要兼顾到“官方”与“民间”代表的反应和他们各自的要求。如果在谈判中忽略了此点，会给谈判增加矛盾。

五、按谈判地点分类

按谈判地点的不同，可以把商务谈判分为主座谈判、客座谈判、主客座轮换谈判和中立地谈判。

（一）主座谈判

主座谈判是指某一方以主人的身份在该方所在国家、地区、城市、办公场所或住所组织进行的谈判。主座谈判占有“地利”，会给主方带来诸多便利，如熟悉的工作和生活环境，利于谈判的各项准备，便于问题的请示和磋商等。因此，主座谈判在谈判人员的自信心、应变能力及应变手段上，均占有天然的优势。如果主方善于利用主场谈判的便利和优势，往往会给谈判带来有利影响。当然，作为东道主，谈判的主方应当礼貌待客，作好谈判的各项准备。主座谈判的特点是：

1. 谈判底气足

由于谈判在自己所在国家或地区进行，从谈判进程的控制、各种谈判资料的准备，到新问题的请示，均比较方便，因而底气足。

2. 以礼压客

东道主一般总是以礼节来表现自己，做到礼貌待客。东道主在邀请、迎送、接待、洽谈组织等方面，都应做到有礼有节。

案例分析

日本与澳大利亚的煤铁谈判

日本的钢铁和煤炭资源短缺，渴望购买煤和铁。澳大利亚生产煤和铁，并且在国际贸易中不愁找不到买主。按理说，日本的谈判者应该到澳大利亚去谈生意，但日本人总是想尽办法把澳大利亚人请到日本去谈生意。澳大利亚人一般都比较谨慎，讲究礼仪，不会过分侵犯东道主的权益。澳大利亚人到了日本，使日本方面和澳大利亚方面在谈判桌上的相互地位发生了显著的变化。澳大利亚人过惯了富裕的舒适生活，他们的谈判代表到了日本之后不几天，就急于想回到故乡别墅的游泳池、海滨和妻儿身旁去，在谈判桌上常常表现出急躁的情绪；而作为东道主的日本谈判代表则不慌不忙地讨价还价，他们掌握了谈判桌上的主动权。结果，日本方面仅仅花费了少量款待作“鱼饵”，就钓到了“大鱼”，取得了大量谈判桌上难以获得的东西。

日本人在了解了澳大利亚人恋家的特点之后，宁可多花招待费用，也要把谈判争取到自己的主场进行，并充分利用主场优势掌握谈判的主动权，使谈判的结果最大程度地对己方有利。

（二）客座谈判

客座谈判是指以客人身份在谈判对手所居住的国家、地区、城市、办公场所或住所进行的谈判。客座谈判的特点是：

1. 谈判受到各种条件的限制

由于谈判是在谈判对手的所在地进行，所以客居他乡的谈判人员会受到各种条件的束缚，需要克服种种困难，如谈判资料准备的不便，向上级请示的不便，远距离通信的困难等。

2. 审时度势

客座谈判人员面对谈判对手必须审时度势，认真分析谈判背景、己方的优劣势和主方的优劣势，以便正确运用并调整自己的谈判策略，发挥自己的优势，争取满意的谈判结果。

(三) 主客座轮换谈判

主客座轮换谈判是指在一项国际商务交易中,谈判地点互易的谈判。在商务谈判中,为了平衡主客座谈判的利弊,如果谈判需要进行多轮,通常安排主、客座轮换进行谈判。在这种情况下,谈判人员应善于抓住主座的机会,使其对整个谈判过程产生有利的影响。主客座轮换谈判的特点是:

1. 时间与效益相结合

主客座轮换谈判的出现,说明了交易的不寻常。它可能是大宗的货物买卖,也可能是成套项目的买卖。这些复杂的谈判,拖延的时间较长,对交易效果的影响也较大。因此,当商务谈判进入主客座轮流谈判的状态时,谈判人员必须考虑时间表对谈判各方利益的影响。

2. 确定阶段利益目标

主客座轮换情况的出现,即说明该项商务谈判所涉及的交易较复杂,交易项目通常可分为几个子项目。谈判者在利用有利条件或寻找、创造有利条件时,应围绕阶段利益目标实现的可能性来考虑。阶段利益目标的实现应以"循序渐进、磋商解决"的方式为基础,每一次换座谈判应完成某个子项目,以实现阶段利益目标。

(四) 中立地谈判

中立地谈判是指在谈判双方(或各方)以外的地点进行的谈判。由于主客身份的差异会造成谈判各方在谈判环境条件上的差别,为了消除可能出现的不利影响,一些重要的商务谈判往往选择在中立地进行。中立地谈判的特点是:

1. 避免谈判环境的不平等

第三地作为谈判地点表现为其不存在倾向性,参与谈判各方均无东道主地域优势,策略运用的条件相当,谈判地域环境较为公平。中立地谈判可以避免主、客座对谈判的某些影响,为谈判提供良好的环境和平等的气氛。

2. 谈判成本增加

参与谈判各方首先要为谈判地点的选择和确定而谈判,地点确定本身比较复杂。确定中立地后,参与谈判各方均要付出差旅费用,谈判总成本必然增加。因此,中立地谈判通常为相互关系不融洽、信任程度不高的谈判所选用。

六、按方式分类

按谈判方式的不同,可以把商务谈判分为口头谈判和书面谈判。

(一) 口头谈判

一般来说,商务活动要求各方进行直接的接触,彼此相互了解,反复磋商,因而绝大多数商务谈判均需要进行口头谈判。口头谈判主要是指参与交易的各方在一起,直接进行口头交谈协商。

1. 口头谈判方式的优点

（1）口头谈判有利于各方直接接触，增进各方的了解和友谊，开拓和发展商务活动。

（2）有利于各方详尽地陈述自己的观点，提出各项具体的交易条件。

（3）便于各方谈判人员交流思想感情，便于通过反复磋商，达成一致意见。

（4）有利于各方察言观色，了解对方的心理活动及反应的程度，并根据谈判的现场气氛和进展情况，运用谈判策略和技巧。

2. 口头谈判方式的缺点

（1）决策时间短。口头谈判一般要在一定的谈判时间内作出成交与否的决策，并要根据谈判的具体情况随机应变，因此要求谈判人员具有良好的业务素质、较高的决策水平以及敏锐的应变能力。

（2）谈判成本高。由于口头谈判一般需要支付谈判人员的往返差旅费、礼节性的招待费、业务费，既费时又费力，这就要求谈判各方需要慎重地选择正式的谈判对象，做好各项准备工作，以便尽可能提高谈判效率与效益。

基于以上这些特点，口头谈判更适用于首次商务谈判、大宗交易谈判、技术性较强的谈判及贵重商品的谈判。

（二）书面谈判

书面谈判是指谈判各方不直接见面，而是利用信函、电报、电传、电子邮件等通信工具和载体所进行的谈判。随着通信手段的迅速发展，书面谈判在国内外贸易谈判中发挥着越来越重要的作用。

1. 书面谈判方式的优点

（1）书面谈判有利于参与谈判各方进行充分的调查和准备，慎重地提出交易条件。

（2）有充分的决策时间。更有利于谈判各方在规定答复的有效期限内，进行充分的考虑、分析和研究，认真答复。

（3）谈判更公正。有利于谈判各方克服因谈判人员的身份、级别、资历、心理素质等各方面造成的不良影响，使谈判在更为客观、公正的条件下进行。

（4）谈判成本低。书面谈判只需花费较少的通信费用，比口头谈判的费用大为减少。

2. 书面谈判方式的缺点

（1）书面谈判对文字表述的要求高。书面谈判要求文字的表达符合商业习惯，措辞严谨，含义确切，内容完整，以防止词不达意、诓骗等所引起的不必要的纠纷。

（2）书面谈判缺乏灵活性。谈判各方难以运用各种说服技巧，往往会使磋商过程不易变通，进而增加谈判次数与时间，影响谈判效果。

(3) 不便于谈判双方的相互了解。信函、电传等通信媒介所能传递的信息量有限。

(4) 书面谈判易受书面资料传递因素的影响。书面谈判所使用的信函、电报、资料受控于邮电、交通部门、网络的传递送达,一旦延误和遗失,就会影响各方的联系,甚至丧失交易时机。

基于以上特点,书面谈判方式只适用于交易条件比较规范、明确,内容比较简单,谈判各方彼此比较了解的情况。对于一些内容比较复杂多变而谈判各方又缺少必要了解的谈判,这种方式是不适用的。对于相距较远的跨地区、跨国界的谈判,书面谈判可作为口头谈判的辅助形式。

需要指出的是,口头谈判与书面谈判的利弊是相对的,它要求谈判人员根据商务活动的需要,进行正确选择。在实际谈判工作中,无须把它们截然分开,可以根据需要交替使用,相互结合。

七、按谈判主体的地域范围分类

按谈判主体地域范围的不同,可以把商务谈判分为国内商务谈判和国际商务谈判。

(一) 国内商务谈判

国内商务谈判是指国内企业、单位、个人之间有关货物、劳务和技术的谈判。由于国内商务谈判具有国籍同一、法律同一、语言相同、文化习俗基本相似,并处于同一经济体制之中等特点,其谈判的基本观念、程序、策略、技巧都具有一定的相通性和可控性。

(二) 国际商务谈判

国际商务谈判是指不同国家或地区的企业、单位、个人之间有关货物、技术和劳务的谈判。就我国而言,国际商务谈判就是对外贸易谈判。国际商务谈判与国内商务谈判相比,既有基本相同的一面,又有不同的特征。国际商务谈判的特征有:

1. 涉及面广,更具复杂性

国际商务谈判中的谈判议题要比国内谈判广泛,合同的履行也比国内困难。国际商务谈判要涉及谈判人员的出入境,谈判的时间和费用问题都比国内谈判复杂,谈判中的所有议题都要求高效率地达成共识。因此,国际商务谈判要求谈判人员做好充分的准备工作。由于谈判结果导致有形或无形资产的跨国转移,因而要涉及国际贸易、国际金融、会计、保险、运输等一系列复杂的问题。这就对从事国际商务谈判的人员在知识方面提出了更高的要求。

2. 具有较强的政策性

国际商务谈判既是一笔交易的商洽,也是一项涉外活动,具有较强的政策性。谈判双方之间的商务关系是一国同别国或地区之间的经济关系的一部分，并且常常涉及一国同该国之间的政治关系和外交关系。国际商务谈判必须贯彻执行国家有关的方针政策和外交政策，还应注意国别政策，执行对外经济贸易的一系列法律和规章制度。例如，我国政府的对外开放政策极大地推进了涉外商务谈判及其带来的商务交易活动。因此，各类国际商务谈判的参与者，都通过各种渠道积极寻求我国政府以及有关的外国政府或地区当局的支持或认可。

3. 交易各方在社会、经济和法律上具有差异性

由于不同的国家之间在法律、贸易政策、商业习惯以及度量衡制度等方面存在着差异，因此在谈判之前，谈判人员必须了解对方国家有关的法律和贸易政策，并熟悉国际上通行的有关的法律和惯例，在谈判中要准确理解对方提出的问题及其态度，这样才能减少谈判障碍。

4. 风险因素较多

在国际商务谈判中，除了要考虑运输风险、价格风险、商业信用风险以外，还要考虑政治风险和外汇风险等。因此，在对外谈判的准备和谈判过程中，都要注意摸清对方的资信情况和经营能力，密切注意有关市场变化情况、外汇市场的走势以及国际风云的变幻，并综合考虑对方国家对我国的政治态度和两国政府之间的经贸关系，以便在谈判过程中正确决策，避免失误。

5. 谈判交流较困难

国际商务谈判涉及不同的社会经济制度和社会文化背景，使交易各方在谈判过程中的合作与交流更为困难。因此，在谈判之前，应当努力了解和熟悉对方的习惯和办事方法，克服偏见，相互尊重，注重礼节，尤其要重视语言在对外谈判中的特殊作用。

八、按谈判的内容分类

按谈判内容的不同，可以把商务谈判分为货物买卖谈判、对外加工装配业务谈判、投资谈判、技术贸易谈判、工程承包谈判、租赁业务谈判和合资合作经营谈判。

（一）货物买卖谈判

货物买卖谈判的标的是货物，它主要是买卖双方就货物的品质、数量、包装、保险、运输、检验、价格、支付、交易过程中各方的权利、责任和义务等问题进行的谈判。货物买卖谈判是商务谈判中数量最多的一种谈判。

货物销售方比较关注货物的价格、货款的支付和保险、运输、检验等条款。在全球化条件下，企业只有不断开拓国际市场，才能提高经济效益，才能不断提高技术水平、改善经营管理，从而为自身赢得更大的发展空间。

货物购买方比较关注所购进货物是否能满足自身的需要，同时要掌握好货

物的价格。如果是跨国贸易,则要减少进口环节,合理选择进口货物来源地,选择适当的进口时机和确定适当的批量。

(二) 对外加工装配业务谈判

对外加工装配业务谈判又称加工贸易谈判,加工贸易包括来料加工、来件装配、来样制作三种类型。加工贸易是由外商提供一定数量的原材料、零部件和元器件,由我国的工厂按对方要求的品质、规格和款式进行加工装配,成品交由对方处置,我方按照约定收取加工费作为报酬。它是一种简单的国际间劳务合作的形式。

对外加工装配业务具有以下特点:

(1) 交易双方不是买卖关系,而是委托加工关系,因而谈判的核心是加工费的高低,而不是货物的品质和价格问题;

(2) 承接方一般不拥有所有权,只有使用权,即只能对来料来件进行加工装配,并收取一定的加工费;

(3) 委托方承担接受全部加工装配合格的成品和支付约定的加工费的责任。

(三) 投资谈判

投资是指经济主体为获得经济效益而垫付货币或其他资源用于某项事业的经济活动。投资谈判是指参与谈判各方就共同参与或涉及的某项投资活动,对该投资活动所涉及的有关投资的周期、投资的方向、投资的方式、投资的内容和条件、投资项目的经营和管理,以及投资者在投资活动中的权利、责任、义务和相互关系进行的谈判。

投资谈判通常会涉及投资股权和比例的计算、生产用地和机器设备的作价、技术的先进性和适用性、知识产权保护、生产产品合格率的宽严、共同投资的项目的经营管理和利润分配等问题,而且履约时间长,因而属于商务谈判中难度较大的一种,必须由富有经验且精通技术、商务、法律的人员来担任主谈人,谈判时应注意谈判的细节内容。

(四) 技术贸易谈判

技术贸易是指技术拥有方把生产所需要的技术和有关权利,通过贸易方式提供给技术需求方使用。它把技术当做商品按商业交易的条件和方式进行有偿的转让,这是市场经济条件下技术转让的最主要方式。技术贸易谈判是指技术权利所有者和技术接受方就技术的内容、使用范围、价格条件、支付方式、所生产的产品质量以及技术的保密等问题进行的谈判。

技术作为特殊的商品进行买卖,有其独有的特点。技术贸易谈判与货物买卖谈判的主要区别是:

(1) 技术贸易多数是技术使用权的转让,而不是所有权的转让。由于同一技术同时可供给众多生产企业使用,所以国际上绝大多数的技术贸易都是技术使用权的转让,而不是技术所有权的转让。技术拥有方并不因为把技术转让给他人而失去所有权,他自己仍可使用或转让给其他企业使用该项技术(技术贸易合同规定不得使用的除外)。

(2) 技术贸易当事人之间是既合作又竞争的关系。技术转让是知识和经验的传授,其目的是使技术引进方消化和掌握这项技术并用于生产。因此,签订技术贸易合同后,履行合同一般要经过提供技术资料、技术人员培训、现场指导,以及进行技术考核、验收,乃至继续提供改进技术等过程,这就需要技术贸易双方建立较长期的密切合作关系。对技术供给方来说,把技术转让给受让方,必然要给受让方让出部分市场,就等于培养一个潜在的竞争者。而货物贸易一般不存在上述性质的合作和竞争的双重关系。

(3) 技术贸易的价格较难确定。技术贸易中技术的价格不像货物价格那样主要取决于货物的成本;另外,技术转让后,技术转让方并不失去对这项技术的所有权,他仍可使用这项技术或可多次转让,以获取更多的经济效益,因此,决定技术价格的主要因素是接受方使用这项技术后所能获得的经济效益。而接受方所获得的经济效益,在谈判和签订合同时往往是难以准确预测的,这就形成了确定技术贸易价格的复杂性。

(4) 技术贸易所涉及的法律比一般货物贸易复杂。除合同法等一般性法律外,还涉及工业产权法、税法、投资法、技术转让法等专门法规以及国际惯例。而一般货物贸易所涉及的法律就较为简单。

(五) 工程承包谈判

工程承包是指一个工程建筑企业(称为承包人),通过国际通行的投标或接受委托等方式,与兴办一项工程项目的另一个厂商企业或个人(称为发包人或业主)签订合同或协议,以提供技术、劳务、设备、材料等,负责承担合同所规定的工程设计、建造和机械设备安装等任务,并按合同规定的价格和支付条款,向发包人收取费用及应得的利润。

由于工程承包是一种综合性的交易,涉及劳务、技术、设备、材料、土建工程等许多方面,交易的期限比较长,因而交易双方面临的风险也非常大,工程承包谈判是一种非常复杂的谈判。担任此类谈判的负责人和主谈人应是具有丰富实践经验的工程技术方面的专家。

(六) 租赁业务谈判

租赁业务是指出租人在一定时期内把建筑物或机器设备租给承租人使用,承租人按规定支付租金给出租人。租赁业务谈判是指出租人与承租人之间就建筑物或机器设备的租赁事宜进行的谈判。从性质上看,租赁业务是典型的贸易与信贷、投资与融资相结合的综合性交易。在租赁业务谈判中,机器设备的租赁谈判占较大的比重。出租人与承租人在谈判中要就机器设备的选择、交货、维修保养、到期后的处理、租金的计算及支付、合同期内租赁方与承租方的义务与权利等问题进行具体的磋商。

第三节　商务谈判的基本原则

商务谈判的原则是指在谈判过程中谈判双方必须遵守的基本准则或规范。谈判的原则作为谈判内在的、固有的规范，所有谈判者在谈判中都必须遵守。充分了解谈判原则，有助于掌握和运用谈判的策略和技巧，保护谈判当事人的权利与利益。遵循必要的谈判原则，是谈判获得成功的基本保证。商务谈判应遵循平等互利、友好协商、灵活机动、合理合法、适当运用谋略和技巧等基本原则。

案例导读

商务谈判中遵循谈判原则的重要性

下面这则案例，说明了我国企业在对外商务谈判中遵循了平等互利、友好协商、灵活机动、合理合法、适当运用谋略和技巧等原则，以争取自身利益。

某年，我国某大型钢铁公司曾经为引进两套大型轧钢机，同两个国家的四家公司进行了接触，他们都报了价。其中，D国的×公司的技术对我国来说最适用，但这家公司的报价最高，而且该公司认为其与中国的交往甚多，与官方往来密切，以为稳操胜券。该公司的代表态度十分傲慢，立场十分强硬。

这两台轧钢机是国家急需的成套设备，费用昂贵，事关重大。我方主谈人从多方面考虑，主动找了D国的×公司的谈判代表，希望他能降低报价。但对方却说，现在不是降价的问题，而是升价的问题。他特别提醒我方主谈人，他们公司的报价有效期是3月15日晚上12点，过了这个时间，他们将涨价15%。

为了争取主动，打开谈判的局面，经验丰富的中方主谈人采用了“货比三家”的谋略，撇开D国的×公司，转向其他三家公司。经过同R国的B公司多次谈判，B公司的谈判代表一再让步，价格已经比×公司低了很多。我方主谈人又通过某种渠道，把与B公司谈判的情况捅给了×公司的上层人物，说×公司的谈判代表要价太高，而B公司的报价比较优惠，×公司将失去这笔大买卖。

×公司的总经理一听急了，马上通知该公司的谈判代表，把他骂了一顿，要他无论如何也要谈成这笔大生意。

×公司的代表再也坐不住了，他放下了架子主动来找我方主谈人，说接到了新的指示，愿意降低价格同我方进行新一轮谈判。这回我方主谈人却说：“你们等着吧！到了‘3月15日’，我会给你答复的。请注意，这是贵公司规定的最后时限。”

×公司的谈判代表很着急，我方主谈人抓住对方急于谈判的心理，以其人之道还治其人之身，狠狠地报了一个低价，比B公司的报价还要低2000万美元，并且也规定了一个最后时限，限他在3月15日晚上12点以前答复。理由很简单，因为我方和B公司的谈判有了一定的成果，如果要撇开B公司与×公司达成协议，除非×公司的价格比B公司还低，否则我方将失去信誉。此时离3月15日只有两天时间了，×公司的谈判代表很生气，他指责我方主谈人存心不和他做生意，他要向有关方面控告，要打官司，要我方赔偿他来华谈判所花的费用。我方主谈人义正词严地把他顶了回去。

到了3月15日晚上11点45分，离最后时限还有15分钟，×公司的谈判代表敲开了我方主谈人的房门，无可奈何地同意了我方的还价。我方主谈人不仅为国家引进了急需的、技术先进的大型轧钢设备，而且还为国家节约了好几千万美元的外汇。

一、平等互利原则

平等互利原则的基本含义是：在商务活动中，双方的实力不分强弱，在相互关系中应处于平等的地位；在货物交换中，自愿让渡货物，等价交换；谈判双方应根据需要与可能，进行平等的磋商，互惠互利。一次成功的谈判，每一方都必须让对方得到某些好处，否则对方就没有理由参加，而可能退出谈判。所以，商务谈判的每一方都必须作好各项准备，在平等的基础上，满足对方的某些要求。平等互利原则包括平等性要求和互利性要求。

（一）平等性要求

平等是商务谈判得以顺利进行和取得成功的重要前提。在商务谈判中，平等性要求包括以下几方面内容：

1. 谈判各方地位平等

国家不分大小贫富，企业不论实力强弱，个人不管权势高低，在经济贸易谈判中地位一律平等，不可颐指气使，盛气凌人，把自己的观点和意志强加给对方。谈判各方应尊重对方的主权和愿望，根据彼此的需要和可能，在自愿的基础上进行谈判。

2. 谈判各方的权利与义务平等

谈判各方既应平等地享受权利，也要平等地承担义务。谈判者的权利与义务具体表现在谈判各方的一系列交易条件上，包括涉及各方贸易利益的价格、标准、资料、方案、关税、运输、保险等。如在世界贸易组织中，国与国之间的贸易和谈判要按照有关规则公平合理地削减关税，尤其是限制或取消非关税壁垒。谈判的每一方，都是自己利益的占有者，都有权从谈判中得到自己所需要的，都有权要求达成等价有偿、互相受益、各有所得的公平交易。在谈判的信息资料方面，谈判者既有获取真实资料的权利，又有向对方提供真实资料的义务。谈判方案以及其他条件的提出、选择和接受，都应符合权利与义务对等的原则。谈判者享受的权利越多，相应地需要承担的义务也就越多，反之亦然。

3. 谈判各方签约与履约平等

商务谈判的结果是签订贸易及合作协议或合同。协议条款的拟订必须公平合理，有利于谈判各方目标的实现，使各方利益都能得到最大程度的满足。谈判合同一经成立，谈判各方面须“重合同，守信用”，“言必信，行必果”，认真遵守，严格执行。签订合同时不允许附加任何不合理的条件，履行合同时不能随意违约和单方面毁约，否则就会以不平等的行为损害对方的利益。

（二）互利性要求

在商务谈判中，平等是互利的前提，互利是平等的目的。平等与互利是平等互利原则密切联系、有机统一的两个方面。商务谈判应兼顾各方的利益，因此应做到以下几点：

1. 投其所需

在商务活动中进行谈判，是通过协商从对方获取己方所需要的东西。只想得利而不付出，只顾自己需要而无视他人利益，是不可能在谈判中如愿以偿的。因此，商务谈判中应注意以下几点：首先，应将自己置身于对方的立场上设身处地地为其着想，对其愿望、需要与担忧表示理解和同情，富于人情味，建立起情感上的认同关系；其次，要了解对方在商务谈判中的利益要求是什么；最后，在对对方有所知的基础上有的放矢地满足其需求。

2. 求同存异

谈判各方的利益要求完全一致，就无需谈判，因而产生谈判的前提是各方利益、条件、意见等存在着分歧。商务谈判实际上是通过协商弥合分歧，使各方利益目标趋于一致而最后达成协议的过程。如果因为争执升级、互不相让而使分歧扩大，则容易导致谈判破裂。而如果想使一切分歧意见皆求得一致，在谈判上既不可能也无必要。因此，互利的一个重要要求就是求同存异，求大同，存小异。谈判各方应谋求共同利益，妥善解决和尽量忽略非实质性的差异，这是商务谈判成功的重要条件。

3. 妥协让步

在商务谈判中，互利不仅表现在“互取”上，还表现在“互让”上。互利的完整含义，应包括促进谈判各方利益目标共同实现的“有所为”和“有所不为”两个方面。既要坚持、维护己方的利益，又要考虑、满足对方的利益，兼顾双方利益，谋求共同利益，此乃“有所为”；对于难以协调的非基本利益分歧，面临不妥协不利于达成谈判协议的局面，作出必要的让步，此乃“有所不为”。妥协能避免冲突，让步可防止僵局，妥协让步的实质是以退为进，促进谈判的顺利进行并达成协议。

二、友好协商原则

在商务谈判中，双方必然会就协议或合同条款发生争议，不管争议的内容和分歧程度如何，双方都应本着友好协商的原则谋求解决。谈判当事人应把眼光放得长远一些，互相谅解。终止谈判的决定一定要慎重，要全面分析谈判对手的实际情况，看其是否缺乏诚意，或是否确实不可能满足我方最低要求的条件，因而不得不放弃谈判。只要尚存一线希望，就要本着友好协商的原则努力达成协议。下面的案例就体现了谈判中所坚持的友好协商原则。

案例分析

友好协商中英文函件的有效性

某年，某国进出口银行向上海市一个项目提供数千万美元的优惠贷款，这是该银行第一次向上海提供优惠贷款，上海方面由某信托公司出面与该银行发生业务关系。由于是第一次发生业务交往，该银行对我方公司的性质、实力、信誉不了解，谈判过程中表现得非常谨慎。有鉴于此，根据该银行提出的要求，上海市人民政府出具了中文证明信函，表示该信托公司是隶属于上海市人民政府的地方国有企业，市政府愿意承担因其负债、破产、合并、资产转移等引起的一切责任；同时签发了经过公证的一封内容完全相同的英文信函给该银行负责人。正当办理这笔贷款的时候，该银行因故突然提出要出具一份证明，说明中文函件无效，必须以英文函件为准。这样做意味着要求我们声明以我国文字形成的文件无效，这是我方不能接受的，由此引起了一场危机，谈判陷入停顿。经我方多方面了解情况，意识到对方是有诚意的，不是节外生枝、故意刁难，只是不久前该银行在文字问题上发生了一件不愉快的事情，从而显得更加小心。本着友好协商原则和出于共同的利益，我们要显示出诚意，必须提出一个折中的、双方都可以接受的解决方案。为此，我方再次以上海市主要官员的名义，出具了一封函件，表明该主要官员是中文函件的负责人。信中指出，原来交给该银行负责人的英文函件是中文函件的正确翻译，可以从该银行的立场出发，以该英文文本作为正式文件处理有关事务。这样，双方立场上的分歧得以消除，而且对方也认识到了我方的友好态度，以后的谈判进行得非常顺利。

三、灵活机动原则

在商务谈判中,要灵活运用多种谈判技巧,促使谈判获得成功。灵活机动原则可以从两个方面体现:一方面,谈判进行过程中,如果遇到对手的交易条件与我方的预定方案相比对我方较为有利时,我方应适时提高交易条件,以争取获得更大的利益;另一方面,在不放弃一些重大原则的前提下,要有实现整个目标的灵活性,特别是要根据不同的谈判对象、不同的市场竞争情况、不同的销售意图,采用灵活的谈判技巧,才能促使谈判成功。下面的案例就体现了谈判中所坚持的灵活机动原则。

案例分析

灵活选择最先进设备

我国某企业打算从国外引进一组大型化工设备,事先技术部门已经作好了技术规划方案。后来消息公布以后,国外卖方十分踊跃,六个国家的十多家公司纷纷表示愿意承办这个项目。在此情况下,我方要求国外公司提供较详细的方案以作对比。经过审阅,我方技术人员从这些方案中发现了更先进、更经济的工艺,了解了许多最先进的技术,于是便适时地将原有方案作了修改,使我方方案变得更为完善。最后,我方以合理的价格获得了最先进的设备,也选择到了最合适的合作伙伴。

四、合理合法原则

在商务谈判的最后阶段,参与谈判各方通常需签订书面合同,合同中应写明各方的权利和义务,各方所作出的一切承诺均应在法律所允许的范围内。因此,在谈判的过程中,谈判各方应遵循合理合法的原则,各方所享受的权利和承担的义务既要合理,又要合法。如果是国际商务谈判,由于谈判各方所处国家的法律制度通常都存在着差异,就要求谈判人员在使用语言和书面文字时要考虑法律后果,通常还需确定合同适用哪国法律。下面的案例就体现了谈判中所坚持的合理合法原则。

案例分析

中美合资企业合同适用法的确定

20 世纪 80 年代中期,美国一家大型企业来我国投资,兴办合资企业。在完成技术、商务谈判的许多细节磋商后,中美双方在起草合资企业合同时产生了严重的意见分歧。美方谈判代表坚持要求在合同中写明，该合同的适用法为美国某州（该公司所在的州）州法；我方谈判代表则认为，这是无视我国涉外经济法规的无理要求，坚决不予考虑，双方互不让步。美方负责此项谈判的福特先生眼看谈判将要前功尽弃，多次叹息："我的精神要崩溃了！要丢饭碗了！"这时，我方谈判人员向一位通晓中美双方经济法的专家咨询，这位专家约请福特先生晤谈，从中了解到美方的要求是出于对当时我国在保护知识产权方面法律体系不完备的担忧。因为若干年以前，这家公司出过一次失误，有一项对公司生存至关重要的专有技术在向他国转让时，未能受到应有保护而使该公司险些破产，因此他们在技术转让问题上就格外谨慎。对此情况，我方十分理解，并意识到我国的法律的确有待完善。于是，我方直接与该公司总部的法律部负责人联系，解释我国法制建设情况及对保护知识产权的积极态度；同时我方提出一个建设性方案，即在合同中明确表达：该合同适用法为中国法律，在中国现有法律的一些个别不完备之处，再补充几个专门的保护条款，这些补充条款适用法为美国纽约州州法。因为我方对该公司所在州的州法知之甚少，故建议改成适用纽约州州法。这一方案提出后，美方代表对我方的诚意十分敬佩，并很快同意我方的方案，僵局得以化解。两年后，合资企业已正常生产，之后几年，其业务不断发展，效益颇佳。后来，美方又追加了2000万美元投资，扩展了业务。

20世纪90年代中期，福特先生再次陪其总裁访华时一再强调：正是由于我方采取的合理合法的做法，才使僵局巧妙化解，给其公司业务的拓展带来了生机，他本人也因此而得到了提升。他表达了对我方谈判人员才华的钦佩。

五、适当运用谋略和技巧原则

在商务谈判中，既要坚持原则，又要留有余地，必要时可以使用谋略和技巧来达到己方的目的。谈判既是一门科学，又是一门艺术。如果谈判人员能够在谈判中灵活地运用谈判谋略和技巧，有时能取得很好的谈判效果。本书第五章和第六章将详细分析谈判中如何运用谋略和技巧。下面的案例说明，适当运用谋略和技巧，能给谋略使用方带来更多利益。

案例分析

谈判专家"货比三家"的谈判策略

1999年4月5日，美国谈判专家史帝芬斯决定建个家庭游泳池，建筑设计的要求非常简单：长30英尺，宽15英尺，有温水过滤设备，并且在1999年6月1日前竣工。虽然谈判专家史帝芬斯在游泳池的造价及建筑质量方面是个外行，但这并没有难倒他。史帝芬斯首先在报纸上登了个建造游泳池的招商广告，具体写明了建造要求。很快,就有A、B、C三位承包商前来投标,各自报上了承包的详细标单,里面有各项工程的费用及总费用。史帝芬斯仔细地看了这张标单,发现他们所提供的抽水设备、温水设备、过滤网标准和付钱条件等都不一样,总费用也有不小的差距。

于是,4月15日,史帝芬斯约请这三位承包商上午九点到自己家里商谈。三位承包商如约准时到来,但史帝芬斯客气地说,自己有件急事要处理一会儿,一定尽快与他们商谈。三位承包商只得坐在客厅里一边彼此交谈,一边耐心地等候。

十点钟的时候,史帝芬斯出来请承包商A先进书房去商谈。承包商A一进门就介绍自己干的游泳池工程一向是最好的,完全有能力建好史帝芬斯的家庭游泳池。同时,还顺便告诉史帝芬斯,承包商B通常使用陈旧的过滤网;承包商C曾经丢下许多未完的工程,现在正处于破产的边缘。

接着,史帝芬斯出来请承包商B进行商谈。史帝芬斯从承包商B那里又了解到,其他人所提供的水管都是塑胶管,只有承包商B所提供的才是真正的铜管。

后来,史帝芬斯出来请承包商C进行商谈。承包商C告诉史帝芬斯,其他人所使用的过滤网都是品质低劣的,并且往往不能彻底做完,拿到钱之后就不认真负责了,而自己绝对能做到保质、保量、保工期。

史帝芬斯通过耐心的倾听和旁敲侧击的提问,基本上弄清楚了游泳池的建筑设计要求,特别是掌握了三位承包商的基本情况:承包商A的要价最高,承包商B的建筑设计质量最好,承包商C的价格最低。经过权衡利弊,史帝芬斯最后选中了承包商B来建造游泳池,但只给承包商C提出的标价。经过一番讨价还价之后,谈判终于达成一致。史帝芬斯在极短的时间内,不仅使自己从外行变成了内行,而且还找到了质量好、价钱便宜的建造者。

在这个案例中,谈判专家很好地运用了"货比三家"的谈判策略,设计了一个公开竞争的舞台,并请三位承包商在竞争的舞台上作了充分的表演。通过竞争,最后以最优惠的价格找到了最满意的承包商。

第四节　商务谈判的程序

在长期商务谈判实践的基础上,谈判人员将谈判的程序逐步确定下来,并以此作为工作的规范和要求。商务谈判的基本程序一般包括准备、开局、正式谈判和签约四个阶段。

一、准备阶段

任何一项商务谈判都要经过精心的准备，商务谈判前的准备工作就是要做到知己知彼，心中有数。一场谈判能否达到预期的目的，不仅取决于谈判中谋略和技巧的运用，而且还有赖于谈判前充分细致的准备工作。在与经验丰富的对手谈判时，更要重视谈判前的准备工作。谈判准备工作的内容主要包括以下五部分：

（一）对谈判环境因素的分析

商务谈判往往涉及政治、经济、社会习俗、法律、商业习惯、财务、自然条件等环境因素，这些因素对谈判的成败有很大影响，必须对其进行认真分析，才能制订出相应的谈判计划。

（二）信息的收集

在商务谈判中，谈判人员对谈判信息的收集、分析和利用的能力，对整个谈判活动有着极大的影响。在谈判信息方面占据优势的一方往往会把握谈判的主动权。因此，经验丰富的谈判专家都极其重视对各种谈判信息的运用，他们都具有敏锐地洞察事物细微的能力，并十分注意捕捉对方思想过程和行为方式中的各种信息。

（三）谈判对象的选择

当一方决定要进行商务谈判后，需要在收集信息的基础上明确谈判对象，即明确与谁谈判。企业无论作为卖者还是买者，其交易对象的选择范围都是十分广泛的，而具体的谈判对象的交易条件又是多样的、变化的，这就要求企业的谈判人员要围绕本企业的经营范围广泛收集信息，了解市场行情，并选择适当的方式与社会各方面保持广泛的联系。一般而言，如果企业要谋求长期合作，最好选择那些与企业有良好业务往来关系的企业或组织作为谈判对象。

（四）谈判方案的制订

在了解了谈判环境、谈判对手和自身的情况后，在正式进行激烈的谈判交锋之前，还需制订出一个周全而又明确的谈判计划，即制订一个谈判方案。谈判方案是指导谈判人员行动的纲领，在整个谈判过程中起着非常重要的作用。谈判方案中应包括以下内容：确定谈判的具体目标、规定谈判期限、拟定谈判议程、安排谈判人员、选择谈判地点等。

（五）模拟谈判

谈判方案是谈判方单方面制订的，带有很大的片面性。谈判方案本身具有多大的可行性，在谈判过程中会遇到哪些阻力、困难，会出现哪些新问题，可以通过模拟谈判来检验和解决。模拟谈判是指在正式谈判开始之前，对谈判进行假设推理和预备练习，通过模拟对手在既定场合下的种种可能表现和反应，检查已制订好的谈判方案在实施过程中可能出现的问题,以便及时修正和完善。模拟谈判能使谈判人员获得实际经验,随时修正谈判中可能出现的错误,提高谈判能力。

谈判前的准备是否充分是决定商务谈判成功与否的关键。准备工作充分,谈判中就能处于主动地位,谈判就能顺利,效果也好;否则,仓促上阵,往往使自己陷入被动地位,难以取得好的谈判效果。本书第三章将详细介绍商务谈判前的准备工作。

案例分析

GE出售航天业务的谈判

早在20世纪80年代中期,GE公司的CEO杰克·韦尔奇就想出售公司旗下的航天业务。冷战已经结束,公司航天生产业务过于庞大,市场却越来越小,所以公司的结论是:必须从这一领域抽身。但寻找一家理想的收购公司却花了杰克很长时间。进入20世纪90年代,杰克发现了马丁·玛丽埃塔公司,它是一家单纯的航天业务公司。

1992年10月,杰克在一次商业会议上找到了马丁·玛丽埃塔公司的CEO诺姆·奥古斯丁。见面之后,杰克向他提议一起坐坐,并好好探讨一下各自航天业务的发展去向。尽管诺姆也想这样做,但却比较犹豫,部分原因是害怕杰克收购他们的公司。杰克承诺不会收购他们的公司,并建议改日一起吃晚饭。

几天后,诺姆来到了杰克的办公室,GE公司的工作人员早已把交易的事项和条件制成图表,以便谈判时使用。诺姆坐下来,边吃鱼边听杰克陈述。这项交易显然对双方都有好处:马丁·玛丽埃塔公司可以把规模扩大;而对GE公司来讲,也可以从军工领域安然脱身。晚饭中间,杰克与诺姆达成共识,抛开那些通常做法,列出他们不容商量的底线内容。为防止引起其他不必要麻烦和给企业造成不良影响,双方都希望把了解谈判情况的人员范围减少到最小程度。在诺姆离开之前,双方的立场已经足够接近,交易可以考虑进行。双方都同意不让投资银行和外部的法律公司介入。在谈判过程中,诺姆曾秘密地在杰克的办公室度过了三个晚上。当时,马丁·玛丽埃塔公司的100名最高级管理人员正在佛罗里达的开普提瓦岛上开会,所以,诺姆白天出现在开会的会场,匆匆吃过晚饭后便飞到纽约与杰克见面谈判,一谈就是半个晚上。然后,他再飞回去,在飞机上睡一觉,接着准备白天公司的会议。

第三个晚上之后,在鸡尾酒会的一块餐巾上,杰克与诺姆把交易的要点写清楚了,大家握手庆贺。他们的相互信任加快了谈判进度。杰克与诺姆商定,不管什么时候,他们都可以通过电话联系,迅速解决问题,而且他们就是这样做的。三个星期之后，交易完成。当双方于1992年11月23日宣布这项交易的时候，在股票市场上，四个小时内，两家公司的市值都上涨了20亿美元。从两人的第一顿晚饭到宣布这项当时最大的航天行业并购交易，前后只用了27天。

交易金额是30亿美元，但马丁·玛丽埃塔公司最多能拿出20亿美元现金，因此，杰克的助手丹尼斯·戴默曼考虑出了一个可转换优先股的方案。这一方案解决了交易的融资问题，使GE公司拥有了马丁·玛丽埃塔公司25%的股份。交易的成功使两家继续获益。这项交易使马丁·玛丽埃塔公司规模扩大了一倍，并引发了航天业的大规模并购浪潮。两年以后，马丁·玛丽埃塔公司与洛克希德公司合并。到1994年，当GE公司把自己持有的该公司股票全部出售的时候，GE公司得到了30亿美元，价值已经翻了一番。

从上面的案例可以看出，杰克在和诺姆·奥古斯丁的谈判前及谈判过程中都作了充分的准备。因此，商务谈判是否取得成功，很大程度上取决于各项准备工作和计划是否充分。

二、开局阶段

开局阶段是指谈判双方见面后，在进入具体交易内容之前，相互介绍、寒暄，以及就谈判内容以外的话题进行交谈的那段时间和过程。开局阶段所占用的时间较短，谈论的内容也与整个谈判主题关系不大或根本无关，但这个阶段却很重要，因为它为整个谈判过程确定了基调。

谈判的内容、形式、地点不同，其谈判气氛也不相同。有的谈判气氛十分热烈、积极、友好；有的谈判气氛却很冷淡、对立、紧张；有的谈判简洁明快，速战速决；有的谈判慢条斯理，旷日持久。一般来讲，通过谈判气氛，可以初步感受到对方谈判人员谈判的气质、个性和本次谈判的态度，以及准备采取的方针。

在开局阶段，究竟营造何种谈判气氛为宜，要根据准备采取的谈判方针和谈判策略决定，也要视谈判对手是陌生的新人还是熟识的老友加以区别。本书第四章将详细介绍开局阶段的策略。

三、正式谈判阶段

正式谈判阶段又称实质性谈判阶段，是指从开局阶段结束以后，到最终签订协议或谈判失败为止，双方就交易的内容和条件进行谈判的时间和过程。它是整个谈判过程的主体。

货物买卖谈判是一种较常见的商务谈判，在货物买卖谈判中，正式谈判阶段一般要经历报价、讨价还价和成交三个环节。

（一）报价

报价是指谈判的某一方首次向另一方提出一定的交易条件，并愿意按照这些条件签订交易合同的一种表示。在经历了谈判双方最初的接触、摸底,并对所了解和掌握的信息进行相应的处理之后,商务谈判往往由横向铺开转向纵向深入,即从广泛性洽谈转向对一个个议题的磋商。不过,这里所指的“价”是就广义而言,并非单指价格,而是指包括价格在内的诸如交货条件、支付手段、违约金或押金、品质与检验、运输与保险、索赔与诉讼等一系列内容。

(二) 讨价还价

讨价还价也称议价或磋商,主要是指参与谈判各方通过协商方式解决利益的分配问题。讨价还价阶段是真正的谈判阶段,在这一阶段,各方谈判人员都依据己方的谈判目标,为达成协议而千方百计地说服对方接受自己的观点。在讨价还价阶段,谈判各方的对立状态较明显,各方人员都为掌握谈判的主动权而施展各种谋略和技巧,时而唇枪舌剑,时而较智斗勇。在这一阶段,谈判人员应该坚定立场与信念,朝着己方事先确定的目标前进;但也要牢记,讨价还价是为了谋求一致,为了探寻共同利益的结合点。因此,讨价还价阶段既要针锋相对,坚持不懈,又要掌握时机,互相让步,彼此妥协。

(三) 成交

成交是指经过最后阶段的努力,谈判各方就交易条件达成一致。成交阶段的主要任务是促成交易。随着谈判进入成交阶段,双方有必要进行最后的回顾和总结,明确是否所有内容都已谈妥,提炼出整个谈判过程中所谈判的主要问题,对特殊的问题加以确认,概括一下最后决定,明确结果是否已达到己方期望的交易或谈判目标,查看对方对目前所有决定是否满意。经过一番艰苦的讨价还价,谈判取得了很大的进展,但也存在最后一些问题。在谈判的最后阶段,仍然需要善始善终,孜孜以求。如果放松警惕,急于求成,有可能导致前功尽弃,功亏一篑。成交分完全成交和部分成交,在无法实现完全成交时,若能实现部分成交,也是一种可取的谈判结局。

四、签约阶段

谈判双方经多次反复洽谈,就合同的各项重要条款达成协议以后,为了明确各方的权利和义务,通常要以文字形式签订书面合同。书面合同是确定双方权利和义务的重要依据,因此,合同内容必须与双方谈妥的事项及其要求完全一致,特别是主要的交易条件都要订得明确和肯定。拟定合同时所涉及的概念不应有歧义,前后的叙述不能自相矛盾或出现疏漏和差错。

书面合同经过各方谈判代表推敲、修改完善之后,参与各方的代表需签字确诊。在签字完成之后,这些合同条文便开始生效并具有法律效力。

复习思考题

一、名词解释

1. 谈判 2. 商务谈判 3. 平等互利原则 4. 模拟谈判

二、简答题

1. 商务谈判的特征有哪些?

2. 商务谈判按交易地位分类可以分为哪些类型?按谈判的内容分类又可以分为哪些类型?

3. 商务谈判的基本原则有哪些?

4. 商务谈判的基本程序是什么?

三、案例分析

日本一家著名汽车公司刚刚在美国“登陆”,急需找一个美国代理商来为其推销产品,以弥补他们不了解美国市场的缺陷。当日本公司准备同一家美国公司谈判时,谈判代表因为路上堵车迟到了,美国谈判代表抓住这件事紧紧不放,想以此为手段获取更多的优惠条件,日本代表发现无路可退,于是站起来说:“我们十分抱歉耽误了您的时间,但是这绝非我们的本意,我们对美国的交通状况了解不足,导致了这个不愉快的结果。我希望我们不要再因为这个无所谓的问题耽误宝贵的时间了。如果因为这件事怀疑我们合作的诚意,那么我们只好结束这次谈判。我认为,我们所提出的优惠条件是不会在美国找不到合作伙伴的。”日本代表一席话让美国代表哑口无言,美国人也不想失去一次赚钱的机会,于是谈判顺利进行下去了。

问题:

1. 美国公司的谈判代表在谈判开始时试图营造何种开局气氛?

2. 如果你是美方谈判代表,应该如何扳回劣势?

第二章　商务谈判人员的素质要求

【本章学习目标】

- 了解商务谈判人员应具备的素质；
- 了解商务谈判人员应具备的能力和知识；
- 了解商务谈判人员的构成原则；
- 了解商务谈判人员的组织管理。

要组织好商务谈判活动，无论是谈判前筹划谈判方案、收集信息资料、做好各项准备工作，还是在谈判中精心选择策略、灵活运用谈判技巧，都离不开精明强干的谈判人员。找到最合适的人参加谈判，就能提高谈判成功的把握。一般而言，自信、睿智、反应快、有很强适应能力是谈判者应该具备的基本素质。此外，具有丰富经验的人是参与谈判的最佳人选。商务谈判往往不是一个人所能完成的，需要由谈判小组进行。因此，要以一定的组织形式作保证，成立谈判小组，并做好谈判班子的配备、管理等方面的工作。本章将详细介绍商务谈判人员的个体素质、商务谈判人员的群体构成，以及商务谈判人员的管理。

案例分析

寻找合适的人参加谈判

范蠡有三子：大儿随父艰辛创业，惜钱如命；二儿继承父业，在外行商，忘义贪求；三儿湎沉于玩乐，浪荡成性。范蠡因年迈体弱，疏于教养，三子皆不成器。当时，楚国某地三年苦旱，二公子受商人鲍利教唆，乘灾囤粮。范蠡闻讯大惊，立即修书命二儿"赈放存粮，迅即返家"。谁知书到之时，二公子已因哄抬粮价激怒灾民，被告上朝廷。楚王震怒，把其逮捕下狱。二公子下狱凶讯传到范府，全家震惊。范蠡推断必判死罪。

范母哀求范蠡救子，范蠡于是修书一封，命三儿带重金去楚国，找忘年至交庄生大夫"赎儿之命"。庄生是楚国谋臣，深受楚王器重。小儿子带了千镒黄金，坐牛车去楚国。就要出发时，范蠡的长子死活不同意，说：家里出了事应该由长子出面解决，父亲不派我去，这是对我的不信任，说明我不孝顺，我不如死了算了。范蠡给搅得没有办法，只好派长子去。但是范蠡再三叮嘱长子，到了后不论任何事情都要任由庄生安排，千万不要与之争执。长子答允了，可出发时又私自带了几百镒黄金。

长子到了楚国找到庄生,发现庄生穷得一塌糊涂,住所利用城墙作为后墙,门前满是杂草。庄生虽然贫穷,但廉法正直闻名天下,从楚王以下都把他当老师一样尊崇。长子按照范蠡的交代,把千镒黄金交给庄生。庄生听明来意,便说:“你现在赶快离开,千万不要逗留,即使弟弟放出来了,也不要问所以然!”至于范蠡送来的黄金,他并不想接受,想要等事成以后归还。但是范蠡的长子不明所以,以为给这样的人黄金毫无用处。长子并没有离开楚国,而是用私自带的黄金献给楚国的权贵,以求门路。

庄生找了一个适当的时机见楚王,说:“某星宿移动到某个位置,对楚国有危害。”楚王向来相信庄生,问庄生如何是好。庄生说只有做好事才能消除。楚王表示明白了,然后命令使者去将钱财物资的府库严密封起来。

楚国接受贿赂的官员听说消息后惊喜地告诉范蠡长子,说:“楚王就要大赦天下了。”长子不解,官员说:“每次王实施大赦,怕人乘机在大赦前抢劫,所以常常先把府库封闭,昨晚楚王已命令封闭府库了。”长子以为楚国即将大赦,他的弟弟自然会放出,那么千镒黄金岂不是白白便宜庄生了?长子立刻去见庄生。庄生见到长子,大惊道:“你怎么还没有离开呀?”长子十分不客气地说:“当然没有离开!当初是为了弟弟的事情,现在弟弟的罪,大家都知道会自动赦免了,所以特来向先生辞行!”庄生这下明白他的意思,往里面一指说:“钱都在里面,你自己拿走吧。”长子拿回财物,心下窃喜。

庄生被长子的做法激怒,又去见楚王说:“我上次说星宿的事情,王说要用修德的方法来回报,这当然很好。但现在我在街市上听很多人说,陶有一位富人叫朱公,他的儿子杀了人被囚在楚国,他的家人拿了许多金钱贿赂了王的左右,所以王并不是为了体恤国民而实行大赦,而是因为朱公儿子的缘故!”楚王一听,大怒说:“胡扯!我虽然没什么德行,但怎么会因为朱公儿子的缘故而特别施恩大赦呢?”就命令杀掉了范蠡的儿子,第二天才下达赦免的命令。

范蠡的长子最终带着他弟弟的尸体回来。到家以后,家人都很悲伤,范蠡说:“我就知道他一去必然会杀死他弟弟的!他不是不爱他的弟弟,只是舍不得花钱呀!这是因为他年少时和我一起经营,知道谋生的困难,历尽艰苦,所以不轻易花钱。至于小儿子,生来就看见我很富有,坐着好车,骑着良马,哪里懂得钱财是怎样积聚的,所以不会吝惜。我原想派小儿子去,就是因为他能舍弃财物呀!而大儿子是做不到的,所以最后必然杀死他的弟弟,这是合乎常理的,没什么好悲伤!我本就日日夜夜在等着丧车的到来!”

范蠡无疑是非常聪明的,他对长子、三子的个性了解很清楚,他是有知人的智慧的。如果事情按照他起初的安排,是一定可以成功营救二儿子的。但其长子因为不好好落实范蠡的救人策略,结果让自己的弟弟付出了生命的代价。

第一节 商务谈判人员的个体素质

商务谈判是一种对思维要求较高的活动,是对谈判人员知识、智慧、勇气、耐力等的测验,是谈判人员间才能的较量。所谓素质,包括的范围较广,它不仅指谈判人员的文化、技术水平和业务能力,也包括谈判人员对国际、国内市场信息,有关商品知识、价格情况、法律知识、各国各民族的风土人情、风俗习惯等知识的掌握情况,还指谈判人员的道德情操、气质、性格特征。总的来讲,商务谈判人员的个体素质主要是指谈判人员对与谈判有关的主客观情况的了解程度和解决谈判中遇到问题的能力。

一、商务谈判人员应具备的素质

(一) 气质性格方面

谈判人员应具备适应谈判需要的良好的气质和性格。有些性格特征是不利于谈判的,例如性格内向、孤僻多疑、不善表达、冷漠刻板、急躁粗暴、唯我独尊、嫉妒心强、心胸狭窄等。良好的气质性格应具备以下特征:大方而不轻佻、爽快而不急躁、坚强而不固执、果断而不粗率、自重而不自傲、谦虚而不虚伪、活泼而不轻浮、严肃而不呆板、谨慎而不拘谨、老练但不世故、幽默但不庸俗、热情但不莽撞。

(二) 心理素质方面

在谈判过程中会遇到各种阻力和对抗,也会发生许多突变,谈判人员只有具备良好的心理素质,才能承受住各种压力和挑战,取得最后的成功。谈判人员应具备的良好心理素质主要有以下几个方面:

1. 自信心

自信心是谈判者最重要的心理素质。自信心是指谈判者相信自己和本企业的实力和优势,相信集体的智慧和力量,相信谈判各方的合作意愿和光明前景。自信心是谈判者充分施展自身潜能的前提条件。缺乏自信往往是商务谈判遭受失败的原因。没有自信心,就难以勇敢地面对压力和挫折。面对艰辛曲折的谈判过程,只有具备必胜的信心才能促使谈判者在艰难的条件下通过坚持不懈的努力走向胜利的彼岸。自信不是盲目的自信和唯我独尊,更不是藐视对方、轻视困难。自信心需要有意识地培养。自信是在充分准备、充分占有信息和对谈判各方实力科学分析的基础上对自己有信心,相信自己要求的合理性、所持立场的正确性以及说服对手的可能性。人有了自信心才能做到大方、潇洒、不畏艰难、百折不挠。

2. 耐心

商务谈判的状况各种各样,有时是非常艰难曲折的,商务谈判人员必须有抗御挫折和打持久战的心理准备。因此,耐心及容忍力是商务谈判人员必不可少的心理素质。耐心是谈判中抗御压力的必备品质和争取机遇的前提。在一场旷日持久的谈判较量中,谁缺乏耐心和耐力,谁就将失去在商务谈判中取胜的主动权。有了耐心可以调控自身的情绪,不被对手的情绪牵制和影响,使自己能始终理智地把握正确的谈判方向;有了耐心可以使自己能有效地注意倾听对方的诉说,观察了解对方的举止行为和各种表现,获取更多的信息;有了耐心可以提高自身参加艰辛谈判的韧性和毅力。耐心也是对付意气用事的谈判对手的策略武器,它能取到以柔克刚的良好效果。此外,在僵局面前,也一定要有足够的耐心,以等待转机。谁有耐心,沉得住气,谁就可能在打破僵局后获取更多的利益。

3. 能够承受压力

谈判是一个较量的过程,参与谈判各方都将面对各种压力,所以要有相当高的承受压力的心理素质。尤其是面对拖延、时间紧张、失败的时候更是如此。在谈判中,不管有什么样的困难和压力,谈判人员都要显示出奋战到底的决心和勇气。

4. 自制力

谈判过程中难免会由于双方利益的冲突形成紧张、对立、僵持、争执的局面,如果谈判者自制力差,出现过分的情绪波动,就会破坏良好的谈判气氛,造成自己举止失态、表达不当,使谈判不能进行下去,或者草草收场,败下阵来。谈判者应具备良好的自制力,在谈判顺利时不会盲目乐观,喜形于色;在遇到困难时也不会灰心丧气,怨天尤人;在遇到不礼貌的言行时,也能够克制自己不发脾气。

(三) 思想意识方面

1. 忠于职守

谈判人员是作为特定组织的代表出现在谈判桌前的。尤其是参加国际商务谈判,谈判人员不仅代表组织个体的经济利益,而且还肩负着维护国家利益的义务和责任。因此,商务谈判人员必须忠于职守,遵纪守法,廉洁奉公,维护国家,忠于祖国,把国家和企业的利益放在首位。

2. 懂得尊重

在商务谈判中,双方地位平等,关系互惠。在谈判中只有互相尊重,平等相待,才可能保证合作成功。所以,谈判者首先要有自尊心,维护己方的尊严和利益,面对强大的对手不妄自菲薄,奴颜献媚,更不会出卖尊严换取交易。同时,谈判者还要尊重对方,尊重对方的利益,尊重对方的意见,尊重对方的习惯,尊重对方的正当权利。

3. 坦诚的态度

商务谈判是一种建设性的谈判，这种谈判需要双方都有诚意。诚意是合作的意向和诚恳的态度，是谈判双方合作的基础，也是影响、打动对手心理的策略武器。有了诚意，双方的谈判才有坚实的基础；才能真心实意地理解和谅解对方，并取得对方的信赖；才能求大同存小异，取得和解和让步。要做到有诚意，在具体的活动中，对于对方提出的问题，要及时答复；对方的做法有问题，要适时恰当地指出；自己的做法不妥，要勇于承认和纠正；不轻易许诺，承诺后要认真践诺。开诚布公、真诚待人的态度是化解双方矛盾的重要手段。诚心能使谈判双方达到良好的心理沟通，保证谈判气氛的融洽稳定，能排除一些细枝末节的干扰，能使双方谈判人员的心理活动保持在较佳状态，建立良好的互信关系，提高谈判效率，使谈判向顺利的方向发展。

4. 团队精神

商务谈判多为集体谈判，每一方都是由几个人组成的团队，其中一人为总代表或主谈人，主持领导整个团队完成实际的谈判工作。谈判组织成员之间应该团结一致、齐心协力。参加谈判的人员，无论是作为团队总代表的主谈人，还是其他的团队成员，都必须具有集体主义精神和团队精神，除了各自负责好分内工作以外，还要注意协调配合，以争取己方在谈判交易中获得更多的利益。

5. 效率意识

商务谈判人员应力争花最少的时间和精力取得最好的谈判结果，尽可能提高谈判效率。除非是出于策略上的需要，有意使用拖延战术，一般情况下，商务谈判人员应力争用最少的时间完成谈判。谈判所用的时间越少，谈判成本越低，这对参与谈判各方都是有利的。

案例分析

谈判人员的素质对谈判的影响

某年，上海某从事文物进出口贸易的单位，与一位日本文物商谈判一批中国文物的出口贸易。这位日本商人带来一位中文翻译，是从上海去日本打工的青年，而上海这家外贸公司使用的日文翻译是一位上海籍的女青年。谈判进行得很艰苦，因为日本人开价很低，几个回合下来，双方的差距仍然很大。

谈判过程中，这位日商观察到，中方女翻译的言谈举止表明她对到日本打工而当上日商翻译的男青年非常羡慕。于是，日商心生奸计，要自己的男翻译在谈判休息时主动接近这位女翻译，表示他愿意为这位女翻译到日本学习提供担保，以及路费、学费、生活费在内的所有费用，条件是这位女翻译必须把中方文物的底价全部透露给他。

这位女翻译经不起出国的诱惑，出卖了全部机密。在接下来的谈判中，这位日商完全掌握了谈判的主动权，用中方内部开的底价买下了这一批文物，狠狠地赚了一笔。当然，这位女翻译好梦不长，当她拿到护照时，就因事情败露而入狱，断送了自己的前程。

这是一个典型的因谈判当事人自身素质的问题而导致我方在谈判中受损的例子。所以，在商务谈判中，一定要挑选思想品德素质过硬、谈判经验丰富和知识储备充足的谈判人员。

二、商务谈判人员应具备的能力

一个效率高、称职的商务谈判人员应具备以下五个方面的能力：

（一）敏锐的洞察力

商务谈判中需要与各种各样的人打交道，而且谈判环境复杂多变，谈判进行中很多意想不到的事都有可能发生。因此，谈判人员应善于察言观色，及时掌握对方动向，摸清对方的底牌，随机应变。洞察力强的谈判人员在与对方的简单接触中就能很快发现对方的特点、爱好，甚至经历，并据此作出相应的推断，这有助于各方谈判人员之间的相互沟通。当己方发言时，可以仔细观察对方的表情、动作，以此判断己方的观点是否被接受。如点头可能表示赞同，专注可能表示重视，微笑可能表示欣赏和理解，不以为然的表情可能表示不同意。当对方发言时，通过仔细观察，也可以从说话人的姿态、表情上判断出对方对于己方重视与否、有无诚意。需要指出的是，判断言行举止是一个十分复杂的问题，要结合当时的具体情况作综合判断。因此，需要谈判人员自身具有敏锐的洞察力，否则单凭经验判断会得出错误的结论。

在“二战”中，德军的一位参谋根据法国阵地坟地上出现的一只波斯猫，判断出坟地下肯定有法国的指挥部，从而一举摧毁了法国的阵地。因为战争期间，普通士兵是不会养这种名贵的猫的；而这只猫每天上午9:00准时到坟地上晒太阳，他的主人肯定离坟地不远。可见，只有通过准确、仔细的观察，才能为了解对方、辨别信息真伪提供强有力的依据。

（二）敏捷清晰的思维推理能力和判断能力

谈判人员不仅要善于察言观色，还要具备对所见所闻作出正确分析和判断的能力。观察判断是商务谈判中了解对方的主要途径。谈判人员应具备清晰的推理能力。在谈判中，对方往往会用许多细枝末节的问题来纠缠你，而把主要的或重要的问题掩盖起来，或故意混淆事物之间的前后、因果关系。作为谈判人员，应具备抓住事物的主要矛盾和主要方面的能力。同时要思路开阔，不要为某一事物或某一方面所局限，要从多个方面考虑问题。谈判人员应做到判断准确、决策及时,要提高这方面的能力就要善于倾听对方的意见并把握对方的意图。谈判是双方相互交换意见,有些人思维敏捷,但冲动性强,往往对方的话刚说一半,他就自以为领会了对方的意思,迫不及待地发表自己的意见,这也是不可取的,易造成误解对方,反而给对方提供可乘之机。

(三)良好的语言表达能力和社交能力

谈判重在谈,谈判的过程也就是谈话的过程,得体的谈判语言非常重要。所以,一位优秀的谈判人员,通常也是一位出色的语言艺术家,他可以通过语言的感染力强化谈判的效果。

谈判实质上是人与人之间思想观念、意愿感情的交流过程,是重要的社交活动。谈判人员应该善于与不同的人打交道,也要善于应对各种社交场合。这就要求谈判人员塑造良好的个人形象,掌握各种社交技巧,熟悉各种社交礼仪知识,所以谈判人员应该有较强的文字表达和口头表达能力。要精通与谈判相关的各种公文、协议合同、报告书的写作,电脑技术的掌握,同时要善于言谈、口齿清晰、思维敏捷、措辞周全,善于驾驭语言,有理、有利、有节地表达己方观点。在涉外商务谈判中,要熟练掌握外语的听、说、写、译能力。

语言表达能力主要是人们在社会实践活动中锻炼形成的。对谈判人员来说,比较切实可行的方法是举行模拟谈判,草拟出对方可能提出的问题,并让己方人员扮演对方谈判代表。这样既锻炼了语言表达能力,又对谈判中可能出现的问题作了准备。有位上司准备让一位下属到偏远地区就职。他先把那个下属要去的地方的营业状况说得一团糟,然后以无限信任的语气说:"长此下去,那个营业处非关门不可,现在幸好有你,只要你能到那边,必能起死回生,使业务蒸蒸日上。"被派往偏远地区,本来谁都不会心情愉快,但听了自己如此受重视的一番话,下属不仅不泄气,反面准备大干一场。

案例分析

谈判人员的语言艺术

有一次,美国和苏联关于限制战略武器的协定刚刚签署,基辛格向随行的美国记者介绍情况。当谈到苏联大约每年生产导弹二百五十枚时,一位记者问:"我们的呢?"

基辛格回答说:"数目我虽知道,但我不知道是否保密。"

该记者回答:"不保密。"

基辛格立即反问道:"那么,请你告诉我,是多少呢?"

在回答那些应该回避的问题时,为了使自己不陷入尴尬的境地,巧妙地运用语言的魅力,可以避免对抗性。

（四）灵活应变的能力和现场调控能力

优秀的谈判人员要善于因时、因地、因事随机应变，对谈判现场进行灵活的调控。谈判中会发生各种突发事件和变化，谈判人员面对突变的形势，要以冷静的头脑作出正确的分析、迅速的决断，善于将原则性和灵活性有机结合，机敏地处理好各种矛盾，变被动为主动，变不利为有利。谈判人员具备沉着、机智灵活的应变能力，是控制局势、化劣势为优势的关键。谈判人员的随机应变能力主要表现为处理意外情况的能力、化解僵局的能力以及巧妙出击的能力。

案例分析

杨澜的现场调控能力

一次，著名主持人杨澜在广州天河体育中心主持大型文艺晚会。节目进行到中途，她在下台阶时不小心摔了下来。正当观众为这种意外情况吃惊时，她从容地站起来，诙谐地说："真是人有失足、马有失蹄啊！刚才我这个狮子滚绣球的表演还不太到位，看来，我这次表演的台阶还不太好下。不过，台上的表演比我精彩得多。不信，你看他们！"

观众听到她略带自嘲的即兴发挥，忍不住大笑起来。这样，杨澜就巧妙地把观众的注意力转移到了舞台上。

（五）较强的自控能力

谈判双方由于利益的抗衡和相互依存，使谈判人员心理上承受的压力很大，需要随时就某个谈判事项的具体典型特征和实质进行分析与判断。即要求谈判人员在承受压力的情况下，依据自身的知识经验，细心地观察与思考，正确地进行分析判断与推理，识破对方的计谋，并使自己的提议与要求得以实现。

谈判人员在处理谈判问题时，要注意运用调控情绪的技巧。在与谈判对手的交往中，要做到有礼貌、通情达理，要将谈判的问题与人划分开来。在阐述问题时，侧重实际情况的阐述，少指责或避免指责对方，切忌意气用事把对问题的不满发泄到谈判对手个人身上，对谈判对手个人指责、抱怨，甚至充满敌意。当谈判双方关系出现不协调、紧张时，要及时运用社交手段表示同情、尊重，弥合紧张关系，消除敌意。

精明的谈判人员都有一种小心调控自我情绪的习惯，并能对别人谈话中自相矛盾和过火的言谈表现出极大的忍耐性，能恰当地表述自己的意见。他们常用"据我了解"、"是否可以这样"、"我个人认为"等较委婉的说法阐述自己的真实意图。这样的态度会使本来相互提防的谈判变得气氛融洽、情绪愉快。对谈判对手有意运用的情绪策略，要有所防范和采取相应的调控反制对策。

三、谈判人员应具备的知识

商务谈判所涉及的知识范围极为广泛,要求谈判人员应当具备"T"型知识结构。也就是说,不仅在横向方面有广博的基础知识,而且在纵向方面要有精深的专业知识。

(一) 横向方面的基础知识

一名优秀的谈判人员必须具备完善的相关学科的基础知识。基础知识是谈判人员智慧和才能的基石,它决定着谈判人员在全程谈判活动中的修养和风度。它的涵盖面非常广阔,涉及语言学、逻辑学、社会学、心理学、行为学、经济学、管理学、财务学等学科领域,还包括天文、地理、历史和文学等知识。谈判人员应具备的横向基础知识主要包括以下几个方面:

(1) 了解与商务谈判相关的法律和法规,包括合同法、贸易法、技术转让法、外汇管理法以及有关国家税法方面的知识;

(2) 了解谈判所涉及商品在国际、国内的生产状况和市场供求关系;

(3) 了解谈判所涉及商品的市场价格水平及其变化趋势;

(4) 了解谈判所涉及商品的技术要求和质量标准,熟悉谈判所涉及商品的性能、特点及用途;

(5) 了解谈判所涉及商品的生产潜力或发展的可能性;

(6) 懂得谈判心理学和行为科学;

(7) 了解各国各民族的风土人情和风俗习惯。

(二) 纵向方面的专业知识

优秀的谈判人员除了必须具备宽广的知识面,还必须具备较精深的专业知识,即专业知识要具有足够的深度。专业知识是谈判人员在谈判活动中必须具备的知识,没有系统而精深的专业知识功底,就无法顺利地进行谈判。谈判人员应具备的纵向专业知识主要包括以下几个方面:

(1) 必须掌握商务谈判知识,如分析影响商务谈判的各种因素,掌握商务谈判的谋略和技巧,熟悉商务谈判程序等;

(2) 必须掌握洽商交易过程中可能涉及的各种商务知识,如商业业务知识、市场知识、金融知识、财务知识、国际贸易和国际惯例知识、运输与保险知识、国际结算知识等;

(3) 有丰富的谈判经验与应付谈判过程中出现的复杂情况的能力;

(4) 熟悉不同国家谈判人员的风格和特点。

总之,拓宽知识视野,深化专业知识,猎取有助于谈判成功的广博而丰富的知识,能使谈判人员在谈判的具体操作中"左右逢源",运用自如,有助于谈判人员取得谈判的成功。

案例分析

唐诗一句值千税

法国是世界上盛产葡萄酒的“王国”，有较高的酿制葡萄酒技术和鉴别能力。国外的葡萄酒想打入法国市场是很难的。然而我国四川农学院留法研究生李华博士经过几年的刻苦努力，终于使中国的葡萄酒奇迹般地打入了法国市场。可当葡萄酒从香港转口时，港方却说：中国的葡萄酒属于洋酒，洋酒要征300%的关税，若按土酒（本国产的酒）只征80%的关税。在这种不利面前，李华博士吟出一句唐诗：“葡萄美酒夜光杯，欲饮琵琶马上催。”并解释说：此诗说明早在中国唐朝就能酿制葡萄酒了，唐朝距今已有一千多年的历史。而英国、法国生产葡萄酒的历史要比中国晚几个世纪，怎么能说中国葡萄酒是洋酒呢？李华博士用一句唐诗驳得港方无言以对，只好承认中国的葡萄酒属于土酒。这样，我方只交纳了80%的关税，真可谓唐诗一句值千税！

第二节　商务谈判人员的群体构成

商务谈判内容复杂，涉及面很广，往往不是一个人的知识、精力、时间所能承担、胜任的，一般采取集体谈判的形式。谈判人员群体构成涉及三方面内容，即谈判队伍的规模、组成结构和分工协作问题。总的来说，谈判人员群体构成是由谈判的性质、对象、内容、目标等方面决定的。

一、谈判组织的构成原则

谈判队伍由多方面的人员构成，可以满足谈判中对多学科、多专业的知识的需求，取得知识结构上互补与综合的整体优势，取长补短，集思广益，形成集体的力量。谈判队伍规模不能太大，也不能太小。如果谈判队伍的规模过大，会增加谈判成本，有时还会因内部分歧而不利于谈判的进行；如果谈判队伍的规模过小，那么对于复杂的谈判，可能因人员过少而造成无法及时处理谈判中的问题，延长谈判期限，甚至导致谈判破裂。因此，确定适度的谈判组织规模，是筹建谈判队伍首先要考虑的问题。在筹建谈判小组、选择谈判人员、确定谈判规模时，一般要遵循以下几个原则：

（一）根据谈判对象确定组织规模

谈判队伍的具体人数如何确定，并没有统一的模式。一般商品的买卖谈判只需三四个人就行了。如果谈判涉及项目多、内容较复杂，可分为若干项目小组进行谈判，适当增加人员，但最多不超过八人。根据国内外谈判经验，谈判队伍的人数规模一般在四人左右。因为在这种规模下,最容易取得意见一致,最容易控制,因而也最容易发挥小组人员的集体力量。

在一些大型的国际商务谈判中,会涉及更多、更广的专业知识。此时要求谈判人员不仅要懂得商品知识、金融知识、运输知识,而且还须懂得国际法律知识、国际贸易惯例、国外各民族的风土人情和风俗习惯等知识,有时还需要某些方面国际问题的专家。在这种情况下,谈判规模可能会超过十人。为了控制谈判队伍的规模,可以采取人员轮换的方法,在进行不同的谈判议题时,适当地调换谈判人员。也可以采用聘请专家作为顾问的办法。

(二)组成谈判队伍时要贯彻精干原则

在建立谈判队伍时,要贯彻精干原则,要精打细算,尽量多吸纳一专多能的谈判人员。一些知识面广的专业人员有利于减少谈判班子的人数和提高谈判的效率。一支谈判队伍,从参加谈判直到协议达成的整个过程,必然要支出一定费用。因此,应尽可能缩小谈判队伍的规模,以降低谈判成本。

(三)谈判队伍规模与谈判对手对应的原则

一般而言,参与谈判各方的谈判人员数量并不要求完全对等。但是,在组建谈判小组时,也应充分考虑谈判对手的谈判队伍规模,尽可能与谈判对手的谈判队伍规模相对应,即在数量上要接近。如果对方组建的谈判队伍规模大,人才济济,且聘请专业顾问参加,那么我方应根据对方的谈判队伍规模情况,选派相应数量的谈判人员参与谈判,而且在谈判人员的专业层次配备方面也要参考对方的专业人员配备情况。相反,如果对方组建的谈判队伍规模小,人员精干,那么我方谈判人员规模也不宜太大,也应采用少量的谈判人员参与谈判。

(四)谈判人员被赋予法人或法人代表资格

谈判是一种手段,最终目的是要达成协议,签订符合各方利益要求的合同或协议。整个谈判和协议签订的过程,都是依据一定的法律程序进行的。所以,谈判人员都应具有法人或法人代表的资格,拥有法人所具有的权利能力和行为能力,有权处理商务谈判活动中的一切事务。但作为法人或法人代表,只能行使其权限范围以内的权力。

(五)谈判人员应层次分明、分工明确

在谈判过程中,往往会涉及许多专业性知识,仅靠一个小组负责人是难以胜任的。选择谈判人员时,既要有掌握全面情况的企业经营者,还应当考虑各种专业知识的需要,考虑人员的层次结构,而且一定要分工明确,这样才能组成一支强有力的谈判队伍。如投资规模大的合资谈判,就需要相应的技术、商务、财务、法律等方面人员的分工合作。

二、谈判人员的组织结构

在一般的商务谈判中，所需的专业知识大体上可以概括为以下四个方面：(1) 有关工程技术方面的知识；(2) 有关价格、交货、支付条件、风险划分等商务方面的知识；(3) 有关合同权利、义务等法律方面的知识；(4) 语言翻译方面的知识。

根据上述专业知识的需要，一支谈判队伍应包括以下几种人员：

（一）主谈人

主谈人是谈判桌上的主要发言人，也是谈判的组织者。其作用是将预先准备好的谈判目标和策略在谈判桌上予以实现。主谈人要以其敏捷的思维、伶俐的口齿与对方辩论或说服对方接受自己的方案。主谈人应具有思维敏捷、深思熟虑、掌握谈判主动性、善于逻辑推理、较高的专业知识水平等特点。

（二）商务人员

商务人员由熟悉市场行情、价格条件、交货和存在的风险，并熟悉合同条款、交易惯例、支付方式与资金担保等方面知识的人员担任。商务人员负责交易的商务条件，包括价格、支付、交货、保险、保证等的谈判并签订合同；在无专门法律人员参加谈判时，还应负责合同文本的谈判与草拟，协助并指导技术人员谈好、拟好技术附件，负责对外的联络工作，协助主谈人做好内部的组织工作。

（三）技术人员

谈判涉及比较复杂的问题时，需要有专门的技术人员参加谈判。熟悉生产技术、产品性能和技术发展动态的技术人员，在谈判中可负责对有关产品性能、技术质量标准、产品验收、技术服务、保证条件等问题的谈判，也可与商务人员紧密配合，为价格决策做技术参谋。

（四）财务人员

财务人员由熟悉成本情况、支付方式及金融知识，具有较强的财务核算能力的会计人员担任。

（五）法律人员

法律人员由律师或学习经济、法律专业知识的人员，或特聘律师、企业法律顾问或熟悉有关法律规定的人员担任。法律人员主要负责交易合同文件的谈判与拟写，审核技术附件法律和文字方面的问题，协助主谈人统一审核合同文件、技术附件以及其他文件，看其在法律上、经济上以及技术条件上是否有相互矛盾或混淆不清的地方，以确保各种文件的一致性。在国际商务谈判中，法律人员不仅要熟悉国内的有关法律，还要熟悉国际贸易惯例、国际市场规则和交易对手所在国家的有关法律规定。

（六）翻译人员

翻译人员由熟悉外语和有关知识，善于与别人紧密配合，工作积极，纪律性强的人员担任。翻译人员不仅要有熟练的外语翻译和表达能力，还要懂得专业技术知识，能够准确地翻译专业术语。翻译人员应准确、及时地把对方的意见传递给己方谈判人员，并将己方意见完整、准确地表达出来，同时协助主谈人了解对方的反应、动态并配合实施谈判谋略。

在商务谈判中，语言翻译非常重要。谈判人员本身具备较高的外语水平，有助于他们理解书面文件的意思。但是，有时仍要为谈判队伍配备一名得力的翻译人员。从翻译的实战经验看，谈判是一项十分紧张的活动，在谈判的过程中，需要不断根据临时的信息调整自己的思路。尽管谈判前有比较充分的准备，但毕竟不可能准确地预见到谈判中出现的所有问题，事先也难以充分考虑好周到的应对方法，谈判人员可以利用翻译的时间，对谈判对手察言观色，缜密地思考一下对策，在时间上减轻压力。

案例分析

使用翻译人员的好处

有一家日本公司驻美国分公司的经理能讲一口流利的英语，但他在商务谈判时始终用日语，通过翻译与对方进行交流。到了商务谈判结束后的庆祝会上，他却用英语和对方谈笑风生，令对方大吃一惊。有人问道："为什么在刚才的交谈中，不用英语直接和他们交谈？"这位日本经理回答说："在一项交易谈判中，存在许多微妙的问题，往往在当时的气氛下考虑不周而说了出去，事后才发现讲错了话，然而要挽回却是很难了。如果通过翻译进行谈判，可将原因推到翻译身上，比如翻译在用词上不恰当，或者意思理解有误而翻译错了。这样，万一受到对方的攻击，自己很容易避开。此外，在翻译转述的时候，自己也可利用这段时间进行思考，同时还可以观察对方的反应。使用翻译有这么多好处，为什么不利用呢？"

（七）记录人员

记录人员由熟悉计算机操作技术并能高水平地快速录入文字的人员担任。一般由上述各类人员中的某人兼任，也可以委派专人担任。

以上参加谈判的人员，按谈判复杂程度可多可少，少的时候一人身兼数职，多的时候可达十几人至几十人，可分为几个小组，如商务小组、技术小组、法律小组等，各自负责自己的专业领域内问题的谈判。还可以组织台上和台下两套班子，台上班子主要负责对外谈判及分析对方临时提供的技术价格资料；台下班子负责收集整理有关资料，为台上班子提供技术和价格谈判的依据。

三、谈判人员的分工与协作

一场重要谈判涉及多个领域、多类问题，而非一个人所能，因为世间百事通万事能的人毕竟是极少数。因此，商务谈判通常需要多个谈判人员进行分工协作。在商务谈判中，不仅要有适用的谈判人才，而且要有科学的分工。分工不仅是指专业上的分工，还应理解为谈判过程中的工作协作。分工可根据谈判的内容和每个谈判小组成员的专长进行，要明确各自的职责。各成员除了完成自身的任务之外，还应做到相互协调和配合。

（一）谈判人员的分工

谈判人员的分工是指每一个谈判人员都有明确的分工，都有自己适当的角色，各司其职。参加谈判的人员通常在工作性质和专业上有分工，谈判队伍的人员包括以下三个层次：

1. 谈判小组的领导人

谈判小组的领导人也称主谈人，是谈判小组中的核心力量。主谈人应具有丰富的谈判经验，兼备领导才能，能领导谈判小组实现谈判目标。根据谈判内容的不同，谈判小组中的主谈人也会有所不同。如购买产品原材料的谈判，可由原材料采购负责人、厂长或生产助理作为谈判小组的主谈人；如果是投资谈判，可由企业法人、首席执行官、财务总监或投资经理担任主谈人。

主谈人的主要任务是负责谈判班子的组成，领导谈判班子的工作。其具体的职责包括：挑选与调换人员，做好内部分工；制订谈判方案；掌握谈判进程；听取专业人员的建议；协调谈判班子成员的分歧意见；调动谈判班子的积极性；就有关重要问题与谈判对手进行磋商；安排召开小结会议或决定休会；对谈判中的重要问题进行决策；代表本方企业与对方签约；做好向本方上级的请示与汇报工作。

2. 专业人员

实际上，一个谈判班子基本上都是由专业人员组成的。一般而言，主谈人本身就是一个专业人员，其他谈判小组成员也各有专长。专业人员凭借自己的专长负责某一方面的专门工作。应根据谈判的实际需求合理安排各种专业人员，使谈判小组成为一个高效工作的群体。以引进成套设备的谈判班子为例，其专业人员应该包括主要技术方面的专家、各种配套技术的专家、熟悉对外经济的会计师、工程设备方面的专家、对外经济法律的专家、市场销售的专家、原材料零配件方面的专家等。如果谈判班子中缺少主要技术专家，就无法了解对方设备的技术性能，不能确切估计对方设备的价值。因此，一定要重视谈判班子中专业人员的配备。

一个谈判小组中通常有各类专业人员，主要有技术人员、财务人员、法律人员和翻译人员等。专业人员所熟悉的专业不同，其职责也不同。技术人员的职责包括：在掌握商品的技术性能的基础上，对商品进行准确的估价；就自己分担的技术问题与对方直接进行磋商；就与技术相关的问题向主谈人提出建议；监督相关技术的权益归属是否符合规定；修改草拟谈判文件中有关技术问题的条款；为最后决策提供技术方面的论证。财务人员的职责包括：掌握该谈判项目总的财务状况；了解谈判对手在项目利益方面的期望值；分析、计算修改谈判方案所带来的收益的变动；为主谈人提供财务方面的意见和建议；在正式签约前提出对合同或协议的财务分析表。法律人员的职责包括：确认谈判对手经济组织的法人地位；监督谈判程序在法律许可范围内进行；检查法律文件的准确性和完备性。翻译人员的职责包括：准确地翻译专业术语，翻译内容要准确、忠实；翻译对方发言的内容应当力求准确无误；翻译本方发言的内容应当加以斟酌和润色；协助主谈人了解对方的反应；认真审核校对外文起草的谈判文本或合同。

3. 谈判必需的工作人员

在重要的商务活动中，往往需要专业记录人员。专业记录人员应具有熟练的文字记录能力，熟悉相关的专业知识，反应机敏。记录人员的职责是：准确、完整、及时地记录谈判内容。根据谈判需要，还可以安排其他工作人员负责资料收集、数据分析、文字打印及驾车、来宾接待等工作。

（二）谈判人员的协作

谈判班子中的成员除了进行必要的分工外，还应互相协作，以完成谈判任务。谈判人员的协作是指谈判班子中各成员之间思路、语言、策略的互相协调，行为步调一致。要明确各类人员之间的主从关系、呼应关系和配合关系。

1. 谈判中主谈人与其他人员（辅谈）的协作

主谈人是谈判工作能否达到预期目标的关键性人物，其主要职责是将已确定的谈判目标和谈判策略在谈判中得以实现。主谈人必须与辅谈密切配合才能真正发挥主谈人的作用。

（1）在谈判中，己方一切重要的观点和意见都应主要由主谈人表达，尤其是一些关键的评价和结论更得由主谈人表述。辅谈不能随意谈个人观点或作出与主谈人不一致的结论，辅谈要配合主谈人，起到参谋和支持作用。

（2）在主谈人发言时，辅谈自始至终都应支持。可以通过口头语言或肢体语言作出赞同的表示，并随时拿出相关证据证明主谈人观点的正确性。如谈判双方就交货问题久谈不下，卖方的主谈人说："我们的货物很畅销，两个月内交货很困难。"这时他的一个辅谈说："可不是，我手上就有很多订单，三个月内能交货就不错了。"这个补充加重了主谈人观点的分量。辅谈绝不能说："让工人加班，我看两个月内交货没问题。"又如在价格问题上，当主谈人说："如果你们实在要坚持这个价格，我们只好不买了。"这时，辅谈为了配合主谈人，就应说：

“另有一家公司条件更为优惠，很想与我们合作。”

（3）当对方集中火力、多人多角度攻击主谈人时，辅谈要善于从不同角度反驳对方的攻击，使主谈人摆脱困境，加强主谈人的谈判地位。

（4）辅谈充当“黑脸者”的角色。“黑脸者”的主要任务是在谈判过程中，根据不同的情况，采取强硬的态度，有意去激怒对方，使对方怒中失态，怒中出错。特别是当有些问题不便由主谈人或负责人出面拒绝或否定时，“黑脸者”就应挺身而出，毫不留情地加以拒绝或否定。尤其是当己方主谈人处于被动或困境时，“黑脸者”应采取强硬立场，“引火烧身”，转移对方的视线，以解主谈人的困境。

（5）辅谈充当调和者的角色。当谈判面临陷入僵局时，调和者应把握时机和分寸，以调和的姿态，缓和的口气，再借助“诚恳”的态度，温和的言辞，提出似乎“合情合理”的条件，这种做法是很明智和具有策略性的。要知道，在商务谈判中，如果在出现僵局之前能及时采取措施挽救，不但可以避免不愉快事情的出现，有时还可“因祸得福”，获取对方以让步或优惠条件作为报答。因为双方都不希望出现僵局，你如果能采取措施避免对方的不快，对方当然会表示感谢。

（6）当主谈人提到辅谈所熟知的专业问题时，辅谈应给予主谈更详尽、更充足的证据支持。如在进行合作商务谈判时，专业技术人员和法律人员应从技术的角度和法律的角度对谈判问题进行论证并提供依据，给予主谈人有力的支持。主谈人与辅谈的身份、地位、职能不能发生角色越位，辅谈不可以因为自己在某一方面的特长而喧宾夺主，否则就会因为自己乱了阵脚而在谈判中陷于被动。

2．“台上”和“台下”的协作

在比较复杂的谈判中，为了提高谈判的效果，可组织“台上”和“台下”两套班子。台上人员是直接在谈判桌上谈判的人员，台下人员是不直接与对方面对面地谈判，而是为台上谈判人员出谋划策或准备各种必需的资料和证据的人员。有下面几种情况：

（1）台下人员是负责该项谈判的主管领导，可以指导和控制台上人按既定目标和准则行事，也可以说台下人员是台上人员的幕后操纵者。台上人员在大的原则和总体目标上接受台下班子的指挥，敲定谈判成交时也必须得到台下人员认可，但是台上人员在谈判过程中仍然具有随机应变的战术权力。

（2）台下人员是各种专业参谋，如法律专家、贸易专家和技术专家等，他们主要向台上人员提供专业方面的参谋建议，台上人员有权对其意见进行取舍或选择。台下人员不能过多、过滥，也不能过多地干预台上人员，要充分发挥台上人员的职责权力和主观能动性，争取实现谈判目标。

3．调换组员所扮演的角色

在谈判的过程中，可以根据谈判的议题调换谈判小组中各成员的角色。调换时应充分考虑每个人的专长和业务能力。在进行技术条款谈判时，应以技术人员为主谈，商务、法律人员处于辅谈的位置，以确保合同技术条款的准确性；在进行合同法律条款谈判时，律师等法律人员成为主谈；在进行商务条款谈判时，商务人员应作为主谈。如日本人在进行较大型的商务谈判时，往往根据不同的议题由不同的专家充当主谈，其他的角色也相应地有所变换，这个策略使日本商人获益颇丰。

4. 谈判小组成员相互支持经常采用的方法

（1）夸大地介绍本组成员，但要注意分寸。

（2）必须肯定本组成员提出的问题。

（3）当小组内某成员发言时，其他成员应注意倾听并采取适当的方式加以肯定，如不断地点头、目光注视、不时传递信息等。

（4）组内互相通气。成员之间如有意见分歧，应内部协调解决，绝不能暴露给对方。

（5）己方成员出现错误时想办法为其开脱。

案例分析

商务谈判人员的分工与协作

国际谈判圈中长期流传着这样一个真实而有趣的故事：1959 年，前苏共中央第一书记、前苏联部长会议主席赫鲁晓夫与美国总统艾森豪威尔参加一次首脑会议。喜好辩论的赫鲁晓夫不时向美国总统提出一些问题。但是军人出身的艾森豪威尔每被问及时，并不马上回答他的对手，而是看着他的国务卿杜勒斯，等后者把一张张便条递过来之后，他才开始作答。反之，当艾森豪威尔向赫鲁晓夫询问一些问题时，赫氏却不假思索，非常流利地回答对方。赫鲁晓夫对自己的思维敏捷和口才非常得意。他在后来撰写的回忆录中认为，他既然是大国的领袖，理所当然地应当知道所有问题的答案，不需要旁人指点他如何回答和回答些什么。赫鲁晓夫同时不无讽刺地问道："究竟谁是（美国）真正的最高领袖？是杜勒斯还是艾森豪威尔？"

然而，国际谈判圈中对此却另有评价：艾森豪威尔作为美国代表团团长事事要听助手的主意才敢作答当然不足为训，但是在个人弱点和国家利益之间屈己事大却表现了他的睿智和严肃。艾氏显然明白，他虽然是第二次世界大战战场上的赫赫英雄，又贵为当时美国最高的行政首脑，但在外交谈判桌上，他的经验毕竟不如久经外事沙场的国务卿杜勒斯，更何况他所面对的是另一个超级大国的一位能言善辩、集党政大权于一身的领袖人物。艾森豪威尔在谈判桌上听取自己部下的意见，既表现了他求实认真、沉着稳重的统帅作风，也为他争取了思考问题的时间，避免了回答上的差错。

从这个例子可以看出，小组谈判依赖于组织力量，而组织力量的来源，一方面是组织成员的个人素质和能力，另一方面是组织成员之间的协同能力。

第三节　商务谈判人员的管理

商务谈判在很多情况下是在谈判团体、谈判小组之间进行的，这就要求谈判班子要按照系统原理追求整体优化效应，其内部管理要做到在既定目标引导下的协调一致。对商务谈判人员的管理，包括人事管理和组织管理。就人事管理而言，其主要环节是选拔谈判人员，培训谈判人员，以及调动谈判人员的积极性。就组织管理而言，其内容包括健全谈判班子，调整好领导与谈判人员的关系以及谈判人员之间的关系，从而协调工作。

一、人事管理

（一）谈判人员的挑选

商务谈判胜负的决定性因素在于谈判人员的素质。因此，选拔优秀的谈判人员是进行商务谈判的重要环节。商务谈判人员的标准大致可分为以下几个方面：

1. 政治素质

要求谈判人员能热爱本职工作，忠于职守。

2. 专业知识

谈判人员应具备有关商业、技术、市场、金融、财务、法律等方面的专业知识。熟悉商务谈判的基本理论与技巧。

3. 个人性格

作为一名有效率的商务谈判人员，应当具有以下个性：追求高的目标、勇于开拓、风度优雅、表达能力强、善于听取别人的意见、思维的条理性强等。

主谈人是谈判小组中的核心人物，因此主谈人的挑选尤其重要。作为谈判小组的灵魂，主谈人应该具有上下沟通的能力，有较强的判断、归纳和决断能力，还必须能把握谈判方向和进程，设计规避风险的方法；必须能领导下属齐心合作，群策群力，突破僵局，达到既定的目标。所以，主谈人应该符合谈判领导人的素质要求，善于从专家那里获得帮助，尊重专家意见，并能从中明智地选择与汲取有价值的思想。商务谈判中的主谈人可以是各种层次的主管人员，各个方面的专家，同时也要是在风云变幻的商业界久经磨炼的谈判老手。

（二）谈判人员的培养

1. 社会培养

社会培养主要是指基本素质的培养，包括基础文化知识、经济理论知识、谈判理论的教育,以及人际交往能力、决断能力、毅力、健康心态的培养等内容。社会培养营造的环境很宽广,它为谈判人员奠定了最基本的素质。

2. 企业培养

企业对谈判人员的培养是有意识、有系统的培养,一般包括四个阶段:先打基础、现场观摩、先交小担、再交重担。

(1) 先打基础。新的谈判人员加入谈判队伍中,组织领导者就要向他们讲授和交代本行业的基本知识和要求,并检查其是否掌握了这些基本知识和要求。采取的形式可以有两种:集中授课和单兵教练。集中授课是指接受任务之前集中时间系统授课,经考试合格后再上阵。这种方式便于检查效果,并适合人员较多的情况。单兵教练是指以师傅带徒弟的方式口传心授,明确专人负责。具体讲,师傅给徒弟确定培养目标,规定研习课程,在跟随谈判中确定重点观察、观摩的学习项目,定期进行总结考评。这种方式便于安排,常用于增加少许谈判新手的情况。

(2) 现场观摩。谈判是一门实践性很强的学科,初入谈判队伍的人员应该在打好理论基础的前提下多进行现场观摩。一般情况下,企业应创造合适的时机,让新手以记录员或主要辅助人员的角色现场感受谈判的气氛,以积累经验。企业可指定一些具有丰富谈判经验的资深人员带领谈判新手参加商务谈判,指导谈判新手开展工作,学习临场处理问题的方法和技巧。有时可以采用模拟谈判方式,师傅和徒弟分别扮演特定谈判角色,并把模拟谈判的实景摄录下来。在模拟谈判或现场观摩之后,应由师傅对之前的谈判进行分析评判、总结经验,向新手解释谈判中所用的谋略和技巧,指出谈判过程中的注意事项。

(3) 先交小担。在经历了以上两个阶段后,新手就可以在一些金额不太大、困难较小的谈判中一试身手。让新手参加正式的谈判,亲自体验商务谈判的全过程,这对谈判人员的成长具有重要意义。

(4) 再交重担。如果一个谈判人员在若干次的小型谈判中都有不错的表现,就可以挑重担了。这里的"重担"是指交易金额大、谈判目标高、交易标的技术复杂、竞争对手多的谈判项目。在交重担的过程中,领导人员应随时检查其进展情况和实际效果,针对谈判的实际进展及时予以指导。在谈判遇到重大挫折时,领导人员应及时给予帮助,帮其出谋划策,以便完成谈判任务。

企业培养谈判人员应注意处理好谈判中的失败和成功。当谈判人员谈判失败时,企业领导者不应对其失去信心,而是要引导受挫者对自己作出正确评价,帮其分析失败的原因。导致谈判失败的因素有很多,包括准备不足、固执己见、找错谈判对象、苛求完美等。企业领导者应帮助受挫者总结经验教训。当谈判人员谈判成功时,领导者要防止新手产生骄傲心态,要及时总结谈判成功的经验,分析成功中的不足,并提出更高、更严格的要求。

3. 自我培养

社会与企业只是为谈判人员创造了成长的外部条件,要想真正发挥作用还得依靠谈判人员的内因,即自我培养。为此,谈判人员应做到谦虚好学、勇于实践和善于总结,坚持不懈地提高自身的谈判能力和素质。

(1) 谦虚好学。谈判人员要谦虚谨慎地向谈判业界前辈和高手学习,只有这样才能少走弯路,加快成长。谈判人员还应在博览群书的基础上,不断提升自身的专业知识。

(2) 勇于实践。谈判人员应主动抓住和争取一切可以利用的场合和时机,磨炼自己的谈判经验和技巧,并能不断地付诸实践。

(3) 善于总结。每次观摩或参加谈判之后,谈判人员都应做好总结工作,这样才能及时总结成功的经验和失误的教训。

(三) 谈判人员的激励

谈判人员的激励是指激励谈判人员积极向前,推进谈判的成功。由于谈判需要付出巨大的劳动,而谈判结果又与企业的经济效益有直接联系,因此对谈判人员应给予适当奖励,以充分发挥他们的聪明才智,激励他们在谈判中创造优异成绩。对谈判人员的激励包括物质激励和精神激励两种。

1. 物质激励

物质需要是人类的第一需要,也是基本需求,所以物质激励是激励的主要方式。物质激励主要是改善薪酬福利分配制度,使其具有激励功能。给予谈判人员的物质激励包括提升薪金和奖金。足够的薪水、津贴以及额外的奖金不仅是对谈判人员艰苦工作的补偿,实质上也是对他们工作成效的一种评价与承认。

2. 精神激励

凡能被挑选作为商务谈判的谈判人员,往往是经验丰富、有良好业绩的员工。他们成就感、事业感强烈,总是希望通过出色地完成任务证明自己的价值。因此,谈判人员更需要精神上的激励。精神激励的影响程度深、持续时间长,对于激发谈判人员的创造潜力具有重要的推动作用。谈判的实际领导者,包括主谈人,应高度重视下属人员的这种自我实现的需要,充分承认下属的工作成绩,不断给予其各种挑战和机会。让下属在工作中得到满足是对下属最好的奖赏,对于那些成就感很强的谈判老手尤其如此。对谈判人员的精神激励可以采取多种措施:

(1) 委以重任。把困难的任务交给谈判人员,使其因某种被信任感而得到满足。

(2) 对谈判人员的工作成绩予以充分肯定,使他们得到一种事业成功的满足感。

(3) 职位晋升。对于表现优秀的谈判人员,应提升其职位,并提高其薪金。

此激励措施既是物质激励,也是精神激励。

(4) 带薪休假。经历高度紧张的商务谈判后,疲乏与劳累是不言而喻的。这时给予谈判人员必要的休假是必需的,他们需要休整与恢复过度消耗的体力和精力,这也能充分肯定谈判人员的工作价值。

二、组织管理

(一) 健全谈判班子

健全谈判班子是指挑选各类专业人员,配备好主谈人,并给予足够的授权。

(二) 调整好领导干部与谈判人的关系

调整领导干部与谈判人员之间的关系最重要的是明确各自的职责范围、各自权力的划分,建立共同的奋斗目标。在实际谈判中,单位领导更多地是在必要与充分的授权下,给谈判人员以高度的信任、支持、理解和协调;而下级也要及时向上级汇报情况。

(三) 调整好谈判人员之间的关系

调整好谈判人员之间的关系主要是指谈判人员之间应强调相互默契、信任、尊重,达到有效合作的目的,以提高工作效率。其措施主要有以下几种:

(1) 明确共同的责任和职权;

(2) 明确谈判人员的分工;

(3) 整个谈判小组共同制订谈判方案,集思广益;

(4) 明确相互的利益关系;

(5) 共同检查谈判进展的状况,相互支持工作;

(6) 小组负责人充分尊重小组成员的意见,发扬民主作风,使小组成为一个团结、友爱、共同奋斗的集体。

复习思考题

一、简答题

1. 商务谈判人员应具备哪些素质?
2. 商务谈判人员应具备哪些能力?
3. 谈判组织的构成原则有哪些?
4. 简述谈判队伍的人员构成。

二、案例分析

日本某公司向中国某公司购买电石,此次是他们之间的交易的第五个年头,去年谈价时,日方压了中方 30 美元,今年又要压 20 美元,即从 410 美元/吨压到 390 美元/吨。据日方讲,他已拿到多家报价,有 430 美元/吨,有 370 美元/吨,也有 390 美元/吨。据中方了解,370 美元/吨是个体户报的价,430 美元/吨是生产能力较小的工厂供的货。供货厂的厂长与中方公司代表共四人组成了谈判小组，由中方公司代表为主谈。谈判前，工厂厂长与中方公司代表达成了关于价格的共同意见，工厂可以在390美元成交，因为工厂需订单连续生产。公司代表说："对外不能说，价格水平我会掌握。"公司代表又向其主管领导汇报，分析价格形势。主管领导认为：价格不取最低，因为己方是大公司，讲质量，讲服务。谈判中可以灵活，但步子要小，若在400美元以上则可成交，争不下时把价格定在405—410美元，然后主管领导再出面谈。中方公司代表将此意见向工厂厂长转达，并达成共识，和工厂厂长一起在谈判桌上争取该条件。经过交锋，价格仅降了10美元，在400美元/吨成交，比工厂厂长预想的成交价高了10美元。工厂厂长十分满意，日方也满意。

案例讨论：

1. 如何评价该谈判结果？

2. 中方在此次谈判的组织与主持上有何经验和教训？

三、实训题

某县一饮料厂欲购买意大利固体桔汁饮料的生产技术与设备。派往意大利的谈判小组包括以下四名核心人员：该厂厂长、该县主管工业的副县长、县经委主任和县财办主任。

问题：

1. 你认为如此安排谈判人员说明中国人的谈判带有何种色彩？会导致什么样的后果？

2. 你认为应如何调整谈判小组成员？作上述调整的主要理论依据是什么？

第三章　商务谈判前的准备

【本章学习目标】

- 了解影响商务谈判的环境因素；
- 了解商务谈判信息的作用与内容；
- 掌握谈判方案的主要内容；
- 掌握如何确定谈判中各交易条件的最低可接受限度。

俗话讲，不打无准备之仗，商务谈判当然也不例外。做好谈判前的各项准备工作，是取得谈判成功的重要保障，也是谈判工作的必要环节。商务谈判是一种综合性很强的活动，其准备工作也是内容庞杂、范围广泛。谈判前的准备工作做得如何，决定着谈判能否顺利进行以及能否达成有利于己方的协议。本章将介绍商务谈判前环境因素的分析、信息准备的内容、谈判方案的制订、模拟谈判等内容。

第一节　环境因素的分析

谈判是在一定的法律制度和某一特定的政治、经济、社会文化环境中进行的。这些社会环境会对谈判产生直接或间接的影响。与谈判有关的环境因素包括：政治状况、经济发展状况、财政金融状况、商业习惯、宗教信仰、法律制度、社会习俗、基础设施与后勤供应状况、气候状况等。谈判人员必须对上述环境因素进行全面系统的调研与分析评估，才能制订出相应的谈判方案。

一、政治状况因素

一个国家或地区与谈判有关的政治状况因素通常包括以下几个方面：

（一）国家对企业的管理程度

这主要涉及企业自主权的大小问题。如果国家对企业管理的程度较高，谈判过程中政府就会干预谈判内容及进程，关键性问题也是由政府部门的人员作出决策的。因此，谈判的成败不取决于企业本身，而主要在于政府的有关部门。相反，如果国家对企业的管理程度较低，那么企业就有充分的自主权，谈判的成败完全取决于企业自身。

案例分析

中铝注资力拓失败案

中铝公司与力拓集团于2009年2月12日签署了合作与执行协议,以总计195亿美元战略入股力拓集团。中铝公司已经就这项交易完成了210亿美元的融资安排。但在三个月后,力拓单方毁约,并依据双方签署的合作与执行协议向中铝公司支付1.95亿美元的“分手费”。但算下来,中铝连“分手费”都要赔给当初帮助自己完成交易的银行,中铝是唯一受伤的一方,而这也是我国企业在“走出去”过程中付出的高额学费。中铝未能及时应对不断变化的形势而被力拓“涮”了一把。中铝对力拓的注资交易中,政治性风险更是从一开始就如影随形。因为中铝深厚的国企背景,被海外媒体贴上了国家收购的政治标签。虽然中铝一直解释,这次收购仅仅是企业行为,但仍然难以化解西方对我国国企的偏见。据不完全统计,近年来,我国近70%的海外投资是失败的。

(二) 经济的运行机制

在计划经济体制下,企业间的交易往来主要看有没有列入国家计划,列入国家计划的企业就是已争取到了计划指标,那么与之谈判是可行的。如果没有列入计划,根本就没必要与之谈判。在市场经济条件下,企业有充分的自主权,可以决定谈判对象、谈判内容以及交易本身,不必根据企业是否争取到计划决定是否可与该企业进行谈判。

(三) 政治背景

一般情况下,业务往来谈判是纯经济目的的,但有时候如果有政府或政党的政治目的掺杂其中,那么政治背景因素就会起到重要作用。发达国家对发展中国家的贸易往来常出现这种情况。在多数情况下,如果谈判中掺杂有政治目的,那么这场谈判的最终结果主要取决于政治因素的影响,而不是商务或技术方面的因素。在一些较为落后的发展中国家,集权程度较高,在与这些国家进行商务谈判时,谈判项目的决定及洽谈结果,往往取决于项目负责人的政治地位和权力。有时还要看谈判对手对该谈判项目是否有政治兴趣,如果谈判对手对谈判项目有浓厚的政治兴趣,那么谈判的成功率更高些。

除了分析谈判项目是否掺杂有政治目的之外,还要分析某些政治事件能否给企业带来商机。有的政治事件会带来消费者对某种商品的购买热潮,因此企业要及时抓住政治事件所带来的商机,组织生产消费者所追捧的“政治商品”。

案例分析

对政治背景的分析引导企业走上兴旺之路

1972 年,美国总统尼克松访华,不久后两国在上海发表了《中美联合公报》,两国政治关系有所恢复。

当时,尼克松总统赠给毛泽东主席的礼物是一对特制的派克钢笔,笔身上的用料含有"阿波罗"号宇宙飞船从月球上取回的尘埃。中国政府向美国政府和人民赠送了一对熊猫。由于中美建交在世界政治中具有极为重要的意义,这对代表友谊的熊猫也格外引人注目,在世界上掀起了一股"熊猫热"。

这次重大的国际活动,不仅恢复了中美两国的关系,还使一个小厂意外地获得了生机。扬州玩具厂早在 20 世纪 60 年代就开始生产熊猫玩具,由于生产工艺落后,材料不精,品种单一,熊猫玩具一直滞销。尼克松访华带来的"熊猫热",使扬州玩具厂立即意识到这是熊猫玩具重振声威的大好时机。他们在工艺、品种、材料、包装上狠下工夫,一改熊猫过去那种笨头笨脑的形象,使新生产出来的熊猫千姿百态、神气活现、妙趣横生。外国客商对这些活泼可爱的玩具爱不释手,争相购买。在 1972 年召开的中国秋季广交会上,扬州玩具厂生产的熊猫玩具供不应求,企业由此走上兴旺发达之路。

(四) 政局稳定性

1. 换届

在国内商务谈判中,企业应关注本国是否处于政府换届的时间,国家政策是否会发生变化。在国际商务谈判中,企业更应关注谈判对手所在国家是否正处于国家首脑大选和政府换届的时间,换届是否与所谈项目有关。如果对方国家正处于换届期,那么企业应判断对方国家的现行政策是否会发生变化,谈判和合同的签订应安排在换届之前还是换届之后。如果在换届之前签订合同,合同条款中应增加政治风险条款。谈判人员应在谈判前就充分考虑与换届相关的问题。

2. 民族纠纷

世界上很多国家都是多民族或多种族国家,民族纠纷会给商务谈判带来很大风险。因此,特别是在国际商务谈判中,企业应搜集和调查对方国家的民族构成及民族关系状况的信息,对于经常出现民族纠纷的国家,尤其要关注民族纠纷所带来的风险,应事先采取预防风险的措施。

3. 与邻国关系

一国与邻国的关系直接影响该国政局的稳定性,进而影响商务谈判活动。如果一国与邻国的关系紧张或者有局部冲突的危险,那么参与谈判各方应判断有无战争爆发的可能，是否会影响到谈判项目？如果有影响，那么是否应终止此次谈判？如果不能终止，那么在谈判时就应提出增加保险费。

换届、民族纠纷、与邻国关系等因素均会影响一国政局的稳定性，政局的稳定性又会影响到商务谈判活动。因此，在谈判之前，谈判人员应关心政局状况，尤其要关注是否会发生战争。下面的案例充分说明了战争给谈判项目带来的危害。

案例分析

伊朗与日本合建石化公司

20世纪70年代初期，伊朗希望将大量空燃的天然气利用起来，生产化学制品，但苦于缺少技术及管理经验。经过选择后，伊朗向日本求助。对当时严重依赖中东石油的日本来说，这是一个树立自己形象并巩固与产油国关系的良机。经过一段“周密”的可行性研究，日本决定全力投入这项工程，要将其建成一个中东地区最大的石化生产基地。

1973年，由日本三井物产、三井东庄化学、东洋曹达等一百多家公司组织的伊朗化学开发股份公司，与伊朗当地的伊朗国营石化公司合资建立了合营企业——伊日石化公司。公司全部资产为7300亿日元，其中日方占4300亿日元，伊朗方面出资的3000亿日元中，由日方贷款近900亿日元，公司预定生产能力为年产30万吨乙烯等产品。

经过近三年包括勘探、规划、设计在内的准备，1976年1月，在伊朗南部佩鲁峡打下了第一根桩，工程的一切建设工作都按预定计划进行。1978年末，伊朗突然爆发动乱，国内政局不稳，经济运行中断，工程陷入瘫痪状态，到1979年3月，85%的工程已完全停止。不仅如此，当时的霍梅尼政权一再声称对西方企业要实施国有化措施，日方已投入的1000多亿日元资产面临巨大的损失威胁。

幸好，伊朗政府也期望这项巨大工程尽早发挥效益以利于经济发展，便要求日本政府与企业尽快复工，并保证该工程不在国有化之列。对于日方投资者而言，这无疑是死里逃生。日方企业又经过深入调查，确信霍梅尼政权的地位已巩固之后，同意于1979年11月复工，并计划再追加1300亿日元的款项。不巧，开工之前出现了伊朗学生占领美国大使馆并扣留人质的事件，伊朗内阁辞职，政局再次陷入混乱，工程继续延期。直到1980年3月，日方28亿日元贷款才到位，5月，工程又启动，60名技术人员进入工地，9月，工程全面展开，日方700人开始工作。

但是，灾难再次降临。1980年9月末，伊朗与伊拉克的战争爆发。建设中的石化生产基地自然成为主要的攻击目标。一个月之内，伊拉克空军五次轰炸该工程,对其造成严重破坏,全体工作人员被疏散至外地。日方人员乘飞机去泰国避难,347 名日籍技术人员全部返回东京。

1981 年 3 月和 7 月,伊朗和日本投资者互访并视察破坏后的工地,探讨有无修复的可能性。但 1981 年 10 月,伊拉克空军对工程的第六次轰炸使这一希望破灭了。

伊朗石化工程涉及日本 800 多家企业,直接参与建设的日方管理者、技术专家、作业者为 3548 人。此外,又由日方雇用了韩国、菲律宾、中国、印尼、印度等外籍施工人员 793 人,日方已投入 3000 亿日元资金。主要的加工设备均已制造完毕,除了在轰炸中摧毁的以外,大批尚未运出的安装设备也可能无法得到赔偿。

长期以来,日伊双方就工程损失问题进行了艰难的谈判。伊朗处于战争时期,不可能拿出巨款补偿日方。又因工程损失是战争所致,属人力无法抗拒的因素,日方作为投资人应承担风险。

由此案例可以看到,一国政局的稳定性会直接影响到谈判项目。因此,尤其是在国际商务谈判中,谈判人员应充分考察谈判对手所在国家的政局状况,只有政局稳定,才能确定与对方进行商务谈判。

(五) 政府间的关系

在国际商务谈判中,两国政府间的关系会直接影响到谈判项目。如果交易双方属于友好国家,那么谈判成功的概率更高,而且谈判中如遇到困难,可以借助国家干预来促成交易,在交易双方签订合同之后,履行合同的可靠性也更强。如果交易双方属于非友好国家,那么谈判所受的限制较大,交易的成功率较低,签约之后履约的难度也大。这时,谈判前的准备和信息搜集就更为重要,应在谈判前调查对方的各种基本信息,包括许可证、支付、运输交货方式和验收方式等习惯做法和惯例等,然后才能开展实质性的谈判。

除了两国政府间的关系会影响到商务谈判活动之外,一国与第三国的关系也会影响到商务谈判活动。例如,如果 A 国政府与 B 国政府有政治矛盾,而 B 国与 C 国是很好的贸易伙伴,那么 A 国就有可能不愿与 C 国做生意。例如,阿拉伯国家有时就拒绝同那些与以色列有政治、经济关系的国家及其企业进行商务往来。

二、经济发展状况因素

一国乃至世界的经济发展会影响全球各国的投资、消费和进出口状况。就国内商务谈判而言,应重点关注本国的经济发展状况,如果经济发展平稳而健康,那么企业就具有良好的发展环境。就国际商务谈判而言,除了关注谈判对手所在国家的经济发展状况之外，还要关注世界经济发展状况。以2008年爆发的全球金融危机为例，此次危机由美国波及全球，导致全球经济下滑，从而使各个国家的国内贸易和对外贸易受到严重影响。

案例分析

中国平安投资富通亏损

富通集团(Fortis)成立于1990年，是一家活跃于世界保险、银行和投资领域，享誉全球的国际性金融服务集团，是欧洲最大的金融机构之一。在2008年世界《财富》500强中，富通集团资产排名第14位。据摩根大通测算，富通成立17年来，平均分红率超过6.5%。如果这一业绩能够长期维续，投资富通无疑将收益可观。同时，中国平安投资富通，也将获得涵盖保险、银行业与资产管理三大金融领域的先进经验，实现打造跨国金融巨头的梦想指日可待。因此，平安高层认为投资富通前景美好。

2007年10月，中国平安在公开市场陆续买进富通集团股票并增持到4.99%，成为富通单一的最大股东时，并没有想到一年后发生的金融危机卷走了其近乎所有的投资。2008年6月，为了保证现金流，富通宣布进行83亿欧元的增发。这无疑将剥夺股东分红权利，并削弱平安的持股比例。此时的平安为保最大股东地位，竟然不顾风险再次斥资7500万欧元，购买了增发股票的5%。至此，中国平安已投资238.7亿元人民币，持有了富通1.21亿股。

美国金融危机发生后，富通集团的亏空达到400亿欧元，股价暴跌90%以上，中国平安的投资所剩无几。更为致命的是，荷兰、比利时、卢森堡政府对富通银行的国有化行动并没有获得包括中国平安在内的股东的授权，一手包办了这一切。平安的损失很难收回。从此案例可以看出，中国平安忽视了投资富通存在的经济发展风险和政治风险。

三、财政金融状况因素

财政金融状况因素主要影响国际商务谈判。国际商务谈判的结果使得洽谈双方的资产形成跨国流动，这种流动是与洽谈双方的财政金融状况密切相关的。从一个国家或地区来看，与国际商务谈判有关的财政金融状况主要包括以下几个方面：

（一）外汇储备情况

谈判前应了解谈判对手所在国家的外汇储备情况。如果一国的外汇储备较多，表明该国有较强的支付能力；反之则说明该国的对外支付存在困难。另外，还要看该国出口产品的结构如何，一个国家的外汇储备与该国出口产品的结构有密切关系。通常情况下,如果出口产品以初级产品为主,附加价值低,则换汇能力就比较差。通过分析,可以很好地把握与该国所谈项目的大小,防止由于对方支付能力的局限而造成大项目不能顺利完成的经济损失。

(二) 货币是否为可自由兑换货币

国际贸易涉及用哪国货币进行结算,所以要了解谈判对手所在国家的货币是否是可自由兑换的货币。如果该国货币不能自由兑换,有何限制条件,汇率变动情况及其趋势如何,这些问题都是交易双方敏感的话题。如果交易双方国家之间的货币不能自由兑换,就要涉及如何完成兑换的问题,同时还要涉及选择什么样的货币实现支付等问题。此外,汇率变化对交易双方都存在一定的风险,如何将汇率风险降到最低,需要双方协商解决。

(三) 适用的税法

国际贸易涉及参与贸易各国的税法,因此谈判人员除了应了解本国的税法之外,还应了解对方国家的税法。与税法相关的内容包括征税的种类和方式,两国之间是否签订过避免双重征税的协议,谈判所涉及的货物是否要征关税等,所有这些问题均会直接影响双方最终获利的大小。此外,该国对外汇汇出是否有限制,公司在当地赚取的利润是否可以汇出境外,以及其他问题,都应分析清楚。

四、商业习惯因素

一个国家或地区与商务谈判有关的商业习惯因素主要有以下几个方面:

(一) 企业的决策程序如何

不同国家和地区的企业的决策程序不同,有的企业是由个人作决策的,而有的企业是由集体作决策的。例如,美国企业的决策是只要高级主管拍板即可,而日本企业的决策必须向上下左右沟通,达成一致意见后再由高级主管拍板。因此,必须弄清楚谈判对手所在国企业的决策程序,决策程序的差异将导致决策时间与谈判风格的不同。

(二) 书面合同的重要性

有的国家重视书面合同的签订,而有的国家只重视口头的约定。因此,谈判人员应了解谈判对手所在国家对书面合同的重视程度,包括文字的重要性如何、是不是做任何事情都必须见诸文字、合同具有何等重要的意义、文字协议的约束力如何等问题。

(三) 律师的作用

有的国家习惯在谈判时带律师,而有的国家不喜欢在谈判时带律师。例如,美国人在参与商务谈判时总要有律师出场,当洽谈进入签订合同阶段时,要由出场律师全面审核整个合同的合法性,并在审核完毕后由律师签字,这是美国的习惯做法。而日本人习惯在谈判时不带律师,他们认为带律师是有意制造日后的法律纠纷。因此,谈判人员应在谈判前了解对方企业所在国家谈判时是否有带律师的习惯。

（四）谈判人员的讲话次序

在正式的谈判会见场合,对方领导及陪同人员的讲话次序如何也是需要了解的。有的企业习惯先由主谈人发言,然后再由辅谈人员发言;也有的企业习惯先由辅谈人发言,然后再由主谈人发言。在了解了谈判对手的讲话次序之后,己方可以合理安排好己方各谈判人员发言的顺序和时间,尤其是关键人物的发言和关键问题的提出应选择最成熟的时机。

（五）商业间谍问题

谈判前要了解谈判对手是否有商业间谍活动。如果有,应研究如何保存机密文件,以及采取其他防范措施。2001 年,美国《商业周刊》指出,美国大型企业每年要花 100 万美元用于收集同行情报。有些大型公司设有情报部门,在世界各地布有情报点,窥探竞争对手有无兼并计划或新技术。由于目前世界各国普遍存在着商业间谍活动,企业应采取严格的反间谍保密措施。

案例分析

世界各地的商业间谍活动

2002 年 1 月,美国食品业巨头卡夫公司控告明尼苏达州的 Schwan 食品公司,称对方雇用专职商业间谍挖掘其一款新型冷冻比萨的生产机密。事情起因要回到 1997 年,卡夫和 Schwan 同时在研制一种新型饼皮的比萨。Schwan 聘请了商业间谍马克·巴里打探卡夫公司的生产规模。经验老到的巴里伪装成《华尔街日报》记者、食品研究人员和卡夫公司采购员等,四处打电话骗取信息,只用了一天半的时间,就理清了卡夫公司的生产机器型号、生产数量等所有线索。凭借这些商业情报,Schwan 采取针锋相对的生产和销售措施,率先攻入市场,结果他们推出的 Freschetta 比萨销量由原来的全美第六位跃升至 1999 年底的第二位。

2005 年 5 月,以色列媒体连篇累牍地报道了该国史上最大的商业间谍案——"特洛伊木马"。以色列几家知名企业的高级管理人员,涉嫌雇用著名私人侦探事务所的侦探,利用互联网非法窃取商业情报。被警方逮捕的私人侦探中包括以色列国家安全总局前特工,涉案公司则涉及卫星电视、移动电话、汽车销售、办公用品等行业,受害企业多达数十家。丑闻曝光后,以色列公司加强了信息安全检查工作,发现受害公司的计算机主机系统都受到了"特洛伊木马"病毒的侵袭。这种病毒不是以破坏系统为目的,而是让商业间谍可以随时进入系统窃取资料,然后转卖。据以警方估计,以色列商业间谍获取的商业机密累计市场价值高达数亿美元。

2007年,正在同苏宁商谈并购的北京最大家电连锁商大中电器号称要打“中国第一场商业间谍官司”。大中原定在5月31日下午召开发布会,高调宣称要自曝“内鬼”:大中电器一名内部员工涉嫌为其最大的竞争对手充当商业间谍,将大中电器的营销计划书、价格信息、开店协议、与合作伙伴的合同等一系列商业秘密透露给这个竞争对手。尽管发布会最后戏剧性地被临时取消,坊间却早已盛传,竞争对手就是国美电器。2007年年底,国美以36亿元并购大中。

德国经济安全委员会出台了2009年度国家经济安全状况评估报告,在接受调查的244家德国企业中,半数以上表示在过去两年里受到过竞争对手间谍活动的侵扰,来自电脑和黑客的攻击尤甚。尽管许多大型公司已经制定了严格的职业道德准则和商业行为规章制度,花大价钱提升公司网络的防护系统等,但道高一尺,魔高一丈,商业间谍总是防不胜防。

在当今各国中,日本的商业间谍活动最为活跃。“二战”结束后不久,日本就建立了一个与西方国家谍报工作范畴不同的全球性情报搜集系统:以搜集经济技术情报为首要任务,政治军事情报只占10%—15%左右。日本的一些工业大学甚至专门开设“商业间谍”课程,为日本公司培养商业间谍和反间谍人员。日本在战后经济恢复能如此迅速,其汽车、摩托车、摄像机、电视机、手表等产品能进入并占领欧美市场,首先要归功于得力的情报工作。日本一名情报专家曾经承认,日本国民生产总值的54%来源于竞争情报!此外,日本企业收买海外情报出手阔绰,对一般的商业和技术情报,出价5万—10万美元;如果情报重要,则不惜代价。20世纪80年代初,日立公司曾花52万美元买通美国IBM公司职员,套取情报。日本化工企业为探听美国杜邦公司的秘密,甚至雇间谍乘飞机在杜邦公司制造厂上空盘旋拍照。日本六大综合商社(三菱、三井、丸红、住友、伊藤忠、双日)在全球187个城市设有800多个办事处,连成一张强大的情报网。据说,丸红商社每天收到的电讯资料相当于800版的报纸;三井公司的全球通讯网络24小时运转,每天信息通讯量在5万件以上。

美国《国防》杂志曾在2002年刊登题为《美国企业曝于商业间谍之下》的文章,感叹美国企业每年因外国商业间谍活动而蒙受的经济损失就超过2000亿美元。文章称,刺探美国商业情报的外国商业间谍活动在不断扩大,主要来自法国、德国、以色列和韩国等国。

案例分析

美国和日本公司的反商业间谍措施

有间谍,自然就有反间谍。美国IBM公司在生产电子计算机和半导体的电子工业领域中始终处于世界领先地位，其产品拥有相当大的市场占有率。在反间谍保密措施上，公司订立了严明的制度，例如不得在任何场所谈论公司的技术秘密；离开公司前要保证桌面、地面不留痕迹，不得带任何文件资料出公司；在职人员参加一切活动，不得触及秘密情况；专人管理秘密设备等。IBM 还成立了日常保密工作检查团，查看机要房间和文件橱柜是否上锁，纸篓里是否有包含机密内容的纸张等。在开发新产品之前，IBM 还会故意发布假情报，将间谍引入歧途。

微软公司也非常重视新产品在研发过程中的保密工作。微软的电脑零件要由美国各地数百家公司生产，只有装配环节在本部工厂完成。所以，微软向代理公司定制某种零件时，就不用担心零件的用途遭泄露。

日本不仅商业情报人员在全球的渗透力强，在防范商业间谍方面也毫不含糊，许多公司设有反情报机构。在接待外宾参观时，企业有规定的路线和项目，不得擅自更改。陪同人员也设置为两名，互相监督，防止泄密。

（六）贿赂现象

在多数国家，交易中的行贿和受贿属于违法行为，法律对此要严厉追究。但在有的国家，交易中的行贿、受贿属正常现象，不行贿就做不成交易。我们不赞成靠行贿来做生意，但是我们一定要搞清楚谈判对手在这方面的商业做法，以便采取相应的对策。

（七）商务谈判中使用的语种

在国际商务谈判中，谈判人员应了解对方国家商务谈判的常用语种。如果己方属客场谈判应使用当地语言，那么就要明确己方有没有安全可靠的翻译人员。除此之外，谈判人员还应明确合同文件能否用两国文字表示。如果在签订合同时使用双方文字，那么两种文字应该具有同等的法律效力。如果为了防止可能产生的争议而使用第三国文字签订协议，这对谈判双方来讲都是公平的。谈判离不开语言的交流，这对谈判双方来讲都是很重要的，因此必须选择好合适的交流语言。

五、宗教信仰因素

在国际商务谈判中，谈判还可能会受到宗教信仰因素的影响。一个国家或地区与商务谈判有关的宗教信仰因素包括以下几个方面：

（一）该国占主导地位的宗教信仰

宗教对人们的思想行为是有直接影响的。信仰宗教的人与不信仰任何宗教的人的思想行为不同；同样是信仰宗教的人，信仰不同宗教的人的思想行为也会有差异。总之，宗教信仰对人们思想行为方式的影响是客观存在的，商务谈判人员在谈判前准备阶段，必须首先搞清楚谈判对方所在国家或地区占主导地位的宗教信仰是什么，以及它对谈判人员的思想行为约束如何。

（二）宗教信仰的影响

宗教信仰对下列事务会产生重大影响：

1. 政治事务

一个国家或地区占主导地位的宗教信仰有时会对该国或地区的党政方针、国内政治形势等产生影响。商务谈判人员应了解谈判对方所在国家或地区的施政方针、国内政治形势、民主权利是否受到该国家或地区宗教信仰的影响。

2. 法律制度

例如，在某些受宗教影响很深的国家，其法律制度的制定必须依据宗教教义。一般情况下，人们的行为如果符合法律原则与规定，就能被认可；而在受宗教影响较大的国家中，人们的行为能否被认可，要看是否符合该国宗教的精神。

3. 国别政策

由于宗教信仰的不同，某些国家依据本国的外交政策，在经济贸易制度上制定带有歧视性或差别性的国别政策，对某些国家的企业给予方便与优惠，对另外一些国家的企业则作出种种限制。

4. 社会习俗

一个国家或地区占主导地位的宗教信仰会对该国或地区的社会习俗产生影响。宗教信仰直接影响信仰者的行为规范和文化心理，如服饰风俗、饮食风俗、住居风俗、节日风俗、婚姻风俗、丧葬风俗等，均会受到宗教信仰的影响。例如，泰国是信仰佛教的国家，泰国人互相打招呼时，不会采用典型的握手方式，而是以双手合十行礼。一般年幼者先向年长者打招呼，年长者随后回礼合十。

5. 节假日与工作时间

不同宗教信仰的国家都有自己的宗教节日，其工作时间也各有差别，在制订谈判计划及日程安排上不应与该国的宗教节日相冲突。

六、法律制度因素

一个国家或地区与商务谈判有关的法律制度因素主要有以下几个方面：

（一）该国法律制度基本情况

该国的法律制度是根据何种法律体系制定的，是属于英美法系还是属于大陆法系，包括哪些内容等。

（二）该国法律执行情况

现实生活中，有的国家因为本身法律制度不健全，可能出现无法可依的情况；有的国家法律制度较为健全，而且执行情况良好；还有的国家在执行过程中不完全依法办事，而是取决于当权者。

（三）司法机关与立法机关、行政机关的关系

司法机关是指行使司法权的法院和检察院。一个国家的司法机关是否独立，关系到该国的政府组织是否完善、人民的政治权利是否得到保障。所以，很多国家的宪法明确规定：法官独立，只服从法律。即司法机关与立法机关、行政机关互不从属。但在有些国家，司法机关不独立，而是从属于其他国家机关，因此司法机关在执行法律时会受到影响。

（四）法院受理案件时间的长短

法院受理案件时间的长短将直接影响商务谈判各方的经济利益。谈判各方在交易过程中及以后的合同执行过程中难免会发生争议，一旦诉诸法律，就要由法院来审理。如果法院受理案件的速度很快，那么对商务谈判各方的影响不大；如果时间很长，那么合同执行过程中的利益受损方将无法及时得到补偿。

（五）执行其他国家法律的裁决时需要什么程序

对于跨国商务活动而言，一旦发生纠纷并诉诸法律，就会涉及不同国家之间的法律适用问题。因此，必须弄清楚在某一国家的裁决拿到对方国家是否具有同等的法律效力，如果不具有同等的法律效力，或者根本无效，那么需要什么样的条件和程序才能生效，才能得到有效执行。

案例分析

法律因素对合同履行的影响

我国某公司在某发展中国家承包了一个工程项目。离该工程施工现场不远处有一家医院，由于我方公司在施工过程中打地基时造成了噪声污染，该医院向我方索赔。最后我方败诉，赔偿医院 60 万美元。如果我们了解当地的法律制度，就可以在施工前聘请一位当地律师到施工现场作实地考察，采取必要的预防措施。这样就可以避免这笔损失。

七、社会习俗因素

不同国家或地区有着不同的社会习俗，这些习俗可能在一定程度上影响谈判活动。对此，我们应该很好地加以了解和把握。如在某个国家或地区，称呼及衣着方面合乎规范的标准是什么；对商务谈判的时间有没有固定要求；业余时间谈业务对方有无反感；社交场合是否习惯有妻子相伴；娱乐活动通常在哪里举行；赠送礼品及赠送方式有什么讲究等等。例如，多数美国人不喜欢用先生、夫人、小姐、女士之类的称呼，他们认为这样的称呼太客套了。他们喜欢别人直接叫自己的名字，并将此视为亲切友好的表示。如与阿拉伯人接触，千万别送酒类礼品，因为他们禁酒最为严格；不能单独给女主人送礼物，也别送东西给已婚女

子,忌送妇女图片及妇女形象的雕塑品。在意大利,不能送人手帕,因为手帕象征亲人离别,是不祥之物;红玫瑰表示对女性的温情或爱慕,一般不送。在西方国家,送礼忌讳“13”这个数字,因为它代表厄运。泰国人认为“头部”是身体上的最高部分,因此他们不容许抚拍任何人的头部,即使是友善的表现。在泰国,脚尖指向他人是不礼貌的行为,所以在泰国应避免与他人对坐。

八、基础设施及后勤供应状况因素

一个国家或地区的基础设施与后勤供应状况也会影响商务谈判活动。例如,该国的人力、物力、财务状况如何;有无必要的熟练工人和有经验的专业技术人员;有无材料、建筑设备及维修设备;有无雄厚的资金;邮政和电信设施是否完善;当地的运输条件如何,包括港口的装卸设备情况、公路铁路的运载能力、航空运输能力等。在商务谈判中会涉及货物运输方式的选择,这就要求谈判人员应充分了解谈判对手所在国家或地区的运输条件。

九、包括气候在内的自然条件因素

自然条件对商务谈判活动也会有一定的影响。气候状况包括一国所处地理位置的气候特点,如雨季长短及雨量的大小、全年平均气温状况、冬夏季的温差、空气平均温度状况、地震情况等。除此之外,自然资源、地质条件、水文状况也可能对商务谈判及合同的履行带来影响,谈判人员应在谈判之前了解清楚。例如,商务谈判中需确定货物的装运时间、地点和交货时间、地点,谈判人员应根据运输条件、市场需求、运输距离、运输工具、码头、车站、港口、机场等设施,以及货物的自然属性、气候条件作综合分析,明确装运、交货地点,以及装运、交货的截止日期。

案例分析

气候因素对合同履行的影响

我国某公司曾在泰国承包了一个工程项目。由于不了解施工时期正是泰国的雨季,运过去的轮胎式机械在泥泞的施工场地上根本无法使用,只好重新再组织履带式机械,因而增加了采购、报关、运输时间,以致延误了工期。对方提出了索赔,我方只好赔偿。如果谈判人员能事先了解一下泰国的气候特点,或主动向专家咨询在泰国施工可能会遇到的困难,那么此次蒙受的经济损失和信誉损失就可以避免了。

以上列举了九个方面的环境因素,商务谈判人员必须在谈判方案制定之前,对这些因素进行充分的调查和分析。

第二节　商务谈判前的信息准备

谈判信息是对那些与谈判活动有密切联系的条件、情况及其属性的一种描述，是一种特殊的人工信息。商务谈判是人们运用资料和信息获取所需利益的一种活动，因此信息准备是商务谈判前准备工作的重要一环。掌握充分适用的有关信息资料，是取得谈判成功的重要保证。本节将介绍谈判信息的作用、谈判信息收集的方法和途径、谈判信息的主要内容和谈判信息资料的处理。

一、谈判信息的作用

不同的商务谈判信息对谈判的影响作用是不同的，有的起着直接作用，有的起着间接作用。谈判信息在商务谈判中的作用主要表现在以下几个方面：

（一）谈判信息是制定谈判战略的依据

谈判战略是为了实现谈判的战略目标而预先制定的一套纲领性总体设想。谈判战略正确与否，在很大程度上决定着谈判的得失成败。一个好的谈判战略方案应当具有战略目标正确可行、适应性强的特点。这就必须有大量可靠的信息作为依据。在商务谈判中，谁能拥有谈判信息上的优势，掌握对方的利益界限，谁就有可能制定出正确的谈判策略，从而在谈判中掌握主动权。

（二）谈判信息是控制谈判进程的手段

信息、时间、权力是进行谈判控制的三个最基本的要素，它们自始至终对谈判的发展方向和进程产生着影响，同时也是谈判者谋取谈判主动权的基本手段。要想做到对谈判进程进行有效控制，必须首先掌握详尽、准确的谈判信息，同时利用手中拥有的各种权力和对谈判时间的有效控制，影响谈判的发展方向和进程。

（三）谈判信息是谈判双方相互沟通的中介

在商务谈判中，尽管各种谈判的内容和方式各不相同，但有一点是相同的，即都是一个相互沟通和磋商的过程。沟通就是通过交流有关谈判信息，确立双方共同的经济利益和相互关系。因此，掌握一定的谈判信息，就能够从信息中发现机会与风险，捕捉双方达成协议的利益共同点，消除不利于双方的因素，促使双方达成协议。

二、谈判信息收集的方法和途径

为了收集到有价值的信息，谈判人员必须掌握谈判信息收集的方法和途径。常用的收集谈判信息的方法有检索调研法、直接观察法和专题询问法。

（一）检索调研法

检索调研法是根据现有的资料和数据进行调查、分类、比较、研究的信息资料准备方法。检索调研法收集资料的途径很广，主要有以下几种：

1. 统计资料

主要包括我国、对方国家及国际组织的各类统计月刊或统计年鉴，以及各国有关地方政策的各类年鉴或月刊。例如，工业普查资料、统计资料汇编、商业地图等。

2. 报纸杂志和专业书籍

如出版社出版的工商企业名录、商业评论、统计丛书、产业研究等书籍，还有《国际商务研究》、《国际经贸消息》、《外贸调研》等杂志都刊登有与贸易谈判活动有关的资料。

3. 各专门机构的资料

如政府机关、金融机构、市场信息咨询中心、对外贸易机构等提供的资料，以及专业组织提供的调查报告。可能提供信息资料的单位有：中国商务部、中国对外经济贸易委员会及其各地的分支机构、中国银行的咨询机构及有关的其他咨询公司。

4. 谈判对方公司的资料

收集对方关于设计、生产、计划、销售等方面的资料，并进行分析研究。例如，研究经对方专任会计师签字的资产负债表、经营项目、报价单、公司预算财务计划、公司出版物和报告、商品目录与商品说明书等。

案例分析

通过报纸收集有用信息

日本国土面积狭窄，资源匮乏，主要靠进口原料加工制造，再将成品出口赚取外汇。因此，他们对国际市场的形势变化十分关注，随时注意搜集世界各国的信息情报，包括公开出版的报纸、杂志等。

20世纪60年代初期，日本人首先从我国《人民日报》上刊登的北京公共汽车上不带有“大煤气包”的照片，分析出中国可能找到了大油田。不久，他们又从《人民日报》上登出的铁人王进喜身穿大皮袄、扛着钻井部件行进在风雪中的照片，以及照片上依稀可见的火车站站名“萨克图”，准确地推知大庆油田在东北松嫩平原人迹罕至的地方。

后来，日本人又在《人民日报》上看到一幅钻塔照片，根据这张照片上钻台手柄的长度和架势算出了中国大庆油田的油井直径，并根据中国国务院的工作报告，估算出了大庆油田的实际生产能力。考虑到中国还没有生产油田专用设备的技术，他们推断，不久后中国肯定要向国际招标。根据这些材料，日本石油化工设备公司立即组织人力、物力进行精心设计。

1966年，王进喜进京参加了全国人民代表大会，日本人推断中国大庆油田一定出油了，不然王就不会当上人大代表。于是，日本人作好了一切准备，就等中国向国外招标了。

果然如日本人所料，大庆油田出油后，我国向世界各国征求设计方案和油田专用设备。英、美等国虽然技术力量雄厚，但因毫无准备，被日本人抢先了一步，把这笔大生意夺走了。

日本人的精明确实让人吃惊，他们对局势的分析方法和钻研精神值得我国企业学习。正是有了这些严密、细致的分析，日本人才抓住了一个个做生意的机会。

（二）直接观察法

直接观察法是调查者在调查现场对被调查事物及被调查者的行为与特点进行观察测度的一种信息准备方法。直接观察法的形式主要有以下几种：

1. 参观对方的生产、经营场地

如参观对方的公司、工厂等，以摸清对方实情。在参观的日程安排上，应多留些时间供自己支配，切不可让对方牵着鼻子走，并且要善于捕捉和利用各种机会，增加调查的深度和广度，以便获得更多第一手资料。

2. 安排非正式的初步洽谈

通过各种预备性的接触，创造机会，当面了解对方的态度，观察对方的意图。

3. 购买对方的产品进行研究

将对方的产品拆开后进行检验，分析其结构、工艺等，以确定其生产成本。

（三）专题询问法

专题询问法是以某一项命题向被调查者征询意见以收集资料的一种信息准备方法。专题询问法的方式运用灵活，其途径主要有：

（1）向对方企业内部知情人士了解，如对方现在或过去的雇员、对方领导部门的工作人员等；

（2）向与对方有过贸易往来的人了解，如对方的客户、对方的供货商；

（3）向对方的有关人员了解，如在会议或社交场合通过与对方的重要助手或顾问的交往探取情报，通过银行账户了解对方的财政状况等。

三、谈判信息的主要内容

谈判信息主要包括市场信息、有关谈判对手的资料、科技信息、有关政策法规、金融方面的信息和有关货单、样品的准备。

(一) 市场信息

1. 市场信息的概念

市场信息是指在一定的时间和条件下,同商品交换以及与之相联系的生产和服务有关的各种消息、情报、数据、资料的总称,是商品流通运行中物流、商流运动变化状态及其相互联系的表征。狭义的市场信息是指有关市场商品销售的信息,如商品销售情况、消费者情况、销售渠道与销售技术、产品的评价等。广义的市场信息包括多方面反映市场活动的相关信息,如社会环境情况,社会需求情况,流通渠道情况,产品情况,竞争者情况,原材料、能源供应情况,科技研究、应用情况及动向等。总之,市场是市场信息的发源地,而市场信息是反映市场活动的消息、数据,是对市场上各种经济关系和经营活动的客观描述和真实反映。

2. 市场信息的主要内容

市场信息对企业的商务谈判活动产生重大影响,谈判者要密切关注市场的变化,根据市场的供求运动规律选择有利的市场,并在谈判中注意对方的要价及采取的措施。与谈判有关的市场信息资料主要有:

(1) 交易货物的国内外市场分布信息。国内外市场分布信息,主要是指市场的分布情况、地理位置、运输条件、政治条件、经济条件、市场潜力和容量、某一市场与其他市场的经济联系等。

(2) 交易货物的市场供求信息。谈判人员既要了解谈判所涉及货物的供应信息,也要了解交易货物的需求信息。供应信息包括:产品型号、产品参数、产品价格、产品主要供应商的市场占有率情况等。需求信息包括:产品的需求量和潜在需求量;消费者开始使用某一特定品牌的条件和使用原因;购买的原因和动机;消费者忠于某一特定品牌的期限;消费者忠于某品牌的原因、条件、因素;消费者购买的意向和计划;产品被使用的次数及消费量;消费者对产品的态度;消费者对企业促销活动的反应与态度;消费者喜欢在何处购买等。

(3) 交易货物的销售信息。如果是卖方,要调查本企业产品及其他企业同类产品的销售情况。如果是买方,则要调查所购买产品的销售情况,包括:该类产品过去几年的销售量、销售总额及价格变动;消费者对该类产品的需求状况;季节性因素;消费者对这一企业新老产品的评价及要求。通过对产品销售方面的调查,可以使谈判人员大体掌握市场容量和销售量,有助于确定未来的谈判对手,有利于同谈判对手讨价还价。

(4) 交易货物的竞争方面的信息。这类信息主要包括:生产或购进同类产品的竞争者数量、规模以及该类产品的种类;生产该类产品的各主要生产厂家的市场占有率及未来变动趋势;各主要竞争者提供售后服务的方式;顾客及中间商对该类服务的满意程度;当地经销该类产品的批发商和零售商的毛利润与各种行情;当地制造商与中间商关系;各主要竞争者所使用销售组织的形态、规模与力量;各主要竞争者所用的广告类型与广告支出额等。

案例分析

市场信息助日本汽车商击败竞争对手

最初,法国是非洲汽车市场上的传统卖主。日本人努力了一段时间,发现当地汽车进口商习惯于从法国进口汽车,因而不愿意同日本汽车商打交道。为了同法国人争夺非洲汽车市场,日本汽车商在非洲广泛搜集情报。他们发现法国汽车公司有两个薄弱环节:一是法国公司一般不愿意向当地汽车进口商提供贷款;二是法国汽车零配件的交货期拖得很长,引起非洲国家汽车代理商的不满。于是,日本汽车商就赶紧针对法国的这两个薄弱环节下工夫。结果,日本人仅仅通过向当地进口商提供比法国人稍稍优惠的条件,就轻而易举地抢占了法国人的大片市场。在中东地区,日本人也通过广泛搜集情报,摸清了当地人的习俗和爱好,制造出当地人喜爱的汽车,逐渐占领了这个地区的汽车市场。

(5) 交易货物的分销渠道信息。分销渠道信息包括:主要竞争对手采用何种经销路线;当地零售商或制造商是否聘用人员直接推销;各种类型的中间商有无仓储设备;各主要市场的批发商与零售商的数量等。调查商品的分销路线,不仅可以掌握谈判对手的运输、仓储等管理成本状况,在价格谈判上做到心中有数,而且可以针对对方售后服务的要求和弱点,提供良好的售后服务以满足对方要求,争取谈判成功。

(二) 有关谈判对手的资料

谈判对手的信息资料是商务谈判时所应具备的最有价值的资料。只有充分了解谈判对手,才能针对谈判对手的特点制订相应的谈判方案和谈判谋略,并在谈判中掌握主动权。

在掌握谈判对手的资料方面,首先应确定谈判对象,并了解谈判对手的谈判风格。其次应分析谈判对手的类型,并审查谈判对手的资信情况,包括对其合法资格、公司性质和资金状况、公司劳动状况和财务状况进行审查,从而判定谈判双方的谈判实力。最后,还应摸清谈判对手的最后谈判期限以及对方对己方的信任程度。

1. 谈判对象的确定

在商务谈判中,可能存在多个可以进行谈判的对象,此时就要根据各个可能的谈判对象的资信情况,以及己方的需求和谈判目标,从中选择一个或若干个谈判对象。谈判人员应广泛搜集有关谈判对象的资料,注意寻找己方目标与对方条件的最佳结合点,通过比较确定一个或若干个有利于实现己方目标的谈判对象。

确定了谈判对象之后,还应了解谈判对象的谈判风格。因为只有了解谈判对象的谈判风格,才能制定出相应的谈判谋略。根据谈判对手让步的程度,可以把谈判对手分为强硬型、软弱型和合作型。

(1) 强硬型。这种类型的谈判对手在谈判一开始就表现强硬。作为买方时,他们会把商品的价格压得很低;作为卖方时,他们坚持高的报价。强硬型谈判对手在谈判时咄咄逼人,经常使用过激的语言以达到目的,谈判中表现出坚韧、忍耐的特点。他们会利用对方的急迫心理,采取停滞或拖延战术,坚持以较长时间拖垮对手的意志,从而取得谈判的优势。

(2) 软弱型。这种类型的谈判对手在谈判开始时立场谨慎,不提出过分的要求,一般在常规内提出中等偏高的谈判条件,绝不漫天要价,也不会狠狠压价。他们会在对手的压力之下,不断作出让步。在对手的强硬态度下,为避免谈判破裂,他们往往委曲求全,促成交易成功。

(3) 合作型。这种类型的谈判对手是以合作的态度参与谈判的,他们会尽量寻求适合谈判各方需要的谈判方式。他们把谈判过程看做参与谈判各方调和与一致的过程,通过谈判与对方建立一定的信任关系,为今后的进一步合作创造条件。

2. 贸易客商的类型

为了更好地研究和分析谈判对手,首先应对贸易客商的情况有所了解。目前,贸易界的客商基本上可以分为以下几种类型:

(1) 世界上享有声望和信誉的跨国公司。这类公司资本比较雄厚,往往有财团作为自己的支柱力量。如德国的西门子电气公司、日本的松下电气公司等,都是世界上知名的企业。世界知名企业的机构十分健全,通常都有自己的技术咨询机构,并聘请法律顾问,专门从事国际市场行情和金融商情的研究工作。我们在与这类客商进行商务谈判时会明显感到对方很讲信誉,办事讲原则,工作效率高,对商情掌握得比较准确;在要求我方提供技术数据时,往往要求准确、翔实和完整。由于这类客商各方面的要求都较高,在谈判中提出的问题往往比较尖锐,因此如果进行商务谈判的对手属于此类,一定要事先作好充分的准备。

(2) 享有一定知名度的客商。这类客商资本也比较雄厚,其产品在国际市场上具有一定的竞争力。我们在与这类客商进行商务谈判时会明显感到:对方比较讲信誉;占领市场的心情较为迫切;技术服务及培训工作做得比较好;对于技术转让和合作生产的条件要求较为优惠。

(3) 能提供其合法资质的普通客商。这类客商没有任何知名度,但能够提供公证书、董事会成员的副本等证明其注册资本、法定营业场所。通过这些,我们可以确认该客商的基本情况,以及前来参与商务谈判的谈判者的身份。

(4) 皮包商。即专门从事交易中介的中间商。这类客商无法人资格,因而无权签订合同,他们只是为了收取佣金为交易双方牵线搭桥。例如,没有注册资本的贸易行、商行和洋行等,他们仅有营业证明,不能提供法人资格、注册资本及法人地址等公证书,只能提供标有公司名称、职务及通信地址的个人名片。这类客商在东南亚和我国香港地区较为多见,美国、日本等地也有一些。

(5)“借树乘凉”的客商。这类客商实属知名母公司的下属子公司,其母公司往往具有较高的知名度,而且资本雄厚,但该子公司可能刚刚起步,资本比较薄弱,又无注册资本和法人资格。这种客商常常打着其母公司的招牌做大生意。对这类客商应当持谨慎的态度,应主动要求与其母公司进行商务谈判,也可要求对方出示母公司准予其洽谈业务并且承担一切风险的授权书。

(6)利用本人身份从事非法经营贸易业务的客商。这类客商往往在某公司任职,但他是以个人身份进行活动,以牟求暴利,关键时刻才打出其所在公司的招牌。这类专干“私活”的客商国内外都有,应严加提防。

(7)“骗子”客商。这类客商私刻公章,提供假名片、假证明,从事欺骗活动。这类人往往无固定职业,专门利用关系,先给受骗者以好感,然后骗取其钱财。对于这类客商,应保持冷静的头脑,辨明其本来面目,谨防上当。

从对客商类型的介绍可以看出,有的客商不宜作为谈判对象。因此,在商务谈判之前,必须对谈判对手的资信情况进行审查。

3. 对谈判对手资信情况的审查

对谈判对手资信情况的审查包括对谈判对手的合法资格、公司性质和资金状况、公司营运状况和财务状况、公司商业信誉情况的审查。

(1)对谈判对手合法资格的审查。对谈判对手合法资格的审查应从两个方面进行:一是对谈判对手的法人资格进行审查;二是对前来谈判的客商的资本信用和履约能力进行审查。

① 对谈判对手的法人资格进行审查:可以通过要求对方提供有关文件,如法人成立地注册登记证明、法人所属资格证明等,审查其法人资格。在取得证明文件后,首先应通过一定的手段验证其真实性。其次,要弄清法人的组织性质,例如是股份有限公司或有限责任公司,还是合伙企业等,其组织性质不同,所承担的责任也不同。最后,还要确认法人的国籍,即其应受哪一国法律管辖,发生纠纷时应适用哪一国的法律。这对双方来说非常重要,因为不同国家的法律解决问题的方法和结果往往有很大的差别。

② 对前来谈判的客商的资本信用和履约能力进行审查:一般来讲,前来洽谈的客商可能是公司的董事长、总经理,但更多情况下是公司某一部门的负责人。如果来者是公司内部某一部门的负责人,那么就存在一个代表资格或签约资格的问题。事实上,并非一家公司或企业中的任何人都可以代表该公司或企业对外进行谈判和签约。从法律的角度讲,只有董事长和总经理才能代表公司

或企业对外签约,而公司或企业对其工作人员超越授权范围对外所承担的义务是根本不负任何责任的,这就完全靠我们自己严格把关。

(2)对谈判对手公司性质和资金状况的审查。从法律上看,企业的组织形式主要有:个人独资企业、合伙企业、有限合伙企业、有限责任公司和股份有限公司等。个人独资企业和合伙企业一般不是法人,不具备法律上独立的人格,出资者以个人的全部财产对企业的债务承担无限责任。这类企业在西方国家中数量众多,但大多规模小,且资金有限。

有限合伙企业按有些国家(如德国)的规定可被视为法人。这类企业规模不大,资金有限。

有限责任公司和股份有限公司在法律上具有独立人格,是独立法人。股份有限公司是各国企业组织形式中最重要的一种。

各国对有限责任公司法定最低金额的规定不同。法国规定为50万法郎,英国规定为5万英镑,而美国有些州规定为1000美元,甚至有些州认为1美元即可,日本则规定为10万日元。因此,在谈判前不仅要了解对方公司的性质,还需要了解对方公司的资本状况。

(3)对谈判对手公司的营运状况和财务状况的审查。如果谈判对手是买方,我方必须迅速了解对方的经营状况与财务状况,判断其购买力、可能的付款期限、付款方式等。因为即使对方是一个注册资本很大的公司,但如果运营状况不好,就会负债累累,公司一旦破产,我方很可能收不回全部债权。在掌握对方营运状况和财务状况的情况下,才能确定交易的可能规模及与对方建立交易往来时间的长短,也才能作出正确的谈判决策和给予对方恰当的优惠程度。

在谈判之前还要摸清对方企业习惯于采取何种付款方式和付款条件。在商务谈判中,付款条件和付款方式较复杂,对方有可能利用付款方式和付款条件拖延付款日期甚至拒付,造成贸易诉讼。为避免这种损失,必须在谈判前了解对方惯用的付款方式和付款条件,并在谈判中提出双方都能接受的方案。

(4)对谈判对手商业信誉情况的审查。商业信誉是指企业信得过的名声及其对顾客的吸引力,以及由此带来的经济利益。它是由企业的资信和经营者多年诚实信用与公认的商业道德所建立起来的,是企业的一种无形财产。商业信誉也代表企业良好的经营情况和有利的竞争形势。对谈判对手商业信誉情况的审查,主要涉及调查谈判对手的产品质量、技术标准、产品的技术服务、商标及品牌、广告的宣传作用等。

4. 对谈判各方谈判实力的判定

谈判实力是指影响双方在谈判过程中的相互关系、地位和谈判的最终结果的各种因素的总和,以及这些因素对谈判各方的有利程度。一般情况下,谈判实力取决于以下几个因素:

（1）谈判内容对参与谈判各方的重要程度。商务谈判的成功对参与谈判各方都是有利的，但谈判内容对谈判各方的重要程度可能并不相同，这会影响到谈判各方的谈判实力。一般来说，谈判内容对某一方越是重要，即该方越希望成交，那么该方在谈判中的实力就越弱；反之则越强。例如，在国际货物买卖商务谈判过程中，若卖方的产品较为紧俏，并且买方急于购买此产品，这时卖方的谈判实力就较强，买方的谈判实力较弱。

（2）谈判各方对交易内容与交易条件的满意程度。商务谈判各方对交易内容和交易条件的满意程度可能也存在着差异，某一方越能够满足对方对交易内容与交易条件的要求，该方的谈判实力就越强。在国际货物买卖中，卖方的货物在质量、数量、交货时间上越能够满足买方的要求，卖方的谈判实力就越强，因为买方在这种情况下无法提出一些使对方让步的借口。

（3）谈判各方竞争的形势。在业务往来中，通常存在着竞争的局面。有时是多个卖方对应较少的买方，有时是较少的卖方对应多个买方。当多个卖方对应较少的买方时，就形成了买方市场，这时会使买方的谈判实力增强，卖方的谈判实力减弱；当较少的卖方对应多个买方时，就形成了卖方市场，这时会使卖方的谈判实力增强，买方的谈判实力减弱。

（4）谈判各方对商业行情的了解程度。谈判的一方对交易本身的行情了解得越多、越详细，该方在谈判中就越是处于有利地位，也就相应地提高了自身的谈判实力。反之，如果某方对商业行情了解很少，那么其谈判实力就会减弱。

（5）谈判各方所在企业的信誉和影响力。企业的商业信誉越高，社会影响越大，该企业的谈判实力就越强；反之，其谈判实力就越弱。

（6）谈判各方对谈判时间因素的反应。在商务谈判中，如果某方受到谈判时间的制约，希望早日达成协议，那么该方的谈判实力就会减弱。由于时间限制，该方不得不作出某些让步，导致不利的谈判结果。例如，对于季节性较强的商品，卖方为了在一定的时间内售出，有时会不惜降价进行推销，这就削弱了卖方的谈判实力。

（7）谈判各方谈判谋略与技巧的运用。谈判人员如能灵活地运用谈判谋略与技巧，充分地调动有利于己方的因素，尽可能地避免不利因素，那么该方的谈判实力就会增强。某方的谈判谋略和技巧越是高超，其谈判实力就越强。

5. 摸清谈判对手的最后谈判期限

任何谈判都有一定的期限，重要的结论和最终成果需在谈判期限之内取得，因而有必要摸清谈判对手的最后谈判期限。最后期限的压力常常迫使人们不得不采取快速行动，立即作出决定。如果能了解对方的谈判期限，就可以根据对方的期限控制谈判的进程，并针对对方的最后期限施加压力，促使对方接受有利于己方的交易条件。

谈判前,参与谈判各方都在调查对方的谈判期限,对此要注意以下几个问题:

(1) 对方可能会千方百计地保守谈判期限的秘密。了解情况要尽早,动手越早,取得资料就越容易。

(2) 在谈判时,要通过察言观色,通过捕捉对方流露出来的情绪摸清对方的谈判期限。

(3) 谨防对方有意提供假情报。在获取了对方的谈判期限之后,还应通过各种资料综合判断其真伪。如果对方是卖方,应调查对方存货的数量、质量、生产计划以及财务状况等,以判断其谈判期限的真伪。如果对方是买方,则应调查分析其对所购货物的需求情况,是否急需此货物,是否有其他供应商提供此货物等。

(4) 己方谈判期限要有弹性,以避开对方利用谈判期限对自己的进攻。无论己方是买方还是卖方,都应有计划、有节奏地进行谈判,不能过于急迫。

(5) 在对方的期限压力面前提出对策。如果对方以谈判期限给己方施加压力,那么谈判人员应提出对策,如推后己方的谈判期限、寻找其他谈判对象等,以排除谈判期限的压力。

6. 摸清对方对己方的信任程度

摸清对方对己方的信任程度,有利于我们更好地设计谈判方案,争取主动。若对方对己方有较高的信任度,可以促使谈判朝着对己方有利的方向发展,在商品价格、付款方式、运输方式、签订合同等方面易于达成协议。

7. 摸清对方谈判人员的有关资料

在了解上述各方面的资料后,最后应当了解对方谈判成员的有关资料。诸如对该谈判组的人数、职务、年龄及其分工;各个成员的性格、专长及爱好甚至社会和家庭关系,特别要搞清对方成员中实力派人物的情况,以便己方选择与对方情况相适应的人员,运用谈判谋略和技巧,以促进谈判的顺利进行。

(三) 科技信息

在科学技术方面,主要应收集以下信息:

(1) 与谈判所涉及产品相关的新技术、新产品、新工艺、新包装、商标等情况的信息;

(2) 谈判所涉及产品与其他产品相比,在性能、质量、标准、规格等方面的优缺点,以及该产品的生命周期、竞争能力等方面的资料;

(3) 谈判所涉及产品在专利转让或应用方面的资料;

(4) 谈判所涉及产品的生产企业的技术力量和设备状态等方面的资料;

(5) 谈判所涉及产品的配套设备和零部件的生产与供给状况,以及售后服务方面的资料;

(6) 谈判所涉及产品的开发前景和开发费用方面的资料；

(7) 有关对谈判所涉及产品的品质或性能进行鉴定的重要数据或指标，及各种鉴定方法和鉴定机构。

案例分析

科技信息给企业带来益处

1952年，日本松下与荷兰菲利浦公司就有关技术合作问题进行商务谈判。菲利浦公司提出技术转让使用费的提成率为销售额的7%。松下幸之助经艰苦的努力把提成率压价到4.5%。但菲利浦公司又提出了新的要求，作为提成率优惠的条件：专利转让费定为55万美元，并且必须以总付形式一次付清。

当时的松下公司资本总额不过5亿日元，55万美元相当于2亿日元！这笔专利转让费对松下公司来说，是一个相当沉重的负担。合同文本是由菲利浦公司拟就的，其中的违约和处罚条款的订立也都有利于菲利浦公司。松下幸之助在形势对己方不利的情况下考虑到，如果作些妥协、退让，接受对方的条件和要求，付出这笔钱，对松下公司的发展和日本电子工业的发展都是有益的。

松下幸之助为保证技术合作项目的效益稳定，又对菲利浦公司作了深入细致的调查研究。在调查中，他发现菲利浦公司拥有一个3000名研究人员组成的研究所。他们设备先进，人员精良，每天都在进行着世界最新技术和最新产品的开发研究。松下幸之助想，如果创造一个同等规模、同等水平的研究所，要花上几十亿日元和几年的时间，而现在，以2亿日元为代价便可以充分利用菲利浦公司研究所的人员和设备，何乐而不为呢？于是，松下幸之助毅然同菲利浦公司签订了合作合同。菲利浦公司派出技术骨干前去赴任，他们把技术、知识和管理经验传授给了松下公司。在双方合作期间，松下公司便利、迅速地获得了菲利浦公司最新的技术。双方的合作，为松下公司驰名全日本及至全世界打下了坚实的基础。

(四) 有关政策法规

商务谈判前的准备工作还包括收集政策法规方面的信息内容。政策法规方面的内容包括以下几个方面：

1. 有关国家或地区的政治状况

政治对经济有着重要的影响，在商务谈判中，需要了解对方国家或地区有关经济政策及经济合作的相关法令，及国家对企业的管理制度。

2. 有关国家或地区关于谈判内容的法律规定

法律所规定的当事人作为与不作为的界限，是企业经营合法或不合法的依据。除了要熟悉我国现有的法律如《合同法》、《专利法》、《商标法》、《企业所得税法》、《中外合资经营企业法》等之外，还应了解国外的法律制度和国际惯例。

3. 有关国家或地区的各种关税政策

需要了解有关国家或地区各种关税的税率、关税的税则和征税方法方面的资料。如果我国与交易对方所在国家订有贸易协定或关税互惠协议，还必须了解其详细情况。

4. 有关国家或地区的外汇管制政策

有些国家或地区为了保证收汇和防止逃税、套汇、黑市买卖外汇，通过颁发进出口许可证等办法加强对外汇的管制。例如，我国对外汇留存、外汇的境内外流动管理较为严格，对于各种外汇票据的发行和流通，以及外汇、贵金属和外汇票证等的进出国境，都有详细的规定，谈判人员应事先了解此方面的规定。

5. 有关国家或地区进出口配额与进出口许可证制度方面的情况

进出口配额制度是一国政府对一定时期内某种商品的进出口数量或金额规定限额的制度。在规定的限额以内商品可以进口或出口，超过限额就不准进口或出口，或征收较高关税或罚款。配额可以直接限制一个国家每年进出口某种商品的数量或金额。许可证制度是指一国政府规定商品的进出口必须获得政府许可的制度。这是世界各国普遍采用的一种国际贸易制度。通过发放进出口许可证，政府对于对外贸易行使了充分的管理权。在国际商务谈判中，谈判人员尤其要关注本国与对方国家的进出口配额与进出口许可证制度。

6. 国内各项政策

我国国内商务谈判要按照国家的法律、法规和政策进行。商务谈判人员不仅要掌握有关的现行税制，还要熟知经济法规，使各项经济交往有法可依。

案例分析

政策法规信息给企业带来收益

1972年尼克松访华后，很多人认为中美两国之间的贸易往来起码还需要十年才能进行。然而，就在此时，日本三井公司派驻美国纽约的一位工作人员从中受到了启发，在研究美国经济工作的同时，开始收集、研究中国的经济情报。他发现中国的钢铁工业发展很快，大量从英国和加拿大进口废钢铁。但是，英国当时的政策是限制废钢铁的出口，加拿大的废钢铁资源又很有限。而美国的废钢铁资源非常丰富，是世界上最大的废钢铁出口国，更重要的是美国对废钢铁的出口没有限制措施。

收集到上述信息后，三井公司的这位员工意识到这里有大商机，于是立即行动起来，频繁地分别与美国、中国两方面的有关部门和公司进行商谈。当世界绝大多数公司认为中美贸易往来还为时过早时，三井公司分别与中国、美国谈判成功,并且迅速签订了合同。很快,大批的废钢铁就从美国起运,出口到了中国,而三井公司也从中大赚了一笔。

(五) 金融方面的信息

收集金融方面的信息,主要包括以下内容:

(1) 收集国际金融市场上的信息,随时了解各种主要货币的汇率及其浮动现状和发展趋势。

(2) 收集进出口地主要银行的运营情况,以免因银行倒闭而影响收汇。

(3) 收集进出口地主要银行的开证、议付、承兑赎单或托收等方面的有关规定,特别是有关承办手续、费用和银行所承担的义务等方面的资料。

(4) 收集进出口地政府对进出口外汇管制的措施或法令。

(六) 有关货单、样品的准备

主要包括货单、样品,双方交换过的函电抄本、附件,谈判用的价格目录表、商品目录、说明书等资料。货单必须做到具体、正确,每个谈判人员对此必须心中有数。谈判样品必须准备齐全,特别要注意事先准备好的谈判样品一定要与今后的交货相符,就连包装也应保持一致。在准备谈判样品的同时,还可以准备一些商品目录和说明书,以供顾客索取之用。

案例分析

宁波电容器的信息准备工作

宁波电容器总厂为了开发金属化聚丙烯交流电容器,以代替原来生产的箔式油浸纸介交流电容器,在国内外进行了大量调查研究,先后访问了41家用户、3个研究所和2所高等院校,收集了大量关于意大利、日本、德国有关厂商的设计样本、说明书等资料,并与三国厂商接触,经过询价和对方报价,初步在性能、价格等方面进行了分析比较。他们在广泛了解有关资料的基础上,进一步聘请在这方面有丰富经验的沈阳金属材料研究所的一位副教授为技术顾问,详细了解国内其他厂从日本订购同类设备的成交情况、谈判中的技术关键和细节问题,以及设备引进中的经验、教训和存在问题。这样,初步确定了日本真空株式会社、德国LH公司和日本后滕电容器制作所作为进一步了解和洽谈的对象,并作出了详细的可行性研究报告。

在宁波市经委批准了该厂的可行性研究报告以后,他们又与外方进行了多次技术交流和商谈,进一步弄清各项技术问题。在进入商务谈判以前,该厂又对外商可能提出的要求和条件作了充分的估计和准备,制订了几个可行的谈判方案,确定了己方可接受的谈判条件、让步幅度与界限。

该厂还从与日方打过交道的人那里了解谈判对手日本真空株式会社主谈人

的履历、性格、脾气以及与其谈判应注意的事项等。

由于有了充分准备，已经心中有数，该厂在谈判中就处于主动地位，做到有理、有利、有节。经过五轮谈判，最后该设备以低于兄弟厂成交价格的29.3%谈成（日方的最初要价高于兄弟厂已进口的成交价），其他进口设备的谈判也经过同样周密的准备而取得成功。

四、谈判信息资料的处理

对收集来的资料进行分析整理，其主要目的是：(1) 为了确保资料的真实性与可靠性；(2) 结合谈判项目的具体内容，分析各种因素与谈判项目的关系，通过分析，制订出具体的谈判方案与对策。

谈判信息资料的处理包括两个环节：一是信息资料的整理；二是信息资料的传递与保密。

（一）谈判信息资料的整理

信息资料的整理就是将所获取的信息资料分门别类地加以归纳，使原来分散的、个别的、局部的、无系统的信息资料，变成能说明事物的过程或整体、显示其变化的轨迹或状态、论证事物道理或规律的系统的信息资料。信息资料的整理一般分为以下几个阶段：

1. 谈判信息资料的筛选

筛选就是检查信息资料的适用性，这是一个去粗取精的过程。如果把不要的或用处微小的资料全部保留，既不便于查找有用的信息资料，又因其占用空间而耗费大量的费用。因此，应不断地对收集起来的资料进行清理。资料的筛选可采用以下方法：查重法、时序法、类比法和评估法。

2. 谈判信息资料的审查

审查就是识别资料的真实性、合理性，这是一个去伪存真的过程。所收集的信息资料中可能有假的情报，谈判人员应根据所收集的信息资料以及现实状况作出正确的判断，剔除假的情报，保留真实而又合理的信息资料。

3. 谈判信息资料的分类

分类就是按一定的标准对资料进行分类，使之条理化。只有作好分类，才能充分利用资料。可以根据信息资料的性质、内容或特征进行分类，把相同或相近的资料合为一类，把相异的资料区别开来。分类的方法大致有两种：

(1) 项目分类法。这种分类法可以和工作相联系，按不同的使用目的分类，例如可以分为商务开发资料、销售计划资料、市场预测资料等，或按谈判的必备资料分为市场信息资料、技术信息资料、金融信息资料、交易对象的情况资料、有关政策法规等。

（2）从大到小分类法。即从设定大的分类项目开始，大项目数最好不要超过十项，经过一段时间的使用后，如果有必要再细分，但应注意不要分得太细。

4．谈判信息资料的评价

评价就是对信息资料进行比较、分析与判断，得出与谈判活动相关的结论，以供谈判活动参考。

5．谈判信息资料的保存

把分好类的资料妥善地保存起来，即使是经常使用的资料也不要随便放，要与分类相适应，放到专门的资料架或卡片箱中，以便随时查找该类资料或加放同类资料。

（二）谈判信息资料的传递与保密

为了获得有利的谈判地位，谈判人员除了做好信息资料的整理工作之外，还应十分注意信息资料的传递与保密工作。

1．谈判信息资料的传递

谈判信息搜集、分析、加工整理的根本目的是为了在谈判时使用准确的信息，以达到最终的谈判目的。信息的利用过程涉及信息的传递和信息的管理问题，而谈判信息的传递时机、传递场合和传递方式对如何把需要的谈判信息在己方谈判者之间有效地传递，如何把需要告诉对方的信息准确地传达给对方等都有一定的制约和影响作用。同时，信息的传递时机、传递场合和传递方式，本身就是相互制约和相互影响的。因此，只有根据谈判活动的条件和需要，使三者实现最佳的结合，才能使谈判信息的传递产生最佳效果。

（1）谈判信息的传递时机。谈判信息的传递时机，是指谈判者在充分考虑谈判各方的相互关系、谈判的环境条件、谈判信息传递方式的情况下，确定并能把握的能积极调动各相关人员接受和理解谈判信息的最佳时间。谈判信息传递时机把握得是否得当，极大地影响着谈判信息的传递效果。可以通过以下设问判断谈判信息传递的时机是否恰当：

① 此信息是否非此时传递不可？可否换个时间？

② 信息传出后，对方的反应可能如何？后果如何？

③ 你希望的效果是什么？能否达到？

④ 你对预期后果是否有准备或者有应对策略？

（2）谈判信息的传递场合。谈判信息的传递场合是指谈判信息进行传递的现场或氛围。在不同的环境氛围中，相同的信息会因现场的环境条件、在场人员及其心情等的不同而产生不一样的传递效果。谈判者在传递信息时，应对自己提出如下问题，以明确谈判信息传递场合是否合适：

① 选择谈判场上传递信息，还是在其他场合传递？

② 在公开场合传递好，还是在私下场合传递好？如果对方与己方私交较

深,可选择私下传递方式。

③ 是谈判者亲自出面传递信息,还是请第三方代为传递信息?一般来说,自己亲自出面传递信息的可靠程度较高。

④ 如果依靠其他人传递信息,你考虑请谁?

⑤ 传递信息之前,你打算营造一个怎样的氛围?

(3) 谈判信息的传递方式。谈判信息传递的一般形态就是谈判者或信息机构之间借助于口语、手势、文字、形象等进行信息传递。谈判信息的传递渠道可以是书面方式,也可以是口头方式。传递渠道不同,信息的失真程度也不同。除此之外,在书面谈判时,信息失真程度的大小还与谈判人的写作水平、写作风格和写作方式有关;在面对面的谈判过程中,信息失真程度的大小还与谈判者采用的讲话方式有关。无论是书面方式还是口头方式,从表达己方条件、要求、立场、观点、态度、打算等信息的明确程度,又可以把谈判信息的传递方式分为明示、暗示与意会方式。

① 明示方式。明示是指谈判人员在适当的时机和恰当的场合,明确地说出谈判的条件、要求,阐明谈判的立场、观点,表明自己的态度、打算。明示具有直截了当、较少发生歧义的特点,但有时过分明了的说法可能会给对方以强硬、傲慢的感觉,还可能由此引发矛盾,但明示方式是不可缺少的信息传递方式。

② 暗示方式。暗示是指谈判人员在适当的时机和恰当的场合,用含蓄的、间接的方法向对方表示自己的意图、要求、条件、立场等。暗示是明示的一种补充。尤其是当谈判各方在态度不明朗的情况下,暗示是一种极好的信息传递方式,具有一定的试探性,它可以避免不必要的直接对抗,传递出在明示条件下无法传递的谈判信息。一般来说,采用暗示方式比采用明示方式给谈判信息发出者留出的灵活余地要大些。从心理学角度看,谈判者采用暗示方式传递谈判信息还能有效地影响对方的心理活动,达到较好的效果。

③ 意会方式。意会是既不同于明示又不同于暗示的一种特殊的谈判信息传递方式。它是谈判信息的发出者与谈判信息的接受者早已有了信息交流的准备,早已就信息传递的渠道达成了某种默契,为了避免直接明示或暗示给各自带来的不利影响,同时也为了避免信息泄露而采取的一种较为谨慎的谈判信息的传递方式。意会不像明示那样直截了当,也不像暗示那样含蓄。但需要注意的是,意会也极有可能成为无效的信息传递方式。这主要取决于人们对信息传递效果的理解、体会、推断及社会生活经验,取决于人们对意会的积极或消极态度。

2. 谈判信息资料的保密

谈判人员应对谈判所涉及内容、文件及双方各自有关重要观点等资料做好保密工作。如果不严格保密,将造成不应有的损失。例如,国外有些企业在重要的生意谈判中,不惜花重金聘请“商业间谍”摸对方的底。因此,应加强谈判信息资料的保密工作。

谈判信息资料保密的一般措施有：

(1) 不要在公共场所，如车厢、出租汽车内、餐厅及旅馆过道等处谈论业务问题。在这种地方谈话很容易被人偷听。

(2) 不要随意乱放文件。在谈判休息时，不要将谈判文件资料留在谈判室里，要养成资料随身携带的习惯。如果实在无法带走，就要保证自己第一个再度进入谈判室。不要将自己的谈判方案暴露于谈判桌上，特别是印有数字的文件。

(3) 不要过分信任服务人员。如果自己能解决，尽量不要让服务人员复印文件、打字、发传真等。如果迫不得已，也要在自己一方人员的监督下完成，不要让对方单独去做。

(4) 必要时使用暗语。在谈判桌上进行内部信息的传递和交流时，应采用暗语的形式，或者通过事先约定的某些动作或姿态进行，或者到谈判现场以外的地方商量，以求保密。

(5) 在谈判中用过而又废弃的文件、资料、纸片不要随便乱丢。

(6) 最后的底牌只能让关键人物知道。

(7) 不要向对方说明己方的谈判日程安排，防止对方利用己方的“有限时间”向己方施加压力。

案例分析

法国企业对信息的保密措施

一次，一批日本客商前往法国参观一家著名的照相器材厂。该厂实验室主任热情而有礼貌地接待了这批日本客人。在带领客人参观实验室时，他一面耐心地解答客人提出的诸多问题，一面仔细地注意客人的一举一动。因为他深知，有许多人是借参观之机，达到窃取先进技术的目的。在参观一种新型的显影溶液时，实验室主任发现，一位日本客人俯身贴近盛溶液的器皿认真辨认溶液的颜色时，这位客人的领带末端“不小心”浸入了溶液之中。这一细节被实验室主任看在眼里，记在心上。他叫来一名女服务员，悄悄地吩咐了一番。在参观即将结束时，这位服务员小姐捧着一条崭新的领带来到那位日本客人面前，彬彬有礼地说：“先生请稍等，您的领带弄脏了，给您换上一条崭新的、漂亮的，好吗？”面对主人的一番盛情，日本客人只得尴尬地解下他那条沾有显影剂的领带。原来，日本人此举的目的是为了将溶液黏附在领带上带回日本进行分析，以获取显影剂的配方。但由于实验室主任的细心观察，一次窃取机密的阴谋在友好的氛围中被挫败了。

第三节 谈判方案的制订

在正式谈判之前,谈判者除了了解谈判环境和收集谈判信息之外,还需制订出一个周全而又明确的谈判方案。谈判方案是指在谈判以前对谈判目标、谈判议程、谈判策略预先所作的安排。谈判方案是指导谈判人员行动的纲领,在整个谈判过程中起着非常重要的作用。从形式上看,谈判方案应该是书面的。

一、制订谈判方案的基本要求

由于商务谈判的规模、重要程度不同,谈判方案的内容有所差别,内容可多可少,视具体情况而定。一个好的谈判方案要求做到以下几点:

(一) 谈判方案要简明扼要

所谓简明扼要,就是要尽量使谈判人员能容易地记住谈判方案的主要内容与基本原则,在谈判中能随时根据方案要求与对方周旋。谈判方案越是简单明了,谈判人员照此执行的可能性就越大。

(二) 谈判方案要具体

谈判方案的简明扼要不是目的,它还要与谈判的具体内容相结合,以谈判的具体内容为基础。如果没有具体内容,就很难对它进一步概括,简明扼要地予以表达。因此,谈判方案的制定也要求明确、具体。

(三) 谈判方案要灵活

谈判过程中各种情况都有可能发生突然变化,要使谈判人员在复杂多变的形势中取得比较理想的结果,就必须使谈判方案具有一定的灵活性。谈判人员可以在不违背根本原则的情况下,根据情况的变化,在权限允许的范围内灵活处理有关问题,取得较为有利的谈判结果。谈判方案的灵活性表现在:有几个可供选择的谈判目标;有根据实际情况可供选择的几种策略方案;指标有上下浮动的余地;如果情况变动较大,原方案不适合,可以实施第二套备选方案。

二、谈判方案的主要内容

谈判方案的主要内容包括确定谈判目标、制定谈判策略、拟定谈判议程、规定谈判期限、安排谈判人员、选择与安排谈判场所等。其中,比较重要的是谈判目标的确定、谈判策略的制定和谈判议程的安排等内容。

(一) 确定谈判目标

谈判目标是指谈判要达到的具体目标,它指明谈判的方向和企业对本次谈判的期望水平。商务谈判的目标主要是以满意的条件达成一笔交易。确定正确的谈判目标是保证谈判成功的基础。谈判的目标可以分为以下三个层次:

1. 最低目标

最低目标是谈判必须实现的最基本的目标,也是谈判的最低要求。如果不能实现最低目标,宁愿放弃谈判。因此,也可以说最低目标是谈判者必须坚守的最后一道防线。

2. 可以接受的目标

可以接受的目标是谈判人员根据各种主客观因素,经过对谈判对手的全面估价,对企业利益的全面考虑、科学论证后所确定的目标。这个目标是一个区间范围,即己方可努力争取或作出让步的范围。谈判中的讨价还价就是在争取实现可接受目标。所以,可接受目标的实现,往往意味着谈判取得成功。

3. 最高目标

最高目标,也叫期望目标,它是本方在商务谈判中所要追求的最高目标,也往往是对方所能忍受的最高程度。如果超过这个目标,往往要面临谈判破裂的危险。因此,谈判人员应充分发挥个人才智,在最低目标和最高目标之间争取尽可能多的利益。如果最高目标难以实现,那么这个目标是可以放弃的。

假如在公司的某次谈判中以购入某种机器设备的价格为谈判目标,则以上三种目标可以这样表述:

(1) 最高目标是每台售价 100 万元;

(2) 最低目标是每台售价 150 万元;

(3) 可以接受并争取的价格是 100—150 万元。

值得注意的是,谈判中只有价格这样一个单一目标的情况是很少见的,一般的情况是存在着多个目标,这时就需要考虑谈判目标的优先顺序。在谈判中存在着多重目标时,应根据其重要性加以排序,确定是否所有的目标都要达到,哪些目标可舍弃,哪些目标可以争取达到,哪些目标又是万万不能降低要求的。

(二) 制定谈判策略

制定谈判策略,就是要选择能够达到和实现己方谈判目标的基本途径和方法。谈判不是一个简单的讨价还价的过程,实际上是参与谈判各方在实力、能力、技巧等方面的较量。因此,制定谈判策略前应考虑如下影响因素:参与谈判各方的谈判实力和主谈人的性格特点;交易本身的重要性;谈判时间的长短;是否有建立持久、友好关系的必要性等。

通过对以上影响因素细致而认真的研究分析,谈判者可以确定己方的谈判地位,即处于优势、劣势或者均势,由此确定谈判的策略,如报价策略、还价策略、让步与迫使对方让步的策略、打破僵局的策略等。

(三) 拟定谈判议程

谈判议程的安排对参与谈判各方非常重要,并且议程本身就是一种谈判策略,必须予以高度重视。谈判议程一般都要说明谈判时间的安排和谈判议题的确定,可由一方准备,也可由双方协商确定。议程包括通则议程和细则议程,通则议程由参与谈判各方共用,细则议程给己方使用。

1. 谈判议程的内容

无论由哪一方拟定谈判议程,都应注意谈判议程的互助性与简洁性。互助性是指拟定的谈判议程既要符合己方的需求,也要兼顾对方的习惯做法。简洁性是指在一次谈判过程中,谈判事项不宜过多。谈判议程通常包括以下四项内容:

(1) 时间安排。即确定在什么时间举行谈判,持续多长时间,各个阶段的时间如何分配等。如果是分阶段的谈判,还需确定分为几个阶段,每个阶段所用的时间大约是多少。对于双方意见分歧不会太大的议题,应尽量在较短的时间内解决,对于主要的议题或争执较大的焦点问题,可将其安排在整个谈判进行到总时间 3/5 之时加以讨论。谈判时间的安排是议程中的重要环节。如果时间安排得很仓促,准备不充分,匆忙上阵,心浮气躁,就很难沉着冷静地在谈判中实施各种策略;如果时间安排得很拖延,不仅会耗费大量的时间和精力,而且随着时间的推延,各种环境因素都会发生变化,还可能会错过一些重要的机遇。

在确定谈判时间时,应考虑以下几个因素:谈判准备的充分程度;谈判人员的身体和情绪状况;谈判的紧张程度;谈判议题的需要;谈判对手的情况。

(2) 谈判议题。所谓谈判议题就是谈判各方提出和讨论的各种问题。确定谈判议题时,首先要将与本次谈判有关的问题罗列出来。其次,将罗列出的各种问题进行分类,确定问题重要与否。最后,将对己方有利的问题列为重点问题加以讨论,对己方不利的问题尽量回避。

(3) 谈判议题的顺序安排。谈判议题的顺序有先易后难、先难后易和混合型等几种安排方式,可根据具体情况加以选择。先易后难是指先讨论容易解决的问题,创造良好的谈判气氛,然后再讨论困难的问题。先难后易是指先集中精力讨论难以解决的问题,待困难的问题解决之后,再讨论容易解决的问题。如果困难的问题无法达成一致意见,那么就没必要再讨论容易解决的问题。混合型的谈判议题是指不区分议题的难易,把所有要解决的问题逐一提出来进行讨论。

在谈判议题的顺序安排方面较常见的做法是:有争议的问题既不要放在开头,也不要放在最后,最好放在谈成几个问题之后、谈最后一两个问题之前,也就是放在谈判的中间阶段;在谈判结束之前最好谈一两个易于解决的问题,以便在谈判结束时创造良好的谈判气氛。

(4) 通则议程与细则议程的内容。通则议程是谈判各方共同遵照使用的日程安排,一般要经过参与谈判各方协商同意后方能正式生效。在通则议程中,通常应解决以下问题:谈判总体时间及分段时间安排;谈判讨论的中心议题,问题讨论的顺序;列入谈判范围的事项;讨论中心问题及细节问题的人员安排;总体及各阶段谈判的时间安排。

细则议程是己方参加谈判的策略的具体安排，只供己方人员使用，具有保密性。其内容一般包括以下几个方面：谈判中统一口径，如发言的观点、文件资料的说明等；对谈判过程中可能出现的各种情况的对策安排；己方发言的策略，即何时提出问题，提什么问题，向何人提问，谁来提出问题，谁来补充，谁来回答对方问题，谁来反驳对方提问，什么情况下要求暂时停止谈判等；谈判人员更换的预先安排。

2. 拟定谈判议程时的注意事项

(1) 己方拟定谈判议程时的注意事项：

① 要依据己方的具体情况，在程序安排上扬长避短，也就是在谈判的程序安排上，保证己方的优势能得到充分发挥。

② 议程的安排和布局要为己方出其不意地运用谈判策略埋下契机。己方可利用拟定谈判议程的机会运用谈判谋略。

③ 谈判议程的内容应统筹兼顾，有利于己方引导或控制谈判的进度。

④ 在议程的安排上，不要过分伤害对方的自尊和利益，以免导致谈判的过早破裂。

⑤ 不要将己方的谈判目标特别是最终谈判目标通过议程和盘托出，使己方处于不利地位。

(2) 对方拟定谈判议程时己方的注意事项：

① 未经详细考虑后果之前，不要轻易接受对方提出的议程。

② 在安排问题之前，要给自己充分的思考时间。

③ 详细研究对方所提出的议程，以便发现是否有什么问题被对方故意摒弃在议程之外，或者作为用来拟定对策的参考。

④ 如对议程不满意，可以要求对方进行修改。

⑤ 要注意利用对方议程中可能暴露的对方谈判意图，后发制人。

3. 己方安排谈判议程的优缺点

由己方安排谈判议程有许多优点，因为己方可根据自己的需要适当安排。例如，可根据自己的习惯安排谈判时间，按自己制定好的谈判方式安排讨论问题的先后。

但是，由己方安排谈判议程也有一些缺点。己方安排的议事日程往往透露了己方的某些意图，对方可能会从中揣摩出一些很有价值的信息，这就对己方不利。另外，对方可以在谈判前有意不对己方安排的谈判议程提出异议，而在实际谈判过程中突然提出要求修改某些谈判议程，这会使己方陷入被动状态。

(四) 规定谈判期限

谈判的期限是指从谈判的准备阶段到谈判的终局阶段。在国际贸易中，谈判的期限通常指从谈判者着手准备谈判到报价的有效期结束之时为止。买卖双方都规定了一定的期限，超过了这个期限，即使履行了协议，也可能带来一定的损失。例如，圣诞礼品在圣诞节后市价将会大跌，因此必须赶在圣诞节之前销售。除了考虑季节、节日等因素的影响之外，还应考虑谈判所需付出的成本，谈判的时间拖得越长，谈判各方耗费的人力、物力和财力也越多。因此，应在谈判之前对谈判的时间作出计算和适当安排，并在谈判方案中明确谈判的期限。

谈判期限的规定可长可短，通常是一个时间区间，有一定的弹性，能够适应谈判过程中的情况变化。如某公司对谈判期限作了以下规定：要求在 11 月 15 日前完成本次谈判，宽限期为 15 天。这是一个简明、灵活而又能保证己方总体目标不受影响的谈判期限规定。

(五) 安排谈判人员

谈判是谈判主体间一系列的行为互动过程，谈判人员的素质和能力直接影响到谈判的成败得失。因此，要使谈判成功，必须选择谈判适用的人才组成一个谈判班子，并且谈判班子内部成员要进行分工和配合。在谈判方案中，应明确谈判班子的组成和谈判人员的分工。例如，某公司的谈判方案中关于谈判人员的安排是这样的：

谈判班子的组成：

谈判负责人：M 先生，出口销售部门的经理；

主谈人：L 先生，系统工程师；

法律顾问：X 女士。

谈判人员的分工：

M 先生负责联系出口信贷担保机构，并负责从出口信贷担保经理手中取得必要的文件(即银行担保书)；

L 先生负责所有工程和生产方面的谈判，并负责向生产经理索取各种有关的数据与资料；

X 女士负责谈判中的一切法律事宜。

(六) 选择与安排谈判场所

1. 谈判场所的选择

谈判场所的选择包括两个层面：一是国家、地区的选择；二是谈判场地的选择。一般说来，前者应以通信方便、交通便利为首要条件；后者的选择要根据谈判性质而定，正式谈判应选择比较安静和方便的场所，非正式谈判则不受限制。

可供选择的谈判场所有三种类型：己方所在地、对方所在地和第三方所在地。这三种场所各有优缺点，谈判人员应注意趋利避害。

(1) 己方所在地。谈判地点设在己方所在地的优点是：

① 熟悉的环境令主座谈判的一方获得安全感，可避免由于环境生疏带来的

心理障碍等，己方可借“天时、地利、人和”的有利条件，向对方展开攻势，以求对方让步；

② 东道主能在更大程度上控制谈判议程，有利于掌握谈判的主动权；

③ 便于谈判人员请示、汇报、沟通联系，也便于取得专家和其他辅助人员的支持，处理各种谈判事务较主动；

④ 在食宿起居等方面较习惯，还可以处理谈判以外的其他事情；

⑤ 易于运用以礼压人的策略，令对方产生满意感，从而作出让步；

⑥ 节省旅途的时间和费用；

⑦ 如果在己方谈判并签约，今后发生争议时，可以根据属地管辖原则，在当地起诉对方。在国际商务谈判中，也可根据属地管辖原则，由本国法院裁决，这将有利于己方。

美国心理学家泰勒尔的实验表明：多数人在自己家的客厅与人谈话，比在别人的客厅里更能说服对方。商务谈判也同样，在己方所在地进行谈判，更有利于说服对方接受己方的观点，为己方争取更多的利益。因此，谈判人员应争取在己方所在地进行谈判。

（2）对方所在地。谈判地点设在对方的优点是：

① 可以排除多种干扰，专心致志地进行谈判；

② 在某些情况下，可以借口资料不在身边，拒绝提供不便泄露的情报；

③ 己方可借口自己无决定权而拖延谈判，而对方不能找借口推托；

④ 可深入了解对方的情况；

⑤ 准备场所等事务由对方负担。

（3）第三方所在地。由于谈判场所设在己方所在地更具有优势，谈判各方都想争取在己方所在地进行谈判，从而在谈判场所的选择上陷入僵局。为了打破僵局，可以采取两种方法：一种方法是主客座轮换谈判，另一种方法是选择一个第三方所在地进行谈判。选择第三方所在地作为谈判地点，能够排除地点对参与谈判各方的影响。有时，第三方所在地是谈判的最合适地点。如果预料到谈判会紧张、激烈，分歧较大，或外界干扰太大，选择第三方所在地就是上策。

总之，不同的谈判场所具有不同的利弊。在选择谈判地点时，通常要考虑谈判各方的力量对比、可选择地点的多少和特色、各方的关系因素等。在多轮谈判中，谈判场所往往是交替更换的。当然，谈判地点在哪一方还取决于许多其他客观因素，如考察生产过程、施工基地、投资所在地的地理环境等。

案例分析

谈判地点促成谈判

一家日本公司想与另一家公司共同承担风险进行经营,但困难的是,该公司对这家日本公司的信誉总不大相信。为了解决这个问题,公关人员安排了一个特别的地点请两公司的决策人会面。这个特别的地方有一座狗的雕塑,关于这座雕塑还有一个故事。有一只名为“巴公”的狗,对主人非常忠诚。有一次主人出门未归,这只狗不吃不喝,一直等到死。后来人们称它为“巴公犬”,把它作为忠诚和信用的象征,并在这个故事发生的地方为它塑了像。许多人为了表示自己的忠诚和信用,就把这里作为约会地点。当两家公司的决策人来到这里时,都心领神会,合同就这样顺利签订了。公关人员针对对方有些疑虑的心理,安排了一个有特殊含义的谈判地点,使问题迎刃而解。

2. 谈判场所的安排

(1) 谈判房间的选择与布置。选择环境优美、条件优越的谈判地点,并巧妙地布置会谈场所,使谈判者有一种安全舒适、温暖可亲的心理感受,不仅能显示出己方热情、友好的诚恳态度,也能使对方对你的诚恳“用心”深表谢意,这就为谈判营造出和谐的气氛,可促使谈判获得成功。

一般来讲,谈判场所要环境幽静,通信设施要完备,要具备一定的灯光、通风和隔音条件。最好在举行会谈的会议室旁边备有一两间小房间,以便于谈判人员协商机密事情。主要谈判场所应当整洁、宽敞、光线充足,也可以配备一些专门的设施,如多媒体设施、白板等。除非双方都同意,否则不要配有录音设备。实践证明,录音设备有时对双方都会起到负面作用,使人难以畅所欲言。

(2) 谈判座位的安排。首先要确定谈判桌的形状,然后再安排谈判人员的座位。通常有以下几种谈判座位的安排方式:

① 双方谈判人员面对面而坐。这是商务谈判中较常用的座位安排方式,通常采用长方桌,主座谈判人与客座谈判人各坐一边,面对面而坐。各自的组员应坐在主谈者的两侧,以便互相交换意见,加强团结的力量。若以正门为准,主人应坐背门一侧,客人面向正门而坐,其中主谈人或负责人居中。我国及多数国家习惯把翻译人员安排在主谈人的右侧,即第二个席位上,但也有少数国家让翻译人员坐在后面或左侧。若谈判长桌一端向着正门,则以进入正门的方向为准,右为客方,左为主方。

② 双方或多方谈判人员围圆桌坐成一个圆圈。如果谈判规模较小,或各方人员比较熟悉,可以选择圆形谈判桌,以消除长桌带给人的正规、严肃的感觉。各方谈判人员团团坐定,会形成一种关系融洽、共同合作的印象,而且彼此交谈

容易，气氛随和。

③ 不设谈判桌，随意就座。不设谈判桌能增加友好的谈判气氛，适合于小规模的、参与谈判各方都比较熟悉的谈判。

（3）客方谈判人员食宿的安排。通常由主方来安排客方谈判人员的食宿，有时也可由客方自己安排。需要注意的是，要尊重客方谈判人员的风俗习惯，并提供令客方满意的各项服务。可以事先询问客方的食宿安排及是否需要我方协助。在通信、交通等方面，也要为客方创造尽可能方便的条件。

第四节　模 拟 谈 判

模拟谈判是指在正式谈判开始之前，对谈判进行假设推理和预备练习，通过模拟对手在既定场合下的种种可能表现和反应，检查已制订好的谈判方案在实施过程中可能出现的问题，以便及时修正和完善。

一、模拟谈判的必要性

模拟谈判可以检验己方的谈判方案，而且也能使谈判人员提早进入实战状态。模拟谈判的必要性表现在以下几个方面：

（一）提高应对困难的能力

模拟谈判可以使谈判者获得实际经验，提高应对各种困难的能力。很多成功谈判的实例和心理学研究成果都表明，模拟谈判不仅能够提高谈判者的独立分析能力，而且对心理准备、心理承受、临场发挥等方面都是很有益处的。在模拟谈判中，谈判者可以一次又一次地扮演自己，甚至扮演对手，从而熟悉实际谈判中的各个环节。这对初次参加谈判的人来说尤为重要。

（二）检验谈判方案是否周密可行

谈判方案是对未来将要发生的正式谈判的预先安排，其可行性如何，谈判过程中会遇到哪些困难，出现哪些新问题等，只有通过模拟谈判来检验和解决。此外，谈判人员受到知识、经验、思维方式、考虑问题的立场、角度等因素的局限，其制订的谈判方案难免会有不足之处和漏洞。事实上，谈判方案是否完善，只有在正式谈判中方能得到真正检验。模拟谈判是对正式谈判的模仿，与正式谈判较接近，因此能够较为全面严格地检验谈判方案是否切实可行，检查谈判方案存在的问题和不足，以便及时修正和调整谈判方案。

（三）训练和提高谈判能力

站在对手的立场提问题，有利于发现己方谈判方案中的错误，并且能预测对方可能从哪些方面提出问题，以便事先拟定出相应的对策。正如美国著名企业家维克多·金姆说的那样："任何成功的谈判，从一开始就必须站在对方的立场来看问题。”这样角色扮演的技术不但能使谈判人员了解对方，也能使谈判人员了解自己，因为它给谈判人员提供了客观分析自我的机会，注意到一些平时容易忽视的失误。

案例分析

参加国际会议前的模拟谈判

1954年，我国派出代表团参加日内瓦会议。因为是新中国建立后第一次与西方打交道，没有任何经验，代表团在出发前进行了反复的模拟练习。由代表团的同志为一方，其他人分别扮演西方各国的新闻记者和谈判人员，提出各种问题“刁难”代表团的同志。在这种对抗中，及时发现问题并及时给予解决。经过充分的准备，我国代表团在日内瓦会议期间的表现获得了国际社会的一致好评。

二、模拟谈判的内容

模拟谈判的内容就是实际谈判中的内容。但为了更多地发现问题，模拟谈判的内容往往更具有针对性。不同类型的谈判中，模拟谈判的内容的选择与确定也有所不同。如果这项谈判对企业很重要，谈判人员面对的是一些新问题，以前从未接触过对方谈判人员，并且时间又允许，那么模拟谈判的内容应尽量全面一些。相反，模拟谈判的内容可以少一些。

三、模拟谈判的方法

模拟谈判主要有全景模拟、讨论模拟和列表模拟三种方法。

（一）全景模拟法

按照想象的谈判过程，在己方人员中选出某些人扮演谈判对手的角色，从对手的谈判立场、观点、风格出发，与己方另一些人按假设的谈判顺序、想像的情况和条件，学习交锋时对方可能提出的问题，以及己方的答复、策略、技巧等。处在对方位置上进行分析思考，有助于己方制定更加完善的策略，也有利于谈判者选择自己适宜充当的谈判角色。全景模拟法又可分为以下两种方式：

1. 组成代表对手的谈判小组

如果时间允许，可以将己方的谈判人员分成两组，一组作为己方的谈判代表，一组作为对方的谈判代表；也可以从本企业内部的有关部门抽出一些职员，组成代表对方的谈判小组。这是正规的模拟谈判，此方式可以全面检查谈判计划，并使谈判人员对每个环节和问题都有一个事先的了解。

2. 让一位谈判成员扮演对手

如果时间、费用和人员等因素不允许安排一次较正式的模拟谈判，那么可以采用简化的方法，即由谈判小组的一位成员扮演对方，对己方的交易条件进行磋商、盘问。

需要注意的是，无论采用哪种方式，扮演对手的一方应站在对方的立场上思考问题，采取对抗性和刨根问底的态度，以便充分暴露己方的不足之处，尽量充实谈判方案，并达到真正的锻炼谈判人员的效果。

（二）讨论模拟法

讨论模拟也叫沙龙式模拟，分两步走。第一步，召开由谈判人员和其他有关人员参加的讨论会，根据各自的经验，对本次谈判中谋求的利益、双方的目标及可能采取的谋略、对策等发表自己的看法，组织者如实记录，并上报决策者。第二步，集中一些谈判中可能发生的情况和对方可能提出的问题，作进一步讨论，由谈判人员一一予以解答。

讨论模拟法的关键在于参加讨论的所有人员从各个角度提出不同意见。这有助于重新审定和不断完善谈判方案，提高谈判的成功率。

（三）列表模拟法

对一些小型、常规性的谈判，可采用列表模拟法。其具体方式是通过对应表格形式进行模拟。表格的一方列出己方在谈判中可能存在的问题及对方可能提出的质疑；另一方则相应列出己方针对这些问题应采取的措施。

四、模拟谈判的总结

模拟谈判的目的在于总结经验，发现问题，提出对策，完善谈判方案。所以，模拟谈判的总结是必不可少的。模拟谈判的总结应包括以下内容：(1) 对方的观点、风格、精神；(2) 对方的反对意见及解决办法；(3) 己方的有利条件及运用状况；(4) 己方的不足及改进措施；(5) 谈判所需信息资料是否完善；(6) 参与谈判各方各自的妥协条件及可共同接受的条件；(7) 谈判破裂与否的界限。

谈判的总结涉及各方面的内容，只有通过总结，才能积累经验，吸取教训，完善谈判的准备工作。

案例分析

模拟谈判提高谈判能力

美国有家生产成套设备的跨国公司生产了一种编号为“500”型的新设备，投放市场后，销售势头看好。究其原因，该设备说明书上说明这种设备每小时的运转速度可以达到1300转，但很多客户在实际使用中大大超过了1300转，甚至达到1800转,这样投入产出比大大提高了,所以深受客户欢迎。在超高速运转下,大多数设备情况良好,只有少数设备出了故障。

负责技术设计的副总经理琼斯主张明确规定每小时运转速度不得超过1300转,否则一旦产品普遍发生故障,将对公司的声誉造成极坏的影响。然而,负责销售的副总经理帕克却不同意这种做法,他认为,一旦明文规定每小时运转速度不得超过1300转,必将影响销售,不利于和其他产品的竞争,何况机器的故障报修率远没有达到不可容忍的程度。当然,这种明文规定也会有损于帕克的销售业绩。双方意见不一致,所以决定举行内部谈判。

为了达到谈判的目的,琼斯事先做了扎实的调查研究工作。不仅如此,他还进行了模拟谈判,派人扮演帕克等对手,站在帕克的立场上提出并考虑种种设想,并模拟帕克可能作的种种反驳。通过模拟谈判,琼斯发现,在己方的设想中,至少存在三个方面的问题:

(1)琼斯设想帕克感兴趣的只是向手下灌输销售神话,这是不符合事实的。

(2)琼斯发现,他对谈判的策划都建立在这种设备运转速度超过1300转之后一定会出问题之上,这也是不符合事实的。

(3)在模拟谈判前,琼斯一直认为,对技术设计方面的一切专门知识的掌握,非自己负责的部门莫属,帕克等人对技术一窍不通,这更成问题。

同时,琼斯通过模拟谈判,预计到帕克可能会说琼斯的技术设计部门对公司的销售业务存在的问题丝毫不关心、一无所知等等。

在模拟谈判之后,琼斯确定了可行的方案和策略,有问题的地方作了必要的修改和补充。所以,在接下来进行的正式谈判中,局势基本上按照琼斯的预计发展,他一直主动地控制着谈判的进程,在谈判中占有绝对的优势地位。最后,谈判通过了琼斯设想的方案,他取得了圆满成功。

第五节　确定谈判中各交易条件的最低可接受限度

在商务谈判中,不可避免地要进行讨价还价,谈判中的妥协让步是在所难免的,然而一定要是有限度的让步。这个限度就是谈判各方的最低目标,如果谈判的效果低于这个限度,谈判的一方宁可终止谈判也不会达成交易。因此,在商务谈判正式开始之前,谈判一方必须在方案中确定己方各项主要交易条件的最低可接受限度,以指导谈判人员更好地完成谈判任务。

一、价格水平

价格水平的高低是参与谈判各方最敏感的一个问题,是各方磋商的焦点,它直接关系到获利的多少。影响价格的因素有主观与客观之分，主观因素包括营销的策略、谈判的技巧等，客观因素主要有以下几个方面：

（一）成本因素

成本是指企业为生产产品、提供劳务而发生的各种耗费。企业发生成本的目的，或是为获取一项资产，或是为获得一项服务，为了达到这一目的，企业必将发生资源的耗费。成本是构成产品或劳务价格的基本因素。在国际贸易中，成本是指包括生产成本在内的市场成本，即包括产品从生产到交货的一切费用。具体包括生产该产品所需的原材料、劳动和管理费用以及为购销该产品所耗费的调研费、运输费、广告费、关税、保险费、中间商的佣金等费用。在国际贸易中，谈判各方所达成的贸易方式不同，成本也随之不同。如FOB价格条款表明购货成本中未包括运费和保险费用，CFR价格条款表明未包括保险费用，而CIF条款表明价格中既包括了运费又包括了保险费。

（二）供求因素

产品的供求关系会影响产品的价格。“供”是指市场上的产品供应量，“求”是指买方需要的产品数量。当市场上某种产品的供给不能满足需求，即供不应求时，买方竞相购买，从而导致商品的价格高于价值，引起产品的价格上涨；但如果市场上某种产品的供给超过了需求，即供过于求时，卖方竞相出卖，就会出现商品的价格低于价值，引起产品的价格下跌。由此可见，供求变化会影响价格，使价格上下波动。买卖双方在定价时应充分考虑产品的性质和市场的供求状况，从而合理确定己方在价格上的最低可接受限度。

（三）竞争因素

竞争因素表明市场对价格的影响。竞争因素可分为完全竞争、完全垄断、垄断竞争、寡头垄断四种情况，处于不同竞争地位的产品，其价格水平各不相同。以竞争对手为导向的定价方法主要有三种：一是低于竞争对手的价格；二是随行就市与竞争对手同价；三是高于竞争对手的价格。参与谈判各方在定价时应充分考虑竞争因素，根据竞争对手产品的价格、本企业产品优劣势确定产品的价格。

（四）产品因素

产品因素主要是指产品的声誉及产品本身的特点对价格的影响。例如，日用品的单位利润较低，耐用消费品的单位利润较高，原因就在于日用消费品购买频率高、生产周期短，即使单位产品利润较低，总利润还是很可观的；而耐用消费品的购买频率低、生产周期长，所以就必须维持较高的单位利润。同样，对于声誉好、售后服务周到的产品，价格就可以定得高一点；反之，对于声誉差、售后服务差的产品，价格就应定得低一点。此外，产品所处的生命周期、季节性产品所处的淡季或旺季等因素，也会对产品的价格产生影响。

(五) 环境因素

环境因素涉及的面很广,诸如生产国国民经济或政策的变化、世界经济形势的动向、贸易国的经济和政治状况、国际金融市场状况、银行利率的变化等都会对价格有较大的影响。所以,在定价时不仅要考虑产品本身的成本、市场的供求因素等,还要考虑环境因素。

二、支付条件

支付条件包括支付工具和支付方式。支付工具主要涉及金融票据和商业票据种类的选择。国内贸易与国际贸易的支付方式有较大的差别,国内贸易可以采用现金、银行转账、支票等支付方式,而国际贸易通常采用信用证、托收、电汇等支付方式。支付方式会影响到买卖双方收付款的时间,而收付款的时间会影响到各方利息的损失或收益。不同支付方式会通过价格对谈判的预期利润造成较大影响。不同的支付方式还会影响到卖方收款的风险。因此,有时卖方为了减少收汇风险,宁可降低价格也要采用信用证方式。

三、交货及罚金

在货物买卖中,交货的期限与谈判各方都有利害关系。在商务合同中,交货期限作为基本条款而有明确的规定,一方若没有按时交货,要赔偿对方的经济损失。一般情况下,卖方总是希望迟交货,而买方总是希望卖方能早交货。按照国际惯例,对于生产周期短的商品,卖方报价中的交货期一般为签约后两个月;而对于那些生产周期相对较长的商品,卖方的交货日期需要双方在谈判中进行协商并最终确定。

四、保证期的长短

保证期是卖方将货物卖出后的担保期限,担保的范围主要包括货物的品质和适用性等。保证期的长短,从来都是商务谈判中双方据理力争的焦点问题之一。卖方一般会尽力缩短保证期,因为保证期越长,卖方承担的风险越大,可能花费的成本也越大;买方则总是希望保证期越长越好,因为保证期越长,买方获得的保障程度越高。保证期的长短直接关系到卖方的信誉及竞争能力,因此卖方应认真考虑保证期问题。

案例分析

某出口公司各项主要交易条件的最低可接受限度

某出口公司向国外客户推销产品的发盘得到了回音,即将进行一场商务谈判。进行谈判之前，该出口公司制定了各项主要交易条件的最低可接受限度。

1. 价格标准。只要在报价的有效期内成交，利润最大减让为5%。

2. 支付方式。买方在还盘中提出，签约后只付5%的预付款，交货后支付85%，余下的10%货款在两年保证期满后才支付。这种延期付款造成的利息损失占该出口公司商业开支的2.5%。该出口公司在支付方式上的最低可接受限度是：预付金额为10%；取消买方提出的在保证期后才付清货款余额的要求，可出具银行担保书代替；如果不增加卖方的商业费用的话，任何支付方式均可接受。

3. 交货。该出口公司原来发盘中的交货期是签约后的两个月，而买方提出签约后一个月交货，迟交一周的罚金为1%。如果按买方的条件成交，卖方就要冒承担4%迟交金的风险。该出口公司在交货上的最低可接受限度是：如果不增加额外罚金的话，可以同意对方提出的提前一个月交货的要求。

4. 保证期。该出口公司提出的保证期是一年，如果买方提出保证期为两年的话，卖方要增加1%的费用。该出口公司在保证期上的最低可接受限度是：可延长保证期至一年半。

复习思考题

一、名词解释

1. 谈判信息　　2. 谈判实力　　3. 谈判方案　　4. 模拟谈判

二、简答题

1. 与商务谈判有关的环境因素有哪些？
2. 谈判信息在商务谈判中的作用有哪些？
3. 谈判信息的收集包括哪几个方面的内容？
4. 商务谈判中一方的谈判实力取决于哪些因素？
5. 简述谈判方案的主要内容。
6. 己方拟定谈判议程时应注意哪些事项？
7. 你是如何认识模拟谈判的必要性的？模拟谈判方法有哪些？

三、实训题

1. 若你是某公司的谈判人员，领导要你布置谈判场地，你需要做哪些工作？

2. 若你是某公司的谈判人员，国外A公司第一次与你公司做交易，准备购买你公司的产品，领导要求你搜集有关的谈判信息，你需要搜集哪些信息？通过哪些渠道搜集？对这些信息怎样进行分析、整理？请写出一个方案来。

四、案例分析

我国某冶金公司要向美国购买一套先进的组合炉，派一名高级工程师与美商谈判。为了不负使命，这位高级工程师做了充分的准备工作，他查找了大量有关冶炼组合炉的资料，花了很大的精力对国际市场上组合炉的行情及美国这家公司的历史和现状、经营情况等了解得一清二楚。谈判开始，美商一开口要价150万美元。该工程师列举各国成交价格，使美商目瞪口呆，终于以80万美元达成协议。当谈判购买冶炼自动设备时，美商报价230万美元，经过讨价还价压到130万美元，中方仍然不同意，坚持出价100万美元。美商表示不愿继续谈下去了，把合同往中方工程师面前一扔，说："我们已经作了这么大的让步，贵公司仍不能合作，看来你们没有诚意，这笔生意就算了，明天我们回国了。"这位工程师闻言轻轻一笑，把手一伸，做了一个优雅的"请"的动作。美商真得走了，冶金公司的其他人有些着急，甚至埋怨工程师不该抠得这么紧。工程师说："放心吧，他们会回来的。同样的设备，去年他们卖给法国只有95万美元，国际市场上这种设备的价格100万美元是正常的。"果然不出所料，一个星期后美方又回来继续谈判了。工程师向美商点明了他们与法国的成交价格，美商又愣住了，没有想到眼前这位中国商人如此精明，于是不敢再报虚价，只得说："现在物价上涨得厉害，比不了去年。"工程师说："每年物价上涨指数没有超过6%。一年时间，你们算算，该涨多少？"美商被问得哑口无言，在事实面前不得不让步，最终以101万美元达成了这笔交易。

问题：

1. 中方做了哪些谈判前的准备工作？

2. 分析中方在谈判中取得成功的原因及美方处于不利地位的原因？

3. 通过这个谈判案例，你能得出什么结论？

第四章　商务谈判各阶段的策略

【本章学习目标】

- 了解商务谈判开局阶段的策略；
- 掌握商务谈判中先报价的利与弊；
- 掌握商务谈判中两种典型的报价术；
- 掌握商务谈判中让步时应遵循的原则；
- 掌握讨价还价阶段九种常见的让步方式；
- 掌握迫使对方让步的策略与阻止对方进攻的策略；
- 了解商务谈判成交阶段的策略；
- 了解商务谈判合同的签订及变更的策略。

商务谈判从正式开局到达成协议，要经历一个错综复杂的过程，大体可分为五个阶段，即开局阶段、报价阶段、讨价还价阶段、成交阶段和签约阶段。在长期的谈判实践中，人们就各个阶段总结出许多有关谈判的策略，这些策略至今仍在商务谈判实践中被广泛运用。商务谈判策略是谈判者为了有效地达到预期目的，在谈判中遵循一定的程序，有意识地采取的各种行动与方法的总和。本章将就不同的谈判阶段分别介绍适用的谈判策略。

第一节　开局阶段的策略

商务谈判的开局阶段是指参与谈判各方见面后，到进入具体实质性磋商之前，相互介绍和寒暄的那段时间。谈判开局阶段中的谈判各方对谈判尚无实质性感性认识，谈判各方的心理都比较紧张，态度比较谨慎，都在调动一切感觉功能去探测对方的虚实及心理态度。所以，在这个阶段一般不进行实质性谈判，只是进行见面、介绍、寒暄，以及谈一些不太关键的问题。从时间上看，开局阶段只占整个谈判过程中很少的部分，从内容上看似乎也与整个谈判主题无关或关系不太大，但开局阶段却很重要，因为它是整个谈判的起点，为整个谈判定下了一个基调，它的好坏在很大程度上决定着整个谈判的走向和发展趋势。因此，一个良好的开局将为谈判成功奠定坚实的基础，谈判人员应给予高度的重视。开局阶段的策略包括创造良好的谈判气氛、探测对方虚实与作好开场陈述。

一、创造良好的谈判气氛

要想获得谈判的成功,必须创造出一种有利于谈判的和谐气氛。任何一次谈判都是在一定的气氛下进行的,谈判气氛的形成与变化,将直接关系到谈判的成败得失,影响到整个谈判的根本利益和前途。有经验的谈判者无一不重视在谈判的开局阶段创造良好的谈判气氛。谈判者的言行,谈判的空间、时间和地点等,都是形成谈判气氛的因素。谈判者应把一些消极因素转化为积极因素,使谈判气氛向友好、和谐的方向发展。形成谈判气氛的关键时刻往往是短暂的,可能只有几秒钟,最多不超过几分钟。实际上,当参与谈判各方走到一起准备谈判时,谈判气氛就已经形成了,并且将会延续下去,以后很难改变。因为此时,热烈或冷漠、合作或猜疑、友好或防范等情绪都已显现,谈判的形式也已确定,如谁主谈、谈多少等。当然,谈判气氛不仅受到最初几秒钟的开局的影响,还受到各方见面之前的预接触及交流情况的影响,其中谈判开始瞬间的影响最为强烈。

为了营造良好的谈判气氛,开局阶段的话题最好是轻松的、非业务的,如谈些社会趣闻、风土人情、叙旧等,但时间最好不宜太长,以便能很快进入实质性洽谈阶段。为了创造一个良好的谈判气氛,谈判人员应当做好以下工作:

1. 谈判前预想一下见面的情况,作好充分的准备

若是从未见过面的人,可根据已方掌握的情况设想一下他的工作类型和个人生活有什么特点,他需要什么,他在企业中处于什么地位,他属于哪种类型的人,是心胸开阔、慷慨大方,还是小心谨慎、斤斤计较。将这些问题在脑中过一遍,有助于调整自己的心理状态。

2. 谈判者要在谈判气氛形成过程中起主导作用

形成谈判气氛的关键因素是谈判者的主观态度,谈判者应积极主动地与对方进行情绪、思想上的沟通,而不能消极地取决于对方的态度。例如,当对方还板着脸时,你应该率先露出微笑,主动地与其握手、表达关切,主动与其交谈,这将有益于创造良好的气氛。如果谈判者都能充分发挥主观能动性,一定会创造出良好的谈判气氛。

3. 心平气和,坦诚相见

谈判之前,无论谈判各方之间是否有成见,无论身份、地位、观点、要求有何不同,一旦坐到谈判桌前,就意味着谈判各方共同选择了磋商与合作的方式解决问题。因此,谈判者在谈判之初就应心平气和,坦诚相见,使谈判在良好的气氛中开场。这就要求谈判者抛弃偏见,全心全意地效力于谈判,切勿在谈判之初就以对抗的心理出发,这只会不利于谈判工作顺利进行。

4. 服饰仪表符合身份

谈判人员的服饰要美观、大方、整洁,适应商务谈判场合的需要。颜色不要

太鲜艳,式样不要太奇异。由于各国的经济发展程度不同、风俗习惯不同,在谈判人员的服饰要求方面也不能一概而论,但一定要做到服饰干净、整洁。

5. 见面后做好握手、相互介绍和寒暄等礼仪工作

参与谈判各方见面时,谈判人员应毫不迟疑地伸出右手与对方相握。握手这样一个相当简单的动作,却可以反映出对方是强硬的、温和的,还是理智的。在西方,一个人如果在以右手与对方相握的同时,又把左手搭在对方的肩上,说明此人精力过于充沛或权力欲很强,对方会认为"这个人太精明了,我得小心一点"。另外,此时最忌讳拉下领带、解开衬衫纽扣、卷起衣袖等动作,因为这会使人产生你已精疲力竭、厌烦等印象。

6. 不要在一开始就涉及有分歧的议题

谈判刚开始,良好的气氛尚未形成,最好先谈一些友好的或中性的话题。如询问来访者旅途的经历,以示关心;回顾以往的合作经历和取得的成功,以及与对方的密切关系;谈谈共同感兴趣的新闻、体育赛事或娱乐信息;幽默而得体地开开玩笑等。这些都有助于缓解谈判开始的紧张气氛,达到联络感情的目的。

7. 不要刚一见面就提出要求

如果一见面就提出要求,很容易使对方的态度即刻变得比较强硬,谈判的气氛随之恶化,容易引发舌战,双方皆寸步不让,从而使谈判陷入僵局。所以,不可在谈判刚开始就提出要求,这不仅不利于培养良好的谈判气氛,还会使得谈判基调骤然降温。

8. 掌握好开局时间

开局阶段的时间长短要把握好,一般控制在谈判时间的5%以内比较妥当。时间太短达不到融洽气氛的目的;过分闲聊不仅浪费时间,而且容易偏离主题,不利于提高谈判效率。

总之,谈判气氛对谈判进程是极为重要的,谈判人员要善于运用灵活的技巧影响谈判气氛的形成。

二、探测对方虚实

在谈判的开局阶段,不仅要为转入正题创造气氛,作好准备,更重要的是,参与谈判的各方都会利用这一短暂的时间进行事前的相互探测,以了解对方的虚实。所以,这段时间也被称为探测期。

在这一期间,主要是借助感觉器官接受对方通过行为、语言传递来的信息,并对其进行分析、综合,以判断对方的实力、风格、态度、经验、策略以及各自所处的地位等,为及时调整己方的谈判方案与策略提供依据。当然,这时得出的仅仅是初步的感性认识,还需在以后的讨价还价阶段加深认识。

老练的谈判者一般都以静制动,用心观察对手的一举一动,即使发言也是诱

导对方先说；而缺乏谈判经验的人总是抢先发表己见。如果谈判者不想在谈判之初就过多地暴露弱点，就不要急于发表己见，特别是不可早下断语。因为谈判情势的发展，往往会使你陷于早下结论的被动局面。

为了准确地探测到对方的虚实，谈判人员应当做好以下工作：

1. 启示对方先谈看法

要想启示对方先谈看法，可采取以下几种策略，既能灵活、得当地使对方说出自己的想法，又表示了对对方的尊重：

(1) 征询对方意见。这是谈判之初最常见的一种启示对方发表观点的方法。如“贵方对此次合作的前景有何评价？”、“贵方认为这批设备的质量如何？”、“贵方是否有新的方案？”等。

(2) 诱导对方发言。这是一种开渠引水，启示对方发言的方法。如“贵方不是在传真中提到过新的构想吗？”、“贵方对市场进行调查过，是吗？”、“贵方价格变动的理由是？”等。

(3) 使用激将法。激将是诱导对方发言的一种特殊方法，运用不好会影响谈判气氛，应慎重使用。如“贵方的销售情况不太好吧？”、“贵方是不是对我们的资金信誉有怀疑？”、“贵方为何总未提出建设性意见？”等。

在启示对方发言时，应避免使用能使对方借机发挥其优势的话题，否则会使己方处于被动局面。

2. 注意察言观色

当对方在作谈判开局阶段的发言时，应对其进行察言观色。因为注意对方每一句话的意思和表情，研究对方的心理、谈判风格和意图，可为己方所作的第一次正式发言提供尽可能多的信息依据。在谈判桌上，不仅要注意观察对方发言的语义、声调、轻重缓急；还要注意对方的行为语言，如眼神、手势、脸部表情，这些都是传递信息的符号。优秀的谈判者会从谈判对手起始的一举一动中，探测对方的虚实。

3. 探测具体问题

除了察言观色之外，还要对具体的问题进行具体的探测。例如，要探测对方主谈人和阵容是否发生变化，可以问：“××怎么没来？”要探测对方出价的水分，可以问：“这个价格变化了吧？”要探测对方的资金情况，可以问：“如果我们要求付现金呢？”要探测对方的谈判诚意，可以问：“据说贵方有意寻找第三者？”要探测对方有否决策权，可以问：“贵方认为这项改变可否确定？”此外，谈判者还可以通过出示某些资料或要求对方出示某些资料等方法，达到探测的目的。

总之，探测对方虚实的正确策略是：在谈判之初启示对方先说，然后再察言观色，把握动向；对尚不能确定或需进一步了解的问题，就需进行具体的探测。

三、作好开场陈述

在开局阶段，双方都要进行开场陈述，对本次谈判所涉及的问题进行说明，阐明希望通过这次谈判应该维护和取得的基本利益，以及对待本次谈判所持基本立场与要求等，使对方充分了解己方的观点和想法。在这一阶段，说话要小心谨慎，不能信口开河，有些情况与资料不要暴露在对方面前。

在作开场陈述时，每一方都要独立地把自己的观点作一个全面的说明，然后听取对方的陈述，并弄清对方的意图。在陈述自己的观点时，要采取横向铺开的方法，而不是深谈某一个问题。开场陈述的内容一般包括：己方对问题的理解，即己方认为这次谈判应涉及的问题；己方的利益，即己方希望通过这次谈判取得的利益，以及己方可以采取何种方式为双方共同获得利益作出贡献；己方的立场，如双方以前合作的结果，己方在对方处所享有的信誉，今后双方合作中可能出现的好的机遇。在作开场陈述时，一般采用书面和口头相结合的方式，即事先将陈述内容进行归纳形成书面材料，然后在谈判桌上以口头的方式表达给对方。

开场陈述的时间要把握好，参与谈判各方尽量平分秋色，切忌出现独霸会场的局面。发言的内容要简短而突出重点，表达的意思要准确、清楚。在用语和态度上，应尽量轻松愉快，具有幽默感，减少引起对方焦虑、不满和气愤的可能。

结束语需认真斟酌，要表明己方陈述只是为了使对方明白己方的意图，而不是向对方挑战或强加给对方接受，可采用“这是我方的初步意见”之类的表达。陈述完毕后，要留出一定的时间让对方表达意见。注意对方对己方的陈述有何反应，并寻找对方的目的和动机与己方的差别。

对于对方的陈述，首先，应注意倾听，听清楚对方所表达的观点与立场；其次，应理解对方陈述的内容，如果不清楚，应及时向对方提问；最后，应对对方陈述的内容进行总结，归纳出其主要观点。

案例分析

针锋相对的开场陈述

内地一家工厂与一位港商洽谈购买原料之事，港商利用这家工厂不得不用其原料的优势，在谈判中非常傲慢，以居高临下之势百般刁难。在这种情况下，如果这家工厂的谈判代表仍然以谦虚、谨慎的方式进行开场陈述，只能助长对方的嚣张气焰。鉴于此，该厂的主谈人一反常态，指责对方道：“你们如果没有诚意，可以走了。我们的库存还够维持一定时期的正常生产，而现在我们已经做好了转产并不再与你方有任何来往的准备。先生们，请吧！”一席话使对方手足无措。由于利益所在,对方终于坐下来与这家工厂开始了真诚的谈判。这家工厂的主谈人也借气氛缓和之机,坦诚地表达了原定的开局目标。

四、开局策略的选择

在开局阶段,谈判人员除了要注意创造良好的谈判气氛、探测对方虚实与作好开场陈述之外,还需注意开局具体策略的选择。典型的谈判开局策略有一致式开局策略、保留式开局策略、坦诚式开局策略、进攻式开局策略和挑剔式开局策略。

(一) 一致式开局策略

一致式开局策略是指在谈判开始时,为使对方对己方产生好感,以协商、肯定的方式建立起对谈判"一致"的感觉,从而在愉快而友好的气氛中将谈判引向深入的一种开局策略。心理学研究表明,人们通常会对那些与自己想法一致的人产生好感并愿意将自己的想法按照那些人的观点进行调整。这一结论正是一致式开局策略的心理学基础。

一致式开局策略的目的在于创造取得谈判成功的条件。运用一致式开局策略的方式有很多。例如,在谈判开始时,以一种协商的口吻征求谈判对手的意见,然后对其意见表示赞同和认可,并按照其意见开展工作。运用这种方式时要注意的是,拿来征求对手意见的问题应该是无关紧要的问题,对手对该问题的意见不会影响己方的利益。另外,在赞成对方意见时,态度不要过于谄媚,要让对方感觉到自己是出于尊重,而不是奉承。

一致式开局策略的运用还有一种重要方式,就是在谈判开始时以问询方式或补充方式诱使谈判对手步入你的既定安排,从而在双方间达成一种一致和共识。所谓问询方式,是指将答案设计成问题询问对方。例如,问:"你看我们把价格及付款方式问题放到后面讨论怎么样?"所谓补充方式,是指对对方的意见进行补充,使自己的意见变成对方的意见。采用问询方式或补充方式,使谈判逐步进入开局。

案例分析

一致式开局策略的运用

1972 年 2 月,美国总统尼克松访华,中美双方将要展开一场具有重大历史意义的国际谈判。为了创造一种融洽和谐的谈判环境和气氛,我国方面在周恩来总理的亲自领导下,对谈判过程中的各种环境都作了精心而又周密的准备和安排,甚至对宴会上要演奏的中美两国民间乐曲都进行了精心的挑选。在欢迎尼克松一行的国宴上,当军乐队熟练地演奏起由周总理亲自选定的《美丽的亚美利加》时，尼克松总统简直听呆了，他绝没有想到能在中国的北京听到如此熟悉的乐曲，因为这是他平生最喜爱的并且指定在他的就职典礼上演奏的家乡乐曲。敬酒时，他特地到乐队前表示感谢，此时，国宴达到了高潮，而一种融洽而热烈的气氛也同时感染了美国客人。一个小小的精心安排，赢得了和谐融洽的谈判气氛，这不能不说是一种高超的谈判艺术。

日本首相田中角荣20世纪70年代为恢复中日邦交正常化到达北京，他怀着等待中日间最高首脑会谈的紧张心情在迎宾馆休息。迎宾馆内气温舒适，田中角荣的心情也十分舒畅，与随从的陪同人员谈笑风生。他的秘书早饭茂三仔细看了一下房间的温度计，是“17.8度”。这一田中角荣习惯的“17.8度”使得他心情舒畅，也为谈判的顺利进行创造了条件。

《美丽的亚美利加》乐曲、“17.8度”的房间温度，都是针对特定的谈判对手，为了更好地实现谈判目标而进行的一致式开局策略的运用。

（二）保留式开局策略

保留式开局策略是指在谈判开局时，对谈判对手提出的关键性问题不作彻底、确切的回答，而是有所保留，从而给对手造成神秘感，以吸引对手进入谈判。

运用保留式开局策略时，应注意不要违反商务谈判的道德原则，即以诚信为本，向对方传递的信息可以是模糊信息，但不能是虚假信息。否则，会将自己陷于非常难堪的局面。

案例分析

保留式开局策略的运用

江西省某工艺雕刻厂原是一家濒临倒闭的小厂，经过几年的努力，发展为产值两百多万元的规模，其产品打入日本市场，战胜了其他国家在日本经营多年的厂家，被誉为“天下第一雕刻”。有一年，日本三家株式会社的老板在同一天先后到该厂订货。其中一家资本雄厚的大商社，要求原价包销该厂的佛坛产品。这应该说是好消息。但该厂想到，这几家原来都是经销韩国、我国台湾地区产品的商社，为什么不约而同到本厂来订货？他们查阅了日本市场的资料，得出的结论是：本厂的产品所用木材质量上乘、雕刻技艺高超是吸引外商订货的主要原因。

于是，该厂采用了“待价而沽”、“欲擒故纵”的谈判策略，先不理那家大商社，而是积极抓住两家小商社求货心切的心理，把佛坛的梁、榴、柱分别与其他国家的产品作比较。在此基础上，该厂将产品当做金条一样争价钱、论成色，使其价格达到理想的高度。首先与小商社拍板成交，使那家大客商产生失去货源的危机感。该大客商不仅更急于订货,而且想垄断货源,于是大批订货,以至订货数量超过该厂现有生产能力的好几倍。

本案例中,该厂巧于审势布阵,先与小客商谈,并非疏远大客商,而是牵制大客商,促其产生失去货源的危机感,这样订货数量和价格才有大幅增加。

（三）坦诚式开局策略

坦诚式开局策略是指以开诚布公的方式向谈判对手陈述自己的观点或想法,从而为谈判打开局面。坦诚式开局策略比较适合于有长期业务合作关系的双方,以往的合作双方比较满意,彼此也互相比较了解,不用太多的客套,直接坦率地提出自己一方的观点、要求,反而更能使对方对己方产生信任感。

采用这种开局策略时,要综合考虑多种因素,例如自己的身份、与对方的关系、当时的谈判形势等。坦诚式开局策略有时也可用于谈判实力弱的一方。当己方的谈判实力明显不如对方,并为双方所共知时,坦率地表明自己一方的弱点,让对方加以考虑,更表明己方的诚意,同时也表明己方对谈判的信心和能力。

案例分析

坦诚式开局策略的运用

北京某区一位党委书记在同外商谈判时,发现对方对自己的身份持有强烈的戒备心理。这种状态妨碍了谈判的进行。于是,这位党委书记当机立断,站起来对对方说道:“我是党委书记,但也懂经济、搞经济,并且拥有决策权。我们摊子小,并且实力不大,但人实在,愿意真诚与贵方合作。咱们谈得成也好,谈不成也好,至少你这个外来的‘洋’先生可以交一个我这样的‘土’朋友。”

寥寥几句肺腑之言,打消了对方的疑虑,使谈判顺利地向纵深发展。

（四）进攻式开局策略

进攻式开局策略是指通过语言或行为表达己方强硬的姿态,从而获得谈判对手必要的尊重,并借以制造心理优势,使谈判顺利地进行下去。

采用进攻式开局策略一定要谨慎。因为在谈判开局阶段就设法显示自己的实力,使谈判双方一开始就处于剑拔弩张的气氛中,对谈判进一步发展极为不利。

通常,只在这种情况下使用进攻式开局策略:发现谈判对手在刻意制造低调气氛,这种气氛对己方的讨价还价十分不利,如果不把这种气氛扭转过来,将损害己方的切实利益。进攻式开局策略可以扭转不利于己方的低调气氛,使之走向自然气氛或高调气氛。但是,进攻式开局策略也可能使谈判陷入僵局。

（五）挑剔式开局策略

挑剔式开局策略是指开局时对对手的某项错误或礼仪失误严加指责,使其感到内疚，从而达到营造低调气氛、迫使对手让步的目的。

案例分析

挑剔式开局策略的运用

巴西一家公司到美国去采购成套设备。巴西谈判小组成员因为上街购物耽误了时间，当他们到达谈判地点时，比预定时间晚了45分钟。美方代表对此极为不满，花了很长时间来指责巴西代表不遵守时间，没有信用，“如果老这样下去的话，以后很多工作很难合作”，“浪费时间就是浪费资源、浪费金钱……”对此，巴西代表感到理亏，只好不停地向美方代表道歉。谈判开始以后，美方代表似乎还对巴西代表来迟一事耿耿于怀，一时间弄得巴西代表手足无措，处处被动，无心与美方代表讨价还价，对美方提出的许多要求也没有静下心来认真考虑，匆匆忙忙就签订了合同。

等到合同签订以后，巴西代表平静下来、头脑不再发热时，才发现自己吃了大亏，上了美方的当，但已经晚了。

本案例中，美国谈判代表成功地使用挑剔式开局策略，迫使巴西谈判代表自觉理亏，在来不及认真思考的情况下匆忙签下对美方有利的合同。

以上介绍了五种开局策略，谈判人员在选择开局策略时，应综合考虑谈判的内容与类型、谈判各方实力的对比、谈判形势等一系列因素。

五、开局阶段的禁忌

（一）个人形象差

参加谈判人员的个人形象差会影响洽谈气氛。应避免出现下列现象：神态紧张、优柔寡断、疲惫不堪；握手无力；目光躲闪、猜疑。

（二）在建立恰当的谈判气氛之前就迅速进入实质性会谈

双方一见面，马上就进入实质性洽谈，这对谈判相当有害。为了使谈判成功，一开始必须诚挚合作。洽谈开始时的话题最好是轻松的、非业务性的。双方可以聊聊各自的经历、体育比赛、私人问题。例如：“你好！这个周末我钓鱼去了，我很喜欢钓鱼，你周末是怎么度过的？”但是，不要涉及年龄、薪水等隐私性质的话题。

（三）对双方的权利分配失当

一方说得过多，而另一方没有说话的机会，会破坏谈判的气氛，必须加以注意。一般来讲，东道主应首先发言，避免冷场，双方说话的时间各占一半。

第二节 报价阶段的策略

报价阶段是提出实质性交易条件至还价前的一段时间。参与谈判各方在结束了非实质性交谈以后,就要将谈话转向有关交易内容的正题,即开始报价。报价以及之后的讨价还价是整个谈判过程的核心和最重要的环节,决定了整笔业务是否能够成交,成交后能带来多少利润。

这里所说的“报价”,不单单是指价格方面,而是泛指谈判的一方向另一方提出的所有要求,包括商品的品质、规格、数量、包装、价格、装运、保险、支付、检验、索赔、仲裁等所有的交易条件,其中价格条件是最重要的。由于价格是商务谈判的核心,因此统称为报价。

商务谈判报价阶段的策略主要体现在以下几个方面:报价的形式、报价的先后、如何报价、如何对待对方的报价和如何进行报价解释。

一、报价的形式

(一) 书面报价

通常是谈判一方事先提供较详尽的文字材料、数据和图表等,将本公司愿意承担的义务以书面形式表达清楚,使对方有时间针对报价作充分的准备,使谈判进程更为紧凑。

但是,书面报价也存在着以下弊端:(1) 书面报价的白纸黑字,客观上成为该公司承担责任的记录,限制了该公司在谈判中的让步和变化;(2) 文字缺少感情色彩,无法使对方感受己方与对方的合作态度。因此,谈判双方实力相当时可使用书面报价。实力较弱的一方应尽量避免采用书面报价,而在谈判桌上口头报价。

(二) 口头报价

口头报价具有很大的灵活性,谈判者可以根据谈判的进程调整己方的谈判战术,没有约束感。口头报价可充分利用个人的沟通技巧,促使交易达成。口头报价的最大优点是:能够根据谈判的形势见机行事,报价可随时调整。

口头报价的主要缺点是:一些复杂的要求,如统计数字、计划图表等,难以用口头方式表述清楚,从而会影响谈判进度。为克服这一不足,在谈判前可准备一份印有本企业交易重点、某些特殊要求、各种具体数字的简明表,以供临时所需。

二、报价的先后

谈判双方在经过摸底之后,就开始报价。报价的方式有两种,一种是己方先开价;另一种是对方先开价。究竟应该选择哪一种报价方式,要根据己方的条件和每种报价的利弊关系来决定。先报价有利也有弊。

（一）先报价的好处

1. 对谈判的影响较大

谈判双方一般都希望谈判尽可能按己方设定的轨道进行，先报价实际上等于为谈判划定了一个框架或基准线，最终谈判协议将在这个范围内达成。

2. 打乱对方的计划

先报的价格如果出乎对方的预料和期望值，容易使其失去信心，往往可以打破对方原有的部署，甚至动摇对方原来的期望值。

（二）先报价的弊端

1. 提前暴露

对方了解己方的报价后，可以对他们原有的想法作出调整。由于己方先报价，对方对己方的交易起点有所了解，他们可以修改预先准备的报价，获得本来得不到的好处。

2. 陷于被动局面

如果对方是买方，对方会逼迫己方降价（如果对方是卖方，则要求己方提价），而并不透露他们自己究竟肯出多高的价格。

（三）先报价的适用情况

究竟谁先报价，还要具体分析，看看先报价对己方是否有利。具体来讲，有以下几种情况：

（1）如果预期谈判将会出现争斗，那么己方应先报价。通过先报价来规定谈判过程的起点，并以此影响之后的谈判过程，从一开始就掌握主动权。

（2）如果己方的实力高于对方，那么己方先报价是有利的。尤其是在对方对本次交易的市场行情不太熟悉的情况下，先报价可以为谈判划定一个基准线。同时，由于己方了解行情，还会适当掌握成交的条件，对己方利大于弊。

（3）如果对方是老客户，且与己方有长期的业务往来，那么任何一方都可以先报价。如果双方合作一向较愉快，在这种情况下，谁先报价对双方来说都无足轻重。

（4）通常发起谈判的一方先报价。

（5）按照惯例，由卖方先报价。卖方先报价的目的是投石问路，用报价的方法直接刺探对方的思路反应。

三、如何报价

报价的高低对整个谈判进程会产生实质性影响，因此要成功地进行报价，谈判人员应掌握报价的依据、报价的原则、如何确定报价和典型的报价术。

(一)报价的依据

在实际商务谈判中,报价应遵循以下依据:(1)随行就市;(2)以主要出口或进口国家成交价为依据;(3)参照买主或买主当地批发价;(4)国际经济行情的状况及发展趋势;(5)国际市场同类商品的供求状况及发展趋势;(6)国际市场替代商品的供求状况及发展趋势;(7)有关商品的生产、库存变化,主要地区的安全稳定状态等。

以上依据在报价时仅起参考作用,不起决定性作用。具体在谈判中如何报价,应根据具体情况而定,灵活掌握。

(二)报价的原则

卖方希望卖出的商品价格越高越好,买方则希望买进的商品价格越低越好,但一方的报价只有在被对方接受的情况下才能产生预期的结果,才能使买卖成交。谈判一方向另一方报价时,不仅要考虑报价所获利益,还要考虑该报价能否被对方接受。因此,报价应遵循以下三个原则:

1. 报价为“最高”或“最低”价

对于卖方来说,报价必须是“最高”价;与此相反,对于买方来说,报价必须是“最低”价,这是报价的首要原则。卖方开最高价或买方开最低价,可以为以后的讨价还价留下充分回旋余地,使己方的谈判策略更富有弹性,以便于掌握成交时机。而且,报价对最终成交价具有实质性影响。

2. 报价必须合情合理

无论是卖方还是买方,报高价与报低价必须是合情合理的,即能找出合适的理由为之辩护。卖方的报价要报得高一些,但绝不是漫天要价;同样,买方的报价要报得低,但绝不是毫无道理地压低价。卖方所报的高价与买方所报的低价必须合乎情理。如果卖方的报价过高或买方的报价过低,又讲不出道理,对方必然认为你缺少谈判的诚意,或者被逼无奈中止谈判而去;或者以其人之道还治其人之身,相对也来个“漫天要价”;或一一提出质疑,而己方又无法解释,结果只好被迫无条件让步。例如,20 世纪 70 年代的某届秋季广交会,我国大豆成交价定为 800 元人民币,比当时国际市场价高了 200 元人民币,结果大多数客户见连还价的基础都没有,只好离去。

3. 报价应该坚定而明确

报价时,态度要坚决、果断,毫无保留、毫不犹豫。这样做能够给对方留下认真而诚实的好印象。任何欲言又止、吞吞吐吐的行为,必然会导致对方的不良感受,甚至会产生不信任感。报价要明确、清晰和完整,以便对方能够准确了解己方的期望。

此外,开价时不要对己方所报价格作过多解释、说明和辩解,因为对方不管己方报价的水分多少都会提出质疑。如果在对方还没有提出问题之前,己方便主动加以说明,会提醒对方意识到己方最关心的问题,而这种问题有可能是对方尚未考虑过的问题。因此,有时过多的说明和解释会使对方从中找到破绽或突破口,向己方猛烈反击。

总之,报价的基本原则是,通过反复比较和权衡,设法找出价格所带来的利益与被接受的成功率之间的最佳结合点。

（三）如何确定报价

一般来说,一方开盘之后对方立即接受的例子极为少见,一方开价后对方要进行还价。谈判人员在确定报价时应注意以下问题:

1. 报价有一定的虚头是正常情况

虚头的高低要看具体情况而定,不能认为越高越好。例如,在国际市场行情看好时,卖方的虚头可以略高一些;而在国际市场行情不好时,卖方的虚头应低一点。

2. 报价有较高的虚头是必要的

“一分钱,一分货”是大多数人信奉的观点,尤其对于价格政策为“厚利少销”的商品(如工艺美术品),报价有较高的虚头是必要的。开盘价通常会影响对方对己方所提供商品或劳务的印象和评价。开价高,人们就会认为商品质量好,服务水平高;开价低,人们就会认为商品质量一般(或有瑕疵、样式过时等),服务水平低。所以,尤其对卖方而言,报出含有高虚头的价格是很有必要的。

3. 报价应考虑当时的谈判环境和与对方的关系状况

如果对方利用优势向己方施加压力,己方就必须以高价向对方施加压力,以保护己方的利益;如果双方关系比较友好,特别是有过长期的合作关系,那么报价就应当稳妥一些,出价过高会有损双方的关系;如果己方有很多竞争对手,那么就必须把要价压低到至少能受到邀请而继续谈判的程度,否则会被淘汰出局,失去谈判的机会。

（四）典型的报价术

在商务谈判中,有两种典型的报价战术,即西欧式报价和日本式报价。下面从卖方的角度介绍这两种报价术。

1. 西欧式报价

西欧式报价的一般模式是,首先提出含有较大虚头的价格,然后根据买卖双方的实力对比和该笔交易的外部竞争状况,通过给予各种优惠,如数量折扣、价格折扣、佣金和支付条件上的优惠(如延长支付期限、提供优惠信贷等)逐步软化和接近买方的市场和条件,最终达成交易。实践证明,这种报价方法只要能够稳住买方,往往会有一个不错的结果。

2. 日本式报价

日本式报价的一般模式是，将最低价格列在价格表上，以求首先引起买方的兴趣。由于这种价格一般是以对卖方最有利的结算条件为前提的，并且在这种低价格交易条件下，各个方面都很难全部满足买方的需要，如果买方要求改变有关条件，卖方就可以相应提高价格。因此，买卖双方最后成交的价格，往往高于价格表中的价格。

日本式报价术一方面可以排斥竞争对手而将买方吸引过来，取得与其他卖主竞争中的优势和胜利；另一方面，当其他卖主败下阵来纷纷走掉时，这时买方原有的市场优势不复存在了，买方想要达到己方的购买需求，只好任卖方一点一点地把价格抬高。例如，在20世纪60年代中日贸易备忘录贸易项下大豆的作价谈判中，日方（买方）递盘第一回合就亮出了底牌，报了一个较高的价格，大大出乎我方的意料。当时的国际市场行情对对方不利，价格有上涨的趋势，也没有多少其他因素能够起到阻碍或干扰这种趋势的作用。在市场形势对我方有利的情况下，我方原以为稳操胜券，能以较高价成交。但日方在随后的谈判中，通过苛刻的交易条件，不断地要求压低价格。我方则节节退让，最后不得不以低于日方第一回合递盘价1英镑的价格成交。这个教训充分显示了日本式报价中的圈套。

四、如何对待对方的报价

在商务谈判中，报价的一方为发盘人，听取对方报价的一方就是受盘人。在发盘人发盘时，受盘人应该做好下列工作：

1. 认真听取、准确理解

在对方报价的过程中，切忌过多干扰对方，而应认真听取，并尽力完整、准确、清楚地把握对方的报价内容。在对方报价结束之后，应将己方对对方报价的理解进行归纳总结并加以复述，以确认自己的理解是否准确无误。

案例分析

报价中的陷阱

某年，我国某汽车制造厂为引进某种比较先进的汽车生产线，曾与M国K汽车公司进行谈判。汽车生产线中，最大的也是最重要的项目是汽车发动机生产线。谈判中，K公司表现出对中方的友好和对中国汽车工业腾飞的大力支持，以相当优惠的价格把汽车发动机生产线的成套技术和设备转让给这家汽车制造厂。很快，这种发动机制造厂就在中国北方某地上马建造了。

中方谈判代表以为，在前面友好合作的基础上，接下来的谈判一定非常顺利。没料到，下面的谈判非常艰巨，对方对接下来的任何一个小项目都是狮子大开口，报价都非常高。中方代表一算，加起来整条汽车生产线的价格变得非常高，原来汽车发动机生产线的优惠荡然无存。中方代表这才发现K公司玩的是“加法报价”的把戏，于是不得不终止了余下所有项目的谈判，以免遭受巨大的损失。

K公司丝毫不在乎中方代表终止谈判，因为已在建设的发动机生产线所生产出来的发动机，如果没有与之相配的其他部件，是无法装配成汽车的。这种发动机不要说在其他牌子汽车上，就是在同一种牌子汽车的其他型号上也派不上用场。所以，M国K公司等待中方主动回头找他们，到那时他们还可以再抬高价格。

中方谈判代表在一段时间内感到走投无路。此事被欧洲X国的D汽车公司知道了，这家汽车制造公司已经和中方有友好合作项目。在北京的一次宴会上，D公司总经理与中国这家汽车制造厂的谈判代表相遇，席间，这位总经理请中方代表一周后参观他们的工厂。

一周后，到了X国D公司下属的汽车制造厂，中方代表惊讶地发现，D公司技术人员已经成功地把K公司的汽车发动机装在了D公司的A牌——一种较先进的汽车车身里了。在接下来的谈判中，D公司谈判代表表示，愿意提供除了发动机以外的A牌型号汽车所有配件的制造技术和成套设备。鉴于以往友好合作的历史，他们表示在保证他们的利益的基础上，愿意以比较优惠的价格与中方成交。中方谈判代表经过精心的计算，认为D公司的报价比较客观，对中方相当有利，如果再加上K公司提供的优惠的发动机生产线，引进一条合成的汽车生产线反而比整条引进节省更多的外汇，于是欣然成交。

M国的K公司怎么也没想到，X国的D公司从中插手，搅了他们的美梦。

2. 不清楚的地方请对方解释

在对方报价完毕之后，不要急于还价，而是要求对方对其价格的构成、报价的依据等作出详细的解释。通过对方的价格解释，可以了解对方报价的实质、意图及诚意，以便从中寻找破绽，从而动摇对方报价的基础，为己方争取重要的便利条件。

3. 不急于还价

在对方完成价格解释之后，针对对方的报价，有两种行动选择：一种是对对方的报价先进行评论，并要求对方降低报价；另一种是提出自己的报价。一般来讲，第一种选择比较有利，因为这是对报价一方的反应，如果成功，可以争取到对方的让步，而己方既没有暴露自己的报价内容，也没有作出任何让步。

五、如何进行报价解释

通常一方报价完毕之后，另一方会要求报价方进行价格解释。在解释时，必须遵循一定的原则，即不问不答，有问必答，避虚就实，能言不书。

（一）不问不答

是指买方不主动问的问题卖方不要回答。其实，对于买方未问到的一切问题，卖方都不要进行解释或答复，以免造成言多必失的结果。

（二）有问必答

是指对对方提出的所有有关问题，都要一一作出回答，并且要很流畅地予以回答。回答不能吞吞吐吐、欲言又止，这样极易引起对方的怀疑。

（三）避虚就实

是指对己方报价中比较实质的部分应多讲一些，对于比较虚的部分，或者说水分含量较大的部分，应该少讲一些，甚至不讲。

（四）能言不书

是指能用口头表达和解释的，就不要用文字来书写，因为当自己表达中有误时，口头和书面的东西对自己的影响是截然不同的。有些国家的商人只承认纸上的信息，而不重视口头信息。

第三节　讨价还价阶段的策略

讨价还价阶段是谈判的关键阶段，也是最困难、最紧张的阶段。一般情况下，谈判一方报价之后，另一方不会无条件地接受对方的报价，而要进行一场实力、智力和技术的较量。讨价还价阶段是谈判各方求同存异、合作、谅解、让步的阶段。因此，这一阶段是谈判各方为了实现其目的而运用智慧、使用各种策略的过程。讨价还价阶段的策略体现在以下几个方面：讨价还价前的准备、讨价还价前的评论、让步的原则、让步技巧、迫使对方让步和阻止对方进攻。

一、讨价还价前的准备

讨价还价需建立在充分的准备之上，即将对方报价的依据进行总结、推敲，计算出对方虚价的大小，了解其意图，分析彼此报价的差距，明确主攻方向，进而设计对策。在正常情况下，一方报价以后，另一方不要立即予以回复，而要根据对方的报价内容，检查、调整或修改自己原来确定的还价总设想。讨价还价前的准备包括计算、看阵和列表三项工作。

（一）计算

计算是指己方根据对方报价的内容和自己所掌握的商品比价的资料，推算出对方虚价的大小，并尽力揣摩对方的真实意图。如有可能，应把对方报价中虚头最大、己方反驳论据最充分的内容作为说服对方的主要攻击点；或者以对方报价内容计算的结果为基础，进而考虑己方应采取怎样的策略，提供哪些有利于对方的条件，以促使双方尽快达成互利性合同。

（二）看阵

我国古代交战中，双方在摆好阵势以后，并不急于向对方出击，而是举目眺望，分辨敌人阵法。谈判中的“看阵”，是指当一方报价之后，另一方运用口问、耳闻、目察等手段，了解报价一方谈判动向的活动。听价方应在向报价方逐项核对各条款的基础上，以自然、巧妙的询问，弄清对方报价的依据。

（三）列表

讨价还价前进行准备的主要目的是，通过对面临的问题进行分类，分清问题的轻重缓急，设计出相应的对策。为达到此目的，谈判人员通常的做法是列出三张表，并以表为依据同对方交涉，这三张表分别是：

1. 评论表

评论表是对对方报价所作的总体和阶段性评价。本节第二部分将详细介绍如何进行讨价还价前的评论。

2. 提问表

这是一种依据谈判议程，按谈判时间的先后，将所提问题排列成序以供备用的做法。其优点在于能使谈判者心中有数，知道在什么时候应该谈什么问题。

3. 实施要点表

此表应明确己方将针对哪些交易条件进行讨价还价，以及讨价还价的实施步骤。实施要点表的内容包括：不能作出让步的交易条件；可给予对方优惠的具体项目和让步的幅度等。

二、讨价还价前的评论

讨价还价前先要对对方的报价作出评论。评论是指对交易对方所作的技术、商务解释中的不明之处、不妥之处予以明确和批判。针对对方报价的评论既有试探之效，又能显示己方的认识力。评论方法有概括式和罗列式两种。

（一）概括式

概括式评论是指从总体感觉谈己方的看法，具体又可分为比较法和分析法。

比较法的例子有：“我觉得贵方的技术水平不高，设备工艺陈旧，而价格却如此之高。”这种评论反映了己方的总体意见，可令对方反思。

分析法的例子有：“这台自动化设备相当于10台手动设备的效率，而其价格可以买20台手动设备、支付10个工人20年的工资福利后还有富余，这反映出性价比不合适，该价格明显高了。”

概括式评论的优点是自我保护性好，在正面交锋的初级阶段可以运用此法。概括式评论的缺点是不能深入，最终解决问题有困难。

(二)罗列式

罗列式评论是指逐项、逐点对对方的报价予以批判、评论,评论的依据是对方的价格解释。报价方如采用罗列式,进行了详细的价格解释,则评论也应以罗列式对应。罗列式评论也可分为比较法和分析法。

罗列式的比较法通常是比技术水平、比工艺、比价格、比服务、比保证期。例如:"贵公司生产线中的通用设备价与市场价差不多,专用设备价则高两倍。模件少的模具价与市场价可比,而模件多的模具价格高得吓人。"

罗列式的分析法是指详细分析对方报价所存在的问题。例如,在成套项目的交易中,可分析卖方报价中的设备价格、技术费、技术服务费、备件费、支付条件、交货期和保证期等各项内容,指出其报价不妥之处。

三、让步的原则

谈判中讨价还价的过程就是参与谈判各方让步的过程,只有各方作出让步,才能取得一致意见,并达成协议。谈判各方在让步的过程中,要注意以下几个原则:

(1)不要作无谓的让步,应体现对己方有利的宗旨。每次让步都是为了换取对方在其他方面的相应让步。

(2)让步要让得恰到好处,使己方较小的让步能给对方以较大的满足。

(3)在己方认为重要的问题上,要力求对方先让步,而在较为次要的问题上,根据情况需要,己方可以考虑先作让步。

(4)作出让步前要三思,不要掉以轻心,因为每一次让步都意味着己方利益的损失。

(5)即使己方已决定作出让步,也要使对方觉得己方让步不是件轻而易举的事,对方就会珍惜所得到的让步。

(6)一次让步的幅度不要过大,节奏不宜太快,应做到步步为营。一次让步幅度太大,会使对方觉得己方这一举动是处于软弱地位的表现,从而加强对己方的进攻。如果每次的让步幅度较小,则能令对方觉得己方的报价已接近底价,从而失去继续还价的信心。

案例分析

中日玻璃流水线谈判中的讨价还价

某年,我国某玻璃厂要引进一条浮法玻璃流水线。该厂人员到日本考察后认为,日本的生产线质量、技术都是世界上最先进的,只是要价偏高。为此,他们决定与日方谈判,以求在价格上能够得到优惠。

第一轮谈判于当年4月下旬进行。中方为了谈判成功,事先作了周密的部署和充分的准备。该玻璃厂的主管部门特意请来一位专门从事技术引进工作的专家当主谈人,并配备了一个精干的谈判班子。为了能在谈判中掌握主动权,谈判班子进行了科学的分工,并让副手先与日方对谈。

日方为了做成这一笔大买卖,事先也作了充分的安排,组成了一个由日方公司专务、中国课课长和驻华事务所代表兼翻译为主体的谈判班子。日方一亮相就口气强硬,报价高出中方所掌握的外汇底盘200多万美元。为了证明报价的合理性,对方一再声称他们的浮法生产线是世界之冠。中方与之恳谈了三次,但日方总是盛气凌人,寸步不让。中方主谈人深知日方的这个报价比中方在日本考察时的价格还要高出约100万美元。经过三次对谈,她已把握了谈判中最关键的问题,即必须首先粉碎日方舍此莫属的信念,否则日方是不会让步的。为了扭转被动局面,中方采取了欲擒故纵的谈判手段,使谈判出现了主观性假性僵局。

谈判结束后,中方主谈人将日方搁置一边,率团赴英国考察浮法玻璃生产线。考察结果发现,英国产品不如日本,且价格也不低。尽管如此,中方还是向英国公司发出了谈判邀请。为此,中方的随行人员向主谈人提出了异议,认为不应向英国公司发出谈判邀请。但主谈人力排众议,她自有打算。

当年6月,英国浮法玻璃生产线的谈判代表来到中国。中方热情地将他们接下了飞机,故意安排在日方公司驻华事务所办公室所在的同一家饭店。日方很快得到了这一消息,其谈判代表立即向日本公司汇报了中方正在选择新的贸易伙伴的情况。日本人是很有商业头脑的,他们当机立断,再次派谈判代表来华要求恢复谈判。这样,中方的谈判地位由被动转为主动,而日方却陷入求助中方选择其产品的不利局面。日方在谈判桌上放弃了之前那种盛气凌人的姿态,大讲中日友好,并声称愿意"给予优惠"。

这时,中方主谈人才坐回谈判桌的首席。她说:"我为专务先生(日方主谈人)的友好讲话感到高兴。我们已经注意到贵公司在生产线价格问题上的松动和转变,专务先生说我们是真诚合作的朋友,因此才考虑给予优惠价格,这种说法不错。但我更赞成朋友之间的那种平等互利的贸易原则,不能一方占大便宜,而让另一方吃大亏,这不是朋友所为。我想专务先生不会对我的话有异议吧!"

日方这才意识到,这位主谈人才是谈判桌上的真正对手。

中方主谈人接着说:"关于浮法生产线,我们又专程考察了英国的同类产品。他们的产品质量、性能都很好,但报价却比贵公司低得多,这很吸引人呐!我们准备与他们的谈判代表接触,当然是非正式的。不过,如果贵公司的价格合适,我们也会首先考虑友好邻邦的。"

这番话向日方传递了两层意思、一个结论:其一,英国的同类产品物美价廉,富有竞争力，其二，中方仍优先考虑与日方成交；结论是必须价格“合适”。这就迫使日方与英国进行价格竞争。然而，中方的这种假手第三者介入的方法也有一定的风险。一旦日方不肯让步，中方就很难再吃“回头草”了。对此，中方主谈人已有考虑。

与日方的此轮会谈一结束，中方主谈人就坐到与英国代表的谈判桌前。她分析，如日方不让步，用日方来迫使英方让步是有把握的。虽说英方的产品不如日方的产品，但仍不失为世界先进水平，如价格降低，还是可以成交的。中方主谈人深知，降低对谈判的依赖程度，是制服胃口过大的谈判对手的最有效的方法。

中方主谈人在与英方谈判时同样实施着她的整体计划。她说：“诸位先生想必已经听说了，在你们来中国后，又从日本来了一个推销该产品的代表团。他们的浮法玻璃生产线不仅质量、技术高于贵公司，且报价低于贵公司30%，我想贵公司应考虑这个现实情况。”

中方主谈人的此番话足以使英方明白：如不降价，谈判是不可能深入下去的。英方一听说日本已经来人，马上意识到己方的处境。他们满怀信心地远道而来，怎么能轻易让日本人抢走生意呢？于是立即答复：“愿考虑一个适中的价格。”

用日方压英方，再用英方压日方，这样一来，迫使日英两方竞相角逐，相互压价。

事隔一天，日方又主动找上门来要求继续洽谈。在这次会谈中，日方一开始就表示愿以诚相见，再降价100万美元。至此，日方已经降价200万美元。但由于日方是在“筑高台”上降下的，中方仍认为这个价格偏高。

于是，中方主谈人答复：“我们丝毫不否认贵国的诚意。但是，跟你们竞争的英方似乎更有诚意，他们的报价比你们现在的报价还要少140万美元。如果贵方想争取到我们的订单的话，我看至少还要降价100万美元。”

日方本以为这个报价已经接近中方的底盘，该是握手成交的时候了，没想到中国对手比他们想像的更有毅力和耐性，等待着他们作出新的让步。为了打破僵局，日方只好再次压低价格。

在经过了几次讨价还价之后，中日双方终于成交。

四、让步技巧

谈判人员在谈判中进行让步时，应掌握一定的技巧。怎么让步，每次让步幅度为多少，都大有学问。经验丰富的谈判人员能以很小的让步换取对方较大的让步，并且还让对方感到心满意足，愉快地接受；相反，有的谈判人员即使作出大幅度的让步，对方还不满意。因此，谈判人员在让步时，既要考虑对方的反应，又要选择理想的让步方式。

（一）考虑对方的反应

在作出让步的决策时，事先要考虑到对方会有什么样的反应。总的来讲，己方让步时对方的反应有以下三种情况：

（1）对方很看重己方所作出的让步，并感到心满意足，甚至会在其他方面也作些松动和让步作为回报，这是己方最希望的结果。

（2）对方对己方所作的让步不很在乎，因而在态度上或其他方面没有改变或松动的表示。

（3）己方的让步使对方认为己方的报价中有很大的水分，甚至认为只要他们再加以努力，己方还会作出新的让步。也就是说，己方的让步不但没能使对方心满意足，反而鼓励对方向己方争取更多的让步。

显然，后两种情况都是己方不愿意看到的。

（二）选择理想的让步方式

在商务谈判实践中，人们总结出了九种常见的、理想的让步方式，如表 4-1 所示。假设一方决定在谈判中让步 100 元，共有九种让步方式可供选择。每一种让步方式传递的信息不同，在谈判中会收到不同的效果。下面具体介绍这九种让步方式的特点、优缺点及其适用性。

表 4-1　九种常见的让步方式

让步方式	预定让步(元)	第一次让步	第二次让步	第三次让步	第四次让步
正拐式让步	100	0	0	0	100
阶梯式让步	100	25	25	25	25
山峰式让步	100	20	15	25	40
低谷式让步	100	35	30	20	15
“地中海”式让步	100	40	35	5	20
“虎头蛇尾”式让步	100	60	30	7	3
断层式让步	100	70	25	0	5
钩勾式让步	100	80	20	5	-5
一次性让步	100	100	0	0	0

1. 正拐式让步

这是一种坚定的让步方式，即在谈判的最后关键时刻，一下子让出全部可让的利益。如果买方是一个意志比较薄弱的人，当卖方采用此方式时，买方可能早就放弃讨价还价了；如果买方是一个意志坚强、不达目的不罢休的人，那么买方只要不断迫使对方让步，最终就可能达到目的，并获得利益。在运用这种方式时，往往要冒着形成僵局的危险。

（1）特点。让步方态度比较果断，往往被认为有大家风度。在这种让步方式下，让步方在开始时寸步不让，态度十分强硬，使对方一直认为妥协的可能性很小；到了最后时刻一次让步到位，促成和局。

（2）优点。在起初阶段坚持不让步，态度比较果断，显示出己方信念坚定。如果对方缺乏毅力和耐性，就有可能被征服，即不需作出让步，从而使己方在谈判中获得较大的利益。而在最后又作出大的让步，对方会有险胜感，会珍惜这种让步。这会给对方留下既强硬又出手大方的印象。

（3）缺点。由于谈判让步的开始阶段一再坚持寸步不让的策略，可能导致谈判破裂，具有较大的风险性。同时，易给对方造成缺乏谈判诚意的印象，进而影响谈判的和局。

（4）适用性。正拐式让步适用于对谈判投入少、依赖程度低因而在谈判中占有优势的一方，因为正拐式让步易于导致谈判破裂，当一方为谈判所付出的时间、精力、交易数额不大时，该方觉得即使谈判不成功影响也不大，所以不怕谈判失败。

2. 阶梯式让步

这是一种等额地让出可让利益的让步方式。采用这种方式时，如果遇到有耐性的对手，就会期待进一步的让步。

（1）特点。该种让步方式显示出让步方态度谨慎，步子稳健，极富有商人气息。在这种让步方式下，双方不断地讨价还价，像挤牙膏一样，挤一步让一步，让步的数量和速度都是均等、稳定的，国际上称之为“切香肠”战术。

（2）优点：① 这种让步符合步步为营的原则，让步平稳，充分体现出让步方的谨慎与精明；② 可随时在双方认为满意的价位上达成协议，因而获得了多次成交的机会；③ 每次的让步幅度不大，因此不易让对方轻易占到便宜；④ 遇到性情急躁或无时间长谈的对方时往往会占上风，削弱对方的还价能力。

（3）缺点：① 每次让利的数量相等、速度平稳，给人的感觉平淡无奇，容易使人产生疲劳厌倦之感；② 谈判效率较低，通常会浪费大量的时间和精力；③ 对方每次讨价还价一次，都有等额利润让出，这样会给对方传递一种信息，即只要耐心等待，总有希望获得更大的利益，因而对方会不断地提出让步要求。

（4）适用性。阶梯式让步方式适用于以下谈判方或谈判场合：

① 适用于没有经验的谈判新手。由于谈判新手缺乏谈判经验，为防止让出过多利益，每次只作小幅度的让步，较稳妥。

② 适用于较为陌生的谈判。如果对谈判对手不熟悉，而且对对方的底价不清楚，就可以采用这种步步试探的让步方式。

③ 适用于讨价还价较激烈的谈判场合。在谈判激烈的场合，双方分利必争，此时就适于采取步步为营的让步方式。

④ 适用于对方缺乏时间与耐心的谈判场合。如果对方谈判的时间较为紧

迫，或者谈判对手缺乏耐心，不愿意在讨价还价阶段花过多的时间，那么就可以采取这种让步方式，从而为己方争取更多的利益。

3. 山峰式让步

这是一种每次让步都有变化，让步的幅度先高后低，然后又拔高的让步方式。

(1) 特点。这种让步方式比较机智、灵活，富于变化。使用这种让步方式能够正确处理竞争与合作的尺度，在较为恰当的起点上让步，然后缓速减量，给对方传递一种接近尾声的信息。这时，如果对方已知足即可收尾；如果对方仍穷追不舍，卖方再大幅度让利，在一个较高的让步点上结束谈判。

(2) 优点：① 起点恰当，一开始的让步幅度适中，能够向对方传递合作、有利可图的信息，表现出己方的诚意与积极的态度；② 成交的机会多。该让步方式使谈判富有变化，如果谈判不能在减缓中完成，则可采取大举让利的方法，使谈判走向成功；③ 在第二次让步中减缓一步，可以给对方造成一种谈判接近尾声的感觉，易促使对方尽快拍板，最终能够保住己方的较大利益。

(3) 缺点：① 这是一种不稳定的让步方式，会鼓励对方继续讨价还价；② 由于第二次让步就已向对方传递了接近尾声的信息，而后来又作了大幅让利，会给人以缺乏诚意的感觉，不利于双方的友好合作。

(4) 适用性。适用于竞争性较强的谈判，并适合由谈判高手使用。该策略在运用时要求的技术性较强，又富有变化性。在运用该让步方式时，谈判人员应时刻观察谈判对手对己方让步的反应，以调整己方让步的速度和数量，实施起来难度较大。

4. 低谷式让步

这是一种让步幅度由高到低、逐渐减少的让步方式，体现了合作在前、竞争在后、柔中有刚的谈判风格。

(1) 特点。低谷式让步方式比较自然、坦率，符合商务谈判中讨价还价的一般规律。以较大的让步作起点，然后依次下降，直到可让的全部利益让完为止。因此，这种让步方式往往给人以和谐、均匀、顺理成章的感觉，是谈判中最普遍采用的一种让步方式。

(2) 优点：① 一开始的让步幅度大、起点高，表现出应有的诚意，易于赢得对方的合作意向；② 易为人们所接受，给人以顺其自然之感；③ 让步的幅度是一步较一步更为谨慎，一般不会产生让步上的失误。

(3) 缺点：① 让步由大到小，对于对方来说，越争取利益越小，往往使对方感觉不是很好，所以终局情绪不会太高；② 一开始的让步幅度较大，会令对方觉得己方的报价有较大的虚头，从而加强对己方的进攻；③ 这是谈判让步中的惯用方法，缺乏新鲜感。

(4) 适用性。低谷式让步方式适用于以下谈判方或谈判场合:

① 适用于商务谈判的提议方。原因是:谈判方对谈判的和局更为关心,理应作出较大的让步,以诱发对方从谈判中获利的期望。

② 适用于己方谈判优势不明显的谈判。由于己方处于相对劣势,在谈判一开始就应作出较大让步,以取得对方的合作意愿。

③ 适用于合作型谈判。谈判各方的合作意愿较强,因而一开始就要作出较大让步,以显示合作的诚意。

5."地中海"式让步

这是一种开头让步幅度大,中间让步幅度小,然后逐步增加让步幅度的让步方式。这种方式显示让步方的立场较坚定,让步的余地越来越小,到最后,以一个适中的让步结束谈判。

(1) 特点。初期的让步幅度非常大,然后减小,最后再让出较大的利益。表现出让步方合作为主、竞争为辅、柔中带刚的谈判风格。

(2) 优点:① 初期让步较大,有很强的诱惑力;② 大幅度让利之后,第三次作出的让步很小,向对方传递了已基本无利可让的信息,易于使对方产生获胜感而达成协议;③ 如果第三步所作微小让利不能使对方满意的话,再让出最后大一些的利润,往往会使对方很满意,从而达成协议。

(3) 缺点:① 初期让步较大,容易吊起对方的胃口,加强对方的进攻性;② 前后让步对比略为明显,容易给对方留下诚意不足的印象。

(4) 适用性。以下三种情况较适用该让步方式:对方具有耐性;准备用己方的让步作为换取对方某种回报的条件;己方意在成交,但又需稳扎稳打。

6."虎头蛇尾"式让步

这是一种让步幅度由大到小,让步越来越小的方式,即头大尾小的让步方式。"虎头蛇尾"式让步与低谷式让步有些类似,它们的让步幅度都是由大到小。但在"虎头蛇尾"式让步中,每次让步的下降幅度更大,对比更明显。

(1) 特点。在初期以高姿态出现,并作出较大的让步,向前迈两大步,然后再让微利,向对方传递无利再让的信息。这时,如果对方一再坚持,则以较小的让步结束谈判,效果往往不错。

(2) 优点:① 谈判的让步起点较高,具有较强的诱惑力;② 大幅度的让利之后,到第三步仅让微利,给对方传递了已基本无利可让的信息,因此比较容易使对方产生获胜感而达成协议;③ 这种让步既可以使对方感觉到己方已作了最大努力,又可防止对方提出新的让步要求。

(3) 缺点:① 一开始让步很大,容易造成己方软弱可欺的不良印象;② 头两步的大让利和后两步的小让利形成鲜明对比,容易给对方造成诚意不足的印象。

(4) 适用性。适用于以合作为主的谈判,以互惠互利为基础的谈判。在开始时作出较大让步,有利于创造良好的合作气氛和建立友好的伙伴关系。

7. 断层式让步

这是一种开始让出大部分利益,中间不让步,最后稍作让步的让步方式。

(1) 特点。给人以憨厚、老实之感,因此成功率较高。这种让步方式在让步初期就让出绝大部分利益;第二次让步即达己方可让利益的边际;第三次讨价还价时,明确表示拒绝让步,向对方传递可让利益已基本让完的信息;如果对方仍一再坚持要求让步,那么再让出最后一步,以促使谈判成功。

(2) 优点:① 首先以求和的精神让出多半利益,有可能换得对方较大的回报;② 第三次让步时作出了无利可让的假象,有可能打消对方进一步要求己方让利的期望;③ 最后让出小利既向对方显示了己方的诚意,又会使谈判对手难以拒绝签约,因此易于促成和局。

(3) 缺点:① 开始时表现软弱,大步让利,如果遇到贪婪的对手,会刺激对手变本加厉、得寸进尺;② 可能由于对方第三次的让步请求遭到拒绝,导致谈判出现僵局或败局。

(4) 适用性。这种方式适用于在谈判竞争中处于不利境地,但又急于获得成功的谈判一方,它使让步方有三次较好的机会达成协议。

8. 钩勾式让步

这种让步方式在前两步让完全部可让利益,第三步赔利相让,到第四步再讨回赔让部分。这是一种奇特而又巧妙的让步方式,风格果断诡诈,富有戏剧性。

(1) 特点。让步风格果断诡诈,又具有冒险性。第一次的大幅度让利和第二次的小幅度让利之后,已让出全部可让利益;第三步又诱惑性地让出本来不该让的一小部分利益;然后在第四步又想方设法把赔让的部分要回来。这是一种对技巧性要求较高的让步方式,只有谈判经验非常丰富的人才能灵活运用,否则最后一步难以钩回。

(2) 优点:① 开始两步让出全部利益,具有很大的吸引力,往往会使对方很满意;② 若前两次的让利还不能打动对方,再冒险让出不该让出的利益,就会产生一种极强的诱惑力;③ 第四步可借口某原因,从另一角度找回己方所需的利益,使己方的利益不致受损。

(3) 缺点:① 开头两步的全部可让利益的让出,会导致对方期望增大,在心理上强化了对方的议价能力;② 第三步额外的让步,如果在第四步中不能讨回,就会损害己方的利益;③ 在第四步中讨回让利时,极易出现谈判破裂的局面。

(4) 适用性。适用于大型而复杂的谈判,多轮次的谈判,陷入僵局的谈判。

9. 一次性让步

这是一种诚恳的让步方式,即在讨价还价一开始立即让出全部可让利益,然后无论对方如何要求，绝不再让步。

(1) 特点。态度诚恳、务实、坚定、坦率。在谈判进入让步阶段一开始即亮出底牌，达到以诚取胜的目的。

(2) 优点：① 由于谈判者一开始就向对方亮出底牌，让出全部可让利益，比较容易打动对方采取回报行为，促成和局；② 率先大幅度让步，具有巨大诱惑力，会在谈判桌上给对方留下深刻印象，有利于获取长远利益；③ 一步让利，坦诚相见，提高谈判效率，有利于速战速决，降低成本。

(3) 缺点：① 由于让步策略操之过急，向对方传递了一种可能还有利可图的信息，导致对方继续讨价还价；② 由于一次性的大步让利，可能失掉本来能够力争的利益。

(4) 适用性。适用于己方处于谈判的劣势或谈判各方之间关系较为友好的谈判。此策略表现得积极、坦诚，以诚动人，以自己的最大让步感动对方，使对方以同样的方式予以回报，并建立友好的关系。

五、迫使对方让步

商务谈判中的让步是必经的阶段，讨价还价阶段就是想方设法迫使对方作出让步，从而为己方争取更多的利益。迫使对方让步的策略主要有以下几种：

(一) 趋利避害策略

在讨价还价阶段，谈判人员应明确指出谈判成功能给对方带来的利益，以及谈判失败给对方带来的损失，从而迫使对方作出让步，这便是趋利避害策略。在谈判过程中，当对方明明可以让步却坚持不让步时，就可以采用此策略。己方应以强硬的、不容置辩的口气，一针见血地指明对方的要价对他们自身利益的损害及其利害关系，同时展示出己方为对方着想的诚意，以达到促使对方让步的目的。运用此策略时，首先要稳住己方的阵脚，继而以利诱之、以害劝之，步步紧逼地逼迫对方让步。当然，此时的语言运用不妨灵活一些，可软可硬，可柔可刚，可收可放。总之，以逼迫对方妥协为最高目标。

案例分析

趋利避害策略的运用

20 世纪 80 年代，美国金融大亨艾卡恩兼并了经营不景气的环球航空公司。为使公司扭亏为盈，他决定减少飞行员 20% 的工资，但遭到了飞行员工会的抵制。艾卡恩只好同工会进行谈判。当谈判陷入僵局时，艾卡恩对飞行员们解释道："我要购买环航，本身就要花许多钱。我只能在得到了你们在工资问题上的让步时，才能这样做。"一飞行员代表高声问道："你为什么专门要同我们飞行员作对呢?”艾卡恩沉着地说:“不,我一向钦佩飞行员,而不是在作对。每当我乘坐班机旅行时,或者飞机震颤时,我都会想起驾驶舱里的那些飞行员。多么重大的责任,多么专业的职业啊! 你们干的是一件了不起的工作,我一辈子也不会够格的。”唱罢赞歌,他话锋一转:“但是,这里只有一个问题,就是你们的薪水确实太高了。如果你们坚持自己的想法,那就可能导致与钢铁工业一样的可悲下场。”由于艾卡恩使用了告之以后果与利害关系的谈判方式,飞行员们终于明白了艾卡恩的态度,开始退却了。在飞行员作了让步的前提下,协议总算达成。尽管开始时飞行员们对艾卡恩充满了敌意,可是由于艾卡恩使用了赞扬加晓以后果的两手策略,迫使对方败下阵来。由此可见,运用趋利避害策略能促使对方作出让步,从而达成协议。

(二) 利用竞争策略

谈判中迫使对方让步的最有效策略是制造和创造竞争条件。如果己方除了与对方进行谈判之外,还有其他可选的谈判对象,那么必然会给对方施加压力,从而迫使对方作出让步。具体的做法是:如果己方是买方,则应多考察几家供应商,如有必要,可同时邀请若干家供应商前来谈判,并在谈判过程中适当透露一些有关竞争对手的情况。在与一家供应商达成协议之前,不要过早结束与其他供应商的谈判,以保持竞争的局面。同样,如果己方是卖方,则应多找几个买家,给对方以货物供不应求的假象。即使对方实际上没有竞争对手,己方也可巧妙地制造假象迷惑对方。

(三) 最后通牒策略

当谈判陷入僵局、双方相持不下时,己方可以通过向对方发出最后通牒迫使对方作出让步。最后通牒就是明确指出达成协议的最后期限,如果对方在该期限内不接受己方的交易条件,那么己方就宣布谈判破裂,并退出谈判。当对方明明已达到其预期目标,但仍穷追不舍,期望获取更大利益时,己方可通过最后通牒策略打破对方的奢望,击败犹豫中的对方。

谈判人员在运用最后通牒策略时应注意以下几点:

1. 己方应处于强势地位

也就是说,就对方而言,此次谈判成功的重要性高于己方,对方更期待协议的达成。这是运用此策略的基础和必要条件。

2. 使用该策略的时点应是谈判的最后阶段或关键阶段

对方经过旷日持久的谈判,已花费了大量的人力、物力、财力和时间,一旦拒绝己方的交易条件,这些成本将付之东流,在谈判的最后阶段或关键阶段使用该策略,能收到很好的效果。

3."最后通牒"的提出必须非常坚定而明确,毫不含糊

如果"最后通牒"不够坚定,尚有回旋的余地,那么对方不会被此"通牒"吓到。只有坚定地提出"最后通牒",才能打破对方的幻想。当然,己方也应作好对方真的不让步而退出谈判的思想准备。

4."通牒"应令人觉得可信

即宣布的警告有可能存在。例如说"不同意,下午2:00就乘飞机回国",若航班表上没有这个航班,该警告就不实,也无效果。

5.不可滥用

最后通牒策略不可滥用,用多了就不灵了,并且对于谈判气氛不利,对己方形象也有损害。

六、阻止对方进攻

在讨价还价阶段,除了迫使对方让步之外,还应有效地阻止对方进攻。阻止对方进攻的策略主要有以下几种:

(一)限制策略

限制策略是指在谈判中假借因某种客观因素或条件的制约而无法满足对方的要求为由,坚定己方立场,从而阻止对方进攻的一种谈判策略。商务谈判中,经常运用的限制因素有以下几种:

1.权力限制因素

上司的授权、国家的法律和公司的政策以及交易的惯例限制了谈判者所拥有的权力。一个谈判人员的权力受到限制后,可以很坦然地对对方的要求说"不"。例如,己方可以这样说:"听起来,贵方的道理似乎很令人信服,但我不能代替委托人做主,只有等转告他之后才能给你答复。"因为己方未被授权,对方无法强迫己方超越权限作出决策,而只能根据己方的权限来考虑这笔交易。除此之外,对方可选择中止谈判,寻找其他交易对象,或寻找有更大权限的上司重新开始谈判。如果对方这样做,又将面临一个陌生的谈判对手,还要做更多的准备工作,从而遭受人力、物力、财力和时间上的损失,而且还有可能因此影响双方长期的友好合作关系。因此,精于谈判之道的人都信奉这样一句名言:"在谈判中,受了限制的权力才是真正的权力。"

案例分析

以代理人身份阻止对方进攻

美国谈判学会会长、著名律师尼尔伦伯格在《谈判的艺术》一书中讲述了这么一件事:他的一位委托人安排了一次会谈,对方及其律师都到了,尼尔伦伯格

作为代理人也到场了，可是委托人自己却失了约，等了很久也没来。这三位到场的人就先开始谈判了。随着谈判的进行，尼尔伦伯格发现自己正顺顺当当地迫使对方作出一个又一个承诺，而每当对方要求他作出相应的承诺时，他却以委托人未到、权力有限为理由，委婉地拒绝了。结果，他以一个代理人的身份，为他的委托人争取了对方的许多让步，而他却不用向对方作出相应的让步。

2. 资料限制因素

在商务谈判过程中，当对方要求就某一问题进一步解释，或要求己方让步时，己方可以用抱歉的口气告诉对方："实在对不起，有关这方面的详细资料我方手头暂时没有（或者没有备齐；或者这属于本公司方面的商业秘密或专利品资料，概不透露），因此暂时还不能作出答复。"这就是利用资料限制因素阻止对方进攻的策略。对方在听过这番话后，自然会暂时放下该问题，这样便阻止了对方的进攻。

3. 其他方面的限制因素

包括自然环境、人力资源、生产技术要求、时间等在内的其他方面的限制因素，都可用来阻止对方的进攻。

这些限制对己方是大有帮助的。有些能使己方有充分的时间去思考，使己方更坚定自己的立场，甚至迫使对方不得不让步。有些则能使己方有机会想出更好的解决办法，或者更有能力和对方周旋。最重要的是，能够考验对方的决心，顾全自己的面子，同时也能使对方有面子地让步。

有经验表明，限制策略使用的频率与效率是成反比的。限制策略运用过多，会使对方怀疑己方无谈判诚意，或者请己方具备一定条件后再谈，使己方陷于被动局面。

（二）以假象迷惑对方策略

这种策略是指谈判人员利用信息的非对称，利用人造的符合逻辑的假象，制造谈判优势，迷惑或迫使对手放弃自己的主张，实现己方的谈判目标。当然，运用这种策略时，不能用违法的手段欺骗客户。

案例分析

以假象阻止对方进攻

在 2007 年的法兰克福圣诞礼品展上，有一位美国客户来到中方的展位选购调酒棒。我方报价为 0.98 美金/盒 FOB Shanghai，客户对此种产品非常感兴趣，还价 0.85 美金/盒。我方不同意，并说明我们的调酒棒都是才开发出的新款式，质量也特别好，艺术含量高，工厂的生产成本高。但客户坚持认为我方报价太高。我方一位经理查了一下账目单，说："考虑到你们是老客户，成交量也大，我们就作些让步，但最低价就是0.95美金了。”美国客户接着还价，说他们要货量大，价格应该降为0.93美金。经理拿出计算器，装模作样按了一会儿，作思考状，脸上流露出非常痛苦的表情，还不停地咂嘴叹气。然后又按了会儿计算器，眉头紧锁，很无奈地摇了摇头。客户见状说：“那就0.95美金吧。”等客户走后，这位经理说：“其实我方的底价是0.85美金。”

（三）示弱以求怜悯策略

通常情况下，人们总是同情弱者，不愿落井下石，将其置于死地。在谈判中，示弱者在对方就某一问题提请让步，而其又无法以适当理由拒绝时，就装出一副可怜巴巴的样子，进行乞求。日本和我国港澳地区的商人较擅长运用此策略阻止对方的进攻。具体示弱的方法有：如按对方要求达成协议，公司必将破产或倒闭，或者他本人就会被公司解雇；有时还可以作出哭泣状，以加强示弱的效果。这种策略能否奏效取决于对方谈判人员的个性以及对示弱者的相信程度，因此具有较大的冒险性。

（四）以攻对攻策略

在谈判中，有时只靠防守无法有效地阻止对方的进攻，这时可以采取以攻对攻的策略。当对方就某一问题逼迫己方让步时，己方可以将这个问题与其他问题联系在一起加以考虑，在其他问题上要求对方让步。例如，如果买方要求降低价格，卖方就可以要求买方增加订单数量或延长交货期等，要么双方都让步，要么双方都不让步，从而阻止对方的进攻。

七、讨价还价的禁忌

讨价还价是商务谈判最重要的环节，也是耗费时间最长的环节，在此阶段的禁忌是：(1) 让步速度太快；(2) 相互攻击，激烈争吵；(3) 轻易放弃原来立场，作出原则性让步；(4) 缺乏耐心，焦躁不安；(5) 将己方的时间表透露给对方。

第四节 成交阶段的策略

在谈判各环节的相继推动下，交易条件在参与谈判各方可接受的范围内，并且原则上已全部达成协议，此时参与谈判各方都会产生结束谈判的愿望，这就进入了谈判的成交阶段。成交阶段就是参与谈判各方下决心按磋商达成的最终交易条件成交的阶段。这一阶段的主要目标是：(1) 力求尽快达成协议；(2) 尽量保证已取得的利益不丧失；(3) 争取最后的利益收获。

成交阶段可采取的策略包括：向对方发出成交信号、最后让步、谈判记录的整理、签约前的回顾和反思。

一、向对方发出成交信号

商务谈判实践中通常会有这样的情况，一场谈判旷日持久但却进展甚微，然而由于一方谈判者发出了谈判结束的信号，很多原本很艰难的问题一下子得到迅速解决。发出成交信号的一方主要是试图表明己方对谈判进展的态度；推动对方不要在小问题上拘泥短见，纠缠不休；并设法使对方行动起来，达成一个妥协。因此，向对方发出成交信号在很大程度上是一种掌握火候的艺术。

成交信号通常有语言信号和非语言信号之分。

（一）语言信号

语言信号一般包括以下六种形式：

（1）谈判者用最少的言辞阐明己方的立场，表述简明、坚定、直露，不再委婉、含蓄和飘忽不定，而且谈话中表达出一定的承诺意思。如："好，这就是我最后的主张，现在就看你的了。"

（2）谈判者所提出的建议是完整的，绝对没有遗漏或不明确之处。这表示如果他的建议不被接受，只好终止谈判，没有别的出路。

（3）谈判者在阐明自己的立场时，完全是一种最后的决定的语调，语气坚定。

（4）回答对方的问题尽可能简单，并且通常只是作肯定答复或否定答复，使用短语，很少谈论据，不解释理由，表明确实没有折中的余地。

（5）开始打听交货时间或使用、保养问题，询问价格优惠条件，对小问题提出具体要求，用假定口吻谈及购买等。

（6）一再向对方保证现在结束对对方最有利，并告诉对方一些好的理由。

这些语言信号的出现，均表明谈判者的最后态度，或暗示谈判者在考虑准备与对方达成交易。

（二）非语言信号

非语言信号主要包括表情信号、动作信号和事态信号。

1. 表情信号

成交前的表情信号主要包括：谈判人员在听的过程中，眼睛发光，精神振奋；面部表情由紧张转为松弛，略带笑意；情感由冷漠、怀疑、深沉变为自然、随和、亲切。这些微妙的表情变化，都预示着该方谈判人员已进入准备成交阶段。

2. 动作信号

成交前的动作信号主要包括：坐直身体，双臂交叉，文件放在一边；从静静地听转为动手操作产品，仔细触摸产品；多次翻看产品说明书，甚至按照说明书的指示与实物一一对照；身体由前倾转为后仰。

3. 事态信号

成交前的事态信号主要包括:提出更换谈判环境与地点;向对方介绍有关参与决策过程的其他人员;主动提出安排对方人员的食宿;主要领导人或决策人出场等。

二、最后让步

虽然一方或双方都发出了签约意向的信号,但讨价还价阶段可能还遗留了一两个有分歧的问题,需要通过最后的让步才能取得一致。最后的让步需注意以下几个问题:

1. 掌握好让步的时间

让步的时间不要过早,否则会被认为是前一阶段讨价还价的结果,而不是为达成协议而作出的终局性的最后让步,对方会希望再得到些好处。让步的时间也不能太晚,否则会削弱对对方的影响和刺激作用。为选好时机,最好把最后的让步分成两步走,主要部分在最后期限之前提出,这样可以给对方留一定时间来回顾和考虑;次要让步作为最后的好处,安排在最后时刻提出。

2. 掌握好让步幅度的大小

最后让步幅度的大小,必须足以使该让步成为预示成交的标志。在决定最后让步的幅度时,一个主要因素是看对方接受这一让步的人在对方组织中的地位。合适的让步幅度是,让步幅度比较大,并且大到刚好满足较高职位的人维持其地位和尊严的需要。

3. 让步与要求并提

除非己方的让步是全面接受对方现实的要求,否则必须让对方知道,己方所作出的最后让步也期望对方予以响应,作出相应的回报。

三、谈判记录的整理

每一次洽谈之后,重要的事情应写成一份简短的报告或纪要,并向参与谈判各方公布。这样可以确保协议不致以后被撕毁。

谈判者通常要争取自己一方作记录。在最后阶段,检查、整理记录,双方共同确认记录正确无误,所记载的内容便是起草书面合同的主要依据。在商务谈判中,尤其是在一项长期、复杂,甚至需要若干次会谈的大型谈判中,每当一个问题谈妥之后,都需要通读双方的记录,查对一致,力求使达成的协议不存在任何含混不清的地方。

四、签约前的回顾和反思

在签约之前,有必要进行最后的回顾和总结,主要包括:

（1）明确是否所有的内容都已谈妥，是否还有一些未得到解决的问题，若有，对这些问题进行最后处理；

（2）明确所有交易条件的谈判结果是否已达到己方期望的交易或谈判目标，查看对方对目前所有决定是否满意；

（3）着手安排签约事宜。

第五节　合同的签订及变更的策略

商务谈判不仅是一个讨价还价、互相让步的过程，而且谈判的结果要以书面合同的方式表现出来。合同的签订、履行以及争议的解决和处理都是成功谈判的后续部分。

一、合同的形式和注意事项

贸易合同是买卖双方为达到一定的经济目的，在自愿、平等、互利的基础上，经过谈判和协商，以符合各国法律规定的形式确定双方之间的权利和义务关系的书面文件。在签订合同之前，首先需要以谈判记录为基础草拟合同。此时，不仅要反复核查书面承诺，也不能忽视核实对方的口头允诺，在签字之前重读协议，就达成的价格、条件、送货方式、品质等条款严格审阅。当交易双方意见协商一致时，合同便告成立。

（一）合同的形式

我国合同法规定，涉外经济贸易合同应采取书面形式。所以，我国的各类公司和个人同外商订立的买卖合同必须采用书面形式。根据国际惯例，目前国际贸易中普遍采用的电报、电传、传真等方式也都被认为是书面形式。书面合同的好处是，可以在双方发生争议时起证明作用。

常见的正式书面合同一般采用两种形式：

1. 正式合同

正式合同也称全式合同，一般有印好的固定格式，条款较多，内容全面、完整，并且对交易双方的权利、义务以及出现争议后的解决方式都有明确的规定，买卖双方只要按谈好的交易条件逐项填写，经双方签署后即可。正式合同的正本一般一式两份，签署后双方各保留一份，作为履约和处理争议的依据。

2. 成交确认书

成交确认书也称简式合同，如销售确认书或订单，涵盖的内容比较简单。通过函电或口头谈判的交易成交后，双方可寄交给对方确认书，列明达成交易的条件，作为书面证明。

（二）合同主体的资格问题

合同主体的资格问题是指法律意义上的资格问题，即对方公司的签约能力和履约能力。根据各国公司法的规定，公司必须通过它授权的代理人才能订立合同，而且其活动范围不得超出公司章程的规定。例如，英国公司法在公司的行为能力问题上，强调公司的行为不得越权，公司的签约能力须受公司章程的支配，不得越出公司章程规定的范围；如果公司订立的合同超出了公司章程规定的范围，即属于越权行为，这种合同在法律上是无效的。又如，在有些国家，外贸经营权是特许的，没有外贸经营权的公司没有签订国际货物买卖合同的权力。

在考察了对方的签约能力之后，还要考察其履约能力，即考察对手的负债与实际资产的状况，如果资不抵债或负债率过高，将是一个危险的信号。

（三）合同的效力问题

商务谈判成功的最终结果就是双方签订合同。依法订立的合同是受法律保护的，无效合同与可撤销合同则会导致谈判双方的合法权益得不到法律保护。了解合同的基本概念和各国法律中合同有效成立的要件，对于谈判人员来说非常必要。

世界各国对合同的定义并不完全相同。我国《民法通则》第 85 条规定："合同是当事人之间设立、变更、终止民事关系的协议。依法成立的合同，受法律保护。"合同具有以下三个特征：合同是双方的民事法律行为，不是单方的民事法律行为；订立合同是为了产生某种民事法律上的效果；合同约束的是合法行为，不是违法行为。英美法国家对合同所下的定义与大陆法国家的定义有所不同。英美法强调合同的实质在于当事人所作的许诺，而不仅是达成协议的事实。

尽管各国对合同的定义不完全相同，但对合同的有效成立，都要求具备一定的要件。综合起来看，各国对合同有效成立的要求主要有以下几项：

（1）当事人之间必须达成协议，这种协议是通过要约与承诺达成的；

（2）当事人必须具有订立合同的能力；

（3）合同必须有对价或合法约因；

（4）合同的标的和内容必须合法；

（5）合同必须符合法律规定的形式要求；

（6）当事人的意思表示必须真实。

（四）合同的签字

1. 签字前的文件审核

在两种文字情况下，要核对合同文本的一致性。在一种文字情况下，要核对谈判协议条件与文本的一致性。

核对各种批件，主要是项目批件、许可证、用汇证明、订货卡等是否完备，合同内容与批件内容是否相符等。对谈判中谈过而故意歪曲的问题，可明确指出。

审核中发现的问题，要及时互相通告，通过再谈判，达到谅解一致，并相应调整签约时间。

审核中应格外注意的问题有：合同与谈判记录不吻合；故意犯错误，如数字、日期和关键概念等；合同文字含糊不清，模棱两可。

案例分析

合同订立不清致中方受损

深圳市曾和澳大利亚的一个商人合营一个建筑材料的采石场。签订合同时只说明每运走一车石头，澳方给 12 澳元，但未注明多少载重量的车。澳方就钻空子，一开始用载重 5 吨的车装运，后来派 7 吨的车也交 12 澳元，最后派 12 吨的车来还是交 12 澳元。如果事先考虑周到，在合同上注明是载重 5 吨的车，那么就不至于吃此哑巴亏了。

2．签字人的确认

商务合同的签字，是对合同履行的保证，应慎重对待。有的国家的一些企业习惯在签约前让对方签约人出示授权书，授权书是签约人身份的证明文件。

二、合同的条款与履行

合同的内容由当事人根据交易的具体情况约定，我国国内贸易合同一般包括以下条款：

（1）当事人的名称或者姓名和住所。

（2）标的。标的可以是物，如借款合同的标的是货币，买卖合同的标的是出卖物；也可以是行为，如货物运输合同中的劳务；还可以是智力成果等。

（3）数量。

（4）质量。

（5）价款或者报酬。

（6）履行期限、地点和方式。履行方式包括交货方式、验收方式、付款方式、结算方式等。

（7）违约责任。

（8）解决争议的方法。

国际贸易合同的基本条款比国内贸易合同更多，具体包括品质、数量、包装、价格、装运、保险、支付、检验、索赔、不可抗力和仲裁等内容。

合同订立后，即具有法律约束力，当事人双方必须按照合同的规定履行自己的义务并取得相应的权利。任何一方不得擅自变更或解除合同，否则构成违约，要承担相应的法律后果，受损害的一方有权提出索赔。

三、合同的变更、解除及纠纷的处理

（一）合同的变更与解除

合同的变更与解除既是商业行为，也是法律行为。

从商务的角度看，在合同签订以后、谈判双方尚未完全履行之前，各方代表就合同内容协商增加、删减某些条款，就产生了合同的变更。合同的解除是指合同履行前或者未完全履行时对合同的提前终止。

谈判合同变更或解除必须具备下列条件之一：

（1）合同当事人一致同意；

（2）宏观因素变动使合同的履行不可能；

（3）一方无法履行；

（4）一方严重违约；

（5）不可抗力事件发生；

（6）合同约定的解除条件出现导致合同无法继续履行。

（二）合同纠纷的处理

1. 协商处理

协商是解决合同纠纷的一种有效方式。协商处理是指争议发生后，由争议双方自行磋商，各方都作出一定的让步，在各方都认为可以接受的基础上达成谅解，以求得问题的圆满解决。协商处理的优点是不用第三方介入，气氛比较友好。此方式省事、省时、省钱、省力，所以被普遍采用。

案例分析

协商解决中外纠纷

某年，中方某进出口公司与国外某公司以船上交货并理舱条件签订了原料购买合同。在合同执行过程中，最初国外这家公司未按合同规定的交货期交货，要求修改交货时间。而后，中方公司由于租船困难，延迟装运，致使合同执行完成时间较原合同规定交货装运期延迟达一年半之久。国外公司借此合同规定，要求中方公司承担全部责任，并提出迟装费和利息损失的总金额数万美元。对此，中方公司根据合同条款规定和执行情况，进行了有理、有利、有节的斗争，致使对方不得不承认自己对延迟装运负有相当责任。经过双方协商，对方自负损失 46%，中方承担 54%，双方达成和解，协商解决了纠纷。

2. 调解处理

调解处理是指当合同纠纷发生后，由第三方从中调停，促进双方当事人和解。调解作为一种由第三方来说服双方的调停工作，目的是希望双方互谅互让，

平息争端，自愿让步而达成协议。

3．仲裁

仲裁是指发生争议的各方当事人自愿地达成协议，将他们之间发生的争议提交一定的仲裁机构仲裁解决的一种办法，裁决结果对各方当事人均具有约束力。仲裁具有行政和司法的双重性质。

4．诉讼处理

诉讼是指经济纠纷的一方当事人到法院起诉，控告另一方当事人有违约行为，要求法院给予救济或惩处另一方当事人的法律制度。法院的判决具有国家强制力。

办理合同诉讼手续时，要注意以下程序：

（1）起诉方式。起诉应在合同履行地或合同签订地并在法院管辖范围内提出，才能被受理。

（2）起草诉状。起诉状应写明原告、被告单位的名称、所在地、法定代表人姓名和委托代理人的姓名等。起诉的前提是，必须有明确的被告和具体的诉讼请求以及事实根据，被告必须有不履行合同或不完全履行合同的行为。在提出书面诉状的同时，还要提供有关材料和证件、单据等，如合同正本、来往函电、单据及其他原始凭证。

（3）起诉答辩。应诉一方在接到法院送达的起诉书副本后，要在规定的期限内提出答辩书并提交法院。在受理诉讼过程中，法院首先本着调解原则，进行司法调解。在无法调解的情况下，法院就以事实为依据，以法律为准绳作出判决。任何一方对一审判决不服的，可在规定期限内向上一级法院上诉。经上一级法院判决或驳回上诉的，就必须坚决执行，不能再上诉。

5．仲裁与诉讼的比较

在以上四种解决合同纠纷的方式中，仲裁与诉讼是当今世界各国当事人普遍选择的解决合同纠纷的基本方式。下面重点介绍仲裁与诉讼的共同点与区别。

（1）仲裁与诉讼的共同点。仲裁与诉讼都是解决双方当事人经济纠纷的手段，都有着保护当事人合法权益和促进国际经济贸易发展的作用。并且，已生效的仲裁裁决和法院判决都具有法律效力，当事人必须全面履行。

（2）仲裁与诉讼的区别。仲裁与诉讼的区别表现在以下几个方面：

① 受理案件的依据不同。法院诉讼是强制管辖，而仲裁是协议管辖。法院诉讼不需一方当事人事先得到另一方当事人的同意或双方达成诉讼协议，只要一方当事人向有管辖权的法院起诉，法院就可依法受理所争议的案件，另一方就必须应诉；而仲裁机构必须依据当事人之间达成的仲裁协议和双方的申请受理案件。仲裁机构的管辖来自双方当事人的自愿和授权，这是仲裁与诉讼的根本

区别。

② 审理案件的组织人员不同。在法院诉讼的当事人不能选定审判员,应由法院依职权指定法官或组成合议庭审理案件;而仲裁的双方当事人有权各自指定一名仲裁员,再共同指定或由仲裁委员会主席指定一名首席仲裁员组成仲裁庭审理案件。

③ 审理案件的方式不同。法院审理案件一般是公开的;而仲裁庭审理案件一般不公开进行,案情不公开,裁决也不公开,开庭时没有旁听,审理中仲裁庭或仲裁机构的秘书处不接受任何人采访。

④ 处理结果不同。我国法院是两审终审制,一方当事人对法院判决不服的可以上诉;而仲裁裁决是终局的,不能上诉也不允许再向任何机构提出变更裁决的要求,败诉方如不自动执行裁决,胜诉方可以向法院申请强制执行。

⑤ 受理案件机构的性质不同。受理诉讼案件的机构是法院,受理仲裁案件的机构一般是民间性质的社会团体。

⑥ 处理结果境外执行的不同。诉讼作出的判决要到境外执行时,需根据作出判决的所在地国与申请执行的所在地国之间签订的司法协助条约或者互惠原则处理。仲裁机构作出的仲裁裁决要到境外执行时,如果作出裁决的所在地国与申请执行的所在地国均为1958年联合国《承认及执行外国仲裁裁决公约》的成员国,当事人可以向执行国的主管法院提出承认及执行的申请;不是公约成员国,则需根据司法协助条约或者互惠原则处理。

案例分析

中德合资兴建拜耳—上海齿科有限公司的谈判

这次谈判,中方是上海齿科材料厂。它的齿科产品占国内产量的70%,是国内同行业的佼佼者。该厂与德国合资兴建有限公司一事立项后,即做了充分的准备工作。首先,上海齿科材料厂先派人赴德国实地考察,了解有关信息资料,考虑谈判方案的选择与比较,分析可能影响谈判的各种主客观因素,并与德方在对项目进行综合评判的基础上,共同编制了可行性研究报告。回国后,该厂又专门挑选组织了一个包括上级部门的参谋和律师事务所的法律顾问在内的谈判班子。

该项谈判的另一方是德国拜耳公司。该公司是德国第三大公司,在世界各地有100多个分公司。他们的医药产品遍及世界,销售额为600亿德国马克。在谈判之前,德方对国际国内的市场作了充分了解,进行了全面深入的可行性研究。他们还特别对中方的合作伙伴作了详细的分析,全面掌握了与谈判有关的各种信息和资料,并在此基础上组织了一个精干的谈判班子,由公司董事长兼首席法律顾问充当主谈人。

当年9月，谈判开始在中国举行，先后进行了十余轮会谈，第二年8月12日谈判成功，历时近一年。中德双方既竞争又合作，求同存异，终于达成了一个双方都满意的协议。

在谈判的开局阶段，德方采用了先声夺人的策略。他们凭借拜耳这一国际化大公司的实力影响中方的谈判心理。而中方发挥东道主的优势，强调在中国设立合资企业，受中国行政管辖和法律制约，只有充分尊重中方的意见，才有利于谈判。

从中德谈判的开局看，双方势均力敌。

谈判中的磋商阶段，是最复杂、最具体的讨价还价阶段。

1. 关于中德合资企业的名称

德方提出定名为“拜耳齿科中国有限公司”，中方反对。因为我国的《企业名称登记办法》中规定：国名不能放在企业名称中。据此，中方提出了“上海拜耳齿科有限公司”的名称。中方根据有关规定，有力地支持了己方的立场，使德方不得不作出让步。德方在同意这个名称的前提下，要求“拜耳”与“上海”两个名词对换，把“拜耳”放在“上海”之前。德方的理由有三：(1) 拜耳是世界性的大公司，在国际上享有盛名；(2) 拜耳的声誉有助于合资企业经销产品；(3) 拜耳在合资企业的股份多于中方。

德方的提议有理有据，也使中方无法拒绝。但中方又提议在“拜耳”与“上海”之间加一横线，就成为“拜耳—上海齿科有限公司”，德方同意。

2. 关于德方独占出口权问题

这是一个关系到市场分配、价格、外汇等多种因素的问题。关于产品的销售问题，在该项目的可行性研究报告中曾有两处提到：一是“外商负责包销出口25%，其余75%在国内销售”；二是“合资公司出口渠道为拜耳、合资公司和中国外贸公司”。双方在这一表述的理解上产生了分歧。

德方对此两点表述的理解是：许可产品（用外方技术生产的产品）只能由拜耳独家出口25%，一点也不能多，而其他的两个渠道，是为出口合资企业的其他产品留的。

中方的理解是：许可产品25%由拜耳出口，其余75%的产品中的一部分，有可能的话，用另外两个渠道出口。

两方争执的焦点在于：对于许可产品，中方与合资企业是否有出口权。

德方担心扩大出口数量和多开出口渠道，会打破自己的价格体系，挤掉自己的国际市场，故反对中方和合资企业出口。中方同样基于自己利益而不愿意放弃出口权。双方为此互不相让，谈判步入困难局面。由于双方互不让步，在第三轮谈判的最后一天，德方宣布终止谈判，以示在此问题上绝不让步，导致谈判破裂(这是一个假性僵局)。德方终止谈判只不过是个手段,无非是想以此来向中方施加压力,迫使中方作出让步。

中方经过认真分析,认为拜耳公司为打开中国市场,上海齿科材料厂是最合适的合作伙伴,因为它无论技术还是产品都是国内第一流的。如果德方在中国第一个合作项目失败,再想在中国投资办合资企业就难了。为此,德方是不会轻易放弃此项谈判的,他们终止谈判只不过是个手段而已。这是一种典型的主观性假性僵局,谈判从形式上看虽已破裂,但双方都在等待对方的让步。这种对峙局面,对双方的毅力、耐性都是一个考验。一般来说,谁先妥协,谁就要付出代价。因此,中方不担心谈判失败,遂不予理睬。

几天之后,德方因对该项谈判的依赖较大,主动发来电传,再次陈述他们的理由:

(1) 包销25%的许可产品已经承担了很大风险。

(2) 如再出口其余的75%,就等于自己投资来创造与自己竞争的对手,这绝非拜耳合资办企业的目的。

(3) 合资企业出口会打破拜耳的价格体系。

(4) 如75%的其余产品再出口,就超出了中方要求获得技术和利润的目标,而拜耳则无法实现获得市场和利润的目标。

中方接到电传后,仔细研究了德方的理由,觉得不无道理,但己方又不肯让步。为此,中方采取了新的对策,假手"第三人"的权威来促使对方让步。谈判重新开始时,中方请来原上海外经贸委负责联系此项目的同志一起参与谈判。中方的这一做法有两个目的:一是希望他起到缓冲作用;二是希望以审批机构代表意见的权威性,促使对方让步。在此次谈判中,中方也陈述了坚持扩大出口的三项理由:

(1) 合资企业是独立法人,享有独立经营权。

(2) 国际市场潜力巨大,合资企业会与拜耳共同战胜竞争对手。

(3) 合资企业增加出口,有助于外汇平衡,有利于企业长期生存。

原外经贸委的同志在听取了中德双方陈述的理由后,巧妙地提出了一个意见,请德方把所占领的国际市场区域作出图示。这下可把德方难住了,因为德方产品销售不可能覆盖全球。中方趁机提出,如果合资企业直接接到国外订单该如何处置?双方经过进一步的讨价还价之后,最终在这一问题上都作出了妥协,达成了一个合资企业在不破坏拜耳的国际价格体系的前提下,可对外来订单有条件履行合同的方案。

这个条件主要是:如果合资企业接到合同地域外塑料牙的订单,其价格和拜耳国际价格表相同,只要在收到合资企业通知后的14个工作日内,拜耳未以书面通知合资公司、拜耳或由拜耳指定的第三者将接受这些订单的话,合资公司有权履行这些订单,对所有通过合资公司而由拜耳履行的订单,拜耳应支付合资公司1%的佣金。如果拜耳订单转给合资公司,并由合资公司履行,合资公司也应支付拜耳同样的佣金。这个双方妥协的方案,实际上既保护了德方一定的利益,同时也否定了外商独占出口权。

3. 在法律约束方面的规定

德方坚持要在合同中规定:当中国法律有新的规定,德方判断它对外商不利时,可以申请合资企业解散,这又是一个中方不能接受的条件。双方为此再次争执,结果,德方同意删除这项规定,但要规定:"本合同经审批机构批准后,即使中国法律有新的规定,本合同仍按其合同条款执行。"这一条意味着中国新的立法对合资企业无管辖权。开始,中方不能接受,谈判再度搁浅。为能促成谈判和局,中方谈判班子再三进行了研究。大家认为德方已经对一些条款作出了让步,中方若在此问题上不顾外商利益,不利于谈判成功。谈判项目法律顾问提出了一个新的解释:(1) 相信中国对外开放的政策会越走越宽;(2)《涉外经济合同法》第40条明确规定:对于已经批准的合同,即使有新的立法,仍可按原合同执行。所以,中方作出让步,这才迎来了一个成功谈判的和局。

复习思考题

一、名词解释

1. 开局阶段　2. 报价阶段　3. 西欧式报价　4. 日本式报价
5. 仲裁　6. 诉讼

二、简答题

1. 开局阶段应如何创造良好的谈判气氛?
2. 先报价有哪些利与弊?
3. 在商务谈判中,有哪两种典型的报价术? 试述两者的区别。
4. 进行报价解释时应遵循哪些原则?
5. 让步时应遵循哪些原则?
6. 试比较"虎头蛇尾"式让步与低谷式让步的异同,试述这两种让步方式的优缺点与适用性。
7. 迫使对方让步的策略主要有哪几种?
8. 商务谈判中,如果一方想成交,可以向对方发出哪些语言信号?
9. 试述仲裁与诉讼的共同点与区别。

三、案例分析

美国汽车业"三驾马车"之一的克莱斯勒汽车公司拥有近七十亿美元的资产,是美国第十大制造企业。但自进入70年代以来,该公司却屡遭厄运,从1970年至1978年的9年内,竟有4年亏损,其中1978年亏损额达2.04亿美元。

在此危难之际，艾柯卡出任总经理。为了维持公司最低限度的生产活动，艾柯卡请求政府给予紧急经济援助，提供贷款担保。

但这一请求引起了美国社会的轩然大波，社会舆论几乎众口一词：克莱斯勒赶快倒闭吧。按照企业自由竞争原则，政府决不应该给予经济援助。最使艾柯卡感到头痛的是，国会为此而举行了听证会。在听证会上，银行业务委员会主席质问艾柯卡："如果保证贷款案获得通过的话，那么政府对克莱斯勒将介入更深，这对你长久以来鼓吹得十分动听的主张（指自由企业的竞争）来说，不是自相矛盾吗？"

"你说得一点也不错"，艾柯卡回答说："我这一辈子一直都是自由企业的拥护者，我是极不情愿来到这里的，但我们目前的处境进退维谷，除非我们能取得联邦政府的某种保证贷款，否则我根本没办法去拯救克莱斯勒。"

他接着说："我这不是在说谎，其实在座的参议员们都比我还清楚，克莱斯勒的请求贷款案并非首开先例。事实上，你们的账册上目前已有了4090亿元的保证贷款，因此务请你们通融一下，不要到此为止，请你们也全力为克莱斯勒争取4100万美元的贷款吧，因为克莱斯勒乃是美国的第十大公司，它关系到60万人的工作机会。"

艾柯卡随后指出，日本汽车正乘虚而入，如果克莱斯勒倒闭了，它的几十万职员就得成为日本的佣工。根据财政部的调查材料，如果克莱斯勒倒闭，国家在第一年里就得为所有失业人口花费27亿美元的保险金和福利金。所以，他向国会议员们说："各位眼前有个选择，你们愿意现在就付出27亿呢？还是将它的一半作为保证贷款，日后并可全数收回？"持反对意见的国会议员无言以对，贷款终获通过。

问题：

1. 艾柯卡使用了哪种迫使谈判对方让步的策略？该策略起到了何种效果？
2. 艾柯卡还可以使用哪些策略，以取得谈判成功？

第五章　商务谈判谋略

【本章学习目标】

- 了解商务谈判谋略的概念以及策划商务谈判谋略的步骤；
- 掌握商务谈判中常用的九大谋略。

在商务谈判过程中，谈判人员如果能适当地使用谈判谋略，就可以在复杂多变的谈判中取得满意的效果。谈判谋略对谈判成败有直接影响，关系到参与谈判各方当事人的利益，恰当地运用谈判谋略是商务谈判成功的重要前提。本章将详细介绍商务谈判中常用的九大谋略。

第一节　商务谈判谋略概述

一、商务谈判谋略的概念

商务谈判谋略是根据谈判前和谈判中收集到的信息而有意识地造成特定的环境，故意采取行为、做法和语言表达等一系列相互关联的事件，以使对方作出让步、达到本方预定谈判目标的一整套方案或办法。

从企业经营的角度看，商务谈判谋略是企业为了实现经营目标，在市场竞争的环境中求得生存和发展的一系列对策的统称；从谈判人员的角度看，谈判谋略是谈判者为了有效地达到预期的目标，在谈判过程中所采取的各种行动、方法和手段的总和。简而言之，谈判谋略是在可以预见和可能发生的情况下应采取的相应的行动和手段。

二、商务谈判谋略的意义

（一）谈判谋略是在谈判中扬长避短和争取主动的有力手段

参与商务谈判各方都渴望通过谈判实现自己的既定目标，这就需要认真分析和研究谈判各方各自所具有的优势和弱点，即对比各方的谈判"筹码"。在掌握各方的基本情况之后，若要最大限度地发挥自身优势，争取最佳结局，就要靠机动灵活地运用谈判谋略。例如，工业品的制造商在与买方的谈判中，既要考虑买方的情况，又要关注买卖双方竞争对手的情况，要善于利用矛盾，寻找对自己最有利的谈判条件。若不讲究谈判谋略，就很难达到这一目的。

（二）谈判谋略是谈判人员维护自身利益的有效工具

谈判各方关系，虽非敌对，但也存在着明显的利害冲突。因此，参与谈判各方都面临如何维护自身利益的问题，而恰当地运用谈判谋略则能够解决这一问题。在商务谈判中，如果不讲究谋略或运用谋略不当，就可能轻易暴露己方意图，以致无法实现预定的谈判目标。高水平的谈判者应该能够按照实际情况的需要，灵活运用各种谈判谋略，达到保护自身利益、实现既定目标的目的。

（三）合理运用谈判谋略有助于促使谈判对手尽早达成协议

参与谈判各方既有利害冲突的一面，又有渴望达成协议的一面。因此，在谈判中合理运用谈判谋略，及时让对方明白谈判的成败取决于各方的行为和共同的努力，就能使参与谈判各方求同存异，在坚持各自基本目标的前提下互谅互让，互利双赢，达成协议。

三、谈判谋略与相关概念的区别

谈判谋略有其自身的特点和规律，它与下列几个概念有明显区别：

（一）谈判谋略不同于谈判目标

谈判目标是谈判一方设定的理想谈判条件，具有标记的性质，目标的实现程度通常是由谈判的顺利程度反映的。对谈判一方而言，谈判进展得越顺利和理想，己方的谈判目标得以实现的概率越大。谈判谋略则是为实现谈判目标而采取的措施，是服务于谈判目标的。谈判谋略的正确实施有利于谈判目标的实现。

（二）谈判谋略不同于谈判技巧

"谈判谋略"与"谈判技巧"是既紧密联系又有明显区别的两个概念。谈判谋略是为了实现谈判目标而确定的行动方针和驾驭整个谈判过程的方法，是针对全局的战略，具有相对的稳定性。谈判技巧则是使用方法、实施方针过程中表现出来的技能，带有灵活应变和现场反应的特点，是针对某个阶段、某个方面的方式方法。谋略指导技巧，技巧为实施谋略服务。

（三）谈判谋略不同于谈判程序策略

谈判程序策略是双方当事人在谈判之初经过共同商议确定下来的。谈判程序策略的安排一经作出并被双方认可，除特殊情况外，一般是不能轻易变动的，谈判双方都要按照程序的规定进行谈判。因此，谈判双方都要服从于谈判程序策略。谈判谋略则是谈判一方所采取的行动，具有较强的主观能动性和自控性。

四、策划谈判谋略的步骤

（一）了解影响谈判的因素

在策划商务谈判谋略之前，首先要了解影响谈判的各种因素。这些因素包括环境因素、谈判各方实力的对比、谈判中存在的问题、存在的分歧、发展趋势、具体事件等。商务谈判是一个动态的发展过程,因此要求谈判人员能针对谈判中的发展趋势作出适当的反应。这就要求谈判人员随时了解影响商务谈判的各种因素,以策划相应的谈判谋略。

(二) 寻找关键问题

对影响商务谈判的各种因素进行科学的分析和判断之后,要求谈判人员寻找影响谈判的关键问题。在商务谈判的过程中,虽可能存在着很多问题,但影响谈判成败的才是关键问题。因此,谈判人员要找到关键性问题,并明确问题的性质,以及该问题对整个谈判的进展会产生什么作用等。

(三) 确定具体目标

根据影响商务谈判的因素,找到影响谈判的关键问题,然后即可确定具体的目标。具体目标的确定关系到整个谈判谋略的制定,以及将来整个谈判的方向与趋势。这实际上是一个根据自身条件和谈判环境的要求,寻找各种可能目标,并进行动态分析判断的过程。

(四) 提出可行的谈判谋略

在确定了具体目标之后,就可以对目前的谈判形势进行详细分析,并提出可行的谈判谋略。此谈判谋略应是可行的,即简便易行,而且具备实施的主客观条件。除了可行之外,还应强调谋略的有效性,即针对性强,既能切实解决问题,又能实现利益目标的要求。

(五) 形成具体的谈判谋略

在提出可行的谈判谋略的基础上,可以对这些谈判谋略进行评价,从中选择最优的谈判谋略。确定具体的谈判谋略时,需准备把握对方的意图与当时的谈判形势,并确定使用谈判谋略的时机。

(六) 制订行动计划草案

有了具体的谈判谋略之后,还需考虑谈判谋略的具体实施。此时,需具体地提出每个谈判人员应做的事项,在时间与空间上作具体的安排,并进行反馈控制和追踪决策。

五、策划谈判谋略时应贯彻的思想

(一) 造势

造势的谋划特征是积极调动一切可调动的力量为自己服务,利用技巧造势,形成有利于己方的谈判声势,提高己方的谈判实力,从而掌握谈判的主动权。

(二) 治气

谈判谋略的策划要立足于瓦解对方谈判人员的斗志和士气,培养和激励己方内部的士气,使己方谈判人员始终保持高昂的精神状态。

（三）治心

治心的谋划核心是谈判者运用谈判心理战突破对方的心理防线，迫使对方改变谈判态度，使其认同己方的观点，直到接受。

（四）治力

治力的谋划要求谈判人员在充分了解对方实力及影响其实力的主要因素的基础上，制定己方的避实就虚战略，以自己的长处攻击对方的短处，提高己方的谈判实力。

（五）治变

谈判谋略的使用不能一成不变，治变的谋划要求谈判者具有灵活的战术意识和良好的谋略心理，能随谈判形势和环境的变化不断调整修订自己的谈判方案，以适应谈判的客观需要。

第二节　商务谈判常用谋略

商务谈判中常用的谋略共有九种，包括：攻心战、蘑菇战、影子战、强攻战、蚕食战、擒将战、运动战、外围战和决胜战。每种谋略下又有一些具体的策略。本节将详细介绍九大谋略及其具体策略。下面先通过一个案例了解谈判谋略的具体运用。

案例分析

印度尼西亚工程负责人的谈判谋略

某一年，印度尼西亚政府准备建一座发电站，公开招标中的一部分是要购买一台特大型发电机。各国发电设备制造商获悉后，纷纷通过印度尼西亚本地的代理人进行投标。德国一家声誉卓著的公司也参加了投标，其报价虽比其他公司高，但产品质量绝对是世界一流的。

投标后，德国公司就等着中标的好消息传来。可是，在不久后公布的投标者名单中，竟然没有这家德国公司，这意味着其在印度尼西亚的代理人将损失一笔佣金。该代理人四处询问，并去函约见该工程负责人，但都杳无音信。

十几天过去了，眼看着事情已经没有希望。有一天，该工程的负责人突然约见了该代理人，并向他道歉，对自己工作中的“疏忽”表示“遗憾”。工程负责人拿出其他公司的投标书给该代理人看，说只要比最低报价低10%，订单就可以给德国公司了。

该代理人听后喜出望外，回去后马上跟德国公司联系，详细分析了工程投标者的情况，希望报价能比最低价少10%。德国公司很不乐意。代理人苦口婆心地劝说，并答应削减自己的佣金以促使报价降低，最后德国公司才勉强同意降价。

该代理人将比最低报价低10%的投标书送上去后，就又没有音信了。工程负责人不接他的电话，也不安排时间会见他。该代理人感到这桩买卖似乎又泡汤了。就在这时，工程负责人又一次约见了该代理人，再次“致歉”，说拖这么久是政府政策的规定，要等到最晚一份投标书的到来，他本人希望促成与德国公司的交易。该工程负责人拿出一份投标书，说：“很不巧，昨天我们收到了这最后的一份投标书，报价比你们低25%，如果你们能把报价再降低3%，我就可以将合同呈政府批准了。”

该代理人急忙乘飞机去德国向公司请求。当时正赶上国际市场上大型发电设备销路不好，在该代理人的建议下，德国公司又极不情愿地降低了报价。该代理人飞回印度尼西亚与工程负责人见面，工程负责人高兴地向代理人表示祝贺，然后又告诉他：别家投标者又提出了用“优惠贷款”支付的条件，如果德国公司不提供同样的条件，那么最后谁能中标就很难说了。在该代理人的努力劝说下，德国公司向政府申请贷款做这桩买卖。这已经是一个相当大的让步了。可是，该工程负责人仍不甘心，他亲自飞往德国。见到德国公司总经理后，他先感谢德方的合作诚意和优惠贷款，然后又说提供长期借款负担太重了。德国公司为了表示慷慨大度，当场计算出支付借款利息的代价。这时，工程负责人从公文包中取出合同，说合同已由印度尼西亚政府主管部长签署过了，由于新开采的石油收入，政府现在不需要贷款了，德国公司若能将贷款利息作为折扣从报价中扣除，他愿意让这份合同立即通过，否则他担心别的投标者又会加入竞争等等。谈判结果是，印度尼西亚方面又一次得益，虽然只得到了一半利息的折扣。至此，这桩买卖终于做成了。

该工程负责人堪称谈判高手，他对德国公司及其代理人的投标心理了如指掌，因而能迫使其不断降低报价。他知道，如果不用步步紧逼的办法降价，而是一步到位，前后价格相差悬殊，就会造成对方心理不平衡，弃标而去。该工程负责人早就看中了德国公司的优质产品，却不急于表态，让对方摸不透自己的想法。他先不理睬对方，打击投标者的自信心，接着又给对方一点希望，让德国公司觉得这桩买卖还可以做成，从而在侥幸心理的作用下，不断接受印度尼西亚方面降低报价的要求。

在商务谈判中，运用谋略是十分重要的。该工程负责人就是利用了“欲擒故纵”的谋略，中间又穿插了“挡箭牌”、“稻草人”、“步步为营”和“强攻战”等谋略，迫使其就范。德国公司及其代理人由于不知道投标的底细，被该工程负责人牵着鼻子走，虽然做成了生意，但是也少赚了不少钱。

一、攻心战

在战争中,兵家认为攻心为上。在商务谈判过程中,攻心战也是运用得较多的重要手段。攻心战谋略是指从心理和情感的角度影响谈判对手,软化对手的对抗力,促使其妥协退让,并接受解决分歧的方案。

(一) 攻心战的具体策略

攻心战的具体策略有:满意感、头碰头、"鸿门宴"、恻隐术、奉送选择权等。

1. 满意感

这是一种使对方在精神上感到满足的谋略。为此,要做到礼貌、文雅,适时地恭维对方,同时关注对方提出的各种问题,并尽力给予解答。解答内容以有利于对方理解己方的条件为准,即使对方重复提问,也应耐心重复同样的解答,并争取作些证明,使解答更令人信服。此外,接待要周到,使对方有被尊重的感觉,必要时可请高级领导出面接见,以给其面子。最好的谈判语言是叙谈双方的友谊,分析做成该笔交易对双方的意义,也可以宏观评述双方立场的困难程度,最后表示愿随时给予帮助的态度即可。莎士比亚曾经说过:"人们满意时,就会付出高价。"制造对方的满意感,可以软化对方进攻,加强己方谈判力度。

案例分析

满意感策略的运用

1988年,著名的日本体育用品公司——凤凰公司设计出一种最新的高级羽绒服,号称"宇宙服"。这种"宇宙服"由82人联合研制设计而成,其中还有两位登上过太空的美国宇航员。这种"宇宙服"的质量要求相当高,制作难度相当大,一件衣服光是布料就有8种之多。

凤凰公司的总裁为了选择制衣技术高、制作成本低的合作伙伴,先在泰国、韩国和中国香港兜了一圈,没有找到十分满意的合作对象。无奈之下,他决定到上海碰碰运气。不过,他信不过上海的制衣技术。

在上海某羽绒服厂,双方就合作事宜进行谈判。为了战胜其他竞争对手,争取合作的成功,该羽绒服厂领导决定以事实说服这位总裁。他们果敢地接受了试样任务,在很短时间内做出了五套样服。日商看了样品的质量,十分惊叹和满意,当即表示愿意与该厂合作。双方经过进一步的谈判,最后达成协议,在该厂建立中日"宇宙服"生产车间,由日方无偿提供所有的专用设备,供给全部原料、辅料,成品100%返销日本。

该羽绒服厂正是依靠其加工制作质量精湛的事实使日本商人折服,使其对己方产品的质量相当满意。这是一则利用事实使对方满意,从而达成交易的例子。

2. 头碰头

头碰头策略是指在大会谈判之外,参与谈判各方采取小圈子会谈方式解决棘手问题的做法。其形式有:由各方主谈,加一名助手或翻译,进行小范围会谈,地点可以在会议室,也可以在休息厅;“家宴”或“游玩”,也可以成为小圈子会谈的形式。小范围易于创造各方相互信任的气氛,谈判更自由,便于各种可能方案的探讨,态度也易于表现灵活。

3. “鸿门宴”

在商务谈判中,“鸿门宴”谋略主要是指做某件事,表面是一回事,本质却另有所图。“鸿门宴”之意并不在杀人,而在促使其前进,尽快达成协议。酒席之间容易缓解气氛,减少心理上的戒备和双方对立的情绪。

4. 恻隐术

恻隐术是一种通过扮可怜相、为难状,唤起对方同情心,从而达到阻止对方进攻目的的做法。具体做法是:(1) 说可怜话。例如,“这样决定下来,回去要被批评”、“我已退到悬崖边,要掉下去了”、“求求您高抬贵手”等。(2) 扮可怜相。例如,在谈判桌上磕头、请求条件、作可怜状等,表现其痛苦。

当然,“恻隐术”的运用要注意人格,同时在用词与扮相上不宜太过分。此外,还要看对象,如果是毫无同情心的对手,是不吃软招的,可能还会讥笑这种行为。

5. 奉送选择权

这是一种故意摆出让对方任意挑选己方可以接受的两个以上的解决方案中的某一个,而己方并不反悔,以使对方感到一种大度和真诚,从而放弃原来的方案,跟随己方的方案思路的做法。这种策略可以在谈判陷入僵局时使用,具体做法为:谈判人员就某些交易条件提出几种方案由对方选择,这几种方案己方都是可以接受的,实质差别并不大。

使用该策略时,应注意以下两点:其一,各种方案的分量。首先,应在自己愿意成交或可以接受的范围内留有一定余地。其次,每个方案的实际分量尽量相当(表现形式可以有别),即便有差距也不要太大,主要在“物与钱”或“简与繁”的差别上作方案。其二,抛出选择方案的时机,一般应在双方经过激战之后,或在谈判相持较长时间之后,或在谈判结束前夕,效果最佳。否则,对手非但不会领情,反而认为你软弱可欺或余地很大。

(二) 攻心战的破解

在商务谈判中,攻心战有助于实现己方的谈判目标,而当对方采用此种战术时,谈判人员可以采取下列对策加以破解:

1. 保持冷静、清醒的头脑

在对方发起攻心战时,千万别让自己的心理失去平衡,当情绪不安、心情烦躁时,可采取休息甚至中止谈判等办法,让自己的心情得以平静。要保持头脑清醒,不能在一时冲动下作出决定。特别是当对方初次与自己合作时,只谈事实,不涉及个人感受。要时刻提醒自己,不能凭感情、情绪化地处理谈判中的一切重要问题。

2. 弄清对方恭维的真正目的

坚持任何情况下不卑不亢,不为所动。要学会区别对方是发自内心地佩服你,还是口是心非,出于某种需要而言不由衷。

3. 对谈判对手表现出的可怜状,不要为其所动

即使对方表演得很真实,也要提醒自己,那只是对方的一种战术。一定要从谈判的实际出发,力求保住己方的利益。

4. 在对方奉送选择权时,不一定必选其一

如果对方所提出的解决方案均对己方不利,那么完全可以否定对方的所有方案,进而提出几个对己方有利的解决方案,再奉送给对方进行选择。

二、蘑菇战

蘑菇战谋略是将“软磨硬泡”运用到商务谈判中,以耐心、耐性和韧性拖垮对手的谈判意志,从而达到己方预期谈判目标的方法。蘑菇战的实质是故意拖延,以最大限度的自我克制实施拖延;其精髓在于以耐心、忍耐作为武器,在相持的过程中拖垮对方的谈判意志,使对手烦躁,从而达到预期目标;其核心是让“夜长梦多,事久生变”的想法折磨对方。

(一) 蘑菇战的具体策略

蘑菇战常用的具体策略有:疲劳战、不倒翁、挡箭牌、磨时间、车轮战等。

1. 疲劳战

疲劳战是指通过谈判中各种有意的超负荷、超长时间的谈判,或故意以单调的陈述,使对方在肉体上、精神上感到疲劳,或因疲劳造成漏洞,或因烦倦而动摇立场的做法。谈判人员的机敏往往在疲劳中丧失,再精明的人疲劳时也会显得迟钝。

疲劳战的具体做法是日程安排超负荷。谈判内容安排得多,上午、中午、下午、晚上连续工作,一口气谈判十多个小时,甚至到次日凌晨。

不过,应该注意,动用疲劳战时,采用的日程表需征得对方同意,不能强加于人。另外,动用该策略也是一种“拼命”行为,己方人员尤其是主谈人身体条件应能适应。这种策略动用之后,必须加强复核工作,决不能图省事,再疲劳也必须坚持复核。

2. 不倒翁

不倒翁策略是指在商务谈判中,对自己不同意的立场、方案表示否定的态度

后即按兵不动的做法。这就像不倒翁一样，软硬不吃，不进也不退，不解决任何问题；只有等对方改变态度和立场，采取实质性让步时，才重新考虑己方的态度。

具体做法是：先严肃认真地听取对方意见，然后诚恳地陈述己方的看法。在几个回合的讨论后，看到统一认识无望，便单方面作出结论，表明自己的立场；然后，无论对方怎么反对，也只报以“微笑”，并回敬“我不同意”四个字，或“不行”两个字。

应注意的是，该谋略建立在能言善辩的基础上，绝不是不善言辞；建立在对方不讲理、己方不宜转移论题的基础上；建立在礼貌、微笑应对的基础上。

3. 挡箭牌

挡箭牌策略是指为了阻止对方的压力、坚持己方的条件而寻找借口的做法。具体做法有三种：

(1) 隐蔽自己手中的权力

即推出一个假想中的决策人，以避免正面或即刻回答对方的问题，诸如“您的问题我很理解，不过需向主管人员汇报后才能回答您”等说法。

(2) 矛盾上交

即将问题的解决推到上级身上，如“我本人无权决定贵方所提的问题，需要向总经理请示后，才能作出决定”等说法。

(3) 金蝉脱壳

即将实质上均由自己操纵的事，改成自己与对手不交手，交手的职责属于第三者，诸如“至此，我本人的谈判任务结束了，贵方从现在起所提出的建议均不是与我谈判，而是由涉及的部门决定，我可尽忠实转达的义务，若贵方嫌麻烦，贵方可以直接与他们，直到与有关领导谈判”等说法。

动用该谋略时应注意：第一，顺理成章，即“挡”得自然；第二，“挡”在自己面前，不应推到己方真实的人与事上，以免对手“将军”。

4. 磨时间

磨时间策略是以重复、慢节奏等损耗谈判时间，造成谈判的低效率，以压倒那些时间紧迫的对手，促使其尽早作出让步的做法。如何磨时间应视现场情况而定，可以重复讲某个理论、论据；可以放慢整个反应节奏，内部多商量，故意放慢对外反馈意见速度；有时又以沉默表示“无可奈何”，似乎被对手逼得走投无路，让时间一天天过去，而谈判毫无新的进展。

该谋略的运用应注意：(1) 态度要温和，让对方无可挑剔；(2) 避免闲扯，或随便开不切题的玩笑，因为“磨时间”战术不是无目的行为，不是放任状态，而是受控的、目的性很强的行动。

5. 车轮战

车轮战策略是以多个助手针对某个论题或几个论题轮番上阵，与对手辩论，在会场上造成一种紧张、强硬的气氛，给对手造成精神上的沉重压力，迫使其在疲于应战中主动退却的做法。运用车轮战时，上阵人员的表述不应过于无礼和无理，要有节奏、有目标、有秩序。

（二）蘑菇战的破解

如果谈判对手使用蘑菇战谋略，那么谈判人员可以采取下列对策加以破解：

1. 不要急于求成

谈判的最大忌讳是急于求成，尤其是在谈判对手运用蘑菇战策略时，更不能因急于达成协议而一再让步。此时，可以直接挑明对方所运用的蘑菇战术，令其羞于使用此策略；或者以同样的策略拖延时间，直至对方无法忍耐。

2. 使用激将法

激将法可用于击破挡箭牌策略，通常用语言直接刺激对方的主谈人。例如，谈判人员可以说："贵方谁是主谈人？我要求能决定问题的人与我谈判。"此话贬低了对方的主谈人，使其急于表现自己的决定权或为争取决定权而放弃蘑菇战。

3. 利用竞争向对方施压

在对方使用蘑菇战时，如果己方能多找几个谈判对象，并有意让对方知晓此竞争局面，那么对方就会放弃蘑菇战，进而积极地与己方达成一致意见。

三、影子战

影子战是一种以虚为主、以情报见长的谈判谋略。在谈判中，谈判人员充分利用信息流传的深浅状况，制造一些符合逻辑的假象，迷惑对手，使其接受己方的条件。谈判过程中，谈判人员应想方设法获取对方的信息，并作出决策。影子战是真真假假信息交流的信息陷阱战。

（一）影子战的具体策略

影子战的具体策略有：稻草人、空城计、欲擒故纵、声东击西、木马计等。

1. 稻草人

稻草人策略是指谈判人员有意制造假象，并以此说服对手，诱导对方根据假象作出判断和决策，从而作出让步。

该策略的具体运用方法有：故意透露假信息，用各种客观条件构成"稻草人"，让对方感觉己方正在和另一方洽谈等。例如，要制造一个不存在的其他谈判对象，己方可以改变谈判日程，调整参与谈判的人员，并让翻译透露相关假信息。此外，也可以用道具"扎稻草人"，如从包里拿出打印好的价目表，向买方宣称："该价为公平的标准价，不可谈判。"例如，德国某公司与对手谈判多刀切割机的交易，德方谈判人员以价目表向买方进逼，而买方用过去半真半假的合同反击，结果这半真半假的合同取得了卖方10%的让步。

运用稻草人策略的关键是不要露虚：表情不虚，讲话不虚，前后一致。

2．空城计

空城计策略是指谈判人员表现出强硬的态度、自信的态势，以无充有，形成己方强势，从而迫使对方调整态度和条件。例如，卖方开最高的价或买方出最低的价，并表现强硬，以此震住对方。这样，可以为己方在成交前留有充分的谈判余地。

具体做法是：不论什么议题，提出条件时，尽可能苛刻。做卖方时，要出高价，条件要严格；做买方时，出价要低，且各种条件都要求卖方给予优惠。

不过，动用“空城计”要有两个前提：(1) 看交易背景，需要在对手交易欲望强时运用；(2) 态度灵活，不要把自己架在“空城”上。此外，采用此策略时，态度应该强硬，以加强“空城”的效力。

3．欲擒故纵

欲擒故纵策略是指谈判人员对于志在必得的交易谈判，故意通过各种措施，让对手感到自己满不在乎，从而压制对手要价的胃口，确保在己方预想条件下成交的做法。

具体做法为：务必使己方保持不冷不热、不过于殷勤、不急于求成、不勉为其难的状态；在进度安排上要不紧不慢、张弛有度，要控制好节奏。例如，在对方态度强硬、激烈时，让其表现，采取不怕后果的轻蔑态度等。

动用该策略时要注意以下几点：

(1) 在“纵”中激起对手的成交欲望。激的手法是：一方面，表现己方的不在乎，这场交易与己方利益关系不大；另一方面，要尽可能揭示对方的利益，处处为其着想，让其不愿意被“纵”。

(2) 在冷漠之中有意给对方机会，只不过应在其等待、努力之后，再给其机会与条件，让其感到珍贵。

(3) 注意言谈与分寸，即讲话时掌握火候要准确，“纵”时的用语应尊重对方，切不可羞辱对方。

4．声东击西

声东击西策略是指转移对手对己方真实意图的注意力，以求实现预定谈判目标的做法。“东”是可灵活退让的内容，“西”是志在必得的议题。具体说，是在无关紧要的事情上故意纠缠不休，或在不成问题的问题上大做文章，以分散对方对自己真正要解决的问题的注意力，降低其警惕性，从而在对方不太专注的情况下达到己方的谈判目标。运用声东击西策略的关键是：声东有理，击西准时。

运用“声东击西”时应注意：

(1) 选择的“东”应是对手所关注的议题,否则对手不会为“东”所吸引。

(2) 纠缠自认为不重要的目标时,应注意己方的退路与可能的后果,防止对手“因势利导”或“顺手牵羊”。

案例分析

声东击西策略的运用

某年,我国一家外贸进出口公司的业务人员与外商谈判皮货生意。休息时,外商对中方外贸人员说:“今年你们的皮货生意怎么样?”

“当然不错。”

“我想向贵公司订购20万张裘皮,没有问题吧?”

在得到了肯定答复后,那位外商主动递交了一份5万张裘皮的订货单,价格还高出市场价5%。中方业务人员喜出望外,在谈判后的宴会上,频频举杯向这位外商表示感谢。

然而,这位外商却在国际市场上以低于中方的价格大量抛出手中的存货,吸引了大量客户。原来,这位外商并不是真的想从中方订购20万张裘皮,而是虚晃一枪,先用高价订购5万张裘皮的订货单稳住中方,在抬起中方裘皮价格以后,又按原价顺利地抛出存货,而中方报出的稍高的价格全部被客户顶了回来。这位外商虽然花高价购买了中方的一部分皮货,但是这在他所赚的钱中只不过占了很小一部分而已。

这位外商运用“声东击西”之计,先用高价稳住中方,然后乘机大量抛出存货,使得中方的报价被客户顶回,最终达到了成功抛售的目的。

5. 木马计

木马计策略是指谈判人员佯装对对方的论述、立场和条件关注、有兴趣,甚至装出认真思考的样子,以麻痹对方,并摸清对方的信息和底牌,然后再反过来攻击对方,以求有利于己方的做法。运用木马计策略的关键是:通过佯败获取信息,外在表现要稳重。

运用“木马计”时应注意以下两点:

(1) 关键在于顺其自然,即让对方觉得己方的表现在其逻辑思维之中,己方的关注实属应该。此外,让对方感到此举对其亦有利。

(2) 此计的使用要有时滞,即刚从对方套来的信息不可马上利用,延后一段时间再用,效果才好。

案例分析

木马计策略的运用

某年,我国曾经用10亿元人民币从西方某公司进口了三套化肥生产大型设备,分装在南京、广州和安庆三地。在调试运行期间,安装在南京的这套设备的透平机转子叶片竟然发生三次断裂,而每次停机就要损失人民币45万元。

在我方要求索赔的谈判中,双方专家对事故的原因各有不同的解释,争执的焦点是叶片的强度够不够。对方专家认为,叶片断裂只是偶然事故,不存在技术责任问题,企图以小修小补的方法敷衍过去,将经济损失的大头转嫁给我方。我方专家经过仔细测算分析,认为叶片三次断裂并不是偶然事故,是产品设计不合要求所致。根据这个判断,事故的责任完全在对方,对方不仅要重新设计、更换设备,而且还要承担由此造成的一切经济损失。由于谈判的结果涉及的经济数额巨大,要让对方接受这个事实绝不是一件容易的事。

为了赢得这场谈判,我方派出西安交通大学的透平机权威专家孟教授担任技术主谈人。对方的主谈人也是一位经验丰富、学识渊博的技术谈判专家(对方公司的总工程师)。在谈判过程中,对方技术主谈为了说明他们产品设计的科学性,特别强调其设计是依据世界著名的透平机权威、德国的特劳倍尔教授的理论进行的,只要把断裂的叶片的顶部稍加改进就行了。我方技术主谈人听到"特劳倍尔"这个名字时,灵机一动,决定采用"木马计"论证我方的观点。他非常冷静地插话:"我们赞同特劳倍尔教授的理论,它应当成为我们双方共同接受的准则。"我方主谈人说话时心平气和,没有引起对方的警觉,反而误认为我方在全局上赞同他们的观点。

我方主谈人又强调了一次:"我们很尊重特劳倍尔教授的理论,很钦佩他的才学。"接着说:"特劳倍尔教授的理论是我们谈判的共同基础,你们的设计依据是特劳倍尔的理论,可是教授在他的著作中一再谈到'激振力系数是很难取准、很难确定的',那么你们依据教授的理论所设计的转子叶片的系数不是也很难取准、很难确定吗? 叶片三次断裂,并不在同一部位,其原因就不言自明了。"

在接下来的谈判中,孟教授根据谈判的实际情况,利用对方带来的计算书和数据,按特劳倍尔教授的公式和校核的准则,在谈判桌上当场进行了计算,结果证明对方的叶片强度确实不够。至此,对方的防线全面崩溃,不得不低头认输,承认叶片断裂是强度不够造成的,并接受了我方经济赔偿和重新设计叶片的要求。

(二) 影子战的破解

如果谈判对手使用影子战谋略,那么谈判人员可以采取下列对策加以破解:

1．核实对方提供的假信息

影子战是以假象迷惑对方，因此如果能够通过各种途径查证对方所提供的假信息，此谋略就不攻自破了。

2．适时击破对方的假象

在已掌握对方的真实信息的情况下，可以选择适当的时机捅破对方的假象，令对方处于被动局面。

四、强攻战

强攻战是在谈判中以绝不退让、强硬高压、不怕僵局的态度，迫使对方让步的谋略。强攻战的本质是置之死地而后生。强攻战适用于谈判对手意志薄弱的情况，能起到威慑的作用。

（一）强攻战的具体策略

强攻战的具体策略有：针锋相对、最后通牒、扮疯相、最大预算、说绝话等。

1．针锋相对

针锋相对策略是指谈判人员针对对手的论点和论据，逐一予以驳斥，进而坚持己方立场的毫不客气的做法。"针锋"要狠，"相对"要准。

该策略的具体做法是：对方说什么，你跟着驳什么，反驳的内容要有针对性，直接否定对方的观点。例如，甲方说："我的人工费高，所以产品售价高。"乙方反驳道："你的人工费绝没有像你说的那么高。"又如，一方拍案而起，扬言道："不谈了！"另一方则冷眼相对，反驳道："谈不谈是你的权利，但是你要对你的这一行为的后果负责任！"

运用该策略时应注意以下几点：

(1) 不发火，也不能走火。不能与对方拼嗓门、耍脾气。驳斥对方时，要对准话题，不能"跑偏"，否则对方会说"你没听明白"，从而立即瓦解你的话锋。

(2) 忌无理。话锋的锐利完全在有理，而不在声色俱厉。

2．最后通牒

最后通牒策略是指在谈判进行到一定阶段（多为中后期）遇到僵局时，为打破僵局，也为避免对方的纠缠，一方提出某个新条件或某个新期限，作为决定合同成败的最后条件，并逼对方作出最终答复或选择的做法。

该策略典型的表达方式有：某方谈判人员在作出两次让步后，就说："这是我方的最后条件，请贵方研究。"还可能郑重宣布："我已没有别的条件。我等贵方的新条件到明天中午，如接受我方建议，那么我留下签合同；不然，我就坐下午2:00的飞机回国。"不仅如此，有的谈判手还玩"最后一分钟"的游戏，即在某个上午或下午的谈判将结束时宣布："给贵方最后几分钟，没有新的立场或建议，我建议就此散会。至于下一步怎么办，再商量。"

该策略的实施条件是：一方处于极为有利的地位；讨价还价到最后，所有的谈判技巧都已使用过，均无法改变对方的立场；让步达到极限，再作让步会带来巨大损失。

运用该策略的要点是：态度要强硬，语言要明确，讲清正反两方面的关系；诚恳摊底，不露蛛丝马迹；摊牌者的地位越高，真实性越强。实施该策略的时机要把握好，通常是在谈判的后期。其实质是提出最后决定条件或最后时限，逼迫对方答复。

3. 扮疯相

扮疯相策略是指谈判人员根据谈判对手的言语或谈判情节，在谈判中表现出相应的急、狂、怒、暴的姿态，以震慑对手，动摇其谈判决心，并迫使其让步的做法。

典型的疯相有：拍桌子、摔本子、撕条子、喊（破）嗓子、摔门而走等。例如，有的德国、美国谈判手，在情急之中气得拍桌子；有的谈判手在谈得不顺时，会摔笔记本、笔或眼镜；有的日本谈判手，自认为对手还价太无理，气得将对手的还价资料撕得粉碎；有位法国女律师，在词穷之时，急得站起来，围着椅子手舞足蹈地叫喊；有的谈判手，在立场对立之时，夹起公文包，甩门而去，把门关得很响。这些表演可起到一定的威慑作用，对争取谈判桌上的优势有一些帮助。

不过，使用该谋略时应注意适度，即时机与程度恰到好处，不可过分。此外，还要注意退路，时刻准备防守，准备对手的反击和“下台阶”。例如，女律师的手舞足蹈，遇到对手反击：“小姐，请安静！这里不是舞厅，请您不要跳了，赶快回到座位上吧！”这一回击使满桌皆笑，而女律师毫无防备措施，显得十分尴尬。

4. 最大预算

最大预算策略是指谈判人员在谈判中，在对某方案表示感兴趣的同时，又以最大预算或最大授权的限制，对对手的较为改善的方案进行最后施压的做法。

最大预算策略的实质是，设定最高预算或最大授权，迫使对方让步。该策略的实施要点是：数量要推敲，留有余地。让对方接受，必须辅之以一些手法，如制造友好和谐的氛围，运用热情洋溢的语言，显示危难困顿的处境等。

例如，在某项目的价格谈判中，卖方已经将其价格从 7 亿日元降到 6 亿日元，买方说：“你的方案内容不错，但是我只有 5.5 亿日元的预算。如贵方能再给予改善，我们即可成交。”第二个例子是，买方对某商品交易给出了 150 万美元的还价，相对卖方要价 180 万美元还有差距，卖方就说：“您的还价很有意义，但是我无权作这么大的让步。”第三个例子是，我国和某美国中小企业为做成小型程控交换机的项目，将我国引进该项技术的技术费由 700 万美元加提成费降到了 130 万美元。

运用该策略时应注意以下几点：

(1) 留有变通的余地,以防对方不顾你的最大预算和最高授权,逼迫你“增加”或“请示”。

(2) 注意保守己方底牌的秘密。

(3) 掌握好时机。此策略使用过早会打草惊蛇。一般而言,应在价格多次交锋之后,或某个条件被反复讨论之后,双方均已有所靠拢之时。

(4) 态度要灵活,不宜僵化,在该招一时不奏效时,还应有退路。当然,对于第一次进入市场或急于(有诚意)成交的谈判对手,该招很有效。

案例分析

农机设备谈判中的竞争与合作

我国某公司与日本某公司在上海著名的国际大厦,围绕买卖农业加工机械设备,进行了一场别开生面的竞争与合作的谈判。

谈判一开局,按照国际惯例,首先由卖方即日方报价。首次报价为1000万日元,这一报价离实际卖价偏高许多。日方之所以这样做,是因为他们以前的确卖过这个价格。如果中方不了解谈判当时的国际行情,就会以此作为谈判的基础,那么日方就可能获得厚利;如果中方不能接受,日方也能自圆其说,有台阶可下,可谓“进可攻,退可守”。中方事前已摸清了国际行情的变化,深知日方是在放“试探气球”。于是,中方直截了当地指出:这个报价不能作为谈判的基础。日方对中方如此果断地拒绝了这个报价感到震惊。他们分析,中方可能对国际市场行情的变化有所了解,因而日方的高目标恐难实现。于是,日方便转移话题,介绍起产品的特点及其优良的质量,以求采取迂回前进的方法支持自己的报价。这种做法既回避了正面被点破的危险,又宣传了自己的产品,还说明了报价偏高的理由,可谓“一石三鸟”。但是,中方一眼就看穿了对方在唱“空城计”。

谈判之前,中方不仅摸清了国际行情,还研究了日方产品的性能、质量、特点以及其他同类产品的有关情况。于是,中方运用“明知故问,暗含回击”的发问艺术,不动声色地说:“不知贵国生产此种产品的公司有几家?贵公司的产品优于A国、C国的依据是什么?”此问貌似请教,实则是点明了两点:其一,中方非常了解所有此类产品的有关情况;其二,此类产品绝非你一家独有,中方是有选择权的。中方点到为止的问话,彻底摧毁了对方“筑高台”的企图。中方话未完,日方就领会了其中含义,顿时陷于答也不是、不答也不是的境地。但是,他们毕竟是生意场上的老手,其主谈人为避免难堪的局面借故离席,副主谈也装作找材料而埋头不语。过了一会儿,日方主谈人神色自若地回到谈判桌前,因为他已利用离席的这段时间,想好了应付这一局面的对策。果然,他一到谈判桌前,就问他的助手:“这个报价是什么时候定的?”他的助手早有准备,对此问话自然心领神会，便不假思索地答道："以前定的。"于是，日方主谈人笑着解释说："唔，时间太久了，不知这个价格有否变动，我们只好回去请示总经理了。"老练的日方主谈人运用"踢皮球"战略，找到了退路。中方主谈人自然深谙谈判场上的这一手段，便采取了化解僵局的"给台阶"方法，主动提出"休会"，给双方以让步的余地。中方深知此轮谈判不会再有什么结果了，如果追紧了，就可能导致谈判的破裂，而这是中日双方都不愿看到的结局。

此轮谈判，从日方的角度看，不过是放了一个"试探气球"。因此，凭此取胜是侥幸的，而"告吹"则是必然的。因为对交易谈判来说，很少有在开局的第一次报价中就获成功的。日方在这轮谈判中试探了中方的虚实，摸清了中方的态度，同时也了解了中方主谈人的谈判能力和风格。从中方角度来说，在谈判的开局阶段就成功地抵制了对方的"筑高台"策略，使对方的高目标要求受挫。同时，中方也向对方展示了己方的实力，掌握了谈判中的主动权。双方在这轮谈判中，互通了信息，加深了了解，增强了谈判成功的信心。从这一意义上看，首轮谈判对双方来说都是成功的。

第二轮谈判开始后，双方首先漫谈了一阵，调节了情绪，融洽了感情，创造了有利于谈判的友好气氛。之后，日方再次报价："我们请示了总经理，又核实了一下成本，同意削价100万日元。"同时，他们夸张地表示，这个削价的幅度是不小的，要中方"还盘"。中方认为，日方削价的幅度虽不小，但离中方的要价仍有较大距离，马上还盘还很困难。为了慎重起见，中方一面电话联系，再次核实该产品在国际市场的最新价格，一面对日方的二次报价进行分析。

根据分析，虽日方表明这个价格是总经理批准的，但根据情况看，此次降价是谈判者自行决定的。由此可见，日方报价中所含水分仍然不小，弹性很大。基于此，中方确定还盘价格为750万日元。日方立即回绝，认为这个价格很难成交。中方坚持与日方探讨了几次，但是都没有结果。鉴于讨价还价的高潮已经过去，中方认为谈判的"时钟已经到了"，该是展示自己实力、运用谈判技巧的时候了。于是，中方主谈人使用了具有决定意义的一招，郑重向对方指出："这次引进，我们从几家公司中选中了贵公司，这说明我们成交的诚意。此价虽比贵公司销往C国的价格低一点，但由于运往上海口岸比运往C国的费用低，所以利润并没有减少。另一点，诸位也知道我国有关部门的外汇政策规定，这笔生意允许我们使用的外汇只有这些。要增加，需再审批。如果这样，那就只好等下去，改日再谈。"

这是一种"欲擒故纵"的谈判方法，旨在向对方表示己方对该谈判已失去兴趣，以迫使其作出让步。但是，中方仍觉得这一招的分量还不够，又使用了类似"竞卖会"的高招，把对方推向了一个与"第三者竞争"的境地。中方主谈人接着说："A国、C国还等着我们的邀请。"说到这里，中方主谈人把一直捏在手里的王牌摊了出来，恰到好处地向对方泄露，把中国外汇使用批文和A国、C国的电传递给了日方主谈人。日方见后大为惊讶，他们坚持继续讨价还价的决心被摧毁了，陷入必须“竞卖”的困境：要么压价握手成交，要么谈判就此告吹。日方一时举棋不定。这时，中方主谈人便运用心理学知识，根据“自我防卫机制”的文饰心理，称赞日方此次谈判的确精明强干，中方只能选择A国或C国的产品了。

日方掂量再三，还是认为成交可以获利，告吹只能赔本。最终，日方只好作出让步，双方签订了协议。

在此案例中，日方运用了“空城计”策略，而中方运用了“最大预算”、“欲擒故纵”等策略，从而迫使日方作出了让步。

5. 说绝话

说绝话策略是指谈判人员对己方的立场或对方的方案，以绝对性的语言加以肯定或否定，使谈判陷入绝境，并从中找到相互妥协的新方案的做法。该策略能在气势上震慑对手，具体做法是：一找绝点，二编绝话，三选绝法。运用此策略时切忌以下几点：(1) 无绝点说绝话；(2) 无绝词用绝法；(3) 用绝法无强势。

该策略的具体表达方式有：“贵方自认为有理，我不能强迫你改变观点，我已有事实在手，尚且不能让你信服，我不知道还有什么办法能让你改变主意”；“不论贵方如何看待，我认为我们给出的条件是不可能再优惠、再公平的了”；“我宁可不要这笔交易，也不会同意贵方意见”；“只要贵方不接受我方的A条件，我方是绝对不会同意贵方的B条件的”；“我已尽了最大努力，成败就看贵方了”等。以上话语中，有表达方式的绝对，有用词的绝对，诸如：不论、宁可、只要、绝对不会、已尽等。但是，要注意说绝话时的相关论题，有的论题不应“绝”，就不要以“绝话”说。此外，绝话具有双重作用：或真的无可选择，或仅作姿态施压。前者在于选择的话题准确，后者在于坚持的时间合适。

案例分析

说绝话策略的运用

美国一家航空公司要在纽约兴建一个航空站，想请求爱迪生电力公司优惠电价。由于航空公司有求于电力公司，这场谈判的主动权就掌握在电力公司一方。因此，电力公司推说公共服务委员会是不会批准此请求的，因而不能给航空公司提供优惠电价。由于电力公司不肯降低电价，谈判就此陷入了僵局。

此时，航空公司突然改变态度，声称电力公司若不提供优惠电价，他们就撤出这一谈判，自己建厂发电。这就是采用了说绝话策略，以说绝话迫使对方让步。此言一出，电力公司被吓倒，他们立即请求公共服务委员会给予这种类型的用户优惠电价，公共服务委员会立刻批准了这一请求。但是，令电力公司诧异的是，航空公司仍然坚持自己建厂发电。电力公司不得不再次请求公共服务委员会降低价格。直到这时，航空公司才同意与电力公司达成协议。

在此次谈判的一开始，电力公司处于优势地位。但是，在航空公司运用说绝话策略后，电力公司就陷于被动局面，不得不作出让步。

（二）强攻战的破解

如果谈判对手使用强攻战谋略，那么谈判人员可以采取下列对策加以破解：

1. 不为对方的强势所迫

强攻战对意志薄弱者能起到威慑作用，而对于意志坚定者就不起作用了。谈判人员以坚强的意志应对强攻战，不为对方的强势所迫，那么对方的强攻战必然以无效告终。

2. 以蘑菇战应对

以软磨硬泡、拖延战术应对强攻战，也不失为一种好办法。在对方实施强攻战时，己方应以耐心和耐性拖住对手，直至拖垮对方的谈判意志。

3. 找准对方虚处，适时反击

虽然对方以强势进逼，但是也必然存在虚处和破绽，关键是要找到此虚处和破绽，并及时予以反击，那么对方的强攻战就轻易被破解了。

五、蚕食战

蚕食战是指在谈判中把目标分解，以小积大，步步进逼，逐步达到预期谈判效果的谋略。在许多谈判中，参与谈判各方不是立即达成协议，尤其不会马上作出利益上的让步，这就为蚕食战奠定了实践的基础。

（一）蚕食战的具体策略

蚕食战的具体策略有：挤牙膏、连环马、挖灶增锅、小气鬼、步步为营等。

1. 挤牙膏

挤牙膏策略是指谈判中针对某个条件，一点一点地施加压力，促使对方一点一点地逐步改善其应允的交易条件的做法。

该策略的实施要点是：在“挤”字上下工夫，抓住挤的对象、理由、时间和频率。运用该策略时应注意以下四点：（1）理由要充分、客观。此策略重在“挤压”，即以说理让对手让步，若理由不充分，挤压则无力。（2）要有耐心，即在说理与时间安排上应充分。己方充分论述理由，同时允许对方充分考虑。（3）要敢挤、善挤。要敢挤才能挤出对方报价的“水分”，而且要善于挤压，以达到迫使对方让步的目的。（4）态度要友好，让对方在平静中反省自己的条件。

2. 连环马

连环马策略是指谈判中坚持“你要我让一步，我也要你让一个条件”，以保证互换条件的做法。该策略的实质是:各方相互让步,确保条件互换。该策略的实施要点是:要善于相马,并灵活连环。

该策略的表现手法有两种:(1) 坚持互换条件,绝不白白让出一个条件。例如,卖方要求降低技术性能,买方就要求降低价格;买方要求提高技术性能,卖方就要求提高价格或降低合格率等。(2) 在总体概念上的互换做法。例如,你同意我的支付条件,我即接受你的价格。

应用该策略时应注意以下几点:

(1) 尽量争取以小换大,至少相当。

(2) 尽量即刻交换清账,不要延迟两个互换条件的兑换,以免造成误解。

(3) 贵在灵活适时,即将所有可交换的条件记下,寻找机会以此换取自己所需要的条件,或逼对方让步。

3. 挖灶增锅

我国古代兵书上有"增兵减灶"之计,即在增兵后还减少锅灶,以掩盖真实兵力,出奇制胜。在商务谈判中,为了增加费用、提高价格时有理可讲,或为了增加讨价还价的设防地位,而故意多列名目的做法,即称为"挖灶增锅"。"增兵减灶"与"挖灶增锅"的意思相反,一个是有真实兵力,故意让对手认为没有;另一个是无真实价值,故意让对手认为有。但是,两者目的是一致的,都是为了让对手相信虚假的信息。在商务谈判中,"灶"是名目、缘由,"锅"是付出、价格。实际操作中,卖方为提高卖价而巧立名目,买方为压低买价而精心编制缘由。

该策略的具体做法是:例如,卖方作报价时,将价格内容列得十分详细,如设备主机、附件、配件、安装调试、实习、运费、包装费、资料、指导费等,一一列出。有的资料长达几十页,各种名称十分令人费解,其中的虚头令人防不胜防,有的纯属虚构,有的虚虚实实,买方欲进攻而实不容易。

运用该策略时应注意以下两点:

(1) 各种"灶"要挖得在理。

(2) 尽量让其可比性小,且难于查对。

4. 小气鬼

小气鬼策略是指在讨论各种条件时,对让出的条件斤斤计较,鸡毛蒜皮都不轻易放过的做法。该策略的实质是:对谈判的大小利益均不轻易放过,尤其对自己让出的条件更是斤斤计较,还要大肆渲染,纠缠对手不放。这样做,即使得不到真实利益,也有消耗对手锐气的效果。该策略的核心是如何让利:(1) 要选出欲让的利。(2) 让出时要争、要吵。争则纠缠不休,使对方心烦意乱,锐气大减;吵则"炒作",小利说成大利,易让利说成拼死命,给对方成就感。

该策略的具体做法有:(1) 计算小利。例如,某公司在谈判实习人员的交通费时,卖方仅同意"从其住地到现场之间的交通中的某一段,即住地到地铁站的费用”。(2)让小步。即每次条件的改善,均如“扭秧歌”,步子迈出很大,落地时却很小,每次让步均只是让一小步,而且每次让步都显得很艰难。

运用该策略时,首先,应谈好大账,再谈小账,没有大账可谈时,小账也是大账。其次,表现“小气”,也应立足于“小道理”。此外,当对手正运用该策略时,自己不可用之,应先破之。可以用讥讽刺激对手,并守住自己的原立场不动,并可以声明:只有在对方放弃这种做法时,本方才愿意重新审查其所持立场。当对方装大方时,己方可动用此计谋。

5. 步步为营

步步为营策略是指在谈判各种文字或数字条件时,对每一次进退都采取坚决推进或顽强防守的方法。它既是进攻之计,也是防守之计。该策略主要体现在:进则顽强地挪动,不求大成,但求有进;退则顽固抵抗,寸土必争地计算细小的退让。它与“小气鬼”之计的不同之处在于:“小气鬼”体现在“量”的计较上,它则体现在“力”的计较上。步步为营时,既大则求大,不嫌大;退不能大,又不忌讳大,关键是不让对手轻易地得到。

该策略的具体做法有:先列出每步条件,并确定每一步量的幅度,而且每次让步的量应留有余地。对于追求的条件,要有充分的理由或借口,并讲究表达技巧。理不说尽不移步,即必须让对手把理讲清、讲尽,己方才改变原来的立场;理不奏效不撤离,即己方的理由无结果,绝不放弃,直到对手有所采纳,作出退让为止。

运用该策略主要突出说理,做到顽强地、耐心地说理,以理服人,对手不服不罢休。

案例分析

蚕食战谋略的运用

一个女孩高中毕业时,想要父亲送给她一份毕业礼物。她想要三种礼物:一趟为期5周的欧洲旅行、1200美元零花钱和一个新的旅行包。

这个女孩没有一开口就提出所有要求,她只是提出要去旅行。过了几个星期,她又用书面方式告诉她父亲,旅行时所需要的零花钱大约是1200美元,希望父亲能满足她的这个要求。然后,就在即将开始旅行时,她又告诉她父亲:“爸爸,你不会让我拉着这个破破烂烂的旅行包去欧洲吧?其他孩子都有一个新的旅行包。”毫无疑问,父亲给她买了一个新的旅行包。设想一下,如果她一上来就提出所有要求,父亲很可能会立刻拒绝买新旅行包,并且会要求她减少零花钱。

(二)蚕食战的破解

如果谈判对手使用蚕食战谋略,企图蚕食己方,那么谈判人员可以采取下列对策加以破解：

1．努力守住己方的利益

如果对方在一点一点地蚕食己方，那么己方要做的是：绝不轻易作出让步，力求守住己方的利益。即使己方作出让步，一定要带有附加条件，即要求对方也作出让步，并且要以书面形式列出来。

2．用激将法刺激对方

以温和的方式，或以讽刺的口吻，令对方感觉此做法与其身份不符，因此而感觉没有面子，从而放弃使用此谋略。

3．用挡箭牌策略挡住对方的进攻

在对方步步进逼时，己方可以推脱自己没有决定权，因此无法作出让步。

4．有意制造竞争局面

在有竞争压力的情况下，对方就会不得不放弃使用此谋略。

六、擒将战

"射人先射马，擒贼先擒王。"擒将战的实质就是针对主要负责人、主谈人进行制服。在商务谈判中，事态的发展往往取决于主谈人。因此，谈判中常常围绕对方的主谈人或主谈人的重要助手展开激烈的争斗，以实现谈判的优惠条件。擒将战谋略是指在商务谈判中，通过向对方的主谈人开展争取工作和采取施压手段，从而迫使对方作出让步，达到己方预期的谈判目标的做法。

（一）擒将战的具体策略

擒将战的具体策略有：激将法、宠将法、感将法、告将法、训将法等。

1．激将法

激将法策略是指以话语刺激对方主谈人或其重要助手，使其感到坚持自己的立场和观点已直接损害自己的形象、自尊心、荣誉，从而动摇或改变其所持的态度和条件。

激将法的关键点是：让对方主将因激动而丧失理智。该策略的要领是："激点"是对方关注的自我表现的方面，如能力大小、地位高低、名誉好坏等。表达方式要因人而异，一般态度要真诚，语气要友好，最好站在对方立场思考问题，甚至表现出无法理解对方处境的感情。

该策略的具体做法有：直接刺激对方主谈人。例如，某方说："贵方谁是主谈人？我要求能决定问题的人与我谈判。"此话贬低了面前的主谈人，使其急于表现自己的决定权或去争取决定权。也有以此将"军"的做法："既然你已有决定权，为什么不马上回答我方明明合理的要求，反倒要向上级请示呢?"以此迫使对方正视自己的要求。此外，还有间接刺激对方主谈人的做法，即通过主谈人的主要助手刺激主谈人。例如，在一项谈判中，激将法对卖方主谈人不起作用，买方便转向其聘用的律师："你是律师，知道买卖应公道。公道的价，不怕讲。贵方不告诉我方技术费的计算依据，我怎么能接受呢？"律师就被说动了。

需要强调的是，激将法使用的是一种逆向的说服对方的方法，需要较高的技巧，运用时需注意以下几个方面：

(1) 激将的对象一定要有所选择。一般来说，商务谈判中可以对其采用激将法的对象有两种：第一种是不够成熟、缺乏谈判经验的谈判对手。这样的对手往往有自我实现的强烈愿望，总想在众人面前证明自己，容易为言语所动，这恰恰是使用激将法的理想的突破口。第二种是个性特征非常鲜明的谈判对手。对自尊心强、虚荣心强、好面子、爱拿主意的谈判对手都可使用激将法，鲜明的个性特征就是说服对手的突破口。对那些老谋深算、冷静理智的明白人，不宜使用这一方法，因为他们根本不会就范；对自卑感强、谨小慎微和性格内向的人，也不宜使用此法，因为这些人会把那些富于刺激性的语言视为奚落和嘲讽，因而消极悲观，丧失信心，甚至产生怨恨心理。

(2) 使用激将法应在尊重对手人格尊严的前提下，切忌以隐私、生理缺陷等为内容贬低谈判对手，尤其忌讳人身攻击。商务谈判中选择能力大小、权力高低、信誉好坏等去激对手，往往能取得较理想的效果。

(3) 激将言语应掌握分寸，以防激怒对手。运用激将法要掌握好刺激的火候，火候太过，会造成客户的心理压力，诱发出逆反心理，客户就会一味固守其本来的立场、观点；火候不足，则激发不起对方的情感波动。

(4) 激而无形、不露声色往往能使对方不知不觉地朝自己的预期方向发展。如果激将法使用得太露骨，被谈判对手识破，不仅达不到预期的效果，使己方处于被动地位，而且可能被高明的谈判对手利用，反中他人圈套。

(5) 激将是用语言，而不是态度。要让所说的话既切中对方的心理和个性，也切合己方所追求的谈判目标。同时，态度要和气友善，态度蛮横不能达到激将的目的，只能激怒对方。

案例分析

激将法的运用

某橡胶厂（甲方）进口了一整套价值200万元的现代化胶鞋生产设备，由于原料与技术力量跟不上，搁置了4年无法使用。后来，新任厂长决定将这套生产设备转卖给另一家橡胶厂（乙方）。

正式谈判前，甲方了解到乙方两个重要情况：一是该厂虽经济实力雄厚，但基本上都投入了再生产，要马上挪出200万元添置设备困难很大；二是该厂厂长年轻好胜，几乎在任何情况下都不甘示弱，甚至经常以拿破仑自诩。对内情有所了解后，甲方工作人员白女士决定直接与乙方厂长进行谈判。

甲方白女士："昨天在贵厂转了一整天，详细地了解了贵厂的生产情况。你们的管理水平确实令人信服。你年轻有为，能力非凡，真让人钦佩。"

乙方厂长："哪里哪里，白小姐过奖了！我年轻无知，恳切希望得到白小姐的指教！"

甲方白女士："我向来不会奉承人，实事求是是我的本性。贵厂今天办得好，我就说好；明天办得不好，我就会说不好。"

乙方厂长："白小姐对我厂的设备印象如何？不是说打算把你们进口的那套现代化生产设备卖给我们吗？"

甲方白女士："贵厂现有生产设备，在国内看，是可以的，至少三五年内不会有什么大的问题。关于转卖设备之事，我有两个疑问：第一，我怀疑贵厂是否真有经济实力购买这样的设备；第二，我怀疑贵厂是否有或者说能招聘到管理、操作这套设备的技术力量。"

乙方厂长听到这些，觉得受到了甲方白女士的轻视，十分不悦。于是，他用炫耀的口气向甲方白女士介绍了本厂的经济实力和技术力量，表明本厂有能力购进并操作管理这套价值200万元的设备。

经过一番周旋，甲方成功地将"休养"了4年之久的设备转卖给了乙方。

2．宠将法

宠将法策略是指以好言切合实际或不切合实际地颂扬对方，以适合的物品馈送对方，使对方产生一种友善的好感，从而放松思想警惕，软化谈判立场，使自己的目标得以实现的做法。

该策略的具体做法有三种：

（1）给对方主谈人戴"高帽子"。即抓住对方的特征，若对方年老，则讲"老当益壮"、"久经沙场"；若对方年轻，则讲"年轻有为"、"精明强干"、"前途无量"等。这些话也许有不切题之处，而作为言者，目的是拉拢对方，减缓对方进攻的势头。

（2）个别活动。即单独会见主谈人，邀请其赴家宴、叙家常、谈个人爱好，把严肃的谈判空气生活化，使讨价还价的气氛更好些。

（3）送礼。这有明送和暗送两种方式，包括送公和送私两种性质。对于特殊的送礼，以及送公、送私，在西方有规定，超过多少，如交易额的5%—7%，就应上税。

宠将法有软化对方态度的功效，在谈判中应善于使用。不过，使用该策略应注意以下几点：首先，要抓准有决定权的对象；其次，使用的分寸要恰当；再次，使用时应求立竿见影，不应着眼远效；最后，也应防止别人对己方使用同样的策略。

3. 感将法

感将法策略是以温和礼貌的语言,勤勉守信的行动,以及从对方立场考虑和处理问题的态度,使对方感到实在不好意思坚持原立场而置你的态度于不顾,从而达到预期谈判效果的做法。

该策略的实质是:以正面的形象唤起对方的正面响应。该策略的关键是:精诚所至,感动对手。

该策略的具体表现形式有四种:

(1) 以"无知"定位自己的形象,竭力向对手"学习"。要努力抬高对手的地位,敬重对手的才华,学习对手的本领。只要对方回答了自己的问题,就表示感谢,甚至照办。

(2) 态度谦恭而诚恳,认真听取对方提问,并努力回答所提问题,让对方感到自己"实"。

(3) 努力准备资料,答应过的事一定按时办好,决不拖延,使对方感到自己"勤"。

(4) 对于难度较大的事,也竭尽全力去做,若不能实现,也有个清楚的交代,使对方感到自己"诚"。

在"实"、"勤"、"诚"的攻势下,对方立场必然会发生微妙变化。

使用该策略时,应注意己方暗含的目标,即声明的事实所代表的水平与谈判需要实现的目标水平的差,因为该差也是机动的余地。

案例分析

感将法策略的运用

上海一家制鞋厂与日本A株式会社做了一笔生意。当时,日本A株式会社因对其国内鞋类消费市场预测失误,导致上海的鞋发到日本不仅运费昂贵,且销售旺季已过,进货大批积压。日方试图退货,双方为此进行了一场谈判。日方是进货,而不是代销,按理买卖成交后所有权与风险责任都已转移。如果不是质量问题,中方就不必接受日方退货。但是,中方谈判者却持大家风度,深谋远虑,接受了日本A株式会社的退货请求。当时,有人认为该上海鞋厂愚不可及,有人则感叹:"到嘴的肥肉为何吐出?"但是,该上海鞋厂的谈判者却泰然处之。果然,中方这一非凡之举赢得了更大、更长远的利益。日本A株式会社的决策人物为感激中方的让步,给予了积极回报,与中方建立起长期的合作关系,成为中方的稳定客户。

由此可见,该上海鞋厂的意外让步不过是一种稳操胜券的预先投资,它所赢得的利益有四点:其一,该上海鞋厂因此而赢得了一个长期合作互利的伙伴,这一点很重要。其二，该上海鞋厂赢得了良好的国际声誉，日方感激之余表示今后多与该厂做生意，让利补偿。其三，此事在日本见报后，来函寻求合作者络绎不绝。其四，该鞋退回后，出口转内销，经营中仍有微利。

4. 告将法

告将法策略是指在对方主谈人的上司或老板面前说其坏话，从而施加压力，动摇对方主谈人的意志，或者挑起对方上司或老板对其不满，乃至撤换主谈人的做法。

该策略的具体做法有：通过宴请或单独拜会对方主谈人的上司或老板，利用该机会回顾谈判，分析症结，相机抨击对方主谈人的态度和做法。例如，某国使馆商务参赞会见某商社的谈判对手的上司时说："贵方主谈人太死板，态度过于强硬，尽职得过头了。"他要求该上司"予以干预"。

使用该策略应注意三点：

(1)"状"要准，即说出事实，不论其是非标准如何。

(2) 告状时，非不得已，不应提"换将"要求。一则可能伤害对方，二则对方不一定会答应，也有失面子，再往下谈时难度会更大。

(3) 既然已经告了状，若谈判成交，还应做事后的弥补工作。如上例中，商务参赞告了状，当交易成功时，他利用大使出场的机会，当着主谈人的面向该主谈人的上司赞扬他，这样可消除"后遗症"。

5. 训将法

训将法策略是指通过真实的、虚假的、真假相掺的、在逻辑上令人信服的理由，通过己方创造或对方给出的各种机会，使对方主谈人了解己方想灌输的某种思想和做法，并使其对己方产生理解和信任的做法。

该策略的具体做法为：将资料、民情、国情、内部管理等或真或假的信息灌输给对方，让其适应己方立论的基础和方式，理解己方结论的自然性，从而减少抵抗。抓住对方给出的可让己方表现的机会，诸如对方可能的失误、不确切的阐述等，主动予以指明，似乎在替对方利益着想，引起对方好感，同时再配以己方主动设计的以小引大的渲染，使对方感到己方通情达理。

动用此策略应避免"说教式"的灌输，同时要绝对尊重对方的能力和智慧，让其自己作结论，千万不可代其作结论。

案例分析

训将法策略的运用

某年7月，我国与突尼斯STAP公司代表就建立化肥厂事宜进行接触，双方初步敲定了利用秦皇岛港优越条件的合资项目。同年10月，科威特也参加联合办化肥厂。在第一次三方谈判中，科威特石油化学工业公司董事长出席，此人很武断，他表示："你们以前所做的工作都没有用，要从头开始。"

当时，不仅中方，就是突尼斯方也傻了眼。要知道，仅是编制可行性研究报告，中突双方就动用了十多名专家，耗资二十多万美元，费时三个月才做完，要是全盘否定，一切从头再来，显然是没有道理的。然而，却没有人敢驳斥这位董事长。他的威望太高了，他在科威特的位置仅次于石油大臣，并且他还是国际化肥工业组织的主席。

中方一位参加谈判的市长琢磨如何打破这沉闷的气氛。这位市长站起来说："我代表地方政府声明：为了建立这个化肥厂，我们安置了一处邻近港口、地理位置优越的地皮。也为了尊重我们的友谊，在许多合资企业表示要得到这块地的使用权时，我们都拒绝了。如果按照董事长今天的提议，事情将要无限期地拖延下去，那我们只好把这块地方让出去。对不起，我还要料理别的事情，我现在退出谈判，下午等待你们的消息。"

他拎起皮包就走。半小时后，一位处长跑来，兴高采烈地说："真灵！你这一炮放出去，形势急转直下，那位董事长说了，快请市长回来，我们强烈要求迅速征用秦皇岛的地皮！"

这位市长用的就是"训将法"之计，以政府审批土地使用权的压力迫使对方作出让步。

（二）擒将战的破解

如果谈判对手使用擒将战谋略，那么谈判人员可以采取下列对策加以破解：

1．沉着应对，不为对手所激

在谈判对手使用激将法时，己方应及时识破，并保持冷静。此时，应三思而后行，不为对方的语言所激，关注点应放在如何为己方争取最大利益上。

2．不要因小失大

对手可能用小恩小惠打动己方，此时应坚定己方的立场，要从全局的角度考虑问题，不要贪小利而吃大亏。

3．主谈人要与其上司做好沟通工作

在对方运用告将法时，主谈人要与上司及时沟通，把谈判形势告知上司，努力说服上司不要听信对方所言，要与自己一致对外。

七、运动战

运动战策略是指将全体谈判架构进行多论题、多种形式的排列组合，或谈判人员灵活地调动自己在谈判中的位置，以追求最佳谈判效果的做法。运动战既可以是有形的动，也可以是无形的动。有形的有物质与地点的移动，无形的有精神与态度的变化。

（一）运动战的具体策略

运动战的具体策略主要包括：货比三家、一二线、红白脸、化整为零、场地效应等。

1. 货比三家

货比三家策略是指在谈判某笔交易时，同时与几个供应商或采购商进行谈判，以选其中最优一家的做法。此策略广为人知，也是商场上的千古信条。货比三家的实质是：引入竞争，以竞争压力迫使谈判对手作出让步。

该策略的具体做法是：邀请同类产品的卖方或买方，同时分别展开谈判，将各家的条件进行对比，择优授予合同。运用该策略时应注意以下几点：

（1）选的对象要势均力敌。若被比较对象力量不均，就应制造可比之处，使各家均有信心去争取交易。

（2）时间安排要便于分组穿插谈判，且可及时将各组谈判结果汇总。时间安排包括日程、方式和人员的安排。

（3）对比的内容要科学。由于货比三家策略客观上造成工作量大、评比工作复杂，因此应有快捷、统一的评比方法和内容，以减少重复、不准确的工作，避免个人感情因素的影响。

（4）平等对待参加竞争的各对手，同时在谈判的组织上应有突破重点。平等地与参与竞争的对手谈判是信誉的需要，重点突破是谈判全局的需要。

（5）慎守承诺。对于评选出的结果应慎守承诺。

（6）在多家采购者联合向多家卖方谈判时，应由有权威的单位统一起来，组成联合对外的机构，统一技术要求，统一对外谈判策略。同时，还应有严格的纪律，以保守秘密，各尽其职。

案例分析

货比三家策略的运用

1984 年的第 23 届奥运会在美国洛杉矶举行。在此之前的各届奥运会都是亏本的，主办国均为此付出了高昂的经济代价。1976 年加拿大蒙特利尔市举办的奥运会开支 20 亿美元，亏损 10 亿美元，加拿大政府向银行借贷筹办这届奥运会的债务，到 2003 年才还清。1980 年在莫斯科举办的奥运会，花费 90 亿美元，亏损更为严重。

有鉴于此，美国政府和洛杉矶市政府都宣布不给予经济援助，同时又不愿意放弃这一难得的机会。正在美国政府犹豫不决之际，美国第一旅游公司副董事长、40 岁的尤伯罗斯接受了洛杉矶市市长希莱德的请求，答应组织举办第 23 届奥运会。

在新闻发布会上，尤伯罗斯宣称举办这次奥运会全靠自筹的资金，不要政府一分钱，而且他还夸下海口："我个人承办这次奥运会，要净赚2亿美元。"

当时，许多人都认为尤伯罗斯是在吹牛，为自己打气。可是，尤伯罗斯却胸有成竹，因为一个出色的举办奥运会的筹划方案已在他的头脑中形成。

奥运会作为一项国际性的体育赛事，其意义早已超越体育本身。它所激发的爱国热情和民族凝聚力，以及它对一个国家政治、经济、文化、国民心理等所产生的影响，是难以估量的。如何借奥运会之势造就商业良机，这是尤伯罗斯苦思已久的问题。

经过广泛的调查和研究，尤伯罗斯发现，往届奥运会之所以出现亏损，一个重要的原因就是过分强化了奥运会的政治功能和体育功能，而忽略了它的经济潜能。因此，他决定把商业机制引进奥运会，尽可能使奥运会的种种便利条件金钱化、商品化，吸引更多的大企业参与为争夺奥运会赞助权而展开的竞争，并使这场竞争国际化。

尤伯罗斯运用自己卓越的推销才能，挑起和推动了美国三大电视网争夺独家转播权的竞争。结果，美国ABC广播公司以2.25亿美元购得这一权利，这比加拿大蒙特利尔奥运会的转播费高出10倍之多（蒙特利尔奥运会电视转播费为2200万美元）。

为获得更多的赞助费，尤伯罗斯吸取了1980年普莱西德湖冬季奥运会的教训。在那次冬奥会上，赞助单位虽多达381家，但每家赞助单位平均出资仅为2万美元，结果组委会实际获得的赞助费只有900万美元。"物以稀为贵"，尤伯罗斯针对人们的这种心理，推出一个惊人举措——奥运会限制赞助单位数量，而且同行业只选一家。

当时，有12000多家厂商为在奥运会上推销产品而申请参加赞助，而尤伯罗斯宣布第23届奥运会的赞助单位仅限30家，多一家也不行；每家赞助单位至少出资400万美元，而且同行业只选一家。这就意味着，哪家企业能成为赞助单位，在奥运会期间，其产品的销售量在同行业中就会独占鳌头。

此招一出，各大厂商顿时慌了手脚，唯恐自己落后，都抢先登记，把赞助费越抬越高。日产汽车公司与美国通用汽车公司之间的竞争尤为激烈。

日产汽车公司在尤伯罗斯招标方案公布后，立即电告奥运会组委会，表示愿出资500万美元赞助，并表示如有必要还可增加。美国的通用和福特两大汽车公司听到日产汽车公司提出申请后，急忙开会商讨对策。通用汽车公司认为，日本汽车大量倾销美国，这口恶气已憋了多年，如今美国主办奥运会，再让日本汽车横行霸道，那简直丢尽了美国汽车行业的脸面。经过多次协商，福特汽车公司自愿退出竞争，全力支持通用汽车公司与日产汽车公司较量。

通用汽车公司当即通知组委会，愿出资600万美元，同时提供500辆汽车作为大会的工作用车，并提供10辆高级豪华轿车作为接待各国首脑的专用车。

日产公司得知消息后，立即电告组委会，表示需要多少车，日产公司就提供多少。经过几番较量，最后，在美国舆论的压力下，尤伯罗斯以900万美元的赞助费与通用汽车公司签了约。

在饮料行业的竞争中，美国可口可乐和百事可乐公司相持不下。最后，可口可乐公司以1300万美元的巨额赞助费获得了奥运会的饮料专用权。

尤伯罗斯在奥运会赞助上大造竞争的同时，充分利用奥运会的良好声誉，广开财源。按过去的惯例，只有杰出的运动员和有声望的官员才有资格持从希腊引来的火炬游行一段路程。尤伯罗斯却别出心裁，为了使那些乐意出资而能过传递瘾的人也能持火炬走上一程，他采取分段出售火炬传递权的办法扩大财源。为增加收入，尤伯罗斯改变了火炬游行路线，使火炬传递了33个州，路程扩展到14000多公里。此外，他还把奥运会的会徽、会标、吉祥物等作为专利品，出售给那些想用此做广告资料的人。

尤伯罗斯还利用观众向往奥运会的心理，向市民发出邀请，凡自愿为本届奥运会义务服务的市民，每人发给两套制服，供应一顿快餐，免费看几场比赛。结果，有3万市民接受了邀请，为奥运会义务工作。这又为组委会节省了一大笔服务费用。

由于尤伯罗斯能借势发挥，经营有术，组织得力，结果预算经费为5.25亿美元的第23届奥运会获得了巨大成功，不仅没有丝毫亏损，反而盈利2.5亿美元。

2. 一二线

一二线策略是指充分利用台前人员之间或者台前和幕后工作人员之间的分工，在台前人员与对手进行激烈交锋时，伺机出动二线人员，以求获利的做法。该策略既是组织策略，也是谈判策略。

该策略的具体做法有两种：其一，谈判组长和主谈人两人，一人在台前，一人在幕后；其二，两人均在台前，主谈人一人参战，谈判组长观战，伺机出动。

使用该策略时应注意以下两点：

（1）挑选好谈判组长与主谈人。谈判组长应与上级有密切的联系，从而有足够的决定权。主谈人应知识面广，办事效率高，善于与外界打交道。

（2）选定两人后，无论在台前、台后，应互相支持，互相尊重。

3. 红白脸

红白脸策略是指在谈判中，时而以“白脸”、时而以“红脸”的形象出现，以求得谈判中居于优势的做法。该策略是一种软硬兼施的手法，是指在商务谈判过程中，原则性问题毫不退却，细节问题适当让步的一种策略。谈判时，面对咄咄逼人的对手,可在坚持原则的条件下做一些顺水推舟的工作,等到对方锐气减退时,己方再发动反攻,力争反败为胜。

该策略的具体做法有两种:以两个人分别扮演“红脸”和“白脸”,或一个人同时扮演“红脸”和“白脸”。

使用该策略时应注意以下几点:

(1) 扮演“白脸”的人既要“凶”,又要“言之有理”,保持良好形象。比如,态度强硬,寸步不让,又处处讲理,决不蛮横。

(2) 扮演“红脸”的应是主谈人或负责人,要求善于把握火候,让“白脸”好下台,及时请对方表态。

(3) 若是一个人同时扮演“红白脸”,要机动灵活。例如,发起强攻时,声色俱厉的时间不宜过长,同时说出的硬话要给自己留有余地。若因过于冲动而陷于被动,最好的解决办法就是“休会”,以争取时间研究被动局面的化解方法。

案例分析

红白脸策略的运用

一次,美国商人霍华德·休斯为了大量购买飞机而与飞机制造商的代表进行谈判。休斯要求在合约上写明他所提出的34项要求(其中11项要求是没有退让余地的),而且态度很强硬。对方不同意。双方各不相让,谈判中冲突激烈,硝烟弥漫,竟然发展到把休斯赶出了会场的地步。之后,休斯派他的私人代表出面继续与对方磋商。他告诉自己的代理人,只要争取到34项中的11项没有退让余地的条款,自己就心满意足了。在经过了一番唇枪舌剑之后,这位代理人竟然争取到了包括休斯所说的那11项在内的30项要求。休斯惊奇地问这位代理人是如何争取到如此辉煌的胜利的。这位代理人回答说:“道理很简单,每当我与对手谈不到一块时,我就问对方:‘您到底是希望与我解决这个问题,还是要留着这个问题等霍华德·休斯与您解决?’结果,对方每次都同意了我的要求。”其实,休斯和他的私人代表的出发点是一样的,由于使用的手段不同,产生的效果截然两样,这就是通常意义上的“软硬兼施”。在谈判中,两人协调一致,先由休斯上场,采取咄咄逼人的攻势,提出过分要求,长时间地在谈判桌上表演,而且还毫无让步的余地。他的傲慢无理、强硬态度令对方产生反感。随后,由私人代表出场,以温文尔雅的态度、诚恳的表情、合理的谈吐,获取对手的信任,从而取得谈判的最终胜利。

4. 化整为零

化整为零策略是指在谈判中,将整体不能谈成的条件分成几个部分,对不同部分逐个击破,最后实现整体目标的方法。该策略对打破僵局有一定的效果。

使用该策略时应注意以下两点：

(1) 有关技术的项目化整为零时，应强调以技术保证为前提。否则，在技术引进中，以拼盘方式化整为零，可能会省些钱；而如果没有技术保证，将来反而会更费钱。

(2) 在卖方采用该策略时，买方应要求卖方提供各种科目的分项价，以便分析化整为零后隐藏的绝对价格是否真正低廉。在无分项价的情况下，依卖方建议，按科目去分割供应义务。另外，增减供应量，不一定节省，反而可能会因卖方将利润转移到买方必需的商品上而增加费用。

5. 场地效应

场地效应策略是指通过有意识地更换谈判地点，以改变对方的谈判态度，从而实现预定谈判目标的做法。地点的变化应由谈判人员根据策略的需要主观地确定，而不是客观上的需要。谈判地点的变化具有广义性，可包括会场内外、城市与国家的变化。场地变化会对谈判气氛、谈判人的精神和注意力带来移动影响，进而会改变谈判对手的态度与立场。

该策略的具体做法有：在谈判陷入僵局时，终止谈判并安排新的会谈地点，如安排游玩、宴请、高级会见，从会议室到现场，从甲市到乙市，甚至到对方国家去谈，充分体现谈判地点更换的运动特征。

使用该策略时应注意以下两点：

(1) 谈判整体意图的连贯性。不能因改变场地而断线，乱了自己的谈判思路。

(2) 把握场地变化与时间、经济效益的关系。不要因为更换谈判地点而造成谈判拖拉，也不要为此付出过高的成本，否则会毁掉该策略的效应。

(二) 运动战的破解

如果谈判对手使用运动战谋略，那么谈判人员可以采取下列对策加以破解：

1. 以动制动

在谈判对手运用运动战谋略时，己方可同样采用该谋略。对方使用货比三家策略时，己方也应多找几个谈判对象，给对方造成竞争的局面。谈判对手使用一二线策略时，己方也可采用一二线策略。

2. 以静制动

对方使用红白脸策略、化整为零策略和场地效应策略时，己方应冷静应对，软硬不吃，不受对方运动战策略的影响。

八、外围战

外围战谋略是指为了保证全局的谈判效果，谈判者要清除影响双方谈判决心的因素，澄清谈判的真实形势，以扫荡与谈判主题相关的外围障碍。该谋略通常用于谈判的中后期。

（一）外围战的具体策略

外围战的具体策略有：打虚头、反间计、中间斡旋、缓兵计、过筛子等。

1．打虚头

打虚头策略是指在谈判中首先分析并找准对方最虚的条件或价格，即最不合理的部分，先展开攻击的做法。打虚头可以是买方的策略，即针对卖方报价最虚、水分最多的部分，先实施挤压；也可以作为卖方的策略，即对买方最不合理的要求，先还手。打虚头策略的实质是挤水分。该策略的要领是：一是找虚头要准，二是提理由要稳，三是打虚头要狠。

该策略的具体做法为：先分析比较对方的各种条件，其中最不合理的部分是"虚头"，虚头脆不堪击，易于得手。运用该策略关键在于抓准虚头，抓不准虚头，也就打不着虚头，反而还会因"委屈"对手而"碰石头"。打虚头要坚决，一旦抓住了虚头，不打出效果决不松手。

2．反间计

反间计策略是指利用或制造对方主谈人与其上司之间的矛盾，或对方谈判小组成员之间的矛盾，制造不和，从而创造机会，实现己方谈判目标的做法。反间计的实质是：拉拢对方谈判成员为我所用，或采用挑拨、拉打结合的手法使对方不和。该策略的主要环节有：确立目标，选择对象，确定离间手段等。

反间计的具体做法有两种：一种是寻找矛盾、利用矛盾；另一种是没有矛盾时设法制造矛盾。

使用反间计时应注意以下几点：

（1）使用的"引子"应与当时的现实贴边，即存在可能性。只有人们认为是"可能的事"，才有功效。

（2）使用该策略应有的放矢，能使预定的目标实现。

（3）该策略的效力是有时间性的。该策略被启动后，应加快目标的实现进程，力争在时效内实现。

3．中间斡旋

中间斡旋策略是指当参加谈判的各方陷入紧张的矛盾旋涡之中不能自拔时，从外界寻求有影响的力量（即中间人），缓解各方关系，并谋求使矛盾各方接受某个新方案的做法。该策略的"中间人"含义较广，凡是当事人以外的第三者，均可成为"中间人"，可起"中间"的斡旋作用。其实质是：谈判陷入僵局时，从外界寻求有影响的力量，缓解各方关系，并谋求共识。

运用该策略时应注意以下几点：

（1）依照想达到的目标，选择合适的中间人。

（2）在准备接受中间斡旋时，必须有相应的方案。

(3) 对斡旋人不应无礼,但是可以说“不”字,只不过应注意充分说理,得到中间人的理解。

4. 缓兵计

缓兵计策略是指为了争取时间和机会,对于对方的说辞和条件推迟答复,使其进退两难而处于等待状态的做法。该策略的目的是避免过早决断,为己方创造战机,或因对方急于求成而故意拖延,或为了拒绝对方的要求,或为了变革己方的承诺等。

该策略的具体做法有:利用授权限制,佯装需要请示,请对方“等待上级的回答”;或对明知不行却又不能让其走的对手,给其出新的题目,让其准备,如准备得好,也许又创造了“行”的可能;或以更换主谈为由,建议暂时休会;或主动安排新的会谈,以各种题目的探讨拖延会谈时间。例如,“货比三家”的谈判中,为保持竞争的局面,就得要求各竞争者都在谈判所在地。如何留住他们,缓兵计必不可少。又如,卖方为了不使买方结束谈判,而保留自己最后成功的机会,也常讲“我需要等待上级的回答,请稍候”等等。

但是,缓兵计不是拖延,而是主动的进攻。缓兵计具有时限性,只能缓一时,不能缓久远。因此,使用该策略时应充分利用时间,争取谈判的预期效果。

5. 过筛子

过筛子策略是指在谈判中,将对方的各种条件通过对比和分析予以分类,并据此进行还击的做法。

该策略的具体做法有两类:一是认识性的“过筛子”。即将对方所给的条件予以分类,并按类予以定性。然后,按难与易、可谈与不可谈、合理与无理等,决定谈判方式和态度。二是标准量性的“过筛子”。即比照已定的标准,对已知条件“过筛子”。通过者,为可谈判范围;通不过者,为拒绝范围。

该策略的优越性在于:帮助分析形势,充分了解可以做什么、不可以做什么,从而提高谈判时效。通过标准的比照,可以加强谈判地位,迫使对方接受“标准条件”。不过,运用该策略时,应注意区别程序与技巧,以加强计谋的目的性,同时应考虑运用该策略时的表达方式。例如,标准本身具有行业标准、国家标准与国际标准的不同,应将其中一种论证为“仅可以接受者”。

(二) 外围战的破解

如果谈判对手使用外围战谋略,那么谈判人员可以采取下列对策加以破解:

1. 使用挖灶增锅策略,尽量把“虚”的部分做“实”

无论是卖方还是买方,所提出的交易条件总有虚的部分,所以关键是如何把“虚”的部分做“实”。

2. 多收集信息,及时识破反间计和缓兵计

谈判人员应收集来自各个方面的信息,而且谈判小组成员之间应互相交流

信息，及时沟通。只有这样，才能破解反间计和缓兵计。

九、决胜战

决胜战谋略是指谈判进入最后的交锋阶段，谈判人员如何以最小的代价达到最好的效果，其最终目的是尽快签约。谈判到了一定阶段，拖延已毫无意义，无论是各方的情绪，还是上级、老板的要求，交易本身的意义以及各方已作的努力，均要求进行最后的交锋，这就是决胜战。此处应说明的是，作为商务谈判，原则上无胜负之分，只有"合同签约成败"之说。可能双方在某个局部的谈判中，有胜与负的评论，但是就总的谈判结果而言，它是双方均可接受的条件。所以，决胜战谋略的本质是讲合同建立的成败，而非谈判双方之间的胜负。

（一）决胜战的具体策略

决胜战的具体策略有：抹润滑油、折中调和、三明治、钓鱼计、谈判升格等。

1. 抹润滑油

抹润滑油策略是指为了解决双方最后的分歧，作出一些对自己全局利益影响不大、对对方而言又仍不失为有利条件的让步，以促使对方作出相应让步的做法。该策略的实质是：吃小亏，占大便宜。在商务谈判中，那些虽有价值但分量不太大且可以退让的数字或文字条件，均可视为"润滑油"。

该策略的具体做法是：先将项目的"润滑油"列出备用。例如，有的交易谈判，可将付款条件（有时具有价格的3%—10%的分量），货币选用（可起3%—20%的调价作用），价格性质（FOB还是CFR，价差在3%—6%或更多），专家的待遇、食宿、交通标准，以及技术考核时间的长短等，作为谈判决战时的"润滑油"。

运用该策略时应注意：

（1）要提前准备好"润滑油"。不要在谈判初期轻易让掉可作"润滑油"用的看似不大的条件。

（2）抹"润滑油"不宜过急、过早。运用"润滑油"的时机，一定是最后的定价或成交阶段，即决定交易成败的时刻。否则，人们是不会关注它的作用和效果的。

（3）"润滑油"应首选谈判对手所关注的条件。只有对方关注的条件，才能促使对方作出相应的让步。

2. 折中调和

折中调和策略是以分担差距，相互向对方靠拢，以解决谈判最后差距的做法。折中有一次折中和二次折中，也可以用内容不同、意义相当的条件参与折中。该策略的三要素是：折中条件、折中方式和折中时机。

该策略的具体做法为：例如，当买卖双方价格条件仅差10万美元时，为结束谈判,双方同意折中解决,即各让5万美元。

运用此策略时应注意:

(1) 时机必须是双方均已作了明显的让步之后,在最后的条件决定之时。

(2) 不宜率先提出折中,以免离成交点太远。

(3) 在提出折中或响应折中时,不宜宣称“最后的折中”,以保留“再折中”、“还一手”的权力。

(4) 折中时,应注意手上留“牌”,即让步的余量。

3. 三明治

三明治策略是指将几种不同水平的条件一起打出,让对方好坏一起接的做法,俗称“一揽子交易”、“好坏搭配”。其实质是:在突破僵局或结束谈判时,将优劣不同的条件组合后一起打出,让对方好坏都得接受。规模大时,称“一揽子交易”为宜;规模小时,称“三明治”更形象。运用该策略的关键在于搭配,搭配前要对各项条件定性,要突出对对方有利的条件。

4. 钓鱼计

钓鱼计策略俗称“诱饵策略”,是指以某个有利于对方的条件吸引对方,使其不得不与你谈判到底的做法。这是以小利为诱饵,争取大利的交易做法。该策略的实质是:在谈判中故意让对方先得到某个有利条件,以激起其欲望,使其不得不与己方谈判到底。该策略的要素在于:放线人、放线时间和放线手段。该策略与抹润滑油策略的不同之处是:在运用的时间上,抹润滑油在最后定价成交时用,而钓鱼计在全局谈判中均可使用。

运用该策略时应注意:

(1) 诱饵应有吸引力,即常说的“利益量”。利益量的要求是:既对对方有实在意义,又不影响己方的全局利益。

(2) 在谈判中,应始终强调作为钓鱼用的诱饵的让步性质,以便在让中有所求。

案例分析

钓鱼计策略的运用

某公司在与卖方谈判技术设备引进合同时,卖方提出先谈技术费,理由是技术费决定其交易的可能性。针对卖方的思想,该公司在谈判技术费时运用了“钓鱼计”,对卖方技术费开价2.3亿日元,采取先严后松的谈判顺序,让对方感到内在的让步,最终以0.96亿日元达成协议。经过两小时的谈判,该公司完成了由低到稍高的还价过程,让对方真正感到了满意。但是,在谈判设备价时,该公司对卖方的攻击力加大,设备总报价12.5亿日元,经耐心、反复的谈判,在基本供货范围不变的情况下,价格降到7亿日元成交。卖方说:“若不是由于最初已定下技术费,设备费就不这么谈了。”

在此案例中,买方在下了技术费的诱饵后,使卖方不得不继续谈。卖方为了促成此次交易,不得不在设备费上作出了较大的让步。

5. 谈判升格

谈判升格策略是指当谈判双方主谈人无力解决某些分歧,或为了获取更大利益时,请双方高级领导出面干预,以推动或结束谈判的做法。该策略在打破谈判僵局和终局定价时常用。该策略的要点是,请领导出场的时机和方式要得当,下属汇报应全面,目标要分层次,使领导尽快进入谈判角色。谈判升格和一般性会见的本质差别是:前者谈实质条件,后者仅限于礼节。

该策略的具体做法有:高层破僵局。例如,某集成电路技术交易谈判,供方仅同意提供集成度为3万支晶体管的技术,双方相持不下,谈判无法继续。但是,如果技术水平不确定,生产线无法组织,设备不好选型,价格也无法报出。这时,双方均请求上级,并由上级出面讨论,达成协议后,双方谈判人员再继续谈判,最终确定成交。

运用该策略时应注意以下几点:

(1) 运用时间不在早晚,而在谈判的形势——僵局和终局。

(2) 不应滥用谈判升格。让领导频繁出场,不仅其威慑力会减弱,还会贬低主谈人的地位。

(3) 在准备“升格”前,应有“激战”,准备气氛。只有打得难分难解,“升格”才更有意义。

(二) 决胜战的破解

如果谈判对手使用决胜战谋略,那么谈判人员可以采取下列对策加以破解:

1. 把总体利益放在首位,不要因小利而吃大亏

在决胜战中,谈判对手可能会以小利作为诱饵。此时,不要为小利所动,要把工作重点放在对总体利益的把握上。

2. 把握时机,适当让步

参与谈判各方通常都希望能达成一致意见,从而取得谈判的成功。因此,谈判人员应适时作出让步,以达成协议。当然,己方应在保障自身利益的条件下,作出适当的让步。

复习思考题

一、名词解释

1. 商务谈判谋略　2. 攻心战　3. 蘑菇战　4. 强攻战

5. 蚕食战　　6. 运动战　　7. 外围战

二、简答题

1. 简述策划商务谈判谋略的步骤。
2. 简述蘑菇战的具体策略。
3. 简述影子战的具体策略及其破解方法。
4. 攻心战中的“满意感”和擒将战中的“宠将法”有何区别?
5. 哪些商务谈判谋略可以在谈判后期使用?
6. 哪些商务谈判谋略可以在谈判全局中使用?

三、案例分析

1984年,山东某市塑料编织袋厂厂长获悉日本某株式会社准备向我国出售先进的塑料编织袋生产线,遂当即到进口过类似设备的青岛、潍坊等市的国营大厂实地考察,了解其性能及运转情况,并确认引进可行。在谈判时,日方代表一开始开价240万美元,我方厂长立即答复:“据我们掌握的情报,贵国某株式会社所提供的产品与你们完全一样,而开价只是贵方一半,我建议你们重新报价。”一夜之间,日本人列出详细的价目清单,第二天报出总价180万美元。经过激烈的争论,总价压到了130万美元。到此,日方表示价格无法再压。随后,在持续9天的谈判中,双方共计谈了35次,互不让步。我方厂长便故意与另一家西方公司洽谈联系。日方得悉后,立即将总价降至120万美元,这个价格可以说相当不错了。但是,我方厂长了解到,当时正有几家外商同时在青岛竞销自己的编织袋生产线,这个形势对我方非常有利。于是,我方厂长仍要求日方降价,日方大为震怒。我方厂长拍案而起:“先生,中国不再是几十年前任人摆布的中国了,你们的价格、你们的态度都是我们不能接受的!”说罢,他把提包甩在桌上,那提包有意没拉上拉链,经他这一甩,里面那些西方某公司设备的照片散了一地。日方代表见状大吃一惊,急忙拉住我方厂长说:“先生,我的权限到此为止,请允许我再与厂方联系请示后再商量。”第二天,日方宣布降价至110万美元。我方厂长在拍板成交的同时,提出安装所需费用一概由日方承担,又迫使日方让步。

问题:

(1) 我方厂长在谈判中运用了哪些谈判谋略?

(2) 我方厂长在谈判中稳操胜券的原因有哪些?

第六章　商务谈判中的技巧

【本章学习目标】

- 掌握商务谈判中叙述的技巧；
- 掌握商务谈判中提问的技巧；
- 掌握商务谈判中回答的技巧；
- 掌握商务谈判中拒绝的技巧；
- 掌握商务谈判中辩论的技巧；
- 掌握商务谈判中说服的技巧；
- 掌握商务谈判中倾听的技巧；
- 掌握商务谈判中观察的技巧。

商务谈判是借助于谈判各方的信息交流完成的，而谈判中信息的传递与接收需要通过谈判者之间的叙述、提问、回答、拒绝、辩论、说服、倾听和观察等方式完成。在谈判桌上，谈判人员必须随时注意这些信息沟通技巧的运用，以便圆满完成谈判任务。全面掌握叙述、提问、回答、拒绝、辩论、说服、倾听和观察的技巧，是在商务谈判中取得主动权与胜利的重要因素。

第一节　商务谈判中的语言与非语言技巧概述

商务谈判技巧涉及多方面知识的运用，包括语言沟通技巧和非语言沟通技巧。语言沟通技巧包括叙述、提问、回答、拒绝、辩论和说服的技巧，非语言沟通技巧包括倾听和观察的技巧。这些技巧往往会成为谈判成功的关键因素。作为谈判人员，需要在谈判实践中不断提高自己各方面的技巧。

一、商务谈判中的语言

商务谈判的过程是语言交流的过程，商务谈判成功与否很大程度取决于语言的表达正确与否。了解谈判语言的特征、作用和运用是十分必要的。

（一）商务谈判语言的特征

1. 客观性

客观性是指谈判过程中的语言表述要尊重事实，反映实情。

从卖方来讲，语言客观性表现在：介绍本公司情况时要真实；介绍商品性能要恰如其分,可以出示样品或进行演示,还可以介绍客户对该商品的评价;报价要恰当可行;确定的支付方式要双方都能接受。

从买方来讲,语言客观性表现在:介绍自己的购买力时不要夸大失实;评价对方产品的质量、性能要中肯;还价要充满诚意,压价要有充分理由。

谈判语言具有客观性,就能使双方自然而然地产生以诚相待的印象,从而促使双方立场、观点相互接近,为下一步取得谈判成功奠定基础。

2. 针对性

针对性是指谈判要始终围绕主题,有的放矢。

不同的谈判内容和场合需要使用不同的语言。由于谈判对手的谈判风格、性格、文化程度、知识水平、接受能力不同,也应使用不同的语言。

要针对同一谈判对手的不同需要,恰当地使用有针对性的语言,或重点介绍商品的质量、性能,或侧重于介绍本企业的经营状况,或反复阐明商品价格的合理等等。

3. 逻辑性

逻辑性是指谈判者的语言要符合思维的规律,表达概念要明确,判断要准确,推理要严密,要充分体现客观性、具体性和历史性,论证要有说服力。

谈判者在谈判前搜集的大量资料,经过整理分析后,只有通过符合逻辑规律的语言表达出来,才能为谈判对手认识和理解。在谈判过程中,无论是叙述问题、撰写备忘录,还是提出各种意见、设想或要求,都要注意语言的逻辑性。这是紧紧抓住对方,进而说服对方的基本前提。

与此同时,在提出问题、回答问题或者试图说服对方时,也要注意语言的逻辑性。提问要察言观色,把握时机,密切结合谈判的进程,并要注意问题的衔接性;回答问题要切题、准确;试图说服对方时,要使语言充满强烈的感染力,真正打动对方,使对方心悦诚服。

4. 规范性

规范性是指谈判过程中的语言表述要文明、清晰、严谨、精确。

(1) 必须坚持文明礼貌的原则,符合商界的特点和职业道德要求。无论出现什么情况,都不能使用粗鲁的语言。另外,要避免使用意识形态分歧大的语言,如"资产阶级"、"霸权主义"等。

(2) 语言必须清晰易懂。口音应当标准化,不能用地方方言、俗语与对方交谈。

(3) 谈判语言应当注意抑扬顿挫、轻重缓急,避免语不断句、嗓音微弱、大吼大叫或感情用事等。

(4) 谈判语言应当准确。特别是在讨价还价的关键时刻,更应该注意一言一语的准确性。在谈判过程中,由于一言不慎导致谈判走向歧途,甚至导致谈判失败的事例有很多。因此,必须认真思考,谨慎发言。

5. 技巧性

日常生活中,具有幽默感的人几乎毫无例外地受到欢迎,在谈判桌上也一样,语言幽默诙谐能引起听众的强烈共鸣。

在谈判中,幽默具有特殊的意义和功效。谈判中常常发生这种情况,当双方激烈争辩、相持不下,气氛紧张、充满火药味时,一句幽默的话会使气氛一下子就缓和下来。

例如,有一次,中外双方就一笔交易进行谈判,双方在某一问题上讨价还价了两个多星期仍然相持不下。这时,中方主谈人就说了一句话:"瞧,我们双方至今还没有谈出结果,如果奥运会设立拔河比赛项目,我想我们肯定是并列冠军,而且可以载入《吉尼斯世界纪录大全》。我敢保证,谁也打破不了这一纪录。"这句话一说出来,双方全都哈哈大笑,气氛一下子就缓和下来,随即各作了让步,很快就达成了协议。

又如,有一次,周总理在接见各国记者时,一位西方记者向周总理提出这样的问题:"总理阁下,你们中国人为什么把路叫'马路'呢? 是不是只走牲畜而不让人走?"面对这位记者的有意刁难,周总理回敬道:"这个问题的提出说明你对中国太缺乏了解,我们把人走的路称为'马路',是因为我们是社会主义国家,走的是马克思主义的道路,简称'马路'。"总理的一句巧妙而灵活的回答,令这位记者无言以对。

案例分析

新闻发言人的语言技巧

回避是新闻发言人常用的手法,因为有时与记者打交道,并不能完全实话实说。

1994 年 9 月 29 日下午,我国外交部新闻发言人陈健主持记者招待会,有位外国记者向他发难:"请问发言人先生,邓小平先生会不会出席'十一'国庆,以及参加哪些国庆活动?"

"我跟你们一样,会在 10 月 1 日的报纸上看到。"陈健话音一落,台下一片笑声。

1995 年 8 月 22 日,是邓小平 91 岁华诞,适逢外交部例行的记者招待会。

"今天是邓小平先生 91 岁诞辰,我想问一下关于他的健康状况的说法是不是还是那样没有变化?"一位德国记者问道。

这位德国人的确有点狡猾。他不问身体健康与否,而问是否有所变化。众所周知,万物都处于变化之中,自然不能回答没有变化,而若说有变化,又需说明是变好还是变坏。这个问题的确不好回答。

“变化当然是有的啦!”陈健拖长了声音回答。众记者一听,都竖起了耳朵,以为陈健要发布什么重大新闻。不料,此招乃是故弄玄虚。见已经吊起众记者的胃口,陈健才不慌不忙地抖开了包袱:“他又年长了一岁。”

原来如此,被耍了一回的记者也忍不住笑了。

“当然,他的身体状况是好的。”陈健收敛了笑容,一本正经地又补充道。

这是两则我国外交部新闻发言人巧对记者提问的例子。

(二) 商务谈判语言的作用

商务谈判语言既是一种艺术,又是一种工具,在谈判中起关键的作用。

1. 语言艺术是通向谈判成功的桥梁

商务谈判中,同样一个要表达的问题或一段话,恰当地运用语言艺术,可以使对方听来饶有兴趣,并且乐于听下去;否则,对方会觉得是陈词滥调,产生反感。面对冷漠的或者不合作的谈判对手,通过运用恰当的语言艺术,会使对手变得热心起来。

善于引导对方打开话题,是每个谈判人员尤其是主谈者必备的素质。谈判人员必须认识到这一点,并进行必要的语言运用艺术的训练。

2. 语言艺术是处理谈判中人际关系的关键

在商务谈判中,双方人际关系的变化主要通过语言交流体现。双方各自的语言都是用来表达自己的愿望和要求的。当用语言表达的这种愿望和要求与双方的实际努力相一致时,就可以使双方维持并发展某种良好的人际关系;相反,如果这种愿望和要求用不恰当的语言表达,就会导致与双方的实际努力不一致的结果,甚至发生冲突。这时,双方建构的某种良好的人际关系就可能解体,严重时可能导致双方关系破裂。

语言艺术水平的高低,还关系到谈判双方处理矛盾的效果。在商务谈判中,说者所表达的并非都是听者愿意接受的。那么,如何才能既表达清楚自己的见地,又能维持双方的良好关系?这就需要借助于语言艺术。如果语言运用不恰当,既会使对方反感,也会使对方怀疑己方的动机,使本可顺利进行的谈判陷入僵局。

3. 语言艺术是表述自己观点的有效工具

在谈判过程中,谈判者要想把自己的判断、推理、论证的思维成果准确地表达出来,就必须出色地运用语言艺术工具。同样的观点,经过不同的语言处理,达到的效果可能会不一样。

4. 语言艺术是实施谈判策略的主要途径

语言通常是实施谈判策略的关键因素。例如,如果要运用红白脸策略与对手进行谈判，那么扮演“白脸”的人物既要态度强硬、寸步不让，又要以理服人，言出有据，保持良好的形象。这时，语言艺术就显得十分重要。态度强硬并不等于蛮横无理，平和的语气、稳重的语调以及得体的语言往往比蛮横无理具有更强烈的震撼力。所以，谈判策略的实施也必须讲求语言艺术。

（三）商务谈判语言的运用

在商务谈判谈判中，语言的运用是否恰当，直接关系到能否在谈判中取得主动权和达到既定的谈判目标。因此，谈判人员应注重谈判语言的运用。要想在谈判中正确地使用语言，主要应在以下几个方面下工夫：

1．说话要简洁、准确、明晰

说话简洁，要求做到在谈判中不说多余的话，用尽可能少的句子表达更多的意思，用最简练的语言表达丰富的内容，做到说话干脆利落，对准谈判目标，不要节外生枝。同时，还要努力做到咬字吐词准确流畅，语言纯正，口齿伶俐，不要出现语言含糊不清、逻辑错乱和结结巴巴等现象。此外，语言的使用要尽可能地准确，不能歧义、多义，模棱两可，叫人捉摸不定。

2．发言要有的放矢

发言的目的必须明确，要有针对性，事先要明确发言所要达到的目标。在针对实质性问题作有意义的发言之前，必须做到心中有数。掌握了对方的情况，发言就能处在较有利的地位。

3．学会采用试探性发问

在谈判达成协议之前，如果采用试探性的发问方式，可以使自己获得更多的、更有价值的信息资料，引导出新的选择途径，加强谈判的实力。

4．慎重回答对方的发问或要求

对卖方来说，买方通过“假如”等语句投石问路时，必须仔细考虑后再给予答复。首先，不要立即对“假如”的要求这个危险的诱饵进行估价。其次，在回答问题之前，应该要求对方提出保证条件，将“假如”式询问变成交易机会，从而更好地促成交易。

5．善于有效提问

在谈判过程中，有效地向对方提出各种各样的问题，可以启发心智，以诚相见，引导和刺激对方不断进行思考，更加积极地参加谈判，共同努力以达到对双方都有利的目标。所提出的问题要经过充分准备和考虑，提问语气要温和客气，以礼相待，不要伤了对方的感情。要有意地提出对方可能回避的问题和你已经知道答案的问题，从中得到启发，以便了解对方是否有诚意。

二、商务谈判中非语言沟通的特点

美国心理学家艾帕尔说：“人的感情表达由三个方面组成：55%的体态、

38%的声调以及7%的语气词。"这充分说明身体语言的重要性。事实也确实如此,在谈判沟通过程中,双方之间相当部分的信息或含义是通过非语言符号传递的。非语言沟通在谈判中起着不可或缺的作用,也是口头谈判和书面谈判的重要区别之一。非语言沟通方式是指用诸如面部表情和身体姿势等加强或否认语言沟通的效果。

对于谈判者来说,运用非语言沟通,就是要在谈判的特定条件下,一方面有意识地对自身的肢体语言予以控制、调整,辅助口头语言表达完成谈判任务;另一方面则是借助对谈判对手肢体语言的辨析,更真实、全面、及时地把握对方的情感、态度和意向,以此掌握谈判的主动权,争取理想的谈判结果。要完成这两个方面的任务,就需要对非语言沟通的特点有所认识和了解。概括起来,非语言沟通具有以下特点:

(一)广泛性

肢体语言表现的范围十分广泛,从人的喜、怒、哀、乐到惊、恐、静、急,几乎无所不包。在谈判交往和传情达意方面,人在很大程度上要依靠肢体语言,比如面部表情的兴奋或悲哀、肢体的手舞足蹈或垂头丧气等。

(二)直观性

在语言交流中,口头语言作用于人的听觉器官,并不具有视觉的可感性,而肢体语言则能给人以更形象直观的感觉。例如,商务谈判中,如果在有人和你说话或注意你时,你的身体或面部表情显得松弛,这表示你对这次谈判缺乏热情;你在众人面前将双臂横交在胸前,低垂着头,避免看他人,这表示你感到自己不适应这个场合;如果你不时用手抚摸领口、衣服,那么你可能别有他事,想尽早离开这个场合;如果你双肩向后,收紧双臂,挺起胸膛,这可能表示你已受到某种场合的感染,你的活力已得到激发。透过以上种种形体动作,对方可直观地感受到你的态度和心境。

(三)依赖性

依赖性是指某种表情与动作在不同的情况下会有不同的含义。比如,同是瞪眼,就有可能表示愤怒、好奇、吃惊、仇恨、无奈等。如果离开了一定的语境和口头语言的综合,就有可能对肢体语言表达者的真实含义产生误解。所以,肢体语言又有依附于语境和口头语言的特点。

(四)准确性

人们对于声音和书面语言信息的反应,一般是按常规进行的。当事人可以事先或有意掩饰,这往往容易给人留下虚伪的印象。比较之下,肢体语言大多是在无意识状态中发出的,因而所传递的信息就较为准确、可靠。弗洛伊德曾经说过:"凡人都无法隐藏私情,他的嘴可保持缄默,他的手却会'多嘴多舌'。"例如,对方说毫不介意,而表情上却流露出局促不安;对方说要请吃饭,却以肢体语言表达要送客；当你向对方提出条件时，他嘴上说“我们会认真考虑贵方建议的”，而动作却是双臂交叉于胸前，或狠狠掐灭烟头，其真实的内心想法已暴露无遗。由此可见，人们不仅可以借助肢体语言辨认出口头语言所未能表达的态度与意向，还可以用来验证言辞信息的真伪。

（五）差异性

由于民族文化习惯之间的差异，人们在对同一情感和同一肢体语言的表达和理解上存在着很大的差别。例如，同是见面打招呼，中国人是双方握手或点头以示问好，欧美人是以拥抱和亲吻的方式进行，日本和韩国盛行鞠躬，东南亚佛教国家则以双手合十表示。大多数国家和民族以点头表示赞成、同意，以摇头表示反对、不同意；而保加利亚人、尼泊尔人、某些非洲部落和我国的独龙族人却相反。阿拉伯人认为相互推挤的动作表示有福同享，而美国人对此非常反感。中国人把跺脚当做生气的表现，而法国人则认为是叫好。阿拉伯人喜欢触碰他的同伴，甚至去抚摸和闻嗅对方以示亲切；而英国人则重视双方保持严格的空间距离。总之，肢体语言在各国家、地区和不同民族的运用中差异很大，必须认真对待，以免引起误会。

案例分析

商务谈判中技巧的运用

空中客车公司是法国、德国和英国等国家联合经营的飞机制造企业，总部设在法国的图卢兹。该公司生产的客机质量优良，但是在20世纪70年代企业刚创办的时候，外销业务一时难以打开。为了改变这种被动局面，公司决定招聘能人，把产品打入国际市场。

贝尔·拉第埃正是在这种情况下于1975年被空中客车公司聘用的。当时，世界经济由于石油危机而出现大衰退，各大航空公司都很不景气。贝尔·拉第埃并没有被困难吓倒，而是勇敢地、积极地迎接挑战。

贝尔·拉第埃走马上任后，遇到的第一个棘手问题是和印度航空公司的一笔交易。当时，这笔生意未被印度政府批准，大有落空之势。他得到消息后，便匆忙赶赴新德里。他的谈判对手是印度航空公司主管拉尔少将。与拉尔会面后，贝尔·拉第埃对他说：“谢谢您让我在生日这一天又回到了我的出生地。”随后，贝尔·拉第埃介绍了自己的身世，说他于1929年3月4日出生于加尔各答，当时他父亲任法国米歇林公司驻印代表。拉尔听后很受感动，当即请他共进午餐。万事开头难，贝尔·拉第埃见首招见效，就趁热打铁，从公文包里取出一张照片递给拉尔看，并问：“少将先生，您看这照片上的人是谁？”拉尔惊讶地说：“这不是圣雄甘地吗？旁边的这个小孩是谁？”拉第埃说：“那就是小时候的我。

我3岁时随父母离开印度去欧洲,途中有幸和圣雄甘地同乘一条轮船。"拉尔听后,对贝尔·拉第埃产生了好感。不久后,这笔生意就谈成了。事后,拉尔说:"带圣雄甘地的照片前来向我兜售飞机的,这还是破天荒的第一次,我不能再拒绝了。"

贝尔·拉第埃说:"推销员要信任客户和了解客户,与他们建立亲密的关系,做生意要机动灵活。"1977年初,空中客车公司与美国西部航空公司的交易由于银行的压力而搁浅。美国东部航空公司老板包曼正想购买23架飞机,由于银行反对,谈判陷入僵局。贝尔·拉第埃提出,可以借给包曼一架飞机,作为期6个月的营业试飞,条件是包曼必须出600万美元,为该公司的飞机在美国推销做广告。协议终于达成了。后来,只经过2个月的试飞营业,东部航空公司赚了钱,原先反对这笔生意的银行家们也改变了立场。销售不成变为先借后销,西部不成转为进攻东部,正是依靠这种灵活的手法,终于使空中客车公司打入了美国市场。

1979年,贝尔·拉第埃创纪录地为空中客车公司推销了230架飞机,价值420亿法郎,使该公司成为仅居美国波音公司之后的西方第二大民用飞机制造公司,他本人也被誉为空中客车公司的"推销突击队员"。

贝尔·拉第埃在较短时间内就为空中客车公司夺取了世界1/4的客机销售市场,他成功的奥秘就在于一个"奇"字。

按一般推销员的做法,飞机这种昂贵商品的交易似乎只能通过比较正式的谈判,在严肃的气氛中达成协议。贝尔·拉第埃却一反常规,利用自己与印度人十分敬重的圣雄甘地的一张合影,表达自己对印度的深厚感情,以此感动谈判对手拉尔少将,使一桩几乎夭折的生意起死回生,并借机打进了印度的客机市场。

在与美国东部航空公司的谈判中,贝尔·拉第埃善于根据形势变化和工作需要,灵活地采取各种有效的促销手段。当时,为了达到一般情况下不能取得的效果,他敢于突破常规,用前人所未使用过的技巧和手段实现自己的目的。正因为贝尔·拉第埃敢于出奇招,他才创造了一年成交230架飞机的奇迹。

第二节 商务谈判中叙述与提问的技巧

一、叙述的技巧

叙述即主谈人阐述己方立场、观点和要求的行为,或指出立场、观点和要求中存在的不合理的部分,进而提出双方合作成功的可能性大小、机会和障碍,指明双方经由合作可以获得的各种利益等。在商务谈判中,叙述是一种不受对方所提问题的方向、范围制约,带有主动性的阐述,是一种重要的交流和沟通方式。

参与谈判各方在这个过程中交流信息，让对方明白己方的意图，尽最大努力确保交易达成。因此，谈判人员能否正确、有效地运用叙述的功能，把握叙述的要领，会直接影响谈判的效果。

（一）叙述的基本方式

1．精练式

精练式叙述是指把叙述的内容进行加工提炼后，总结成朗朗上口的简短字句，高度概括地把自己想表达的思想说出来，以强化己方表达方式的效果，给对方留下深刻印象的一种述说方法。这种方法能令听者耳目一新，增加其好奇心，提高其注意力，并容易记忆，是一种效果颇佳的述说方式。这种叙述方式对谈判前的准备工作要求较高，对主谈人的语言表达能力和经验也有较高的要求。

2．对比式

对比式叙述是指把两种或两种以上的互相对比的事物放在一起对照叙说，使对比下的己方观点和立场以及商品特点更加突出、鲜明，从而引起对方的强烈兴趣，给其留下深刻印象。这种叙述方式要求主谈人对所对比的相关事物有深刻的了解，对主谈人经验的要求也较高。

1860 年，林肯竞选美国总统，他这样向群众发表演讲：

> 有人打电话问我有多少银子，我告诉他们我是一个穷棒子；我有妻子和儿子，他们才是我的无价银子。我租了一间房子，房子里有一张桌子和三把椅子，墙角有一个柜子，柜子里的书值得我读一辈子。我的脸又长又瘦又有胡子，我不会发福挺着肚子，我没有什么可以庇荫的伞，唯一可以依靠的是你们。

这段通俗浅显、生动易懂的话，把他自己和某些不重视亲情、大腹便便、家财万贯的候选人区别开来，也使听众与他的距离一下子靠近了。

3．情境式

情境式叙述是指主谈人通过自己的叙说，将听者的思维带到事先设置好的特殊情境中，从而让其产生特殊的感觉和印象。这就像是好的演员能很快把观众的情绪带到特定的场景中，对剧中人物的言行产生强烈的共鸣。这种方法要求主谈人有较强的语言表达能力和感染力。

4．循序渐进式

循序渐进式叙述是指按客观事物产生、发展的先后顺序和过程，以及客观事物之间的自然联系进行叙述。叙述者既可以按时间顺序，从前往后叙述；也可以按空间顺序，从上到下、从里往外叙述。这种叙述方式的条理性较强，容易让对方理解和接受，是商务谈判中最常用的叙述方式。初入谈判队伍的新手，由于经验欠缺，基本都采用这种方式叙述。

（二）谈判入题叙述的技巧

谈判各方在刚进入谈判场所时，难免会感到拘谨。尤其当谈判各方初次会面时，互相不熟悉，尚有陌生感，很容易产生紧张心理。采用适当的入题方法，有助于消除这种紧张心理，激发各方的谈判兴趣，轻松而愉快地开始谈判。掌握入题的技巧，是避免谈判时剑拔弩张气氛的有效途径。常用的入题技巧一般有以下两种：

1. 迂回入题

为避免谈判时单刀直入、过于直露，影响谈判的融洽气氛，可以采用迂回入题的方法。迂回入题的方法主要有以下几种：

（1）从介绍己方谈判人员入题

从介绍己方谈判人员入题，既可以缓解紧张的情绪，又往往能够不露锋芒地显示己方强大的阵容，暗中给对方施加心理压力。通常，可以简略介绍己方人员的职务、经历、学历、成果等，并突出一些有实力的谈判人员。

（2）从题外话入题

谈判可用的题外话题十分丰富，包括天气、旅途情况、社会新闻、轶闻趣事等，这是一种简单、有效的入题技巧。例如，可以谈关于气候的话题，如“今天的天气真冷”、“还是南方的温度比较适宜”等；可以谈有关旅游和旅行的话题，如“广西桂林真是山水甲天下”等；还可以谈有关新闻、艺术、社会名人等话题。从题外话入题，易于形成轻松愉快的氛围，有利于融洽谈判气氛。

（3）从客套话入题

如果谈判的一方为主座谈判，另一方为客座谈判，那么主座谈判方就可以谦虚地表示自己在各方面照顾不周，没有尽好地主之谊，敬请谅解等。客座谈判方可以说自己才疏学浅，缺乏谈判经验，希望各位多多指教，并希望通过这次谈判建立友谊等。

（4）从介绍己方的生产、经营、财务状况等入题

为了达到合作的意向，谈判人员可以先简略介绍己方的生产、经营、财务等基本情况，提供给对方一些必要的资料，以显示己方雄厚的实力和良好的信誉。这样做，可以先声夺人，既表明己方的坦诚，又能坚定对方进行合作的信心。

2. 直接入题

用开门见山的方法入题，就是直接谈与正题有关的内容。直接入题的方法主要有以下两种：

（1）先谈一般原则，再谈细节问题

一些大型的对外商务谈判，由于需要洽谈的问题千头万绪，双方的高级人员不应该也不可能介入全部谈判，往往要分成若干等级进行多次谈判。这就需要采取先谈一般原则问题，再谈细节问题的方法。一般原则问题达成一致后，洽谈

细节问题也就有了依据。

（2）从具体议题入手

一般而言，大型的对外商务谈判总是由具体的一次次谈判组成的。在每次具体的谈判会议上，双方可以首先确定本次会议的谈判议题，然后从这一具体的议题入手进行洽谈。这样做，可以避免谈判时无从下手，从而提高效率。

案例分析

谈判入题叙述技巧的运用

A公司是一家实力雄厚的房地产开发公司，在投资的选项上选中了B公司所拥有的一块极具升值潜力的地皮。B公司正想通过出卖这块地皮获得资金，以将其经营范围扩展到国外。于是，双方精选了富有经验的谈判人员，对土地转让问题展开磋商。

A公司谈判代表说："我公司的情况你们可能也有所了解，我公司是×公司、××公司(均为全国著名的大公司)合资创办的，经济实力雄厚，近年来在房地产开发领域业绩显著。在你们市去年开发的××花园，收益很不错，听说你们的周总也是我们的买主啊。你们市的几家公司正在谋求与我们合作，想把他们手里的地皮转让给我们，我们没有轻易表态。你们这块地皮对我们很有吸引力，我们准备把原有的住房拆迁，开发一片居民小区。前几天，我们公司的业务人员对该地区的住户、企业进行了广泛的调查，基本上没有什么阻力。时间就是金钱啊，我们希望能以最快的速度就这个问题达成协议，不知你们的想法如何？"

B公司的谈判代表说："很高兴能与你们有合作的机会。我们以前虽没有打过交道，但我们对你们的情况还是有所了解的。我们遍布全国的办事处也有多家住的是你们建的房子，这可能也是一种缘分吧。我们确实有出卖这块地皮的意愿，但是我们并不是急于脱手，因为除了你们公司外，×、××等一些公司也对这块地皮表示出了浓厚的兴趣，正在积极地与我们接洽。当然了，如果你们的条件比较合理，价钱比较优惠，我们还是愿意优先与你们合作的。我们还可以帮助你们简化有关手续，使你们的工程能早日开工。"

双方的谈判代表都不愧是富有经验的谈判行家，三言两语的自我介绍，就把己方的实力充分地显示出来。特别是A公司代表的发言，简直就是A公司的"实力宣言"。那句"几家公司正在谋求与我们合作，想把他们手里的地皮转让给我们"，更是让对方感到一种竞争的压力。他最后提及的该公司业务人员的调查结果，也令人赞叹该公司工作的高效率。

面对如此强大的谈判对手，B公司的谈判代表表现得相当镇静，在回应对方的合作愿望时，三言两语地介绍了己方不可小视的实力。"遍布全国的办事处"

意味着该公司是有着雄厚实力和广泛影响的全国性公司，而其显示己方实力的意图却隐藏在一句似乎轻描淡写的意在联络感情的客套话中。“我们并不是急于脱手”、“×、××等一些公司也对这块地皮表示出了浓厚的兴趣”则是针对对方制造的压力，反将一军，增强己方谈判实力的同时，又给对方以危机感。

（三）谈判结束叙述的技巧

在谈判中，结束语起着压轴的作用，占据特殊地位。出色的结束语既可以让对方深思，又可以引导对方陈述问题的态度与方向。如果己方所述问题不单一，或陈述方式跳跃性强，那么结束时还应加以归纳、提炼。

一般来说，结束语宜采用切题、稳健、中肯并富有启发性的语言，还要做到有肯定、有否定，并留有回旋余地，尽量避免下绝对性的结论。常见的结束语有：“今天的会谈进一步明确了我们彼此的观点，并在某某问题上达成了一致看法，但是在某某问题上还需要再谈。”或者：“对贵方的要求我刚才谈了我们的意见，但是关于这个问题我们打算进一步研究，待下次见面再谈，您看如何？”

总之，结束语是不可忽视的一个方面，在实践中应视会谈的情况而定，既有刻板的、公式化的结束语，也有友好、诙谐、具促进性的结束语，不应一概而论。

（四）叙述的基本要领

1. 口齿清楚，语言通俗

主谈人要尽量使用对方听得懂的语言表达自己的意思。如果必须使用专业语言，要作明白的解释；如果自己对专业不是很精通，那么就扼要地说几句内行话，不要多说。叙述的时候如涉及关键的文字或数字，一次就要说准确，尽量不使用“前后”、“左右”、“大概”、“差不多”等词语。

案例分析

拉姆斯菲尔德的“不知所云奖”

唐纳德·拉姆斯菲尔德是2003年的热门人物。他是美国国防部部长，是美国政坛“鹰派”领袖，也是2003年美伊战争的决策者之一。2003年12月1日，拉姆斯菲尔德还被英国语言学家评为2003年度“不知所云奖”得主。

据“不知所云奖”评委介绍，这位个性强硬的“鹰派”领袖是在当年一次新闻发布会上说出他的获奖名言的。他说：“我总是对有关找不到伊拉克大规模杀伤性武器的报道很感兴趣，因为我们知道，世界上存在着已知的已知事物，也就是说有些事情我们知道自己知道，而我们也知道世上存在着被人所知的不明事物，这就是说有些事情我们知道自己不知道。同时，世上还存在着我们不知道的不明事物，也就是说我们不知道自己不知道。”当时在场的记者都被这句话给绕糊涂了，他们怎么也想不明白，拉姆斯菲尔德到底要说些什么。

“不知所云奖”评委之一的约翰·李斯特认为，拉姆斯菲尔德获得这个奖项真是再合适不过了，他幽默地点评道：“我们知道他想说什么，但是我们不知道我们是否真的知道他所要说的意思。”

2. 简明扼要

谈判人员在陈述己方立场、观点时应简明扼要，切忌单调、烦琐和长篇大论式的陈述。如果己方谈判人员滔滔不绝，对方会认为己方不给他思考的机会，因而感到烦躁；而且由于提供的信息太多，对方会觉得他所同意和他所反对的东西相互交叉，无法对其中的一些看法表示否定或肯定，容易导致谈判气氛紧张。通常，人们一次只能接受3—5个事项，所以谈判者在叙述自己的看法时，一定要做到简明扼要。必要时，可以多花些时间，一部分一部分地分几次提出来，中间给对方思考和决策的时间。与此同时，谈判者也要提供己方的看法和主张所依赖的根据，这样才可使对方信服。叙述时，要用简短的语言在极短的时间里抓住对方的注意力，让对方领会陈述的具体内容，并能提出一些有针对性的问题。这样，会使双方的交流处于较为活跃的状态，有助于谈判向纵深发展，从而提高谈判效率。另外，谈判人员不要随意发表与主题无关的意见，如果述说时随意跑题，在正式谈判场合会显得非常不得体，而且对方会反感。

3. 注意叙述的准确性

叙述中尽量使用客观的、中性的、礼貌的语言，除了因谋略的需要而有意为之以外，尽量避免偏激的个人情绪和感情色彩。如果对所谈的问题不甚了解，就推迟述说，切莫信口开河；否则，将会极大地影响己方声誉，削弱己方谈判地位。

4. 注意头尾

根据行为学和心理学中的首因效应和近因效应理论，在进行社会知觉的整个过程中，对象最初和最后留给人的印象是最为深刻的。首因效应是指社会对象最先给人留下的印象，往往先入为主，对后来的印象起着强烈的影响。这就是每个人都重视给人的第一印象的原因。近因效应是指在知觉过程中最后给人留下的印象最为深刻，对以后的印象也起着强烈的影响。首因效应和近因效应起作用的条件并不一样。一般来说，在感知陌生人时，首因效应作用更大一些；而在感知熟悉的人时，近因效应作用更大一些。谈判人员在工作中要尽可能做到，一方面预防这两种效应的消极影响，另一方面在一定条件下发挥这两种效应的积极作用。在向对方述说时，首先要用几句话扼要地说明自己所要表达的主要观点，使其能产生首因效应，加深其印象，在结束叙述之前再把所谈问题加以总结和归纳，把问题的要点再重复一下，产生近因效应，向对方表明己方的观点是前后一致的。

5. 注意语音、语调表达的含义

不同的语音、语调可以赋予同一句话不同的含义,也可以表达说话者不同的感情。例如,“你好”若以平常的语调讲,是一句问候语;若把重音放在第一个字或第二个字上,则表达的含义就大不相同了;若高声而拖长音调地说出来,则表达了说话者的傲慢。在谈判中,谈判者应通过语音、语调的变化显示自己的信心、决心、不满、疑虑和遗憾等情感,同时也应善于通过对方不同的语音、语调洞察对方的思想感情及其变化。谈判者声音的高低变化,也是影响表达效果的重要因素之一。声音过高会让人感觉不舒服,而声音过低过弱又会使对方感觉情绪不够振奋。因此,应当合理控制声音的强弱,做到有高有低,抑扬顿挫。

有一次,意大利著名的悲剧影星罗西应邀参加了一个欢迎外宾的宴会。席间,许多客人要求他表演一段悲剧,于是他用意大利语朗诵了一段“台词”,尽管客人听不懂这段“台词”的内容,但是他那动情的声调和悲怆的表情,使客人们不禁流下同情的泪水。可一位意大利人却忍不住跑到厅外大笑不止。原来,这位悲剧明星念的根本不是什么台词,而是宴席上的菜单。仅凭语音、语调的变化就能强烈地影响人的情绪,这就是善于运用语音、语调的技巧带来的好处。

二、提问的技巧

商务谈判中的提问是了解对方的想法和意图、掌握更多信息的重要手段和有效途径。一般来说,通过有效的提问,可以引起对方的注意,使对方对提出的问题予以重视;搜集对方的信息,发现对方的需要,以便对症下药;调动对方的积极性,争取谈判的主动权;为对方的思考和回答规定方向,进而有助于控制谈判的方向,使话题趋向结论。另外,提问还有证实和测定的作用。因此,谈判者应充分了解提问的类型,掌握提问的时机、要领与忌讳,灵活、艺术地运用提问的技巧。

(一) 提问的类型

在商务谈判中,运用比较多的提问类型有以下几种:

1. 选择式提问

选择式提问是就两种或多种答案征询对方意见,让对方在划定的范围内进行选择。这种提问方式能表达对对方的尊重,有助于形成平等、友好的谈判氛围。例如,“您认为我们先谈什么好? 规格、品质,还是交货期?”“原定的协议,你们是本周实施,还是下周给我们答复?”运用选择式问句时,要特别注意语调,措辞要委婉,不要给对方留下专横独断、强加于人的不良印象。

2. 封闭式提问

封闭式提问是指在一定范围内引出肯定或否定问题的答复。例如,“您同意这个价格吗?”“我们的条件就是这些,您认为可以成交吗?”封闭式提问通常可使发问者获得特定的信息资料,即“是”或“否”的决定。对答复这种问句的人来说，回答较简单。但是，这种问句有时会带有相当程度的威胁性，从而引起对方的不快。

3. 澄清式提问

澄清式提问也称“直接式提问”，是针对对方的答复重新提出问题，以使对方进一步澄清或补充其原先答复的一种提问。这种提问能使对方作出直截了当的明确回答。其好处在于方向明确、节省时间，一般用于需要确切地知道与对方有关的某些情况或想法，而对方又有义务与责任提供时。例如，“您所说的意思是不是要更改付款方式?”“您刚才说我们的合同条款有含混不清之处，请说具体一点，好吗?”“根据您刚才的陈述，我理解为……是这样的吗?”

4. 探索式提问

探索式提问是针对对方的答复，要求引申或举例说明，以便探索新问题、新方法的一种提问方式。这种提问不但可以进一步挖掘更为充分的信息，而且还可以显示发问者对对方答复的重视。例如，“假如采用新方案，你们觉得怎么样?”“您说可以如期履约，有什么事实可以说明吗?”“我们负责运输货物，那么贵方在价格上是否再考虑考虑?”

5. 多层次提问

多层次提问，即在一个问句中包含了多种主题或多种内容。例如，“施工现场的水质、电力、运输和资源的情况怎么样?”“请您把我们上一次合作中的谈判、签约、履约过程简单介绍一下怎么样?”这类问句含有过多的主题，会使对方难以全面把握，其回答也不够完整。许多心理学家认为，一个问题最好只含有一个主题，最多也不能超过三个，只有这样，对方才能有效地掌握。当然，在有一定目的的情况下，也可以灵活运用。

6. 诱导式提问

诱导式提问具有强烈的暗示性，使对方在思考与回答时受到启发，从而理解与赞同己方的观点。例如，“交货不符合合同规定是要承担违约责任的，您说是不是?”“在交货时，难道我们不考虑入境的问题吗?”诱导式问句具有不可否认的引导性，几乎使对方没有选择的余地，只能产生与发问者观念一致的反应。

7. 借助式提问

借助式提问是借助第三者的意见影响或改变谈判对手的想法的提问方式。被借助者应是对方所熟悉且敬重的人，最好是权威的力量，这样才能对谈判对手产生积极的影响。如果所借助的人是对方不熟悉或不敬重的人，那么很可能引起对方的反感。例如，“我们请教了张顾问，他对该产品的价格有较多的了解。请您考虑，是否可以把价格再降低点?”“李教授是这方面的权威，您是否可以接受李教授的观点呢?”

8. 协商式提问

协商式提问是指为使对方同意自己的观点，采用商量的口气向对方发出的提问。这种方式语气平和，对方容易接受，而且即使对方没有接受自己的条件，谈判的气氛仍能保持融洽，双方仍有继续合作的可能。例如，“您看再给我方3%的折扣是否妥当？”

案例分析

巧妙地发问

美国第一任总统华盛顿曾有一件趣事。有一次，他家里丢了一匹马。通过暗中调查，他发现了偷马人。于是，他便和一位警官到偷马人的农场里去索讨。但是，那人口口声声说那马是自己的，拒绝承认。

华盛顿略加思索，很快上前用双手蒙住马的双眼，追问说：“如果这匹马是你的，那么你告诉我们，这匹马的哪只眼睛是瞎的？”

那人根本就不知道，认为胡乱猜一个，总有一半对的几率吧，于是随口回答：“右眼。”

华盛顿放开蒙着右眼的手，马的右眼完好无损。

那人一见，急忙改口说：“不，刚才说错了，瞎的是马的左眼。”

华盛顿又放开左手，马的左眼也是明亮的。

警官说：“这证明马不是你的，你必须立即把马交还给华盛顿先生。”

华盛顿的高妙之处在于，他的问话里“这匹马的哪只眼睛是瞎的”隐含着“这匹马有一只眼睛是瞎的”这样一种假定，从而诱导盗马者胡乱猜测，结果自露马脚。

（二）提问的时机

1. 在对方发言完毕之后提问

在对方发言的时候一般不要急于提问，因为打断别人的发言是不礼貌的，容易引起对方的反感。对方发言时要认真倾听，即使发现了对方的问题，很想立即提问，也不要打断对方，可先把发现的和想到的问题记下来，待对方发言完毕再提问。这样，不仅显示了自己的修养，而且能全面、完整地了解对方的观点和意图，避免操之过急而曲解或误解了对方的意图。

2. 在对方发言停顿、间歇时提问

如果谈判中对方发言不得要领、纠缠细节或离题太远而影响到谈判进程，那么可以借他停顿、间歇时提问，这是掌握谈判进程、争取主动的必然要求。例如，当对方停顿时，可以借机提问：“您刚才说的意思是？”或者：“细节问题我们以后再谈，现在请谈谈您的主要观点好吗？”

3. 在议程规定的时间内提问

大型外贸谈判一般要事先商定谈判议程，设定辩论时间。在双方各自介绍情况和阐述的时间里不进行辩论，也不向对方提问。只有在辩论时间里，双方才可自由提问及进行辩论。在这种情况下，要事先作好准备，可以设想对方的几个方案，针对这些方案考虑己方对策，然后再提问。在辩论前的几轮谈判中，要作好记录，归纳出谈判桌上的分歧，再进行提问，而且问要问到点子上。

4. 在自己发言前后提问

谈判中，当轮到己方发言时，可以在谈己方的观点之前对对方的发言进行提问，不必要求对方回答，而是自问自答。这样，可以争取主动，防止对方接过话茬，影响己方的发言。例如："您刚才的发言想说明什么问题呢？我的理解是……对这个问题，我谈几点看法……"

在充分表达了自己的观点之后，为了使谈判沿着己方的思路发展，通常要进一步提出要求，让对方回答。例如："我们的基本立场和观点就是这些，您对此有何看法呢？"

另外，选择提问的时机时，还要注意对手的心境，在对方最适宜答复问题的时机提问。

（三）提问的要领

1. 要预先准备好问题

在商务谈判开始前，谈判人员应就将要谈判的主题拟订问题清单，对于对方陈述或叙述时没有提到或没有解释清楚的问题，可按问题清单提问，这样可以做到有的放矢。不要问得漫无边际，以免引起谈判对手的误解。准备的问题最好是对方不能迅速想出适当答案的问题，以期收到意想不到的效果。同时，要预防对方反问，预先想好应对措施。有些有经验的谈判人员往往是先提出一些看上去很一般，并且比较容易回答的问题，而这些问题恰恰是随后所要提出的比较重要的问题的前奏。这时，如果对方思想比较松懈，突然面对所提出的较为重要的问题，往往措手不及，己方可收到出其不意的效果。

2. 避免提出那些阻碍对方让步的问题

提问的最终目的是达到己方的谈判目标，因此所提的问题以及针对该问题的回答应对己方有利，即迫使对方让步，并阻止对方的进攻。如果问题的答案对对方有利，或者会阻止对方让步，则应换一种对己方有利的方式提问，或者干脆不问。

3. 不强行追问

如果对方的答案不够完整，甚至回避不答，这时不要追问，而要有耐心和毅力，等待时机到来时再继续追问。这样做也是对对方的尊重。强行追问会导致对方厌烦而不愿回答，即使回答也会马马虎虎，甚至答非所问。

4．不要抢着提问

应当等对方表述完毕之后再提问，不要中途打断对方的话而提出问题，因为对方接下来要说的也许就是己方想了解的。

5．提出问题后闭口不言，等待对方回答

谈判人员在提问之后，应闭口不言，以平和的眼神看着对方，身体略微前倾，摆出一副等待回答的姿态。因为问题是己方提出的，对方有义务回答或以回答打破沉默，或者说打破沉默的责任将由对方承担。

6．提问的句式尽量简短

在商务谈判中，提出问题的句式越短越好，而由此引出的回答则是越长越好。因此，谈判人员应该用尽量少的字句将问题表述清楚，而不要问一大堆话，令对方摸不着头脑。

7．提问的速度应适宜

提问时说话速度太快，容易使对方感到你不耐烦，甚至有时会感到你是在用审问的口气对待他，容易引起对方反感。反之，如果说话速度太慢，容易使对方感到沉闷、不耐烦，从而也降低提问的力度。

（四）提问的忌讳

商务谈判中，提问的目的是要求对方作出回答，通过对方的回答获取信息。但是，并非任何问题都可以向对方提出来。谈判中一般不应提出下列问题：

1．带有敌意的问题

谈判成功能给谈判各方均带来利益，因此参与谈判各方是一种共赢的关系。谈判人员应抱着合作的态度参与谈判，而不应怀着敌对心理进行谈判。所以，谈判人员在提问时，应尽量避免那些可能会刺激对方产生敌意的问题。因为一旦问题含有敌意，就会损害谈判各方的关系，最终会影响交易的成功。

2．有关对方个人生活、工作的问题

世界上很多国家和地区的人都很注重保守个人隐私，国际商务谈判中应回避询问个人生活和工作方面的问题。例如，对于对方的收入、家庭情况、年龄、婚姻状况等问题，都不应询问。另外，也不要涉及对方国家或地区的政治、宗教等方面的问题。

国内商务谈判则不同。中国人较喜欢介入他人的生活圈，同时也希望别人关心自己。因此，如果能问候一下对方的个人生活、家庭情况等，往往容易拉近彼此关系，从而博得对方的信任感。

3．直接指责对方品质和信誉方面的问题

谈判时忌讳直接指责对方产品的品质有问题或指责对方的信誉不好，这样做不仅会使对方感到不快，而且还会影响彼此之间的真诚合作。谈判人员可以先调查了解对方产品的品质，以及对方的声誉，必要时可以把己方掌握的信息陈述给对方听，但是绝对不要直接指责对方。

案例分析

提问的技巧

阿里森是美国一家电器公司的推销员。有一天，他到一家不久以前才发展成功的新客户那里去推销一批最新开发的新型电机。这家公司的总工程师斯宾塞一看到他就不客气地说："阿里森，你还指望我们多买你们的电机吗？"原来，这家公司认为不久前从阿里森手里购买的电机发热指标超过了正常指标，手摸上去发烫。阿里森仔细了解了情况后，知道对方的说法是不对的，因为全美电工协会规定的电机发热标准是可以比室温高 72 ℉（相当于 22.2℃）。但是，为了保持客户关系，阿里森在说明这一层道理时采用了逻辑诱导的提问技巧。他对这位工程师说："你是对的，斯宾塞先生，我的意见和你的一样，如果那电机发热过高，别说再买，就是已经买的也要退货，是吗？""是的"，斯宾塞先生作出了肯定的回答。

"当然，电机是会发热的。但是，你当然不希望它的热度超过全国电工协会规定的标准，是吗？"对方又一次作了肯定的回答。

在得到对方的两个肯定回答之后，阿里森开始讨论实质性的问题了。他问斯宾塞："按标准，电机的温度可比室温高 72 ℉，是吗？"

"是的！"总工程师稍微消了一点气，他说："但是，你们的电机却比这个指标高出许多，简直让人无法用手摸。难道这不是事实吗？"

阿里森没有与他争辩，他继续问道："你们车间的温度是多少？"

斯宾塞先生稍微想了一下，回答说："大约 78 ℉（相当于 25.6℃）。"阿里森兴奋地拍拍对方的肩膀说："好极了。车间温度是 78 ℉，加上应有的 72 ℉，一共是 150 ℉（相当于 65.6℃）左右。请问，要是你把手放进 150 ℉ 的热水里，手是不是会马上缩回来？"对方不情愿地点了点头。

当看到总工程师默认的表情时，阿里森友善地搂着他的肩膀进一步解释："手感觉到发热的温度是 120—130 ℉，电机的温度是完全正常的，现在你可以绝对放心了，是不是？"

最后，阿里森不仅说服了对方，消除了对方的疑虑，而且又做成了一笔生意。阿里森提出的一系列问题都是对方所赞同的，使对方在一连串的"是"的回答中，不知不觉地否定了自己的看法，从而获得了谈判的成功。

在此案例中，谈判的一方通过巧妙的提问，让对方不断地说"是"，使对方在不知不觉中被诱导到己方所希望的结论中去。

第三节　商务谈判中回答与拒绝的技巧

一、回答的技巧

商务谈判中有提问,必然也有回答。问有问的艺术,答有答的技巧。回答是否恰当,直接关系到谈判的成败。因此,谈判人员水平的高低,在很大程度上取决于其回答问题的水平。在某种程度上,答比问更重要。

商务谈判中的回答,是一个证明解释、反驳或推出己方观点的过程。为了能够有效地回答好每个问题,谈判前应预想谈判对手可能提出的问题,事先作好准备。在应答过程中,如果把握不当,容易出现两种不利局面:一是对方误将你的回答视为缺乏诚意,不值得信赖;二是你的回答使己方处于不利地位。一般情况下,在商务谈判中要正面回答问题。对于询问,要实事求是地相告。但是,谈判桌上的提问往往五花八门,有些甚至居心叵测,因此对所有的问题都正面提供答复并不一定是最好的回答。这就要求谈判者在面对对方的发问时,应沉着冷静,摸清对方的真实意图,然后再根据不同情况予以应对。因此,谈判者应充分了解回答的类型和技巧。

(一) 回答的类型

按照回答的方法,回答可分为依提问者的真实意图回答、将提问的范围扩大后回答、将提问的范围缩小后回答、不正面回答、不确切回答和使问话人中止追问的回答等。

1. 依提问者的真实意图回答

一般而言,谈判者在提问时总有着一定的意图和目的。但是,提问者有时可能有意识地含糊其辞,让回答者判断失误,回答时出现疏漏。因此,回答者在回答之前,必须摸清对方意图,不可自以为是,想当然地回答。如果谈判中没有搞清楚对方的真实意图而贸然回答,就会使谈判陷入尴尬境地,甚至不欢而散。

比如,买方在谈判中提的问题是:“请您谈谈贵方在产品价格方面是如何考虑的?”卖方此时就应先弄清楚买方是要了解哪一方面的问题后再酌情回答,是对方觉得价格太高,还是对不同规格产品的价格进行探询。

2. 将提问的范围扩大后回答

在谈判过程中,如果对对方提出的问题照实回答会有损己方形象、泄露商业机密或涉及无聊的话题,就可将问题提升到一个高度后再回答,这样可以回避难以回答的问题。例如,买方问技术费是多少,就可以回答整个合同的价格如何适当、技术费所占的比重如何合理等。

3. 将提问的范围缩小后回答

将提问的范围缩小后回答就是将问话的范围故意缩小的回答。例如,某商场和一家塑料制品厂进行商品买卖谈判时,商场谈判人员询问:“贵方产品质量如何?”假设塑料制品厂的塑料制品在耐腐蚀、耐酸碱和硬度等几个指标上非常突出,而在耐高温指标上相对较弱。制品厂的谈判人员可以有意识地缩小对方所说“质量”这个概念的外延,只对突出的指标——耐腐蚀、耐酸碱和硬度进行详细的回答,给对方造成产品质量好的印象。

4. 不正面回答

不正面回答是指回答者似答非答,含糊其辞。这种回答通常使提问者无法得到准确答复,它巧妙地避开问题的实质,而将问题改变方向。例如,在新技术买卖的谈判中,买方问这种新技术投入使用的费用是多少。卖方知道这种新技术一旦投入,一期费用必然很高,如果如实回答,很可能导致谈判破裂,于是就说:“请让我来说明一下这种新技术的特殊功能及开发远景好吗?听完我的介绍以后,您对这种新技术带来的远期收益会非常满意的,我相信您对这种新技术转让的价格也一定会满意的。”一番回答,巧妙地转移了对方对价格的注意力,而使其被吸引到特殊功能和远期收益上来。

5. 不确切回答

不确切回答是指用留有余地的答复方法回答那些若明确回答则会陷己方于不利的问题。在商务谈判中,有些回答可以模棱两可,富有弹性,不把话说死。例如,“对类似问题,我们过去是这样处理的……”“时间会作出结论。”“我们回去再研究一下。”“您的提问超越了我的授权范围,我现在暂时无法给您答复。”

6. 使问话人中止追问的回答

即在商务谈判中,对于棘手的问题,回答者想使问话者不要继续追问而采用的回答技巧。如果无法立刻回答对方,可以寻找借口,有意推托;对于那些在谈判中难以回答或不想回答的问题,可以反客为主,以问代答。

(二) 回答问题的技巧

1. 回答之前给自己留有思考时间

商务谈判中的回答不同于日常生活中的回答,不必急于回答,在经过慎重考虑后才进行回答。在谈判之前,谈判人员应预想对方最可能问的问题并作好准备,对一些常规性的问题也要想好答案。在谈判中,每次回答对方的问题时,都必须冷静思考、谨慎应对。即使对方催促回答,也要慎重思考后再回答。在对方提出问题后,谈判人员可以通过喝口水,或调整一下自己的坐姿和椅子的位置,或整理一下桌子上的资料文件,或翻一翻笔记本等动作,延缓时间,考虑一下对方的问题。这样做,既显得自然得体,又可以给自己留有思考如何回答问题的时间。此外,还可以对对方说:“先生,请您把问题再说一遍好吗?”这样也可以为自己赢得思考问题的时间。

2. 以反问代替回答

以反问代替回答是应付谈判中那些一时难以回答或不想回答的问题的方法。此方法就如同把别人踢来的球再踢回去,让对方在反思中自己寻找答案。例如,在商务谈判进展不顺利时,对方问:“您对双方合作的前景是如何看待的?”这种问题在此时是很难回答的,己方可以用反问代替回答:“那么,您对双方合作的前景又是如何看待的呢?”商务谈判中运用以反问代替回答的方法,对于应付一些不便回答的问题是非常有效的。

3. 不彻底回答

不彻底回答是指回答时有意将对方的问题缩小,只回答问题的一部分。在商务谈判中,对方提出的问题可能是想了解己方的观点、立场和态度,对于应该让对方了解的或需要表明己方态度的问题要认真回答。但是,对于那些可能会有损己方形象、泄密或细枝末节的问题,谈判人员可以采取不彻底回答的方法。例如,对方对某种产品的价格表示出关心,发问者直接询问这种产品的价格,如果彻底回答,把价格直接告诉对方,那么高价可能吓退对方,而且在接下来的谈判中,己方可能会因此处于被动地位。假如采取另一种回答:“我相信产品的价格会令你们满意的,请先让我把这种产品的几种性能作一个说明好吗?我相信你们会对这种产品感兴趣的……”这样,就明显地避开了对方的发问主题,而且也避免了一下子把对方注意力吸引到价格问题这一焦点上来。

4. 不知道的问题不要回答

在商务谈判中,谈判人员难免会遇到自己不懂的问题,此时不可为了维护自己的面子而强作答复。不懂装懂,勉强回答,很可能会损害己方的利益。例如,国内某公司与美国外商谈判合资建厂事宜时,外商提出有关减免税收的请求。中方代表对此并不清楚,但是为了取得谈判成功,盲目地答应了,结果使己方陷入十分被动的局面。因此,对于谈判中所遇到的不懂的问题,谈判人员应坦率地告诉对方无法回答,或者干脆就说“我不知道”,有时也会收到奇效。

案例分析

“不知道”的奇效

美国有一位著名的谈判专家叫科文,他的邻居是一位医生。有一次,这位医生的房屋遭受台风袭击,有些损坏。这房屋是在保险公司投了保险的,可以向保险公司索赔。他想要保险公司多赔一些钱,却又知道保险公司很难对付,自己没有能力做到这一点,于是去请科文帮忙。科文问医生希望得到多少赔偿,以便有个最低的标准。医生回答说,他想要保险公司赔偿300美元,不知道行不行。

科文又问:“请再告诉我,这场台风究竟让你损失了多少钱?”

医生红着脸回答:“我的房屋损失大约在300美元以上,不过我知道保险公司是不可能给那么多的!”

不久,保险公司的理赔调查员来找科文,谈判开始。理赔员先发表了意见:“先生,我知道你是谈判专家,一向都是针对巨额款项谈判,恐怕我无法承受你的要价,我们公司只出100美元的赔偿金,你觉得如何?”

科文表情严肃地沉默着。根据以往经验,不论对方提出的条件如何,都应表示出不满,因为当对方提出第一个条件后,总是暗示着可以提出第二个,甚至第三个。

理赔员果然沉不住气了:“抱歉,请不要介意我刚才的提议,我再加一点,200美元如何?”

“加一点,抱歉,无法接受。”

理赔员继续说:“好吧,那么300美元如何?”

科文等了一会儿说道:“300? 嗯……我不知道。”

理赔员显得有点惊慌,他说:“好吧,400美元。”

“400? 嗯……我不知道。”

“就赔500美元吧!”

“500? 嗯……我不知道。”

“这样吧,600美元。”

科文无疑又用了“嗯……我不知道”。最后,这件理赔案终于在950美元的条件下达成协议,而科文的邻居原来只希望要300美元!

这位专家事后认为,“嗯……我不知道”这样的回答真是效力无穷。

谈判是一项双向的交涉活动,每方都在认真地捕捉对方的反应,以随时调整自己原先的方案。此谈判中,科文干脆不表明自己的态度,只用“不知道”这个可以从多种角度去理解的词,竟然使得理赔员心中没了底,价钱一个劲儿自动往上涨。既然来参加谈判,就不可能对谈判目标不知道,“不知道”的真正含义是不想告诉对方他想知道的信息,这是有意不传达信息。

5. 灵活运用重申和打岔

商务谈判中可以运用重申,即要求对方再次阐明其所问的问题,其实质是为己方争取思考问题的时间。当然,这种心理不应让对手察觉,以防其加大进攻的力度。打岔也是给己方争取思考时间的好方法。在有谈判经验的团队中,有些谈判人员估计谈判中会碰到某些一时难以回答的问题,为了赢得更多的时间,就以特定的眼神、手势等暗语通知本方内部人员出来打岔。打岔的方式多种多样,比如借口外面有电话、有某紧急的文件需要某谈判人员出去签字等。如果谈判人员无人协助,可以借口去洗手间或打电话拖延时间,给自己留出思考问题的时间。

案例分析

以“不懂”打击谈判对手的信心

三位日本商人代表日本航空公司和美国一家公司谈判。会谈从早上8点开始,进行了两个半小时。美国代表以压倒性的准备资料淹没了日方代表,他们用图表解说、电脑计算、屏幕显示、各式的数据资料回答日方提出的报价。在整个过程中,日方代表只是静静地坐在一旁,一句话也没说。终于,美方的负责人关掉了机器,重新扭亮了灯光,充满信心地问日方代表:“意下如何?”一位日方代表斯文有礼,面带微笑地回答:“我们看不懂。”

美方代表的脸色一下变得惨白:“你说看不懂是什么意思? 什么地方不懂?”

第二位日方代表也斯文有礼,面带微笑地说:“都不懂。”

第三位代表以同样的方式慢慢答道:“当你将会议室的灯关了之后。”

美方代表松开了领带,斜倚在墙边,喘着气问:“你们希望怎么做?”

日方代表同声回答:“请你再重复一遍。”

美方代表彻底丧失了信心。谁有可能将长达两个半小时的介绍重新进行一遍? 美国公司终于不惜代价,只求达成协议。

6. 有意避正答偏

谈判中有时会遇到难以正面回答的问题,却又不能以拒绝回答的方式逃避问题,此时可以采取避正答偏的方法。尤其是在遇到一些对己方不利的问题时,可以故意避开问题的实质,避正答偏,从而将话题引向歧路,以破解对方的进攻。

案例分析

巧妙的回答

在一次记者招待会上,一位西方记者问周总理:“中国人民银行有多少资金?”这个问题涉及国家机密,周总理说:“中国人民银行发行面额为十元、五元、二元、一元、五角、二角、一角、五分、二分、一分的十种主辅币人民币,合计为十八元八角八分。”总理的回答,既未泄密,又极风趣地回答了问题,赢得了听众的热烈掌声。周总理的回答正是运用了避正答偏的方法。

7. 答非所问

谈判中对有些问题可以通过答非所问给自己解围,这是一种对难以回答的问题的行之有效的答复方法。例如,古代有一个精明的骗子,他从别人那里借来一匹马,想用此马与一个财主进行交换。财主问:“你的马是从哪里来的?”他回答道:“我想卖马的念头有两年了。”财主又问:“你为什么要换马?”他回答道:“这马比你的马跑得快。”这两句回答都是答非所问,换马的骗子就是这样运用灵巧的方式,回避了一个事实,即马是他人的,换马是想要骗走财主的马。最后,此骗子的计谋得逞了。商务谈判中采用行骗的手段是不对的,但是可以采取答非所问的方法回避某些难以回答或不便回答的问题。

8. 沉默不答

在商务谈判中,适当地运用沉默,也能起到很好的效果。在讲话之中有意安排短暂的沉默,能引起听者的注意。在谈判对手提问之后的沉默,可以表示己方正在沉思,还没有明确的结论。沉默是一种较量,也是一种回答。适度运用沉默,既可引起对方的注意与反思,又可为己方赢得思考时间,争取谈判的主动权。

从回答者的角度看,可以适当地运用沉默;从提问者的角度看,对于对方的沉默一定要有耐心,在没有弄清对方沉默的含义之前不要谈得更多。谈判中的沉默往往是一种较量,谁忍耐不住沉默谁就有可能输掉。所以,谈判人员一方面要适度地运用沉默,另一方面对待沉默要有足够的耐心。

案例分析

沉默技巧的运用

爱迪生发明了电报以后,西方联合公司表示愿意买下爱迪生的这项新发明。爱迪生对这项新发明究竟应该要多少钱犹豫不决。他的妻子建议开价 2 万美元。“这么高!”爱迪生听了不觉目瞪口呆。他觉得妻子把这项新发明的价值看得太高了,不过到了谈判的时候还是打算照妻子的建议要价。谈判是在西方联合公司的办公室进行的。“爱迪生先生,你好!”西方联合公司的代表热情地向爱迪生打招呼,接着就直率地问爱迪生:“对你的发明,你打算要多少钱呢?”爱迪生欲言又止,因为 2 万美元这个价格实在高得离谱,很难说出口。但是,究竟开个什么价比较好呢?他陷入了思考。办公室里没有一点声响,对方在等待,爱迪生虽有点着急,但还是沉默着。

随着时间的推移,沉默变得十分难熬,西方联合公司的代表急躁起来。然而,爱迪生仍然没有开口。场面十分尴尬,西方联合公司的代表失去了耐心,终于按捺不住,试探性地问:“我们愿意出 10 万美元买下你的发明,你看怎么样?”

爱迪生对自己的新发明定价 2 万美元都认为太高,却卖了 10 万美元,原因就是他运用了沟通中的沉默技巧，给对方一种压力，让对方先行报价；同时，这也为自己留出回旋余地，争取到谈判的主动权。

二、拒绝的技巧

商务谈判中不可避免要出现拒绝对方的情况，但是拒绝并非生硬地回绝对方，而是要有一定的技巧。拒绝也是商务谈判人员需掌握的一项谈判技巧。

（一）谈判需要拒绝

1．让步与拒绝共生

谈判中不仅充满了让步，同时也充满了拒绝。如果说没有让步就没有谈判，那么没有拒绝就没有让步，同时也就没有了谈判。

假定在某次谈判中，A方报价1000万美元，B方报价600万美元。当A方让步到900万美元时，实际上拒绝了B方的600万美元；而当B方让步到700万美元时，也意味着拒绝了A方的900万美元。所以，让步中就蕴涵了拒绝。

2．拒绝的相对性

拒绝具有相对性。谈判中的拒绝并不是宣布谈判破裂。拒绝只是否定了对方的进一步要求，却蕴涵着对以前的报价或让步的承诺。同时，谈判中的拒绝往往是单一的、有针对性的。所以，谈判中拒绝某些东西，却给对方留有在其他方面讨价还价的可能性。

从上例看，假定讨价还价进行下去，在第二轮让步中，A方让步到850万美元，B方让步到750万美元；在第三轮让步中，A方再让步到820万美元，B方让步到780万美元，此时形成了僵局，双方拒绝在价格上再作任何让步了。此时，A方的820万美元是对B方的780万美元的拒绝，同时也是一种新的承诺，即可以在此价格上成交。B方的780万美元也同样蕴涵了这两层意思。

假定为了打破僵局，B方用“附加条件让步法”提议，如果A方能把交货期提前10天，那么B方也可以考虑把价格再提高10万美元。A方表示赞赏B方的提议。不过，A方认为，如果价格定在800万美元，那么可以满足B方提前10天交货的要求。最后，双方达成了价格800万美元、提前10天交货的协议，握手成交。

由此可见，谈判中对某种要求的拒绝并不代表对所有要求都加以拒绝；相反，却可能敞开了在其他方面让步的大门。

3．拒绝的注意事项

要掌握谈判中拒绝的艺术，必须注意以下两点：

（1）拒绝本身是一种手段，而不是目的。谈判是为了获利，是为了取得成功，而绝对不是为了拒绝。拒绝只是为了达到谈判目标而采取的一种手段。拒绝并非表示谈判的破裂，而是为己方争取更多的利益，其最终目的是在符合己方利益需求的基础上达成协议。

（2）有的谈判者面对老熟人、老朋友、老客户时，该拒绝的地方不好意思拒绝，生怕对方有失面子。其实，该拒绝的地方不拒绝，会给今后的签约和履约带来麻烦。因为你应该拒绝的地方，往往是你无法兑现的要求或条件，不加拒绝就意味着你承诺了自己无法兑现的要求或条件。

（二）拒绝的方法

谈判中的拒绝要讲究技巧和艺术。拒绝对方时，要尽可能采取委婉的拒绝方式，不要板起脸来，态度生硬地回绝对方（除非是策略上的需要）。拒绝要选择恰当的语言、恰当的方式、恰当的时机，而且要留有余地，巧妙地拒绝。这就需要把拒绝作为一种手段、一种技巧加以探讨和研究。下面介绍几种商务谈判中常见的拒绝技巧：

1. 预言法

心理学家证明，人都有一种想看透别人、了解别人的嗜好，同时又有怕被别人看透、被别人了解的心理。出于后面的这种心理，每当别人看透自己或了解自己时，人们往往会因为“文饰”心理，用相反的行动或言论伪装自己，以证明别人的看法或了解是错误的。这种现象在自尊心特别强、爱挑别人毛病的谈判对手身上表现得特别明显，而对付这种人，最好的方法就是用预言法予以拒绝。

所谓“预言法”，就是在不希望对方出现某种行为或语言时，先预言对方会出现这种行为或语言，而对方出于“文饰”心理，必然会“自觉”地避免出现这种行为或语言——这正是我方所希望的。下面的案例就很好地体现了预言法的效果。

案例分析

预言法的运用

西方某大公司下属的一个工厂的老厂长能力很强，把工厂管理得井井有条。然而，这个人的缺点是自尊心太强，公司要他这样，他偏那样，要他那样，他又偏这样，总是和别人对着干。公司主管曾经是他的下级，所以对他网开一面。另外，公司主管爱惜老厂长的才干，同时也摸透了他的脾气，所以无论什么事情都用预言法对付他。

一次，公司要求下属的部分工厂采用某种新设备，但是暂时还轮不到他的工厂。公司主管知道，你越是不给他，他越是盯着你要。为了巧妙地拒绝他，防止他来无理取闹，这位主管先找上门去，主动向“倔厂长”推荐这种设备。果然不出所料，他连听都不要听就拒绝了，说他的厂没用什么新设备，不也生产得蛮好嘛！这位主管在装模作样一番之后，显得非常遗憾似的走了。

过了不久，轮到这家厂更换这种新设备了。这位主管如法炮制，又用预言法对付“倔厂长”了。不过，这回主管在腋下夹了一卷图纸，到工厂和“倔厂长”谈别的事情。在谈话的过程中，主管几次有意无意地把图纸夹好，似乎怕丢了似的。这一招果然引起了“倔厂长”的注意，他问公司主管拿的是什么图纸。主管故意支支吾吾地说没什么。可主管越是说没什么，“倔厂长”越是要看。主管装作没有办法似的，把图纸拿出来给他看。“倔厂长”问是什么设备，主管故意说，一种没什么了不起的设备，你们厂没必要使用，这是给其他厂的，他们急需要用。主管越是这么说，“倔厂长”越是要得起劲。这当然正中主管的下怀，他又故意装作无可奈何似的，答应把这台原先就准备给“倔厂长”的新设备“先”给“倔厂长”了。“倔厂长”得意地笑了。

2. 问题法

所谓“问题法”，就是针对对方的过分要求，提出一连串的问题。这一连串的问题足以使对方明白你不是一个可以任人欺骗的“笨蛋”。无论对方回答或不回答这一连串的问题，也无论对方承认或不承认，都足以使对方明白其所提的要求太过分了。

例如，在一次中日关于某种农业加工机械的贸易谈判中，中方主谈面对日本代表高得出奇的报价，巧妙地采用了问题法加以拒绝。中方主谈一共提出了四个问题：

(1) 不知贵国生产此类产品的公司一共有几家？

(2) 不知贵公司的产品价格高于贵国某某品牌的依据是什么？

(3) 不知世界上生产此类产品的公司一共有几家？

(4) 不知贵公司的产品价格高于某某品牌（世界名牌）的依据又是什么？

这些问题使日方代表非常吃惊，他们不便回答，也无法回答。他们明白自己报的价格高得过分了，于是设法自找台阶，把价格大幅度地降了下来。

所以，运用问题法对付上述这种只顾自己利益、不顾对方死活而提出过分要求的谈判对手，确实是一副灵丹妙药。当然，在使用问题法拒绝对方时，必须十分注意语气，即不能用带有嘲弄、挖苦或者教训的语气提问，否则反而会激怒对方，增加新的对立成分。

3. 借口法

在商务谈判中，有时会遇到这种情况：对方提出一些你无法满足的要求，而对方的来头很大，或者他曾经有恩于你，或者他曾是你非常要好的朋友。这时，如果你简单地拒绝，那么可能你的企业会遭到报复性的打击，或者你会背上忘恩负义的恶名等。对付这类对象，最好的办法是用借口法拒绝他们。

如果对方向你实施借口法拒绝你，最好的办法是直接去找提出拒绝你的人。因此，如果你向对方实施借口法，千万要注意，不要让对方见到你用来做拒绝借口的人。

案例分析

巧用借口法

上海某合资针织企业的产品销路非常好。有人拿了某领导的批条来找销售经理，要以低于批发价的价格购买一大批产品。销售经理看到已近中午，灵机一动，先把来人让进饭厅，招待吃饭，并对来人说："你要的东西数量大，批价低，已经超出我的权限。不过，你放心，这件事我马上全力去办。你先吃饭。"饭后，他又对持条人说："你的条子，要我们总经理批。可总经理刚到北京开会去了。你是否先回去，过两天再打电话来问问。"这家伙碰了个软钉子，发不出火，只好怏怏而返。

过了两天，此人打电话去问。销售经理告诉他，自己向总经理汇报过了，总经理答复：这种大事要开董事会研究。他安慰持条人，说自己会尽力向董事会争取，要持条人过两个星期再打电话问情况。持条人一听这么麻烦，心里早就凉了半截。他明白要董事会里那些外国人点头同意是不可能的事，就再也不打电话问结果了。

在此案例中，销售经理巧妙地把对方的注意力从自己身上转移到总经理身上，再转移到外国董事身上，叫他有气也无处发。

4. 补偿法

所谓"补偿法"，是指在拒绝对方的同时，给予某种补偿。这种补偿往往不是"现货"，即不是可以兑现的金钱、货物、某种利益等；而可能是某种未来情况下的允诺、某种未来场合下有条件的让步、某种未来的前景等。这样，如果再加上一番并非己所不为而乃不能为的苦衷，就能在拒绝了一个"朋友"的同时，继续保持你与对方的友谊。

从心理学角度看，这种带有补偿性质的拒绝，实际上是补偿了对方因遭到拒绝而产生的不满、失望，或者把对方的不满、失望引导到替代物上去，从而避免对方冲着你发火。

案例分析

补偿法的运用

有一段时期，市场上钢材供应特别紧张。有家专门经营成批钢材的公司生意非常兴隆。一天，公司经理的好朋友来找他，说急需一吨钢材，而且希望价格特别优惠，要求比市场上的批发价还低10%。公司经理念在过去的亲密友谊，实在无法毫不留情地加以拒绝，所以就巧妙地用补偿法对付这位朋友。他对朋友说，本公司经营钢材是以千吨为单位的，无法拆开一吨给他。不过，总不能让老朋友白跑一趟。他提议这位朋友去找一家专门经营小额钢材的公司。这家小公司和他们有业务往来，他可以给这家小公司打招呼，以最优惠的价格（毫无疑问，这一“最优惠”的含义是模糊语言，因为再优惠也不会比市场批发价低10%）卖给他一吨。这位朋友虽遭到了拒绝，但因为得到了“补偿”，所以高高兴兴地拿着他写的条子去找那家小公司，最后以批发价买了一吨钢材。

5. 转折法

这种拒绝法渗透了说服的原理，即在拒绝的开始，先不亮出自己的观点，而是从对方的观点、意见中找出双方的共同点，加以肯定、赞赏，或者站在第三者的角度对对方的观点表示理解，从而减少对方的对抗心理，减弱其心理防范，然后再用婉转的语言陈述自己的观点，以拒绝甚至说服对方。

案例分析

转折法的运用

在一次出口商品交易会上，某公司的产品陈列台前来了一位客户。他四下看了看后，转身想走。公司的推销员不肯放过任何一个机会，于是主动上前搭话，问道：“您想买什么？”

“这里没什么可买的！”客户轻蔑地说，说完又要走。

“是呀，别人也说过这话。”

客户站住了脚，不走了。他似乎有点暗暗得意，觉得让他说中了，情绪完全松弛下来。

“可是，他们后来都改变了看法！”推销员的话锋来了个180°的大转弯。

“噢？为什么？”猎奇的心理促使客户对这家公司的产品产生了极大兴趣。推销员顺水推舟地开始了推销，而客户也在无形中接受了推销员的观点，心甘情愿地买了该公司的大批产品。

这样的例子在商品买卖中经常可以看到。聪明的卖主对待抱怨价格太高的顾客,绝不会讽刺人家是穷鬼,而是采用转折法应付他们。商务谈判中也一样,可以先找出对手意见中可肯定之处,然后再采用转折法否定对方,进而说服对方。

6. 条件法

在商务谈判中,赤裸裸地拒绝对方必然会恶化双方的关系,甚至导致对方对你的攻击。在拒绝对方之前,先要求对方满足你的一个条件,如对方能满足,则你可以满足对方的要求;如对方不能满足,那你也无法满足对方的要求。这就是条件拒绝法。

这种拒绝法往往被国外银行的信贷人员用来拒绝向不合格的发放对象发放贷款。这是一种留有余地的拒绝。银行方面的人绝不能说要求借贷的人"信誉不可靠"或"无还款能力"等,这样既不符合银行的职业道德,也意味着断了自己的财路。所以,银行方面的人总是用条件法拒绝不合格的发放对象。拒绝了对方,又让别人不朝你发火,这就是条件法的威力所在。

7. 幽默法

在谈判中,有时会遇到不好正面拒绝对方,或者对方坚决不肯让步的情况,此时不妨用幽默法拒绝对方。所谓"幽默法",就是对于对方提出的对你来说是不可接受的要求或条件,并不直接加以拒绝,而是全盘接受,然后根据对方的要求或条件推出一些荒谬的、不现实的结论,从而否定对方的要求或条件。这种拒绝法往往能产生幽默的效果,所以称为"幽默法"。

据说,李鸿章有个远房亲戚,不学无术,却去参加科举考试。试卷到手,他一个字也答不出来,焦急中在试卷上写上"我是当朝中堂大人李鸿章的亲戚"。无奈又不会写"戚"字,他竟然写成了"我是当朝中堂大人李鸿章的亲妻"!主考官阅卷后,批道:"所以我不敢娶(取)!"主考官非常机智,他没有直接拒绝,而是巧用"娶"和"取"构成的同音双关,既讽刺和筛掉了这个不学无术的考生,也便于向李鸿章交代。

第四节　商务谈判中辩论与说服的技巧

一、辩论的技巧

辩论是商务谈判的重要构成部分,它不仅体现为谈判各方名词概念、语言技巧的较量,同时还包含着追求真理的思想和语言活动。辩论是谈判者表达自己的意见、驳斥对方的观点、谋求双方共同利益的信息交流活动,是谈判双方实现各自谈判目的的必需手段。作为谈判人员,要做到每辩必胜,必须掌握正确的辩论原则与技巧，才能在谈判中如虎添翼，无往而不胜。辩论应当讲究一定的方法和遵循一定的原则，即遵循逻辑规律，讲究辩论技巧。

（一）辩论的方法

1. 归纳法

归纳法是以个别的、特殊的事实推理出一般性结论的逻辑论证方法。归纳法的特征是：(1) 先举出许多例证；(2) 把例证中的各种共同点全部集中在自己的身上；(3) 借此强调自己比别人优越得多。

下面是一个用归纳法说服谈判对手的例子："去年 A 公司曾买过我们的设备，说我们的设备性能稳定，故障率低；B 公司也曾买过我们的设备，也同样说我们的设备性能稳定。总之，很多买过我们设备的客户都说这种设备故障率低，生产效率又高，绝对是一个性价比高的产品。"

2. 类比法

类比法也叫"比较类推法"，是指由一类事物所具有的某种属性，可以推测与其类似的事物也应具有这种属性的推理方法。如果两个或两类事物在某些属性上相同，就可以推出它们在另一属性上也相同的结论。类比对象间共有的属性越多，类比结论的可靠性越大。

类比法属平行式思维的方法，无论哪种类比都应该是在同层次之间进行。类比推理是一种或然性推理，其结论未必是正确的。要提高类比结论的可靠程度，就要尽可能地确认对象间的相同点。相同点越多，结论的可靠性程度就越大。因为对象间的相同点越多，二者的关联度就会越大，结论就可能越可靠。反之，结论的可靠性程度就会越小。此外，要注意的是，类比前提中所根据的相同情况与推出的情况要带有本质性。

类比法的特点是"先比后推"。"比"是类比的基础，既要"比"共同点，也要"比"不同点。对象之间的共同点是类比法能够施行的前提条件，没有共同点的对象之间是无法进行类比推理的。

高明的生意人要学会运用类比法。例如，你想知道马的批发价格，可以先问羊的价格，再问牛的价格，再根据牛和羊的零售价和批发价的比例，结合马的零售价，推算批发价。

3. 归谬法

归谬法是指为了反驳对方的观点，充分利用条件假设判断，进行归纳或演绎推理，得出对方的观点是错误的。其具体做法为：不从正面反击对方，而是以退为进，先认为对方之言为真，再推出一个谬论，使辩论对手的观点不攻自破。

案例介绍

归谬法的运用

20世纪30年代中期，香港茂隆皮箱行由于经营有方，生意兴隆，因而引起英国商人皮尔斯的妒忌。他苦思冥想，终于想出一个搞垮茂隆皮箱行的恶毒计划。他亲自到茂隆皮箱行订购了3000只皮箱，价值20万港币，合同写明1个月交货，逾期没按质按量交货，茂隆皮箱行需赔偿50%的损失费(10万港币)。

1个月到了，茂隆皮箱行经理冯灿如期交货时，皮尔斯撕开一只皮箱的衬里，指着支撑用的木料说，合同上写的是皮箱，现在却使用了木料，所以这不是皮箱。为此，他向法院提起诉讼，状告茂隆皮箱行违约，要求按合同赔偿经济损失10万港币。

开庭审理此案的法官是个英国人，他有意偏袒皮尔斯，企图判茂隆皮箱行犯诈骗罪。茂隆皮箱行请当时还不出名的罗锦文律师出庭辩护。正当皮尔斯在法庭上信口雌黄、气焰十分嚣张的时候，罗锦文律师不慌不忙地站起来，从怀里取出一只大号的英国名牌金表，举到偏心的法官面前，高声问道："法官先生，请问这是什么表？"

法官一看，就骄傲地回答道："这是大英帝国伦敦出品的名牌金表。请问，这与本案有什么关系？"

"有关系！"罗锦文律师转过身来，面对法庭所有的人，高声说道："这是金表，没有人怀疑了吧？但是，请问，这块金表除了表壳是金的外，内部机件都是金制的吗？"

法庭上几乎所有的人都议论纷纷："当然不是！"

罗锦文又问："那么，人们为什么又叫它'金表'呢？"

稍作停顿，罗律师又高声地说："由此可见，茂隆皮箱行的皮箱案，只不过是原告故意歪曲合同上'皮箱'的词义，存心敲诈而已！"

法官在众目睽睽之下理屈词穷，只得判皮尔斯犯敲诈罪，罚款5000港元，了结了这起荒唐的案子。从此，罗锦文律师声名大震。

4. 两难推理法

两难推理法是指竭尽所有可能(通常是两种可能)，令谈判对手无论承认哪一种可能都必然失败的论辩方法。运用两难法，常常令对手进退不得。在商务谈判中，如果谈判所涉及的问题表现出两种可能性，而每种可能性都会导致对方无法或难以接受的结论，那么就可以运用此方法，使谈判对手不得不放弃原先的错误观点。

下面这个有趣的例子，很好地说明了两难推理法的运用。从前，有个皇帝向全国宣布:“如果有人能说出一件十分荒唐的事,使我说出这是谎话,那么我就把我的一半江山分给他。”人们闻讯,纷纷来到王宫,说了各种弥天大谎,结果都被皇帝一一驳回。这天,一位农民挟着一个斗来到皇帝面前,说:“万岁欠我一斗金子,我是来拿金子的。”皇帝很恼怒,说:“一斗金子?我什么时候欠的?撒谎!”农民不慌不忙地说:“既然是谎话,那就给我一半江山吧!”皇帝急忙改口说:“不!不!这不是谎话。”农民笑着说:“那就给我一斗金子吧!”这位农民就是巧用了两难推理法,皇帝说是谎话或不是谎话都对其不利,这就使得皇帝进退两难。

古代唯心主义哲学家王阳明与朋友一起登山,大谈“心外无物”,不料被脚下的石头绊了一下。他便说:“没想到被石头绊了一下。”朋友立即问他:“你没有想到石头的存在,而石头怎么会存在呢?”王阳明无言以对。如果“没想到被石头绊了一下”是真话,那么王阳明的“心外无物”便不是真理;如果“没想到被石头绊了一下”是假话,那么王阳明会制造假话。所以,或者王阳明的“心外无物”不是真理,或者王阳明会制造假话。这两个结论都对王阳明不利。

5. 条件分离法

条件分离法是指以条件命题为前提,通过肯定条件命题的前件而得出肯定其后件的结论的论辩方式。一个真实的条件命题有前件就必定有后件,断定其前件存在,自然也就可以得出肯定其后件的结论,因而条件分离法具有无可反驳的雄辩的力量。

使用条件分离法必须注意,它只能使用由肯定前件到肯定后件的形式,而不能使用由肯定后件到肯定前件的形式。因为一个真实的条件命题有前件就必定有后件,而有后件却不一定有前件。

案例分析

纪晓岚巧辩乾隆皇帝

清朝著名的雄辩家纪晓岚很受乾隆皇帝的赏识。一次,乾隆皇帝想开个玩笑,以再次检验纪晓岚的辩才,便问道:“爱卿,‘忠孝’二字作何解释?”纪晓岚忙答道:“君要臣死,臣不得不死,为忠;父要子亡,子不得不亡,为孝。”乾隆立刻说:“那好,朕要你现在就去死。”“臣领旨!”“你打算怎么死法?”“跳河。”“好吧!”

乾隆当然知道纪晓岚不可能去死,于是就静观其应对办法。不一会,纪晓岚回到乾隆跟前,乾隆笑道:“爱卿何以未死?”

“我碰到屈原了,他不让我死。”

“此话怎讲?”

“我到河边，正要往下跳，屈原从水里向我走来，他说：晓岚，你此举大错矣！想当年楚王昏庸，我不得不死，可如今皇上圣明，你应该回去先问问皇上是不是昏君，如果皇上说他和当年楚王一样，是个昏君，你再死不迟啊！”

乾隆听后，放声大笑，连连称赞。纪晓岚此处正是使用了条件分离法。

（二）辩论的技巧

1. 观点要明确，立场要坚定

商务谈判中“辩”的目的，就是论证己方观点的正确性，反驳对方的观点。辩论的过程就是通过摆事实、讲道理，说明己方的立场和观点。为了能更清晰地论证己方观点和立场的正确性与公正性，在辩论时，谈判人员要运用客观材料以及所有能够支持己方论点的论据，增强己方的辩论效果，从而反驳对方的观点。

2. 逻辑性要强

谈判中要说服对方，在材料的安排和语言运用方面，就必须符合逻辑思维的一般规律，讲究逻辑艺术。逻辑在谈判中的作用体现在以下几个方面：

（1）逻辑是谈判结构各部分联系的纽带。逻辑使谈判在整个过程中保持思想的同一性、无矛盾性、明确性、论证性，保证谈判的安全进行，不会轻易给对方可乘之机。

（2）逻辑是谈判中推测、判断对方的工具。所有的谈判无非有两种目的：一是明确的利益和要求，这是双方共知的；二是对方的真正需要，这是秘而不宣的。谈判的关键是运用逻辑方法观察、调查、推理、判断对方的真实目的和需要，从而有助于作出正确的决策。

（3）逻辑是谈判中表达论述的工具。语言涉及语词、语句、句群，逻辑涉及概念、判断、推理，语言与逻辑紧密相连，是互为表里的关系。

（4）逻辑是谈判中批驳谬误、摆脱困境、出奇制胜的武器。

一名优秀的谈判人员应当头脑冷静、思维敏捷，使自己的论证严密，运用逻辑力量，以理服人。在谈判实力不相上下的情况下，谁在辩论过程中逻辑更严密，谁就能占上风。

案例分析

周总理的辩论技巧

1943年，周恩来率中共代表团由重庆返回延安，途经西安。国民党西安最高军事首领——第八战区副司令胡宗南为周恩来洗尘。胡宗南吩咐黄埔六期以上三十余名将官偕夫人出席酒会，授意他们以礼相待，制造友好气氛，把周恩来灌醉。

招待会在小雁塔举行，邓颖超因身体不适未能出席。胡宗南想灌醉周恩来的打算被在胡部做地下工作的共产党员熊向晖悄悄告诉了周恩来。一场酒席之间的较量就这样不动声色地开始了。

酒会由胡宗南的政治部主任王超凡主持,王超凡在祝酒的结尾时说:"在座的黄埔同志先敬周先生三杯酒,欢迎周先生的光临,请周先生和我们一起,为领导全国抗战的蒋委员长的身体健康,先干一杯。"

周恩来举起酒杯,微笑着说:"王主任提到了全国抗战,我很欣赏。全国抗战的基础是国共两党的合作。为了表示国共合作抗日的诚意,我作为中国共产党党员,愿意为蒋委员长的健康干杯;各位都是国民党员,也请各位为毛泽东主席的健康干杯!"

胡宗南闻听此言愣住了,王超凡和其他作陪者也都不知所措。周恩来举目四顾,继续微笑着说:"看来各位有为难之处,我不强人所难,这杯酒就免了吧!"

国民党众将官无言以对,此番敬酒只好作罢。

隔了一会儿,十多位打扮得花枝招展的夫人举杯走向周恩来。其中一位说:"我们虽没进过黄埔军校,但都知道周先生在黄埔军校倡导'黄埔精神'。为了发扬黄埔精神,我们每人向周先生敬一杯。"

周恩来微微一笑,风趣地说:"这位夫人很漂亮,这位夫人的讲话更漂亮。我想问:我倡导的黄埔精神是什么?谁答得对,我就同谁干杯。"

此言一出,众夫人张口结舌。

胡宗南忙说:"今天只叙旧谊,不谈政治。"

周恩来转向那些夫人说:"我们还是谈点别的吧。"他与她们寒暄了几句后,便把她们送回了原座。

稍后,十几位将军排成一排向周恩来走来,领头的说:"当年我们都是黄埔学生,您是我们的政治部主任,同我们有师生之谊。作为弟子,我们每人敬老师一杯。"

周恩来说:"胡副司令长官讲,今天不谈政治。这位将军刚才提到我当黄埔军校政治部主任,政治部主任不能不谈政治,请问胡副司令长官,这杯酒该不该喝?"

胡宗南说:"他们是军人,没有政治头脑,酒让他们喝,算是罚酒。"

不久,又一批夫人走来。有一位看着讲稿说:"我们久仰周夫人,想不到她因身体不适没有光临。我们各敬周夫人一杯酒,表示对她的敬意,祝她健康,并祝她顺利回到延安。我请周先生代周夫人分别和我们干一杯。周先生一向尊重妇女,一定会尊重我们的请求。"

周恩来严肃地说:"这位夫人提到延安,我要顺便说几句。前几年,延安人民连小米都吃不上,经过自力更生,发展生产,日子比过去好,但仍然很艰难。如果让邓颖超喝这样的好酒,她会于心不安的。我尊重妇女,也尊重邓颖超同志的心情。请各位喝酒,我代她喝茶,我们彼此都尊重。”

就这样,周恩来将计就计,四番精彩的却酒之辩,使胡宗南的戏耍不下去了。周总理就是依靠其富有逻辑性的辩解,为自己赢得了赞誉。

3. 不纠缠细枝末节

在谈判的辩论中,要将精力集中在主要问题上,不要陷于枝节问题的无谓纠缠。反驳对方的观点时,要抓住要害问题,有的放矢;论证己方观点时,要突出重点、层次分明、简明扼要,切忌东拉西扯、言不对题。

例如,20世纪50年代初,前苏联驻联合国代表维辛斯基在联合国大会上发表抨击西方国家的长篇演说。讲了很长时间时,荷兰外交大臣突然插话,指出维辛斯基讲话中的一处错误。沉着冷静的维辛斯基并没有因受到突如其来的干扰而失去常态,他并不否认自己的错误,而是非常有礼貌地向那位荷兰外交大臣致谢,并机智地加上一句:“既然您到现在才指出我的失误,这说明您认为我前面的话没有错误。”仅此一句,维辛斯基便摆脱了令人尴尬的困境,还使那位多嘴的荷兰外交大臣白白遭受抢白,有苦难言。

4. 措辞要严密准确

不论辩论双方如何针锋相对,谈判人员的态度应力求客观,措辞应尽量准确,绝不能用侮辱诽谤、尖酸刻薄的语言进行人身攻击,否则只能损害己方的形象,不能为谈判带来丝毫益处。在辩论中,一旦达到目的,就要适可而止,不要得理不饶人、穷追不舍,以避免将对方逼入绝境,从而强化对方的敌对心理和反击的念头。

有一则幽默故事:一位很胖的大资本家想嘲笑一下很瘦的萧伯纳。大资本家说:“我一看见你,就知道你们那儿在闹饥荒。”萧伯纳回敬道:“我一看见你,便知道了饥荒的原因。”在这则故事中,萧伯纳在辩论中的措辞就非常严密。

5. 善于处理辩论中的优劣势

在商务谈判的辩论中,谈判的一方可能在某一阶段占有优势,而在另一阶段处于劣势。当己方处于优势时,谈判人员应以优势压制对方。此时,可以滔滔雄辩、气度恢弘,并注意借助语调、手势的配合,阐明己方的观点,维护己方的立场,但是不可以放纵和得意忘形。因为辩论中的优势、劣势是相对的,而且是可以转化的。当己方处于劣势时,也应当沉着冷静、从容不迫,既不能沮丧泄气,也不要慌乱。此时,应思考对策,保持己方的阵脚不乱,这样才能有机会把劣势转化为优势,使对方不敢得寸进尺。

案例分析

包玉刚对优劣势的把握

创业初始的包玉刚,势单力薄,只能从经营一条旧的烧煤货轮开始发展自己的事业。

这时,他看到航海运输能赚大钱,就想买条大船,可自己又没钱。当然,钱可以从银行贷款,但是没有信用保证,银行是不会提供贷款的。

包玉刚冥思苦想了好几天,终于想出一个好办法。怎样获得信用保证呢?可以先把船租出去,让租户开信用证,用租户的租金作保证。这样,租户的保证可以使银行信任,而银行贷款行动的支持则可以实现他对租户的承诺。

一天,包玉刚约了汇丰银行信贷部经理桑达士先生进行商谈。包玉刚问道:"桑先生,您以为英国一度称雄天下,靠的是什么?"

桑达士在诧异了片刻之后,反问道:"您的意思是船坚炮利吗?"

包玉刚说:"船坚最重要。不过,时代在变,当今东方的船已经压倒西方,尤其是日本制造的船。"

"哦,何以见得?"

"日本的船和欧洲的船不相上下,他们的售价却便宜1/3。日本人的生意手法就更公道了,造好了船,送到买主手上,才收取船价,欧洲人则船未出坞就索取货款……"

桑达士很有兴趣地听着,又问道:"日本人了不起,可跟我们有什么相干?"

"有!他们能够造船,是世界一流的。我们香港是自由港,可以停船。日本人造船,却不想拥有船,又必须用船。"

桑达士微笑着,情不自禁地对这位宁波人的智慧产生了敬意,同时也似乎明白了他此次约见的用意。桑达士说:"包先生,这次找我,一定有什么雄才大略,说来听听。"

"桑先生,我想向日本船厂订购一条新船。计划书已经做好了,排水量7500吨,船价100万美元,船造成后要付足。不过,有一家日本运输公司肯签第一年的租约,租金是75万英镑。我想向贵行贷款,相当于租金的数目。"

桑达士思忖片刻后道:"我佩服你的雄才大略,只是银行有银行的规矩,你拿什么作担保呢?"

"信用证!租船的那家日本运输公司会在它的银行开出信用证的。"

"原来你还没拿到信用证?"

"如果拿到了信用证,你贷不贷?"

"贷!只要你有信用证,我马上贷给你!"

桑达士并没把包玉刚看在眼里，理由很简单：你的船还没买到，就要人家租它，并开一张信用证作为年租金的保证，这不等于预先付款吗？他没有想到，这恰恰是包玉刚独特的经营方式。他经营航运，必先找好长期的租户，然后才购置新船。这不但能保证船不会空置蚀息，也可以说服银行大量贷款，即租户的保证可使银行信任，而银行的支持则可实现他对租户的承诺。

几天之后，包玉刚果真拿来了一张75万英镑的信用证。桑达士惊讶了，也信服了，他确信包玉刚是个干大事业的人，于是借款如数开出。

就这样，包玉刚以借款买船的方式，只用了一年时间，就成为拥有七艘货船的船东。1962年，他又与桑达士合作，成立了“巴哈马世界海运有限股份公司”，其中汇丰银行股份占1/3。从此，汇丰银行成了包玉刚的强大后盾。

在此案例中，包玉刚很好地把握了自己的优势和劣势，并善于把自己的劣势转化为优势，进而说服桑达士帮助其完成大业。

6. 注意个人的举止和风度

在辩论中，谈判人员应注意仪表和举止气度。谈判中不要出现诸如唾沫四溅、指手画脚的行为，而应保持良好的仪表，这样不仅会在谈判桌上给人留下良好的印象，而且在一定程度上可以左右辩论气氛的健康发展。有时，一个人的良好形象会比其语言更具有感召力。

7. 善用双关、比喻等辩论中常用的方法和技巧

在辩论中，当遇到棘手的问题不好回答或不能回答时，一语双关往往能收到出人意料的效果。

有一次，美国前总统里根决定恢复生产新式的B-1轰炸机，引起许多美国人的反对。在记者招待会上，面对许多人的责问，里根答道：“我怎么不知道B-1是一种飞机呢？我还知道B-1是人体不可缺少的维生素，我想我们的武装部队也一定需要这种不可缺少的东西。”这句一语双关的妙言，一时竟使那些反对者不知如何反驳。

二、说服的技巧

说服是商务谈判中一项重要的工作，它常常贯穿于谈判的始终。谈判中的说服，就是改变对方的初始想法，使之接受己方的意见。说服有助于达成有利于己方的协议，也有助于提高谈判的效率。谈判人员在谈判中能否说服对方接受自己的观点，以及应当如何说服对方，从而促成谈判的和局，就成了决定谈判能否最后成功的关键问题。

（一）说服的三个阶段

1. 消除对抗阶段

要想说服对方，首先要找到与对方的共鸣点，消除对方的对抗情绪，用双方共同感兴趣的问题作为跳板，因势利导地解开对方思想的症结，这样说服才能奏效。一个人在考虑是否接受说服之前，应先衡量说服者与他的熟悉程度和亲善程度。因此，在企图说服对方之前，必须先与其建立相互信赖的人际关系，以消除对方的对抗情绪。

2. 耐心说服阶段

在与对方建立了一定程度的人际关系之后，可以开始自己的说服过程。为使己方的说服显得特别恳切，谈判者应说清为何在众多的“候选者”中选择他作为说服对象、对方的利弊得失以及自己的一部分或全部的“利己”动机。

3. 提议接纳阶段

在耐心说服了对方之后，应尽快让对方接纳己方的观点和立场，具体表现为取得对方口头的承诺或签订书面协议书。此时，应设法令接纳的手续变得简单，并尽可能签订书面的协议，以防对方变卦。

（二）说服他人的基本要诀

1. 建立良好的人际关系，取得他人的信任

一般情况下，当一个人考虑是否接受他人意见时，总是先衡量一下其与说服者之间的熟悉程度和友好程度。如果相互熟悉和信任，那么人们就会正确地、友好地理解对方的观点和理由。社会心理学家认为，信任是人际沟通的“过滤”，只有对方信任你，才会理解你友好的动机；否则，即使你说服他的动机是友好的，也会经过“不信任”的“过滤”作用而变成其他的东西。因此，在说服他人时，能取得他人的信任是非常重要的。

2. 以诚相待

首先，谈判者应向对方诚恳说明接受你的意见的充分理由，以及对方一旦被你说服将产生的利弊得失。其次，谈判者要坦率承认如果对方接受你的意见，你也将获得一定的利益。这样，对方就会觉得你诚实可信。反之，如果你不承认能从谈判中获得一定利益，对方必定认为你缺乏诚意，从而将你拒之门外。

3. 简化对方接受说服的程序

当对方初步接受你的意见时，为避免其中途变卦，要设法简化确认这一结果的程序。例如，在需要书面协议的场合，可提前准备一份原则性的协议书草案，并告诉对方：“只需在这份原则性的协议书草案上签字即可，至于正式的协议书，我们会在一周内准备妥当，到时再送贵公司请您斟酌。”这样，往往可当场取得被说服者的承诺，并避免了在细枝末节问题上出现过多的纠缠。

4. 站在他人的角度设身处地地谈问题

在说服对方时，要尝试着站在对方的立场考虑问题。如果能时时为对方考虑，对方就会信任己方，就会感到己方是在为其着想，从而对己方产生好感。只有站在对方的立场考虑问题，才能在说服时抓住对方的心理，所用的语言和技巧也更有针对性。

5. 争取对方的认同

在商务谈判中，要想说跟对方，除了要赢得对方的信任，消除对方的对抗情绪之外，还要争取对方对己方观点的认同。事实证明，认同是双方相互理解的有效方法，也是说服他人的一种有效方法。

所谓"认同"，就是把自己的说服对象看成与自己相同的人，寻找双方的共同点。这是人与人之间心灵沟通的桥梁，也是说服对方的基础。在人与人的交往中，首先应求同，随着谈话的深入，就会发现双方越来越多的共同点。商务谈判更是如此，参与谈判各方是本着合作的态度走到一起来的，共同的东西本来就很多。随着谈判的进展，彼此间也就越来越熟悉，感到比较亲近，这时某些心理上的疑虑和戒心也会消减，从而也就便于说服对方了，而对方也容易相信和接受己方的看法和意见。

认同的技巧主要在于寻找双方的共同点。这些共同点包括以下几个方面：

(1) 工作上的共同点。例如，共同的职业，共同的追求，共同的目标等。

(2) 生活上的共同点。例如，共同的国籍，共同的生活经历，共同的信仰等。

(3) 兴趣、爱好上的共同点。例如，喜欢同样的电影、电视剧、体育比赛、运动项目，或拥有同样的艺术特长等。

(4) 双方共同熟悉的第三者。例如，在与陌生人交往时，可以寻找双方共同熟悉的一个人，通过各自与这个人的熟悉程度和友好关系，相互之间也就有了一定的认同，从而也就便于说服对方了。

(三) 说服不同类型谈判对手的技巧

不同性格的谈判人员在谈判桌上会表现出不同的谈判作风，一般可分为四种类型：强硬型、不合作型、谋略型和合作型。针对不同风格的谈判对手，谈判人员应该采取不同的说服技巧。

1. 强硬型

(1) 保持沉默。即使对方受到冷遇，造成其心理恐慌、不知所措甚至乱了方寸，从而达到削弱对方谈判力量的目的。运用该技巧时，要注意审时度势，运用不当会适得其反。例如，在对方还价后保持沉默，对方会以为是默认。又如，沉默时间太短，对方会觉得你被他的恐吓吓住了，反而增添了自信。运用好这一技巧，必须事先作好准备，并且要做到耐心等待，利用身体语言搅乱对手的谈判思维。具体如下：

① 事先准备。首先,要明确在什么时机运用该技巧;其次,要明确如何约束自己的反应。

② 耐心等待。可以在沉默时作些记录,一方面是做戏,另一方面是给自己留出冷静思考的时间。

③ 利用身体语言。可以利用身体语言表达对对方立场的不满。

(2) 采用“下台阶”法。当对方自尊心很强,不愿承认自己的错误,从而使你的说服无济于事时,不妨先给对方一个“台阶”下,说一说他正确的地方,给对方提供一些自我欣慰的条件和机会。这样,他就会感到没有失掉面子,因而容易接受你善意的说服。

(3) 采用等待法。有些人可能一时难以说服,不妨等待一段时间,因为对方虽然没有当面表示改变看法,但是对你的态度和你所讲的话,事后他会加以回忆和思考。任何事情,都要给他人留有一定的思考和选择的时间。同样,在说服他人时,也不可急于求成,要等待时机成熟时再与对方交谈,此时效果往往比较好。这里必须指出,等待不等于放弃。

(4) 采用迂回法。当有的人对正面道理已经很难听进去时,不要强行或硬逼着他进行辩论,而应该采取迂回前进的方法。就像作战一样,对方已经防备森严,从正面很难突破,最好的解决办法是迂回前进,设法找到对方的弱点,一举击破对方。说服他人也是如此,当正面道理很难说服对方时,就要暂时避开主题,谈论一些对方感兴趣的事情,从中找到对方的弱点。然后,针对这些弱点,发表己方的看法,让对方感到你的话对他来说是有用的,你是可信服的。这时,再逐渐转入主题,晓之以利害,对方就会更加冷静地考虑你的意见,也更容易接受你的说服。

(5) 创造竞争局面。通过运动战中的“货比三家”策略达到己方目的。

2. 不合作型

(1) 感化。首先,用坦诚的态度和诚恳的语言打动对方;其次,语气要温和,不作无谓争论;最后,少说多听,在对方说话时不打岔。

(2) 制造僵局。该技巧不能轻易使用,只有在具备下列条件时才可以用:市场情况对己方有利时;事先设计出退出僵局的退路时;对方相信僵局是由其造成时。

(3) 出其不意。即谈判过程中突然改变谈判的方法、观点或提议,令对方惊奇或震惊。例如,中途提出新要求;或提出令人惊奇的时间安排,如截止日期的改变、谈判速度的突然改变;或做出令人惊奇的行动,如不停地打岔、退出谈判;或作出令人惊奇的表现,如提高嗓门;或出现令人惊奇的人物,如专家、权威人士的突然加入;或更换令人惊奇的谈判地点,如杂乱无章的办公室、豪华的办公室等。

3. 谋略型

(1) 反车轮战。车轮战即谈判的一方采用不断更换谈判人员的方法,使另一方精疲力竭,从而被迫作出让步的策略。反车轮战的策略是:及时揭穿对方的诡计;以借口拖延谈判;对新更换上来的谈判对手拒绝重复以前的陈述,让对方多讲;对方否认过去的决定,己方也否认自己的诺言;采用私下会谈的方式与新对手谈话,摸清情况。

(2) 对付滥用权威的谈判对手。谈判人员可以从以下几方面对付滥用权威的谈判对手:

① 沉着应战,不要畏惧权威,抓住权威不太熟悉的技术难点向权威发难,使权威失“威”。

② 向对方表明,专家的观点只是个人的学术观点,并不是谈判的协议,合同必须是双方都能接受的。

③ 如果确认自己不是权威的对手,可以以无知做武器,向权威表明这些东西己方不懂,无法确认其真伪,也无法作出任何承诺。这一方面可能使权威“好为人师”,透漏一些秘密,另一方面也可能造成权威的失落感,使其失去用武之地。

(3) 对付抬价的办法。双方已经谈好价格,对方却突然要求提价,即为抬价。对付抬价的办法有:① 向对方直接指明,以争取主动;② 尽早让对方在合同或协议上签字,以防止对方出尔反尔;③ 终止谈判。

4. 合作型

对付合作型谈判对手,可以使用如下方法:设立谈判期限,私下接触,适度开放,开诚布公等。

第五节　商务谈判中倾听与观察的技巧

一、倾听的技巧

在商务谈判中,谈判人员为了保证自己能够在谈判中及时、准确、恰当地接收和反馈信息,必须掌握倾听的技巧。倾听是指用耳朵尽力地、细心地接收声音信息,它是信息沟通的重要方式。

有位哲人曾经说过,造物主之所以赐给我们两只耳朵与一张嘴巴,恐怕就是希望我们多听少说。谈判人员了解对方观点和立场的主要手段和途径就是“听”。一方面,实践证明,只有在清楚地了解了对方观点和立场的真实含义之后,谈判者才能准确地提出己方观点和策略。另一方面,从心理学角度和日常的生活经验看,倾听具有一定的说服对方的作用,因为倾听能够给对方以满足感,从而有利于双方建立一种信任关系。因此,商务谈判人员一定要学会倾听,在认真、专注地倾听的同时,还要积极地作出反应,以便获得较好的倾听效果。

(一) 倾听的作用

1. 倾听有助于了解对方的真实状况

倾听能帮助谈判者了解对方的需要、立场、观点、态度,发现事实真相。谈判是参与谈判各方相互沟通和了解的活动,掌握信息对谈判各方都很重要,不仅要了解对方的目的、意图和打算,还要掌握不断出现的新情况和新问题。因此,谈判人员应十分注意搜集整理对方的情况,试图掌握更多的信息,而倾听便是最简捷的途径。它可以使己方得以了解对方的立场、观点和态度,了解对方的沟通方式和内在联系,甚至能了解对方谈判小组内成员的意见分歧,从而使己方掌握谈判的主动权。

2. 倾听有助于给对方留下良好的印象

当谈判人员专注地倾听对方说话时,即表示出对说话者的观点很感兴趣或很重视,从而给对方留下很好的印象,进而改善双方的关系。根据人性理论,人往往喜欢表现自己,更喜欢别人倾听自己。一旦有人倾听,说话者就会更热情,更有说话的兴趣。因此,专注地听别人讲话,表示对讲话者的尊重以及对其讲话内容的重视,能使对方对你产生信赖和好感,使讲话者形成愉快、宽容的心理,变得不那么固执己见,从而有利于双方保持良好的关系。

(二) 倾听的心理特征

为了更好地倾听,谈判人员应首先了解倾听的心理特征。倾听的心理特征是听者对说话者主观反映的一种特殊的心理活动。倾听的心理特征包括听者的感知特征和注意力特征。谈判人员应掌握听者的感知特征,并学会利用听者的注意力特征。

1. 掌握听者的感知特征

感知是人的感觉和知觉的合称,是客观事物直接作用于人的感觉器官而在人脑中的反映。感知是听者认识和理解的前提。一般来说,听者对说话者所表达信息的感知程度与说话者表达的效果成正比。语言表达给听者的感知信号越强烈,听者留下的印象和记忆就越深刻;反之,则越肤浅。听者的感知特征具体表现为:

(1) 选择性理解。听者在理解过程中,既受说话者讲话内容与形式的制约,又受自身文化素质的限制,对信息的理解具有选择性。

第一,浅层次理解。如果听者与说话者在文化水平、思想修养、社会经历和知识结构等方面差距悬殊,就不可能对说话者的思想、语言等符号进行全面、准确的破译,往往只是有选择地理解一些东西。

第二,同步性理解。即听者与说话者在上述各方面的修养和水平大致接近,这样听者所理解、选择的意义和重点就可能与说话者的本意大体一致。

第三，创造性理解。这种理解是指遵循说话者的思维方向和逻辑定势，带着被说话者唤起的某些预存意念，以积极的和主动的注意，创造性地表现和领悟说话内容。

（2）整体性理解。听者所感知的信息固然是由许多部分组成的，并且各个部分具有不同的属性，但是他们并不会把感知的信息分割成许多个部分，而是把它们作为一个整体，从而形成整体影像。这就要求谈判人员在说话时应做到：各个有机部分的协调统一，内容和形式的协调统一，内容和情感的协调统一，口语和非语言行为的协调统一。

（3）差异性理解。外界信息是多种多样的，在一定的时空范围内，人总是有选择地以少数信息作为感知的对象。有的信息与背景之间的反差性强，显得特别突出和清晰；有的信息与背景之间的反差性不够明显，导致信息模糊不清。因此，谈判人员在说话的过程中，应尽量增加各种反差，给听者以强烈印象，从而提高感知效果。例如，用重音突出某个词语，用手势强调某种意思。

（4）经验性理解。人在感知对象时，总是根据已有的经验和情绪感知和评价当前所出现的客观事物，这就是心理定势。心理定势具有两重性，既可使听者产生积极的心理倾向，又可使听者产生消极的心理倾向。说话者应运用感知的经验性规律，做到叙述一开始就给听者造成良好的心理定势。

（5）直观性理解。感知的直观性有实物直观、模像直观和语言直观三种基本形式。在说话时，谈判人员应丰富听者的感知，也包括尽可能地向听者提供图表、照片、实物、录像等视觉的感知材料。语言直观的表达手法多种多样。例如，运用拟人、比喻、夸张等修辞手法，可以把抽象、枯燥的事物说得形象生动。至于示范、演示等手法，更是把听觉形象转化为视觉形象。

（6）群体行为的感染性理解。感染指的是感情或行为从一群人中的一个参与者蔓延到另一个参与者。当许多人聚在一起形成一个群体时，人们的心理状态较之独处时有一些明显的变化。一个头脑冷静且比较理智的人，一旦进入某一规模的群体之中，常常会放弃平常抑制自身行为的社会准则，而与群体中的其他成员相互强化情绪和行为。在一个群体中，往往发生一人笑，众人皆笑；一人鼓掌，众人皆鼓掌；一人打哈欠，众人皆有困意的现象。说话者要积极控制、调节听者的热情，及时发现听者的不满情绪，以主动冲击的方式控制消极情绪的蔓延。

2. 利用听者的注意力特征

听者的注意力是指听者对说话内容的指向和集中。研究显示，人的注意力持续时间非常有限，大约只有 3—24 秒。人的大脑时刻准备接受新的刺激，听者在听的过程中很难聚精会神地坚持下去。因此，说话者应该注意做到：

（1）诱发听者的注意力。引起听者注意的原因，有时是说话内容，如是否强烈新奇、对比鲜明、不断变化等；更主要的是听者自身的因素，如当时的心理状态、兴趣、需要等。因此，说话者可以针对听者的心理特征和需要，设计新颖独特的发言，运用引人入胜的艺术手法，以吸引听者的注意力。

（2）保持听者的注意力。说话的开头吸引听者的注意力后，还要保持听者的注意。由于听者注意力持续的时间非常短暂，说话者有必要使用各种手法，如提问、实验等活跃全场气氛，促使听者动脑、动口，把分散的注意力集中起来。

（三）倾听的障碍

美国的朱迪·皮尔逊博士把“听”分为两种形式，即积极的听与消极的听。所谓“积极的听”，是指在重要的交谈中，听者全神贯注，充分调动自己的知识、经验和感情，使大脑处于紧张状态，以便在接收信号后立即进行识别、归类，并作出相应反应，如表示理解或疑惑、支持或反对、愉快或难过等。所谓“消极的听”，是指在一般交谈中，听者处于比较松弛的状态，即处于一种随意状态中接收信息，如平时家庭中的闲谈或者非正式场合的交谈等。

拉夫·尼可拉斯是位专门研究如何“听”的大学问家。经过多年的研究，他发现，即使是积极地听对方讲话，听者也仅仅能记住不到50%的讲话内容。其中，只有1/3的讲话内容按原意被听取了，1/3被曲解地听取了，另外1/3则丝毫没有被听进去。同时，不同的人对于自己听取的那部分内容的理解也是不同的。一系列试验表明，“听”存在着听力障碍，当你无法接受一个人的观点时，你心中自然地就会筑起一道封闭的墙，使你无法听进对方的话，从心理上反对对方讲话的内容，这便成为你倾听的障碍。在商务谈判中，谈判者彼此频繁地进行着微妙、复杂的信息交流，如果谈判者一时疏忽，将会失去不可再得的信息。为了能够听得完整、清楚，就必须了解听力障碍。在人们相互交谈的过程中，倾听的障碍主要有以下几种：

1. 判断性障碍

心理学家通过多年的研究得出结论：人们都喜欢对别人的话进行判断、评价，然后决定赞成或不赞成，这是造成不能有效倾听的重要原因之一。人们喜欢判断耳闻目睹的一切，并且总是从自己的立场出发判断别人的话，而根据个人的信念作出的反应往往是有效倾听的障碍。一般说来，你的反应会干扰对方说话，打乱对方的思维过程，进而迫使对方改变思维过程。这样，就不可避免地引起对方采取防御手段，结果使对方很难坚持自己的观点而力争隐藏自己的真实思想和感情。即使是赞美对方的话，也会造成倾听的障碍，因为赞美往往使对方陶醉其中，从而不能很好地保持原来的思维过程。

2. 精力分散造成少听或漏听

即因精力分散、思路较对方慢以及观点不一致而造成的少听或漏听。商务谈判是一项十分耗费精力的活动，对谈判人员的体力和智力的要求都非常高。如果谈判日程安排得很紧张，谈判人员得不到充分的休息，会出现少听、漏听的现象。特别是在谈判的中后期，由于连续作战，消耗会更大，此时即使是精力十分旺盛的人，也会出现因精力不集中而产生少听、漏听的现象。一般来说，谈判人员的精力和注意力的变化是有一定规律的：在开始时精力比较充沛，但是持续的时间较短，约占整个谈判时间的8%—13%。如果是1个小时的谈判，精力旺盛的阶段可能只有最初的5—8分钟。如果是5天的谈判，则可能只有第一天是精力最为旺盛的时期。在接下来的谈判过程中，精力趋于下降，这一阶段约占整个谈判时间的79%—89%。谈判要达成协议时，又出现精力充沛期。因为当人们意识到双方达成协议的时刻就要到来时，精力会突然复苏、高涨，但是持续的时间也很短，约占整个谈判时间的3%—8%。此后，任何拖延都会使精力处于零度水平。

另外，人与人之间客观上存在着思维方式的不同，如果一方的思维属于收敛型，而另一方的思维属于发散型，那么由于收敛型的人思维速度较慢，发散型的人思维速度较快，双方就很难做到听与说的一致。让收敛型思维的人去听发散型思维的一方发言时，收敛型思维的人就会因思路跟不上或因双方思路不同而造成少听或漏听。

案例分析

倾听障碍引起的命令误传

据说，美军1910年的一次部队的命令传递是这样进行的：

营长向值班军官传达命令：明晚大约8点左右，哈雷彗星将可能在这个地区被看到，这种彗星每隔76年才能看见一次。命令所有士兵着野战服在操场上集合，我将向他们解释这一罕见的现象。如果下雨，就在礼堂集合，我为他们放一部有关彗星的影片。

值班军官向连长传达命令：根据营长的命令，明晚8点哈雷彗星将在操场上空出现。这种现象每隔76年才会出现一次。如果下雨，就让士兵穿着野战服列队前往礼堂，这一罕见的现象将在那里出现。

连长向排长传达命令：根据营长的命令，明晚8点，非凡的哈雷彗星将身穿野战服在礼堂中出现。如果操场上下雨，营长将下达另一个命令，这种命令每隔76年才会出现一次。

排长向班长传达命令：明晚8点，营长将带着哈雷彗星在礼堂中出现，这是每隔76年才有的事。如果下雨，营长将命令彗星穿上野战服到操场上去。

班长向士兵传达命令：在明晚8点下雨的时候，著名的76岁的哈雷将军将身着野战服，开着他那“彗星”牌汽车，经过操场，前往礼堂。

3. 带有偏见地听

在谈判中,以下几种常见的偏见也会造成倾听的障碍:

(1) 自己先把别人要说的话定个标准或作价值上的估计,然后再去听。当对方正在讲话的时候,有这种偏见的倾听者往往会在心里判断:对方接下来要说的是不重要的、没有吸引力的内容,于是他便一边听一边希望对方赶紧把话题转入重点或者结束谈话。有偏见的倾听者常常会按自己的喜恶对所听的话进行曲解,他们常常根据自己过去的经验把别人的话限制在自己所设的某种条件下。也就是说,他们常常自以为是地把某些话附加上自己的意义,这样显然就不能真正理解对方的讲话。

(2) 因为讨厌对方的外表而拒绝听对方讲话的内容。即使对方的话很重要或者有许多值得注意的地方,倾听者也可能会因为讨厌其外表而不想听其讲话的内容,所以不能从其讲话中获得确实有用的信息。

4. 受知识水平限制而听不懂

即受专业知识或外语水平的限制而听不懂对方的讲话内容。商务谈判总是会涉及一些专业知识,如果谈判人员对专业知识掌握有限,在谈判中一旦涉及这方面的知识,就会造成由于知识水平的限制而形成倾听障碍。此外,如果谈判人员的外语听力水平不够高,也会造成倾听障碍。在国际商务谈判中,如果主谈人不精通外语,往往需要配备专门的翻译。但是,由于翻译人员大多是专门学习外语的,对某些商务知识和技术知识及其术语可能并不十分精通,一旦需要对某些技术含量较高的业务进行全过程的翻译,就很容易出现对某些细节一带而过,或对商务条款中的细节问题没有翻译完整,而只翻译出大概的意思。因此,语言问题也是听力障碍的一个重要方面。商务谈判人员精通一门或多门外语是非常重要的。

5. 环境的干扰形成听力障碍

环境的干扰常常会使人们的注意力分散,从而形成听力障碍。例如,天气的突然变化、过往车辆的轰鸣声或是鸟鸣声、修建和装修房屋的噪声等,都会使听者注意力分散。此外,在倾听时,如果把注意力放在分析、研究对方讲话的内容以及根据内容思考自己的对策上,就不能听全对方的讲话。

(四) 克服倾听障碍的方法

认识了听力障碍的几种情况后,商务谈判人员要提高倾听的效果,就必须把握倾听的规则和技巧,想办法克服听力障碍。

1. 倾听自己的讲话,弄清楚自己听的习惯

倾听自己的讲话对培养倾听他人讲话的能力是特别重要的。倾听自己的讲话,可以使自己了解自己在倾听时有哪些好的习惯和不好的习惯,尤其是了解不好的习惯,如是否对别人的话匆忙作出判断,是否经常打断别人的话,是否经常

制造交往的障碍等。了解自己听的习惯是正确运用听的技巧的前提。

2. 全身心地倾听

全身心地倾听，要求谈判人员在听对方发言时聚精会神，同时还要以积极的态度去倾听。为了保证专心致志，就要避免出现心不在焉、思想开小差的现象。即使是自己已经熟知的话题，也不可充耳不闻，万万不可将注意力分散到研究对策上去。因为万一说话者的发言内容有隐含意义，若听者没有领会到或理解错误，就会造成相当不利的后果。心理学研究证明：一般人说话的速度为每分钟120—200字，而听话和思维速度大约要比说话的速度快4倍左右。因此，往往是说话者还没有说完，听者就基本能够理解了。这样，听者常常由于精力的富余而"开小差"。也许恰在此时，对方讲话的内容与听者所理解的内容会出现偏差，或是对方此时传递了一个重要信息，而听者没有理解或理解错误。因此，听者必须时刻注意集中精力倾听对方的讲话，并用积极的态度去听，而不是消极地或是精力不集中地去听。

在倾听时，无论你是站着还是坐着，都要与说话者保持最适宜的距离，应注视说话者，主动与其进行目光接触，并作出相应的表情，以鼓励说话者。例如，听者可以扬一下眉毛，或是微微一笑，或是赞同地点点头等。这些动作可帮助听者集中精力地听，起到良好的倾听效果。

需要特别注意的是，作为一名商务谈判人员，应该养成耐心地倾听对方讲话的习惯，这也是个人修养良好的标志。

3. 理解话的本意并向对方表达出理解

听者不仅要把注意力集中在对方所说的话上，而且要努力理解话的本来意思，并表达出对说话者讲话和感情的理解。

通常情况下，人们说话时总是边说边想，来不及整理，有时表达一个意思要绕着弯子讲许多内容，若不仔细听，根本听不出什么是重点。因此，听者就要在用心倾听的基础上，鉴别传递过来的信息的真伪，去伪存真，这样才能抓住重点，收到良好的倾听效果。

4. 记笔记

通常，人们当场记忆并将所有内容记住的能力是有限的。为了弥补这一不足，听者应该在倾听时记笔记。记笔记的好处有两方面：

（1）笔记可以帮助自己回忆和记忆，而且也有助于在发言完毕之后，就某些问题向说话者提出质疑和询问。同时，笔记还可以帮助自己作充分的分析，理解说话者讲话的确切含义与精神实质。

（2）通过记笔记，可以给说话者留下重视其讲话的印象，从而会对说话者产生一种鼓励作用。

对于商务谈判这种信息量较大且较为重要的活动来讲，一定要作记录。在谈判过程中,人的思维在高速运转,大脑要接收和处理大量信息,加上谈判现场的气氛很紧张,对每个议题都必须认真地对待,所以只靠大脑记忆是办不到的。实践证明,即使记忆力再好,也只能记住一小部分内容,有的内容会忘得干干净净。因此,记笔记是必不可少的。这也是比较容易做到的事情,更是清除倾听障碍的好方法。当然,记笔记也要讲究方法。正确的记录方法应是选择要点来记,并适当作注解。

5. 克服先入为主的倾听做法

先入为主地倾听,往往会扭曲说话者的本意,忽视或拒绝与自己心愿不符的意见。这种做法不利于正确理解说话者的本意。如果听者不是从谈判者的立场出发分析对方的讲话,而是按照自己的主观想法听取对方的谈话,其结果往往是使听到的信息变形,导致自己接收到的信息不准确,判断失误,从而造成行为选择上的失误。所以,谈判人员必须克服先入为主的倾听做法,将说话者的意思听全、听透。

6. 创造良好的环境,避免外界干扰

人们通常都会遇到这样一种情况,即在自己熟悉的环境中交谈,无须分心于熟悉或适应环境;而在自己不熟悉的环境中交谈,则往往变得无所适从,出现正常情况下不该发生的错误。由此可见,有利于己方的谈判环境能够增强己方的谈判地位和实力。因此,对于一些关系重大的商务谈判,能够争取到主座谈判是最为理想的,因为这种环境会有利于己方谈判人员发挥出较好的谈判水平。如果不能争取到主座谈判,至少也应该选择一个双方都不太熟悉的中性场所,这样可避免由于场地优势给对方带来便利,而给己方带来不便。此外,应尽可能选择一个安静的、不受外界干扰的谈判环境,这样就不会因为外界噪音的干扰而引起谈判人员的注意力分散。

总之,倾听是商务谈判沟通的重要组成部分。要掌握谈判的技巧,就必须学会倾听、善于倾听,这是一个优秀谈判者的基本要求。

二、观察的技巧

商务谈判不仅是语言的交流,同时也是行为的交流。在商务谈判中,谈判人员不仅要听对方的发言,而且要观察对方的行为。因为语言所表达的并不一定是对方的真实情况,而对方的身体语言会透露其真实的心理活动。因此,谈判人员应通过仔细观察对方的行为举止,捕捉其内心活动的蛛丝马迹。

心理学家通过研究证实,人们在瞬间的注意广度一般为 7 个单位,如果是数字或没有联系的外文字母,可以注意到 6 个;如果是黑色圆点,一般可以注意到 8—10 个。这就是人们在瞬间注意时的极限。当然,这只是实验条件下得出的研究结果,研究中只给人们大约 1/10 秒的时间去注意。在现实中,人们注意商品、注意他人的时间要长得多,注意的机会也多得多。如果受注意的事物排列整齐而有规律,人们可以注意到更多的数量。这些规律给谈判中的观察提供了一些理论依据。

在现实生活中,人们的很多信息是通过观察得来的。有经验的警察能在一伙小偷中很快地辨认出领头的,其依据是他们的眼神与手势有着细微的差别。据一位在第二次世界大战期间服役于德国情报局的人讲,他当时抓获了许多美国的情报人员。他所依据的线索是:这些人在用餐时,往往用右手拿叉子,没有严格地训练成欧洲人吃东西时用左手拿叉子的姿势;另外,他们在就座的时候,两腿交叉的姿势是美国式的,而不是欧洲式的。因此,对谈判对手姿态和动作的观察、分析,是谈判人员获得谈判者信息、了解对手的一个极为重要的方法和手段。

在商务谈判中,谈判人员可注意观察对方的头部活动、面部表情、上肢的动作语言、下肢的动作语言、腹部的动作语言和整体的动作语言等。

(一) 头部活动

头部活动可以传递的信息包括点头语和摇头语,合称"首语"。一般来说,点头表示首肯,也可以表示敬意、感谢、顺从、同意等意思;摇头则表示否定,还可以表示对抗、高傲的意思。

因文化和环境的差异,首语在不同的国家具有不同的表现形式。例如,表示首肯的头部动作:巴基斯坦人是把头向后一扬,然后再靠近左肩;斯里兰卡人是将下巴低垂,然后朝下往左移。表示否定的头部动作:土耳其人和阿拉伯人一般将头抬起。

值得一提的是,在保加利亚和印度的某些地方,摇头表示同意,恰好与常规相反。因此,对于头部动作所传递的信息,谈判人员应根据对方所属的国家和民族作出判断。

(二) 面部表情

1. 眼睛所传达的信息

达·芬奇曾经说过:"眼睛是心灵的窗户。"意思是说,眼睛具有反映人们内心深处思想活动的功能。人的喜、怒、哀、乐等情感都会通过眼神的微妙变化反映出来,而且眼睛能表达最细微、最精妙的差异。20 世纪 60 年代,美国芝加哥大学的赫斯博士曾用瞳孔变化的大小和规律,测定一个人对事物的兴趣、爱好、动机等心理变化。眼睛的动作及其所传达的信息主要有以下几个方面:

(1) 根据目光凝视讲话者时间的长短判断听者的心理感受。人与人之间进行交谈时,视线接触对方的时间在正常情况下应占全部谈判时间的 30%—60%。如果超过这一平均值,就可认为听者对谈话者本人比对谈话内容更感兴趣;低于这个平均值者,则表示听者对谈话者和谈话内容都不怎么感兴趣。说话时保持目光接触或凝视对方，在美国、加拿大、英国、法国、意大利、拉美和中东国家是合适的。但是，在日本、印度、柬埔寨等东南亚国家和非洲国家，应避免目光的直接接触，以表示对对方的尊重。此外，在某些国家，保持直接目光接触有年龄、地位、性别和时间长短的区别。比如，在西班牙、拉美和非洲撒哈拉沙漠以南的许多国家，年轻者或地位低者通常不直接注视年长者或地位高者；在伊斯兰教国家，妇女不注视男子，而男子可以互相注视。在不同国家，目光接触时间的长短也有区别：在有些亚洲国家，目光接触一般为两三秒；在美国，目光接触可长达五六秒；在日本，仅偶尔看对方一眼才被认为是有礼貌的行为。

(2) 眨眼频率和眨眼时间有不同的含义。正常情况下，人们每分钟眨眼5—8次，每次眨眼一般不超过1秒钟。在商务谈判中，如果谈判人员每分钟眨眼超过5—8次这个范围，通常表示神情活跃，对某事物感兴趣。从眨眼时间看，如果超过1秒，一方面表示厌烦，不感兴趣；另一方面也表示自己比对方优越，因而对对方不屑一顾。

(3) 倾听对方谈话时几乎不看对方是试图掩饰的表现。在听别人讲话时，眼睛通常应注视讲话者。如果在听的过程中几乎不看讲话者，那就说明听者想掩饰自己真实的心理感受，因为眼睛会暴露一个人的真实想法。据一位有经验的海关检查人员介绍，他在检查过关人员已填好的报关表时，还要再问一句："还有什么东西要申报吗？"这时，他的眼睛不是看着报关表，而是看着过关人员的眼睛，如果此人不敢正视他的眼睛，就表明此人在某些方面可能有试图掩饰的情况。

(4) 眼睛瞳孔所传达的信息。眼睛瞳孔也能传达一些信息。比如，眼睛瞳孔放大，炯炯有神，表示此人处于欢喜与兴奋的状态；瞳孔缩小，神情呆滞，目光无神，则表示此人处于消极、戒备或愤怒的状态。实验证明，瞳孔所传达的信息是无法用人的意志控制的。一些企业家、政治家为了防止对方察觉到自己瞳孔的变化，往往喜欢配戴有色眼镜。同样，在谈判桌上，如果谈判人员想掩饰自己瞳孔的变化，也可以戴有色眼镜。

(5) 眼神闪烁不定所传达的信息。眼神闪烁不定是一种反常的举动，通常被认为是掩饰的一种手段或是人格上不诚实的表现。一个虚伪或者当场撒谎的人，其眼神通常闪烁不定，以此掩饰内心的秘密。

眼睛所传递的信息还远不止这些。人类眼睛所表达的思想，有些确实是只能意会而不能言传的，这就要靠谈判人员在实践中用心观察和思考，不断积累经验，争取把握眼睛的动作所传达的种种信息。

2. 眉毛所传达的信息

眉毛和眼睛的配合是密不可分的，两者的动作往往共同表达一个含义。仅就眉毛而言，也能反映出人的许多情绪变化。

(1) 双眉上扬:表示人处于惊喜或极度惊讶状态。

(2) 眉毛下拉或倒竖:说明人处于极端愤怒或异常气恼状态。

(3) 眉毛迅速上下运动:表示人心情愉快、内心赞同、对你亲切。

(4) 紧皱眉头:表示人处于困窘、不愉快、不赞同的状态。

(5) 眉毛向上挑起:表示询问或疑问。

由此可见,眉毛所传达的信息也是不容忽视的。

3. 嘴的动作所传达的信息

人的嘴巴除了说话、吃喝和呼吸以外,还可以有许多动作,用来反映人的心理状态。例如,紧紧地抿住嘴,往往表现出意志坚决;撅起嘴是不满意和准备攻击对方的表现;遭受失败时,人们往往咬嘴唇,这是一种自我惩罚的动作;嘴角稍稍向后拉或向上拉,表示听者是比较注意倾听的;嘴角向下拉,是不满和固执的表现。

与嘴的动作紧密联系的是吸烟的姿势。在现代社会中,吸烟能够表现一个人的心理和情绪变化。在商务谈判中,吸烟的姿势具有较强的表现力,而且也是评判一个人态度的重要依据。吸烟所传达的信息大致有以下几种:

(1) 吸一口烟后,将烟向上吐,往往表示积极、自信,因为此时伴随吐烟动作的身体上半部的姿势也是向上昂起的;如果将烟向下吐,则表示情绪消极、意志消沉、有疑虑,因为此时身体上半部的姿势也是向下的,给人以垂头丧气之感。

(2) 烟从嘴角缓缓吐出,给人一种消极而诡秘的感觉,一般反映出吸烟者此时的心境与思维比较曲折复杂,力求从纷乱的思绪中理出头绪来。

(3) 吸烟时不停地嗑烟灰,表明内心有冲突或不安的感觉。此时,吸烟已不是一种生理需要,香烟完全成了吸烟者减缓和消除内心冲突与不安的一种道具。因为内心冲突和不安往往使人手足无措,通过不停地磕烟灰这个动作,可以使人的手有事可做,从而转移了这种冲突和不安。

(4) 烟灰烧了很长,却很少拿起来抽,表明在紧张思考或等待紧张情绪的平息。之所以很少抽,是因为大脑专注于某个问题的思考,暂时忘记了吸烟一事。

(5) 没抽几口就把烟掐掉,表明吸烟者想尽快结束谈话或已下决心要做一件事。掐掉烟是为了不让吸烟分散其精力,干扰其刚刚决定的事情。其实,吸烟本身可能不会给他带来什么干扰,这样做暴露了其内心的活动。

(6) 斜仰着头,烟从鼻孔吐出,表现出一种自信和优越感,以及一种悠闲自得的心情。

案例分析

对表情的误解

有一次,日本时任首相大平正芳访问美国,当时迎接他的是美国前总统卡特。

在欢迎这位日本首相的鸡尾酒会上,卡特端着酒杯走到他面前说:“喂,我们所要求更改的那几个条件,你答应算了!这样,我们就可以腾出时间到海边度假!”

这时,大平正芳的翻译恰好不在身边,他听不懂卡特说了些什么,因此急得不得了。为了镇静下来,他只好一边点头,一边“微笑”。

卡特在一旁看到他微笑,高兴不已,于是就对自己的随员说:“看来,他同意了我们所提出的条件。我和他谈条件时,他一直在微笑,似乎默认了我们的要求。”

鸡尾酒会开完后,美国代表团连夜就把美国方案里所提出的一些勉强要求改为得寸进尺的要求。

第二天,美国、日本两国代表团继续开会,随团翻译也坐在一旁。

开会时,美方把其提出的贪婪要求重复了一遍。这时,大平正芳通过翻译听到这一切时,非常生气,他气愤地说:“你卡特总统简直背信弃义,以前说的东西怎么一下子全给推翻了?”接着,他继续说:“我们马上结束会议,退出会场!”于是,这次美日贸易谈判破裂了。

后来,美国国会要求国务院就这次失败的谈判撰写报告,说明失败的原因。国务院人员经过研究后才发现,美日贸易谈判破裂的主要原因只是日本首相的一个神秘的微笑,而美国人误解了这一微笑的含义。

(三) 上肢的动作语言

手和臂膀是人体比较灵活的部位,也是谈判中使用较多的部位。在商务谈判中,谈判人员可以借助对方的手势,或与对方手与手的接触,判断分析出对方的心理活动或心理状态。同时,谈判人员也可以通过自己上肢的动作语言向对方传递某些信息。上肢的动作语言主要包括手势语、手与胳膊的动作语言。

1. 手势语

手势语是通过手和手指活动所传递的信息。谈判者可以通过手语解读对方的心理活动或心理状态,也可以将自己的意图传达给对方。手势语可以表达友好、祝贺、欢迎、惜别、不同意、为难等多种语义,具体包括握手、招手和手指动作三种表现形式。

(1) 握手。握手的动作源自原始时代的生活。原始人在狩猎或战争时,手中常持有石块和棍棒等武器。如果是没有任何恶意的两个陌生人相遇,常会放下手中的所有东西,并伸开手掌,让对方摸一摸自己的掌心,以此表示手中未持有武器。久而久之,这种习惯逐渐演变为今天的握手动作。

原始意义的握手不仅表示问候,也表示一种依赖、契约和保证之意。标准的握手姿势应该是,用手指稍稍用力握住对方的手掌,对方也以同样的姿势用手指稍稍用力回握,用力握手的时间约在1秒到3秒之内。握手时还要注意:挺身站立,力度合适,身体可微微前倾,面露笑容,注视对方,以表示热情。如果双方握手与标准姿势不符,便有除了问候、礼貌之外的附加意义,主要包括以下几种情况:

① 如果感觉对方手掌出汗,表示对方处于兴奋、紧张或情绪不稳定的心理状态。

② 如果对方用力握手,则表明此人具有好动、热情的性格,这类人做事往往喜欢主动。美国人大都喜欢采用这种握手方式,这与他们好动的性格是分不开的。如果感觉对方的握手不用力,一方面可能是此人个性懦弱,缺乏气魄;另一方面也可能是对方傲慢矜持或爱摆架子的表现。

③ 握手前先凝视对方片刻,再伸手相握,在某种程度上表明,这种人是想在心理上先战胜对方,将对方置于心理上的劣势地位。先注视对方片刻,意味着对对方的一种审视,观察对方是否值得自己与其握手。

④ 掌心向上伸出与对方握手,往往表明此人性格软弱,处于被动、劣势或受人支配的状态。在某种程度上,掌心向上伸出与人握手,有一种向对方投靠的意思。如果是掌心向下伸出与对方握手,则表示想取得主动、优势或支配地位。另外,手掌心向下,也有居高临下的意思。

⑤ 用双手紧握对方一只手,并上下摆动,往往是表示热烈欢迎对方的到来,也可表示真诚感谢。

(2) 招手。因受文化背景的影响较大,招手所包含意思的差异也较大。例如,在我国,手心向下伸出向人招手,属于指示手势,是请人过来;而一个英国人见到这种手势会转身就走,因为按照英国人的习惯,这是表示“再见”。如果要招呼英国人过来,应是手心朝上招手;而这个动作在日本也许会遭人白眼,因为日本人以这种手势召唤狗。

(3) 手指动作。手指动作也是被人们广泛使用的手势语之一。例如,商品交易所内的每个手指动作都表达特定的买进、卖出以及数量多少的含义。

人们常用食指和中指做“V”字形,以表示对胜利的祝贺或预祝胜利归来的期盼。用拇指和食指合成一个圆圈,在美国表示“OK”,属于形象手势,是赞扬和允许之意;在法国一些地方,属于象征手势,可解释为“毫无价值”之意;在日本,代表金钱;在地中海的一些国家,人们常用这一手势暗示一个人是同性恋者。

使用这一手势语时，要注意把拇指和食指合上，千万不要分开做成形似“WC”。同是跷起大拇指，在中国表示赞扬，在日本表示“老爷子”，在希腊是让人“滚蛋”。

用手指或手中的笔敲打桌面，或在纸上乱涂乱画，往往表示谈判者对对方的话题不感兴趣、不同意或不耐烦的意思。这样做，一方面可以打发和消磨时间，另一方面也起到暗示或提醒对方注意的作用。

美国社会学家戴维·埃弗龙认为，决定手势方式的是文化因素。在罗马语族国家里，手势在人际交往中的作用往往大于其他国家；而在北欧国家里，人们讲话时很少打手势。英国心理学家麦·阿尔奇作过一次调查：在一小时的讲话中，芬兰人做手势1次，意大利人80次，法国人120次，墨西哥人180次。所以，谈判人员要想有效发挥手势语的交际作用，必须了解、熟悉交际对象的文化环境特征。

2. 手与胳膊的动作语言

（1）拳头紧握，表示向对方挑战或自我紧张的情绪。握拳的同时如伴有手指关节的响声，或用拳击掌，则表示向对方发出无言的威吓或攻击的信号。握拳使人肌肉紧张，能量比较集中，一般只有在遇到外部的威胁或挑战时，人们才会紧握拳头，以准备进行抗击。

（2）两手手指并拢，并放在胸前上方呈尖塔状，表示充满信心。这种动作在西方常见，特别是在主持会议、领导者讲话、教师授课等情况下。它通常可表现出讲话者高傲与独断的心理状态，起到震慑听者的作用。

（3）手与手连接放在胸腹部的位置，是谦逊、矜持或略带不安的心理状态的反映。在给获奖运动员颁奖之前，主持人宣读比赛成绩时，运动员常常有这种动作。

（4）两臂交叉于胸前，表示保守或防卫；两臂交叉于胸前并握紧拳头，往往是怀有敌意的标志。

（5）吸手指或指甲。成年人做出这样的动作是不成熟的表现，谈判人员应避免出现这种动作。

（6）用手搔头，表示困惑、麻烦或不满。

（7）用并拢的食指、中指、无名指摸着额头，表示害羞、困惑、为难。

（8）双手相搓，说明此人陷入为难、急躁状态之中。

（9）双手摊开，说明此人想要表示他的真诚、坦然或无可奈何。

（10）双手叉腰，说明此人在挑战、示威或感到自豪。

（11）双手插在前胸，说明此人胸有成竹，对将要发生的事情有思想准备。

（12）双手插在口袋里（尤其是气温不低时），说明此人内心紧张，对将要发生的事情没有把握。

（13）两手指尖相合，抵住下巴（尖塔行为），反映此人充满自信，并对你的讲话感兴趣。

（14）两手指尖相合，插在大腿中间（倒尖塔行为），反映此人心情平静，愿意听你发言。

（15）谈判中对方扬起巴掌，表示对方坚决果断，决心已下。

（16）耸肩表示此人内心不安、恐惧或在自我夸耀；耸肩加摇头反映此人不知道、不理解或无可奈何。

（四）下肢的动作语言

腿和足部虽处于人体的下部，通常不引人注目，但下肢往往是最先表露潜意识的部位。谈判人员同样不能忽视对对方下肢动作的观察。下肢的主要动作和所传达的信息如下：

1. 摇晃足部、用足尖敲打地板、抖动腿等

这些动作都表示此人焦躁不安、无可奈何、不耐烦或想摆脱某种紧张感。通常，在候车室等车的旅客常有此动作。在谈判桌上，这种动作也是常见的。

2. 双足交叉而坐

对男性来讲，这往往表示从心理上压制自己的情绪，如对某人或某事持保留态度，表示警惕、防范，尽量压制自己的紧张或恐惧感。对女性来说，如果再将两膝并拢起来，则表示拒绝对方或一种防御的心理状态。这往往是比较含蓄而委婉的举动。

3. 分开腿而坐

这表明此人很自信，并愿意接受对方的挑战。如果一条腿架到另一条腿上就座，一般在无意识中表示拒绝对方并保护自己的势力范围，使之不受侵犯。如果频繁变换架腿姿势，则表示情绪不稳定、焦躁不安或不耐烦。

（五）腹部的动作语言

腹部位于人体的中央部位，它的动作具有极丰富的含义。

1. 突出腹部

这表现出自己的心理优越、自信与满足感，是意志和胆量的象征。这一动作也反映了扩大势力范围的意图，是威慑对方、使自己处于优势或支配地位的表现。

2. 解开上衣外套纽扣露出腹部

这表示开放自己的势力范围，对对方不存戒备之心。

3. 抱腹蜷缩

这表示对方处于不安、消沉、沮丧等情绪支配下的防卫心理。病人和乞丐常会出现这样的动作。

4. 腹部起伏不停

这反映对方处于兴奋或愤怒状态，极度起伏则意味着即将爆发的兴奋与激

动状态。

5. 轻拍自己的腹部

这表示自己的风度、雅量,同时也包含着经过一番较量之后的得意心情。

(六) 整体的动作语言

1. 立姿

谈判者的站立姿势也会表现出其不同的情绪和心理。立姿所传达的信息有以下几种:

(1) 两腿相距一肩宽站开,脊背直立,挺胸抬头,目光平视对方,表现出信心、兴趣和进取的劲头。

(2) 以稍息姿势站着,双手垂直放在背后,头侧着平视,或仰视对方头顶或眉毛以上,眼神并不随话题变化,表示对话题没有兴趣,或根本没有专心听。

(3) 一脚向前,双手抱肩,头微低,目光在对方眼睛的下方,神色严肃,表现出专心、严肃与信赖。

(4) 双脚并拢,腰微弯,目光注视着对方的眼睛,头微低,表现出谦恭、礼貌与鼓励的态度。

(5) 双脚叉开,敞开西服,一手叉腰,挺胸平视对方,显示的是无所畏惧、乐观或不急于求成的心态。

(6) 低头看对方脚或胸部以下,显示的心态是深思、为难、不易应允。

2. 坐姿

任何一种坐姿都会毫不掩饰地反映出谈判者的心理状态。坐姿所传达的信息有以下几种:

(1) 坐着时上身向后仰超过20°,左右倾斜超过10°,这是人体最放松的状态,此动作表示对方处于放松状态。

(2) 坐着时上身向前倾小于20°,左右倾斜小于10°,这是人体一般的状态,此动作表示对方既不紧张,也不放松。

(3) 坐着时身体挺直,面部肌肉僵硬,或者上身紧靠椅背而坐,这是人处于紧张状态的典型特征。

(4) 深深坐入椅子内,腰板挺直,是想在心理上表现出一种优势。

(5) 浅坐在椅子上或沙发里,说明对方精神上缺乏安全感,显露出其处于心理劣势。

(6) 双手放在桌上,挺腰近台而坐,反映对方感兴趣、全神贯注和有积极性。

(7) 斜着身体坐,表示心理愉快和有优越感。

(8) 双手搭着桌子,背靠椅子,显示正在等待、有耐心。

(9) 斜歪在沙发上,甚至还跷起了二郎腿,这大多是应付、闲散、不在意的表现。

(10) 交叠双足而坐,这是一种防范心理的表现。

(11) 抖动足尖或腿,这表示内心轻松或不安。

(12) 男性张开双腿而坐,表示自信、豁达。

(13) 女性双膝并拢,表示庄重、矜持。

(14) 谈判中身体突然转向出口处或频繁改变姿势,流露出对方希望结束谈判的心情。

(15) 谈判时突然背朝你或突然转身,流露出内心的拒绝、回避、不理睬。

(16) 交谈中逐渐将上身倾向你,表示对你的话越来越感兴趣,或者想要阻止你继续讲下去。

(17) 交谈中上身逐渐偏离你,表示对你的话越来越不感兴趣。

3. 行姿

不同的行姿也能反映谈判者的心理状态。行姿所传达的信息有以下几种:

(1) 步伐矫健、轻松、灵活,表现出积极和令人振奋的精神。

(2) 摇头晃脑、左右摇摆的行姿,给人以无知、庸俗和轻薄的印象。

(3) 在主座谈判中,谈判人员应自己先到房间,在迎过客人后,引客入座,然后自己轻步入座,这反映出礼貌、持重和信心。

(4) 在客座谈判中,谈判人员应缓步入门,环视房间主人站的位置,以确定自己的走向,这反映出修养、稳重、信心和力量。

以上是谈判和日常交往中常见的动作语言及其所传达的信息。当然,这些动作语言仅仅是就一般情况而言的,不同的民族、地区,不同的文化层次和个人修养,其动作、姿态及所传达的信息都是不同的,谈判人员应在具体环境中区别对待。另外,谈判人员在观察对方的动作和姿态时,不能只从某一个孤立的、静止的动作或姿态去判断,而应分析和观察其连续的、一系列的动作,特别是要结合对方讲话时的语气、语调等进行综合分析,这样才能得出比较真实、全面、可信的结论。

需要指出的是,在商务谈判中,对方完全可能故意做出某些动作、姿态,以迷惑己方。这就需要谈判人员观察对方连贯的动作,或者将其当时的动作与前后所做的动作,以及当时讲话的内容、语音、语气和语调等相联系,从中寻找出破绽,识别其真伪,然后再采取必要的措施。

复习思考题

一、名词解释

1. 叙述　　2. 说服　　3. 认同　　4. 倾听

二、简答题

1. 商务谈判语言的运用应注意哪些问题?

2. 谈判入题叙述的技巧有哪些?
3. 叙述的基本要领有哪些?
4. 简述谈判中提问的要领。
5. 简述谈判中回答问题的技巧。
6. 商务谈判中常见的拒绝方法有哪些?
7. 商务谈判中应掌握哪些辩论的技巧?
8. 简述说服他人的基本要诀。
9. 在谈判中需要克服的听力障碍主要有哪些?
10. 谈判中应如何克服倾听的障碍?

三、案例分析

柯泰伦曾是前苏联派驻挪威的全权代表,她精明强干,可谓“女中豪杰”。柯泰伦的才华多次在外交和商务谈判上得以展示。有一次,她就进口挪威鲱鱼的有关事项与挪威商人谈判。挪威商人精于谈判技巧,狮子大开口,出了个大价钱,想迫使买方把出价抬高后再与卖方讨价还价。柯泰伦久经商场,一下子就识破了对方的用意。她坚持出价要低、让步要慢的原则。买卖双方坚持自己的出价,谈判气氛十分紧张。各方都拿出了极大的耐心,不肯调整己方的出价,都希望削弱对方的信心,迫使对方作出让步。谈判进入了僵持状态。

柯泰伦为了打破僵局,决定运用谈判技巧,迂回逼近。她对挪威商人说:“好吧,我只好同意你们的价格啦,如果我方政府不批准,我愿意以自己的工资支付差额,当然还要分期支付,可能要支付一辈子的。”柯泰伦这一番话表面上是接受了对方的价格,实际上却是以退为进,巧妙地拒绝了对方的要求。挪威商人对这样的谈判对手无可奈何。他们怎么能让贸易代表自己出工资支付合同货款呢?于是,他们只好把鲱鱼的价格降下来。

问题:

1. 柯泰伦采用了哪种说服方法?此方法为何能说服谈判对手?
2. 你认为柯泰伦还可以采用哪些说服技巧?

第七章　商务谈判中僵局的处理

【本章学习目标】

- 了解商务谈判僵局的概念及种类；
- 了解商务谈判中形成僵局的原因；
- 掌握商务谈判中应对僵局的策略；
- 了解处理谈判僵局应注意的问题。

商务谈判僵局是指在商务谈判过程中，双方对所谈问题的利益要求差距较大，又都不肯作出让步，导致双方因暂时不可调和的矛盾而形成对峙，从而使谈判呈现出一种不进不退的僵持局面。商务谈判中，僵局之所以经常出现，其原因就在于，来自不同企业、不同国家或地区的谈判者之间观点、立场的交锋是持续不断的；当利益冲突变得不可调和时，僵局便出现了。僵局出现以后，必须迅速处理，否则就会对谈判的顺利进行产生影响。虽然出现僵局不等于谈判破裂，但是它严重影响谈判的进程，如不能很好地解决，就可能导致谈判破裂。

应该说，在商务谈判中，谈判双方既然能坐在一起，就说明双方都是经过认真准备且怀有合作诚意的。双方从各自所寻求的利益出发，都希望打破僵局，求大同存小异，以达到谈判的预期目的。要打破僵局，必须对僵局的性质、产生原因等问题进行透彻的了解和分析，才能正确地加以判断，从而进一步采取相应的策略和技巧，选择有效、合理的方案，使双方重新回到谈判桌上来，为达成交易创造条件。僵局的突破，很大程度上取决于谈判人员的直觉、经验、应变能力等综合素质，也取决于领导者的意识和决策水平。

第一节　商务谈判中僵局的种类[①]

商务谈判中的僵局按人们对谈判本身的理解角度不同，有不同的分类。了解僵局的种类，有助于我们更好地理解僵局的实质和内容，为应对僵局作好准备。

---

① 参见孙平主编:《当代商务谈判》，武汉大学出版社 2007 年版，第 181—183 页。

一、按照项目合作的不同过程划分

从广义上说，商务谈判不仅仅是从交换意见到签订合作协议的过程，而是伴随着整个合作过程的始终。所以，从广义上讲，僵局的发生也是伴随整个合作过程随时随地都有可能出现的。项目合作过程分为合同协议期和合同执行期，因此商务谈判僵局就分为协议期僵局和执行期僵局两大类。

（一）协议期僵局

谈判双方在磋商阶段意见产生分歧而形成的僵持局面，也就是人们一般认为的狭义上的谈判过程中出现的各种僵局。

（二）执行期僵局

执行项目合同过程中双方对合同条款理解不同而产生的分歧，或出现了双方始料未及的情况而把责任有意推给他人，或一方未能严格履行协议引起另一方的严重不满等，由此而引起的责任分担不明确的争议。

二、按照商务谈判的不同阶段划分

在大多数人看来，谈判就是交换意见，达成一致看法，签订协议的过程。这是对谈判所作的狭义上的理解。从这种狭义的角度理解商务谈判，僵局的种类不外乎谈判初期僵局、中期僵局、后期僵局三种。

（一）初期僵局

商务谈判初期，主要是双方彼此熟悉、了解、建立融洽气氛的阶段。这一阶段发生僵局的概率相对较小。因为此时双方对谈判都充满了期待，而且刚开始时一般也不会涉及核心利益问题。除非由于误解或者双方对谈判准备得不够充分，又或者一方感情受到很大的伤害，才会导致谈判一开始就草草收场。

（二）中期僵局

商务谈判中期，是谈判的实质性阶段，双方需要就有关技术、价格、合同条款等交易内容进行详尽的讨论、协商。在合作的背后，客观地存在着各自利益上的差异，这就可能使谈判暂时向着双方难以统一的方向发展，产生谈判中期的僵局。例如，在建立中外合资企业的谈判中，中外双方对各自投资比例大小会产生分歧。有些国外大公司认为自己掌握了先进的技术，因此在合资企业中一定要占51%以上股权，以达到控股目的；而中方合伙人则可能认为，外方提供的技术并不是独家所有，而且今后的产品在国内有很大的潜在市场，因此不一定要让外方控股。于是，双方就会僵持不下。此种中期僵局常常具有此消彼长、反反复复的特点。有些中期僵局通过双方之间重新沟通，矛盾便可迎刃而解。有些中期谈判则因为双方都不愿在关键问题上退让而使谈判长时间拖延，问题悬而难解。因此，中期是僵局最为纷繁多变的，也是谈判破裂经常发生的阶段。

（三）后期僵局

商务谈判后期，是双方达成协议的阶段。在已经解决了技术、价格等关键性问题之后，还有诸如项目验收程序、付款条件等执行细节需要进一步商议，特别是合同条款的措辞、语气等经常容易引起争议。谈判后期的僵局不像中期的僵局那样难以解决，只要某一方表现得大度一点，稍作些让步，便可顺利结束谈判。但是，如果掉以轻心，有时仍会出现重大问题，甚至使谈判前功尽弃。到了后期，虽然合作双方的总体利益及各自利益的划分已经通过谈判确认，但是只要正式的合同尚未签订，总会有未尽的权利、义务、责任、利益和其他一些细节尚需确认和划分，因此不可疏忽大意。

三、按照商务谈判的具体内容划分

从商务谈判的具体内容看，不同的谈判主题也会造成不同类型的谈判僵局。例如，标的技术要求、项目的合作价格、付款方式、付款条件、项目实施的进度安排及交付期限、履约地点、运输方式、验收标准与验收程序、违约责任等。也就是说，只要是可能写入合同文本的内容，都有可能成为谈判僵局形成的导火线。值得一提的是，国际商务合作经常需要以多种文字表达的合同确定下来，因此合同的措辞很值得研究。特别是对同一事件的表述方式在合作双方各自母语中各不相同，往往会有多种解释，以致造成分歧。当谈判双方对合同的理解引起分歧与争议时，应以何种文本为准常常成为谈判桌上最后的争议。在所有可能导致谈判僵局的谈判主题中，价格是最为敏感的一种，也是产生僵局频率最高的一个方面。因此，从内容上讲，不论是国内还是国际商务谈判，价格僵局是最常见的。此外，支付方式、运输方式、期限等也都十分重要，有可能在谈判中形成以其为内容的僵局。

第二节　商务谈判中形成僵局的原因

在商务谈判进行过程中，僵局随时都有可能发生，双方在任何主题上都有可能形成分歧与对立。要掌握突破谈判僵局的方法与技巧，首先就要认清谈判僵局产生的原因，以便对症下药。表面上看，僵局出现的时机与形式、对峙程度的高低是令人眼花缭乱的。然而，从本质上讲，商务谈判陷入危机往往是由于双方感到在多方面谈判中与期望相差甚远，并且在各个主题上这些差异相互交织在一起，难以出现缓解的迹象。造成谈判僵局的原因可能是多方面的，并不总是由于震惊世界的大事或者重大的经济问题才出现僵局。根据一些谈判者的经验，许多谈判形成僵局甚至破裂是由细微的事情引起的，诸如谈判双方性格的差异，怕丢面子;个人的权力限制;环境的改变;公司内部纠纷;与上司的工作关系不好,缺乏决断的能力;谈判一方利用己方优势强迫另一方接纳己方的意图等等。僵局的产生是由其中一种或几种因素共同作用而形成的。归纳起来,主要有以下几个方面的原因:

(一)谈判一方故意制造谈判僵局

这是一种带有高度冒险性和危险性的谈判战略,即谈判的一方在谈判过程中为了试探出对方的决心和实力而有意给对方出难题,搅乱视听,甚至引起争吵,迫使对方放弃自己的谈判目标而向己方目标靠近,使谈判陷入僵局。其目的是使对方屈服,从而达成有利于己方的交易。

故意制造谈判僵局的原因可能是过去在商务谈判中上过当、吃过亏,现在要给对方报复;或者自己处在十分不利的地位,通过给对方制造麻烦可能改变自己的谈判地位,并认为即使自己改变不了不利地位,也不会有什么损失。例如,买方对卖方的产品质量进行挑剔,一方抓住另一方在谈判中说的错话而加以引申,使对方处于被动挨打的地位等。在这种情况下,被反对的一方必然会进行反攻,从而导致商务谈判难以为继,出现僵局。

通常情况下,谈判者往往不愿意冒使谈判陷入僵局的风险,因为制造僵局往往会改变谈判者在谈判中的处境。如果运用得当,会获得意外的成功;如果运用不当,其后果也是不堪设想的。因此,除非谈判人员有较大把握和能力控制僵局,否则最好不要轻易采用这种方法。

(二)双方立场对立、观点争执导致僵局

先来看一个例子:图书馆本来一片安静,然而两个邻座的读者却为了一件小事发生了争执。一个想打开临街的窗户,让空气清新一些,保持头脑清醒,以利于提高读书的效率;另一个想关窗,不让外面的噪声进来,保持室内的安静,以利于看书。两人争论了半天,却没能找到双方都满意的解决方法。这时,图书管理员想出了一个办法,她打开了另一侧面对花园的窗户,既让空气得到流通,又避免了噪声干扰,同时满足了双方的要求。

又如,在中美恢复外交关系的谈判中,双方在如何表述台湾的问题上发生了争执。中方认为台湾是中国领土的一部分,而美方不想得罪台湾当局,双方谈判代表相持不下。最后,在《上海公报》里,用了"台湾海峡两边的中国人"。这种巧妙的提法,使双方的立场冲突得到了缓解,《上海公报》得以诞生。

中美两国的谈判代表在如何称谓台湾的问题上都认为,这是关系到本国政府外交政策的重大立场性问题,不肯轻易让步,这时如果找不到适当的措辞,公报就不能产生,谈判自然陷入困境。

在讨价还价的谈判过程中,谈判双方为了维护自己的正当利益,会提出自己的反对意见。例如,卖方认为自己的要价不高,买方则认为卖方的要价太高;卖方认为自己的产品质量没有问题，买方则对产品质量不满意等等。另外，也可能是客观市场环境的变化造成的不能让步。例如，由于市场价格的变化，使原定的谈判让步计划无法实施。如果这些反对意见得不到解决，双方对某一问题各持自己的看法和主张，产生意见分歧，那么越是坚持各自的立场，双方之间的分歧就会越大。这时，双方真正的利益被这种表面的立场掩盖。同时，为了维护自己的面子，双方非但不愿作出让步，反而会用顽强的意志迫使对方改变立场。于是，谈判变成了一种意志力的较量，当冲突和争执激化、双方互不相让时，便会出现僵局。

纠缠于立场性争执是低效率的谈判方式，它撇开了双方各自的潜在利益，不容易达成明智的协议。同时，由于相持不下，它还会直接损害双方的感情，谈判者要为此付出巨大代价。

经验证明，谈判双方在立场上关注越多，就越不能注意调和双方利益，也就越不可能达成协议。甚至谈判双方都不想作出让步，或以退出谈判相要挟，这就更增加了达成协议的困难，拖延了谈判时间，容易使谈判一方或双方丧失信心与兴趣。人们很容易在谈判中犯立场观点性争执的错误，这也是形成僵局的主要原因。

（三）沟通障碍导致僵局

由于商务谈判本身是靠讲和听进行沟通的，信息沟通本身不仅要求真实、准确，而且还要求及时、迅速。但是，实践中却往往由于未能达到这一要求而使信息沟通产生障碍，谈判双方因信息传递失真产生误解而出现争执，并因此导致谈判陷入僵局。

沟通障碍，就是指谈判双方在交流彼此情况、观点，洽商合作意向、交易条件的过程中，可能遇到的由于主观或客观原因所造成的理解障碍。有时，谈判进行了很长时间却无进展，甚至争论了半天，搞得很不愉快，使谈判陷入了僵局。然后，双方冷静地回顾争论的各个方面，却发现彼此争执的根本不是同一回事。这种谈判僵局就是由沟通障碍引起的。

第一种沟通障碍，是由于双方文化背景存在差异，一方语言中的某些特别表述难以用另一种语言准确表述出来，或肢体语言中某些含义被另一方误解而造成的。例如，某跨国公司总裁访问我国一家著名的制造企业，商讨合作发展事宜。中方总经理很自豪地向客人介绍说："我公司是中国二级企业……"此时，译员很自然地用"second-class enterprise"表述。不料，该跨国公司总裁闻此，原本很高的兴致突然冷淡下来，敷衍了几句便立即起身告辞。在归途中，他抱怨道："我怎么能与一个中国的二流企业合作？"可见，一个小小的沟通障碍会直接影响到谈判的成败。美国商人谈及与日本人打交道的经历时说："日本人在会谈过程中不停地'Hi''Hi'，我原来以为他完全赞同我的观点，后来才知道这只不过表示他听明白了我的意思而已，除此之外，别无他意。”

第二种沟通障碍，是由于一方虽已接收，但却未能理解另一方所提供的信息内容而造成的。这是因为，接收信息者对信息的理解受其职业习惯、受教育程度以及某些领域内的专业知识所制约。有时，表面上看来，接收信息者似乎已完全理解了该信息。但是，实际上，这种理解常常是主观的、片面的，甚至与信息内容的实质情况完全相反。这种情况是有关沟通障碍案例中较常见的。例如，在一次关于成套设备引进的谈判中，某市的谈判班子对外方所提供的资料作了研究，认为对方提供的报价是附带维修配件的，于是按此思路与外方进行了一系列的洽谈。然而，在草拟合同时，我方发现对方所说的“附带维修配件”其实是指一些附属设备的配件，主机配件并不包括在内，需要另行订购。我方指责对方出尔反尔，而对方认为我方是故意作梗。事后，我方仔细核对原文，发现“附带维修配件”只是在谈到附属设备时出现过，而我方误以为是对所有设备提供配件。这种僵局完全是由于沟通障碍造成的，是我方未能正确理解对方的意思，作了错误的判断。

第三种沟通障碍，是由于一方虽已理解却不愿接受这种理解而造成的。一方是否能够接受现实，往往受其心理因素的影响，包括对对方的态度、与对方以往打交道的经历以及个人的成见等。我国曾获得过一笔某国际金融组织的贷款，用于建筑一条二级公路。按理说，这对于我国现有筑路工艺技术和管理水平来说是一项比较简单的工程。然而，负责这个项目的某国际金融组织官员却坚持要求我方聘请外国专家参与管理，这就意味着我方要大大增加在这个项目上的开支。于是，我方表示不能同意。我方在谈判中向该官员详细介绍了我国的筑路水平，并提供了有关资料。这位官员虽提不出异议，但由于以往缺乏对我国的了解，或是受偏见支配，他不愿放弃原来的要求。这时，谈判似乎已陷入了僵局。为此，我方特地作了安排，请他去实地察看了我国自行设计建造的几条高水准的公路，并由有关专家作了详细介绍。心存疑虑的国际金融组织官员这才算彻底服了，僵局也由此打破，谈判得以顺利完成。

(四) 谈判人员素质低下导致僵局

俗话说：“事在人为。”人的素质因素永远是引发事由的重要原因，谈判也是如此。国际商务谈判是由人进行的，谈判人员的素质始终是影响谈判成功与否的重要因素。尤其当双方合作的客观条件良好、共同利益较一致时，谈判人员素质的高低往往会起决定性的作用。

如果谈判人员缺乏专业知识，或好自我表现，或怕承担责任，就会给所达成的交易带来风险，而且也是造成谈判僵局的重要原因。同时，谈判人员不适宜地使用隐瞒真相、拖延时间、最后通牒等手段也是导致谈判受阻、对方感情受损的经常性原因。因此，无论是谈判人员工作作风方面的原因，还是知识经验、谋略技巧方面的不足或失误，都可能造成谈判陷入僵局甚至破裂。

（五）谈判中的态度或战术原因导致僵局

1. 谈判人员的偏见或成见导致僵局

谈判人员在商务谈判中带有的偏见或成见，是指由于感情或逻辑的原因所产生的对谈判、对方及谈判议题的一些不正确的看法。由于产生偏见或成见的原因是对问题认识的片面性，即用以偏概全或先入为主的办法对待人和事，因而很容易与对方产生分歧，造成谈判僵局。例如，谈判一方提出某设备的表面喷漆不应该是深绿色，而应该是浅绿色，并喋喋不休地指责深绿色对人心理产生的影响等。对这类枝节问题过于苛求就容易以偏概全，引起对方的强烈不满，造成僵局。

2. 滥施压力和圈套导致僵局

在商务谈判中，常有些谈判者想通过表现自我显示实力，从而使谈判偏离主题；或者争强好胜，提出独特的见解令人诧异；或者运用心理战术的研究成果向对方施展阴谋诡计，设置圈套，迷惑对方，使谈判的天平向己方倾斜，以达到平等条件下难以实现的谈判目标。为了阻止阴谋得逞，对方需要花费大量精力破解圈套，有些谈判代表可能会产生被捉弄感，一气之下拒绝再谈，造成僵局。因此，在使用一些策略时，因时机掌握不好或运用不当，也往往导致谈判过程受阻及僵局的出现。

3. 软磨硬抗式的拖延导致僵局

软磨硬抗尽管是商务谈判中常用的手法，但是如果谈判者为了达到某种不公开的目的，在谈判中就议题迟迟不拿出自己的方案，或是采用死缠烂打的架势，无休止地拖延，都会使对方厌倦，他们可能会采用强硬的方法予以对抗，致使谈判陷入僵局或破裂。例如，"对不起，我眼下有件急事要处理一下，谈判之事由我方的某某代表负责。"接替者又不置可否，谈判没有任何实际意义，造成僵局。

4. 谈判人员的强迫手段导致僵局

强迫对于谈判来说是具有破坏性的。因为强迫意味着不平等、不合理，意味着恃强凌弱，这是与谈判的平等原则相悖的。在商务谈判中，由于谈判的一方有意或无意地采取了强迫手段而使谈判陷入僵局的情况是经常发生的。特别是在国际商务谈判中，由于谈判双方不仅存在经济利益上的相争，还必须维护企业自身乃至国家的尊严以及长远利益，因此往往某一方越是受到逼迫，就越是不会退让，谈判的僵局也就越难以避免。

5. 谈判中形成"一言堂"导致僵局

除了书面形式的谈判以外，交易双方都是面对面地通过语言进行交流信息、磋商议题的。谈判中的任何一方，不管出于何种目的，如果过分地、滔滔不绝地论述自己的观点而忽略了对方作出反应和陈述的机会，必然会使对方感到不满与反感，从而造成潜在的僵局。例如，谈判中的一方认为自己理由充分，唯恐对方不了解，或是认为只有从不同的角度反复陈述自己的观点才能取得对方的理解与信任，并希望以此获得成功。但是，他们没有考虑到对方表达观点的机会，剥夺了对方的发言权，造成了“曲终人散”的局面，以致形成僵局。

6. 谈判一方缄口沉默或反应迟钝导致僵局

与上述情况正好相反，如果谈判的一方，无论出于什么目的，不能或不愿在谈判中与对方进行充分交流，过分地沉默寡言，看似认真、专注地倾听，实际上反应非常迟钝或不置可否，极易引起对方的种种猜疑和戒备，甚至引起不满，从而给对方心理上造成某种压力，形成谈判场面的难堪，造成僵局。造成这种僵局的人常常对此不以为然，然而它确实违背了信息流具有双向流动性的规律。在商务谈判活动中，谈判一方不仅要向对方发送信息，更重要的是想获得反馈信息，因为对谈判的控制和调节是建立在信息反馈基础上的。

（六）外部环境的改变导致僵局

谈判中因外部环境发生变化，谈判者对己方作出的承诺不好食言，又无意签约，而是采取不了了之的拖延，最终使对方忍无可忍，造成僵局。比如，市场价格突然变化，如按双方原先洽谈的价格签约，必然会给一方带来较大损失，若违背承诺，又担心对方不接受，此时双方都不挑明议题，形成僵局。这是由于谈判者缺乏应有的坦诚态度，又都企图从对方那里获得需求，造成久拖不决的僵局。

（七）双方成交底线差距太大导致僵局

在许多国际商务谈判中，即使双方都表现出十分友好、坦诚与积极的态度，但是如果双方谈判方案中所确定的成交底线差距太大，对各自收益的预期也有很大差距，那么谈判就会搁浅。当这种差距难以弥合时，合作必然走向流产，僵局便会产生。这种僵局难以处理，基本都会以谈判失败或破裂而告终。举个简单的例子，如果进口方最多只能出 100 美元的单价购买某商品，而出口方的单位生产成本就达到 110 美元，再加上合理的利润，出口方的报价一般都会高于 130 美元。由于双方成交底线差距太大，各自无论怎样让步也不可能达成协议，谈判必然会陷入僵局。这种僵局的出现不是由谈判双方中哪一方的过错造成的，而且各自坚持的成交条件也都是合情合理的。

例如，世界橡胶业中某跨国公司自恃拥有世界上最先进的工艺技术，它在全世界各地设立合资企业时都要求持有 50% 以上的股份，并声称否则就不转让技术。近百年来，它的这种方针一直没有改变。20 世纪 90 年代初期，该跨国公司很有兴趣来我国投资，并选择我国某轮胎公司作为合作对象，拟在我国设立合资企业。但是，当中方根据自己在国内市场的地位，提出己方必须持 50% 以上股份时，该跨国公司宁愿放弃中国这位最好的合作伙伴，退而求其次。

当然，这种合理要求的差距也不一定不可通过谈判弥合。另一家跨国公司是世界电气领域的领导者，它与中国企业谈判建立合资企业时，原本也坚持这种控股政策，后来通过反复沟通，彼此不断增进了解，双方认识趋于一致，即要致力于长期合作，着眼于长期利益。于是，外方最终同意在合资企业中只拥有30%的股份，而不影响其先进技术向合资企业的转移。

以上是造成谈判僵局的几种因素。谈判中出现僵局并不可怕，重要的是要正确地认识和对待它，打破僵局，使谈判得以顺利进行。

第三节　商务谈判中应对僵局的方法

谈判中出现僵局并不可怕，关键在于找到办法突破僵局。要想妥善处理好僵局，除了要分析僵局产生的具体原因之外，还要深入了解谈判双方是在哪些环节、哪些条款上产生了意见分歧。例如，是价格条款问题，是法律合同问题，还是责任分担问题。在分清这些问题的基础上，冷静地进一步估计目前谈判所面临的形势，认真回顾己方曾经作出的许诺和自身在哪些问题上可能存在不妥之处，并分析对方为什么在这些问题上不愿意作出让步以及其困难之所在等。特别是要想方设法找出对方的谈判受哪些关键因素和关键人物的制约，己方的谈判受哪些关键因素和关键人物的制约，并积极主动地做好与有关方面的协调和疏通工作，寻求理解、帮助与支持。接下来，就可以认真研究突破僵局的具体策略和技巧，以便确定整体的行动方案和各人所扮演的不同角色，最终妥善地处理好谈判僵局。

一般来说，各种不同的谈判僵局既有共性，又有特性。因此，制定打破僵局的策略时，既要遵循应对谈判僵局的一般原则，也要具体考虑每个僵局的不同特征。

一、应对谈判僵局的一般原则

（一）诚恳相待原则

在许多商务谈判中，双方在主要方面有着共同的利益，但是在具体问题上存在着利益的冲突而又都不肯让步。这时，一个关键的原则是要坚持客观诚恳的态度，不能因为利益的分歧而走入偏执的死胡同，更不能因为僵局的出现而钻牛角尖。优秀的商务谈判人员应该始终保持专业的谈判态度，这样才能使谈判顺利进行。同时，诚恳相待有助于赢得对方的信任，建立长期的合作关系。

美国华盛顿的一家服装店里有位名叫布拉姆顿的店员，她是学心理专业的。一天，有位女士进店想买一套秋装。“您想买多少钱的呢？”布拉姆顿问。那位女士说：“我不在乎钱的多少。”“噢，那我倒想向您提一个问题：您买这套衣服仅仅是因为需要呢,还是因为您刚和丈夫吵了一架,想花一大笔钱气气他呢?”“你说什么呀?”“在气头上花钱,这可是非常昂贵的报复方式。我劝您这几天还是好好想想,想办法弥补裂痕,光买一套新衣服是不能调和夫妻感情的。”这位顾客悻悻地离开商店。正如布拉姆顿所预料的,过了几天,这位女士又来到店里,向布拉姆顿表示感谢,她庆幸自己因这个店员的劝告而没有一气之下做出一件事后会后悔的傻事。

还有一次,布拉姆顿接待一位年轻的顾客,那位女士说:“我想买一件最有刺激性的衣服,我要去肯尼迪中心,要让每个见到我的人连眼珠子都掉出来。”布拉姆顿说:“我们这儿有非常漂亮的晚礼服,很适合那些缺乏自信心的人。”“缺乏自信心的人?”“是啊,难道您不知道女人常用这个方法——穿那些惊人的衣服掩盖她们自信心不足吗?”那位顾客生气了:“我可不是缺乏自信心的人!”“那您为什么要使肯尼迪中心的每个人羡慕得连眼珠子都要掉出来呢?难道您不能不靠衣服而凭自身的美去吸引人吗?您很有风度,很有内在魅力,可您却要遮盖起来。我当然可以卖给您一件最时髦的衣服,使您出出风头。可是您却不会明白人们停住脚步是为了您,还是为了注视衣服。”那位顾客想了想说:“是啊,我干吗要花一大笔钱买人家几句恭维话呢?真的,这些年我一直缺乏自信心,可我竟然没有意识到这一点。我应该对您表示感谢。”布拉姆顿使顾客打消了错误的念头,不仅是他们对商品的态度,而且是对生活的态度,在一件小事上端正了顾客对生活的理解。同样,作为店员,她也很称职,因为她为商店争取到了永久的顾客。

(二)立足于双方的共同利益原则

谈判僵局是个体利益与集体利益相矛盾的结果。但是,要特别重视的是,谈判双方的共同利益是实现各方利益的基础。因此,在谈判僵局发生时,双方都要考虑到共同利益,为最终实现互利的结果,有时需要放弃一些局部的各自利益。

谈判双方开始是为了实现共同利益而坐到一起的。然而,在实际的谈判中,谈判人员往往把更多的注意力集中在各自所持的立场上,当双方的立场出现矛盾或对立时,僵局就不可避免了。形成这种立场的关键是利益,而当双方处于僵持状态时,谈判者似乎不愿意再去考虑双方潜在的利益是什么。如果能认识和发现在对立立场背后所存在的共同利益,平衡好双方的利益,就能为谈判僵局的突破带来契机。双方应从各自的目前利益和长远利益两个方面看问题,对目前利益和长远利益作出调整,寻找双方都能接受的平衡点,最终达成谈判协议。如果双方都着眼于追求目前利益,可能都将失去长远利益,这对双方都是不利的。只有双方都作出让步,协调双方的关系,才能保证双方的利益都得到实现。

例如,有一家百货公司计划在市郊建立一个购物中心,选中的土地使用权归张桥村所有。百货公司愿意出价 100 万元买下使用权,而张桥村却坚持要 200

万元。经过几轮谈判，百货公司的出价上升到 120 万元，张桥村的还价降到 180 万元。至此，双方再也不肯让步了，谈判陷入僵局。张桥村坚持的是维护村民利益的立场，因为农民以土地为本，失去了这片耕地的使用权，他们就没有很多选择，只希望多得到一些钱开办一家机械厂，另谋出路。百货公司则站在维护国家利益的立场上，因为百货公司是国有企业，让步到 120 万元已经是多次请示上级后才定下的，他们希望在购买土地使用权上省下一些钱用于扩大商场规模。然而，冷静地审视双方的利益，可发现双方对立的立场背后存在着共同利益：失去土地的农民要办一家机械厂谈何容易；百货公司要扩大商场规模，就要招聘一大批售货员，这也是迫在眉睫的事。早些将项目谈成，让购物中心快点建起来，依靠购物中心吸纳大量农村剩余劳动力，既可解决农民的谋生问题，又可解决补充售货员的困难，成为双方共同的利益所在。于是，双方有了共同的目标，很快就找到了突破僵局的方案。方案之一：按 120 万元成交，但是商场建成后必须为张桥村每户提供一个就业的名额。方案之二：张桥村以地皮价 180 万元入股，待购物中心建成后，划出一部分由农民自己经营，以解决生计问题。这样，双方的需要都可以得到满足，谈判就顺利地突破了僵局，进入到两个方案的比较与选择中去，不久协议就很容易地达成了。

（三）抛弃传统观念、正确认识僵局的原则

许多谈判人员把僵局视为失败，企图竭力避免它。在这种思想指导下，他们不是采取积极的措施加以缓和，而是消极躲避。这种谈判人员，在谈判开始之前就祈祷能顺利地与对方达成协议，完成交易，别出意外麻烦。特别是当他负有与对方签约的使命时，这种心情就更为迫切。这样，为避免出现僵局，就事事处处迁就对方，一旦陷入僵局，就会很快地失去信心和耐心，甚至怀疑起自己的判断力，对预先制订的计划方案也产生了动摇。这种思想阻碍了谈判人员更好地运用谈判策略，事事处处迁就对方的结果，就是达成一个对己方不利的协议。

（四）将人的问题与实质利益相区分的原则

谈判的利益冲突往往不在于客观事实，而在于人们的想法不同。在商务谈判中，当双方各执己见时，往往都是按照自己的思维定式考虑问题。这时，可以尝试以下几种处理问题的方法：(1) 站在对方的立场上考虑问题；(2) 不要以自己为中心推论对方的意图；(3) 相互讨论彼此的见解和看法；(4) 找寻令对方吃惊的一些化解冲突的行动机会；(5) 一定要让对方感觉到其参与了谈判达成协议的整个过程，协议是双方想法的反映；(6) 在协议达成时，一定要给对方留面子，尊重对方人格。

换个角度考虑问题恐怕是谈判中利益冲突发生后最重要的技巧之一。不同的人看问题的角度不一样，人们常常用既定的观点看待事实，对与自己相悖的观点加以排斥。当然，彼此交流不同的见解和看法，站在对方的立场上考虑问题，并不是让己方遵循对方的思路解决问题，而是因为这种思维方式可以帮助己方找到问题的症结所在，最终解决问题。

应该看到，僵局出现对双方都不利。如果能正确认识，恰当处理，会变不利为有利。

二、打破谈判僵局的策略

谈判出现僵局，就会影响谈判协议的达成。无疑，这是谈判人员都不愿看到的。但是，谈判本身又是双方利益的分配过程，是双方讨价还价的过程，僵局的出现也就不可避免。因此，仅从主观愿望上不愿出现谈判僵局是不够的，也是不现实的，必须正确认识、慎重对待、认真处理这一问题，掌握处理谈判僵局的策略与技巧，从而更好地争取主动，为谈判协议的签订铺平道路。在僵局已经形成的情况下，一般应采取以下对策缓和双方的对立情绪，使谈判出现新的转机。无论是哪一类的僵局，这些技巧和方法都是通用的，在不同的情况下可以适当地组合运用。

（一）用语言鼓励对方打破僵局

当谈判出现僵局时，可以用话语鼓励对方："看，许多问题都已解决了，现在就剩这一点了。如果不一并解决，那不就太可惜了吗?"这种说法，看似很平常，实际上却能鼓动人，发挥很大的作用。

对于牵涉多项讨论议题的谈判，更要注意打破存在的僵局。比如，在一场包含六项议题的谈判中，有四项是重要议题，其余两项是次要议题。现在假设四项重要议题中已有三项达成协议，只剩下一项重要议题和两项次要议题了。那么，面对僵局，你可以这样告诉对方："四个难题已解决了三个了，剩下一个如果也能一并解决，其他的小问题就好办了。让我们再继续努力，好好讨论讨论唯一的难题吧。如果就这样放弃了，前面的工作就都白做了，大家都会觉得遗憾的。"听你这么说，对方多半会同意继续谈判，这样僵局就自然化解了。

叙述旧情，就是通过回顾双方以往的合作历史，强调和突出双方的共同点和合作的成果，以此削弱彼此的对立情绪，达到打破僵局的目的。对于多次合作的老客户，如果谈判中出现了僵局，双方应先放下眼前的谈判事项，找机会畅叙以往的成功合作经历和给双方带来的利益。这样，有助于双方作出让步，使谈判出现转机。

（二）采取横向式谈判打破僵局

转移视线，避重就轻，也不失为突破僵局的一个有效方法。有时，谈判之所以出现僵局，是因为双方僵持在某个问题上。这时，可以把谈判的面撒开，先撇开争议的问题，磋商其他条款，而不是盯住一个问题不放，不谈妥誓不罢休。例如，双方在价格条款上互不相让，僵持不下。这时，可以把这一问题暂时抛在一边,洽谈交货日期、付款方式、运输、保险等条款。如果在这些问题处理上双方都比较满意,就可能坚定了解决问题的信心。再重新回过头来讨论价格问题,阻力就会小一些,商量的余地也就更大一些。如果一方特别满意,很可能对价格条款作出适当让步,从而弥合分歧,使谈判出现新的转机。

因此,当谈判陷入僵局,经过协商而毫无进展,双方的情绪均处于低潮时,可以采用横向式谈判方法,避开该话题,换一个新的话题与对方谈判。横向谈判是回避低潮的常用方法。由于话题和利益间的关联性,当其他话题取得成功时,再回来谈陷入僵局的话题,便会比以前容易得多。

（三）寻找替代的方法打破僵局

俗话说得好,"条条大路通罗马",在商务谈判上也是如此。谈判中一般存在多种可以满足双方利益的方案,而谈判人员经常简单地采用某一方案。当这种方案不能为双方同时接受时,僵局就会形成。如果双方能越过所坚持的立场,去寻找符合双方利益的方案,僵局就可以突破。在谈判中,谁能创造性地提出可供选择的方案——这种替代方案既能有效地维护自身的利益,又能兼顾对方的利益要求——谁就掌握了谈判的主动权。

在埃以和谈中,以色列最初宣布要占有西奈半岛的某些地方。显然,这种方案是不能为埃及所接受的。当双方越过对立的立场而去寻找促使坚持这种立场的利益时,就找到了符合双方利益的替代性方案,即在西奈半岛划定非军事区。于是,《埃以和约》得以签订。

又如,某出口商曾就某项高级技术设备的交易与国外某买方进行谈判。在谈判过程中,双方在交货的地点问题上发生争执并使谈判陷入僵局。出口商从自己的利益出发,要求在自己一方的工厂交货,而买方则坚持只能在货物交到买方工地后方可接收,其中牵涉到三个遥远的工地。为了使这场交易不至于落空,双方都积极寻找变通方案。最后,经过出口商方面的提议,双方决定采取一种新的折中方案:先在出口商的工厂作临时交货,然后在买方的中心仓库作最后交货。买方仅有权按照出口商的检验程序和规格复检,如果设备到达买房中心仓库后 30 天内未进行复检,应视同交货完毕。由于这个提议比出口商原来的条款有所改进,满足了买方关于设备只能在运抵买方国家之后才能作最后交货的愿望,并且基本上按照过去其他合同的先例,不至于引起买方法律部门的异议,所以被买方接受和采纳,谈判很快取得了成功。

面对僵局,出口商巧妙变通,提出了既有利于自己又有利于对方的新方案,使谈判迅速摆脱了困境。在具体运用这种方法时,必须注意两点:第一,在寻找替代方案时,既要考虑到自身利益,又要考虑到对方利益,否则提出的方案不会被对方接受;第二,不能试图在新方案中把原来没有实现的企图重新兑现,否则不但不能摆脱困境,反而会使谈判陷入更为难堪的局面,既伤了感情,又两败俱伤。

由此可见,不要试图在谈判一开始就确定什么是唯一的最佳方案,这往往阻止了许多其他可作选择的方案的产生。相反,在谈判准备时期就能构思对彼此有利的更多方案,往往会使谈判如顺水行舟,一旦遇有障碍,只要及时调拨船头,就能顺畅无误地到达目的地。

另外,也可以对一个方案中的某一部分采用不同的替代方法,如:

1. 另选商议的时间

例如,彼此约定好重新商议的时间,以便讨论较难解决的问题,因为到那时也许会有更多的资料和更充分的理由。

2. 改变售后服务的方式

例如,建议减少某些烦琐的手续,以保证日后的服务。

3. 改变承担风险的方式、时限和程度

在交易的所得所失不明确的情况下,不应该讨论风险分担的问题,否则只会导致争论不休。同时,讨论如何分配未来的损失或利益,可能会使双方找到利益的平衡点。

4. 改变交易的形态

使互相争利的双方改变为同心协力、共同努力的团体。让交易双方老板、工程师、技工彼此联系,互相影响,共同谋求解决的办法。

5. 改变付款的方式和时限

在成交的总金额不变的情况下,加大定金,缩短付款时限,或者采用其他不同的付款方式。

(四) 运用休会策略打破僵局

谈判出现僵局时,双方的情绪都处于激动或气愤之中,会谈一时也难以继续进行。这时,提出休会是一个较好的缓和办法。东道主可在征得客人的同意后宣布休会。双方可借休会的时机冷静下来,仔细考虑有争议的问题,也可召集各自谈判小组成员,集思广益,商量具体的解决办法。

1. 休会策略的作用

休会策略不仅是谈判人员为了恢复体力、精力的一种生理需求,而且是谈判人员为调节情绪、控制谈判进程、缓和谈判气氛、融洽双方关系以打破谈判僵局而经常采用的一种策略技巧。双方可以采用短期休会的方式,并商定再次谈判的时间、地点,各自给自己冷静反思的时间,仔细分析谈判的目的是什么,以及继续谈判下去是否有利等。这样,等双方的情绪平复以后,就会找到问题的关键,寻找继续谈判的可能性。

谈判的一方把休会作为一种积极的策略加以利用,可以达到以下目的:

(1) 仔细考虑争议的问题,构思重要的问题。

（2）进一步对市场形势进行研究，以证实自己原来观点的正确性，思考新的论点与自卫方法。

（3）应付谈判出现的新情况。

（4）检查原定的策略及战术。

（5）研究讨论可能的让步。

（6）决定如何对付对手的要求。

（7）分析价格、规格、时间与条件的变动。

（8）阻止对手提出尴尬的问题。

（9）排斥讨厌的谈判对手。

（10）缓解体力不支或情绪紧张。

（11）缓和谈判一方的不满情绪。

谈判的任何一方都可以把休会作为一种战术性拖延的手段。但是，在休会之前，务必向对方重申己方的提议，以引起对方的注意，使对方在头脑冷静下来以后有充分的时间认真思考。休会结束后，双方再按预定的时间、地点坐在一起，对原来的观点提出新的、修正的看法。这时，僵局就会较容易被打破。

2. 休会策略的适用情况

休会策略一般在下述情况下采用：

（1）当谈判出现低潮时。人的精力往往呈周期性变化，经过较长时间的谈判后，谈判人员往往精神涣散、工作效率低下。这时，最好提议休会，以便养精蓄锐，以利再战。

（2）当谈判出现新情况时。谈判中难免出现新的或意外的情况和问题，使谈判局势无法控制。这时，可建议休息几分钟，以研究新情况，调整谈判策略。

（3）当谈判出现僵局时。谈判双方在进行激烈交锋时，往往会各持己见、互不相让，使谈判陷入僵局。这时，比较明智的做法是休会，让双方冷静下来，客观地分析形势，及时地调整策略。等重新开始谈判时，会谈气氛就会焕然一新，谈判就可能顺利进行。

（4）当谈判一方出现不满时。有时，谈判进展缓慢、效率很低、拖拖拉拉，谈判一方可能会对此不满。这时，可提出休会，经过短暂休整后，重新谈判，可改善谈判气氛。

（5）当谈判进入某一阶段的尾声时。这时，双方可借休会之机，分析研究这一阶段所取得的成果，预测下一阶段谈判的发展趋势，谋划下一阶段进程，提出新的对策。

休会一般先由一方提出，只有经过双方同意，这种策略才发挥作用。那么，应怎样取得对方同意？首先，提建议的一方应把握时机，看准对方态度的变化，讲清休会时间。如果对方也有休会要求，很显然会一拍即合。其次，要清楚并委婉地说明需要，让对方明白无误地知道。一般来说，参加谈判的人员都是很有修养的，如东道主提出休会，客人出于礼貌，很少拒绝。最后，提出休会建议后，不要再提出其他新问题来谈，先把眼前的问题解决了再说。

3. 休会策略的破解

反过来，当谈判的一方遇到对方采用休会策略，而自己一方不想休会时，破解的方法有：

（1）当对方因谈判时间拖得过长、精力不济要求休会时，应设法留住对方或劝对方再多谈一会儿，或再谈论一个问题。因为此时对手很容易出差错，意志薄弱者容易妥协，所以延长时间就是胜利。

（2）当己方提出关键性问题，对方措手不及、不知如何应付、情绪紧张时，应拖着其继续谈下去，对其有关休会的暗示、提示佯作不知。

（3）当己方处于较有利的地位，正在使用极端情绪化的手段激怒对手，摧毁其抵抗力，对手已显得难以承受时，对对手的休会提议故意不理，直至对方让步，同意己方要求。

（五）场外沟通打破僵局

谈判会场外沟通亦称“场外交易”、“会下交易”等。它是一种非正式谈判，双方可以无拘无束地交换意见，达到沟通、消除障碍的目的。对于正式谈判中出现的僵局，可以用场外沟通的途径直接进行解释，消除隔阂。改变谈判地点和场所可以改变谈判气氛，也可以给双方带来重新开始的感觉，使双方更冷静地分析僵局的症结，以解决问题。

谈判会场是正式的工作场所，容易形成一种严肃而又紧张的气氛。当双方就某一问题发生争执，甚至话不投机、横眉冷对时，这种环境更容易使人产生一种压抑、沉闷的感觉和烦躁不安的情绪，使双方对继续谈判都没有兴致。在这种情况下，可以建议暂时停止会谈或双方人员去游览、观光、出席宴会、观看文艺节目，也可以到游艺室、俱乐部等地方消遣，把绷紧的神经松弛一下，缓和一下双方的对立情绪。这样，在轻松愉快的环境中，大家的心情自然也就放松了。更主要的是，通过游玩、休息、私下接触，双方可以进一步熟悉、了解，消除彼此间的隔阂；也可以不拘形式地就僵持的问题继续交换意见，寓严肃的讨论和谈判于轻松活泼、融洽愉快的气氛之中。这时，双方都心情愉快，人也变得慷慨大方，谈判桌上争论了几个小时也无法解决的问题在这儿也许就迎刃而解了。

1. 采用场外沟通策略的时机

（1）谈判双方在正式会谈中相持不下，陷入僵局。彼此虽有求和之心，但在谈判桌上碍于面子，难以启齿。

（2）当谈判陷入僵局，谈判双方或一方的幕后主持人希望借助非正式的场合进行私下商谈，从而缓解僵局。

（3）谈判双方的代表因为身份问题，不宜在谈判桌上让步以打破僵局，但是可以借助私下交谈打破僵局，同时又不牵扯到身份问题。例如，谈判的领导者不是专家，实际作决定的却是专家。这样，在非正式场合下，专家就可不考虑身份问题而出面从容商谈，打破僵局。

（4）谈判对手在正式场合严肃、固执、傲慢、自负、喜好奉承。这样，在非正式场合给予其恰当的恭维（因为恭维别人不宜在谈判桌上进行），就有可能使其作较大的让步，以打破僵局。

（5）谈判对手喜好郊游、娱乐。这样，在谈判桌上谈不成的问题，在郊游和娱乐的场合就有可能谈成，从而打破僵局，达成有利于己方的协议。

2. 运用场外沟通策略应注意的问题

（1）谈判者必须明确，在一场谈判中用于正式谈判的时间是不多的，大部分时间都是在场外度过的，必须把场外活动看做谈判的一部分，场外谈判往往能得到正式谈判得不到的东西。

（2）不要把所有的事情都放在谈判桌上讨论，而是要通过一连串的社交活动讨论和研究问题的细节。

（3）当谈判陷入僵局时，就应该离开谈判桌，举办多种娱乐活动，使双方无拘无束地交谈，促进相互了解，沟通感情，建立友谊。

（4）借助社交场合，主动和非谈判代表的有关人员（如工程师、会计师、工作人员等）交谈，借以了解对方更多的情况，往往会有意想不到的收获。

（5）在非正式场合，可由非正式代表提出建议、发表意见，以促使对方思考。因为即使这些建议和意见很不利于对方，对方也不会追究，毕竟讲这些话的不是谈判代表。

（六）利用中间人调停打破僵局

在政治事务特别是国家、地区间的冲突中，由第三者做中间人进行斡旋，往往会获得意想不到的效果。商务谈判中完全可以运用这一方法有效地消除谈判中的分歧，尤其当谈判双方进入立场严重对峙、谁也不愿让步的状态时，找位中间人帮助调解，有时可能很快使双方的立场出现松动。

谈判陷入僵局、双方均无有效办法解决时，双方信息沟通就会产生严重障碍，互不信任，互相存有偏见甚至敌意。有些谈判务必取得成果，而不能以中止或破裂结束，如索赔谈判。这时，由第三者出面斡旋可以为双方保全面子，使双方感到公平，信息交流也可以畅通起来。中间人在充分听取各方解释、申辩的基础上，能很快发现双方冲突的焦点，分析其背后所隐藏的利益分歧，据此寻求弥合这种分歧的途径。谈判双方之所以自己不能这样做，“只缘身在此山中”。

商务谈判中的中间人主要是由谈判者自己挑选的。不论哪一方，其所确定的斡旋者应该是对方所熟识、为对方所接受的，否则就很难发挥其应有的作用。

在选择中间人时,不仅要考虑其才能体现性,而且还要考虑其是否具有权威性。这种权威性是使对方受中间人影响,最终转变强硬立场的重要力量。主动运用这一策略的谈判者就是希望通过中间人的作用,将自己的意志转化为中间人的意志,从而达到自己的目的。

常用的方法有两种:调解和仲裁。调解是请调解人拿出一个新的方案让双方接受。由于该方案照顾了双方的利益,顾全了双方的面子,并且以旁观者的立场对方案进行分析,因而很容易被双方接受。但是,调解只是一种说服双方接受的方法,对谈判双方并不具有强制性,其结果没有法律效力。当调解无效时,可请求仲裁。调解人可以是公司内部人员,也可以是外部人员。最好的调解者往往是和谈判双方都没有直接关系的第三者,一般具有丰富的社会经验、较高的社会地位、渊博的学识和公正的品格。总之,调解人的威望越高,越能获得双方的信任,从而也越能缓和双方的矛盾,达成谅解。

仲裁是指通过专门的仲裁机构,按照仲裁规则解决纠纷的一种办法。仲裁必须是双方自愿的,其结果具有法律效力,对双方都有约束作用,谈判者必须遵照执行。但是,当发现调解、仲裁人员有偏见、不公正时,谈判者应及时明确地提出,必要时也可以通过诉诸法院的形式对他们的行为提起诉讼,以保护自己的合法利益不受损害。需要说明的是,由法院判决虽然也是处理僵局的一种办法,但是很少使用。一是因为法院判决拖延的时间太长,这对双方都是不利的;二是因为通过法院判决容易伤害双方的感情,不利于以后的交往。因此,除非不得已,谈判各方均不愿把处理僵局的问题提交法院审理。

在这里,仲裁人或调解人可以起到以下作用:(1) 提出符合实际的解决办法;(2) 出面邀请对立的双方继续会谈;(3) 刺激启发双方提出有创造性的建议;(4) 不带偏见地倾听和采纳双方的意见;(5) 综合双方观点,提出妥协的方案,促进交易达成。

(七) 更换谈判人员或者由领导出面打破僵局

谈判中出现僵局,并非都是双方利益冲突所致,有时可能是谈判人员失职或素质不高等因素造成的。双方谈判人员,特别是主要谈判人员,如果互相产生成见,在争议问题时对他方人格进行攻击,伤害了一方或双方人员的自尊心,必然引起对方的怒气,谈判就很难继续进行下去,陷入僵局。即使改变谈判场所,或采取其他缓和措施,也难以从根本上解决问题。形成这种局面的主要原因是,在谈判中不能很好地区别对待人与问题,由对问题的分歧发展为双方个人之间的矛盾。

类似这种由于谈判人员的性格、年龄、知识水平、生活背景、民族习惯、随便许诺、随意践约、好表现自己、对专业问题缺乏认识等因素造成的僵局,虽经多方努力仍无效果时,可以征得对方同意,及时更换谈判人员,消除不和谐因素,缓和气氛，就可能轻而易举地打破僵局，保持与对方的友好合作关系。但是，这是一种迫不得已的、被动的做法，必须慎重。

然而，有时在谈判陷入僵局时调换谈判人员倒并非出于他们的失职，而可以是一种自我否定的策略，用调换人员的方式表明之前己方提出的某些条件不能算数，原来的谈判人员的主张欠妥。因此，在这种情况下调换谈判人员也常蕴含了向谈判对方致歉的意思。临阵换将，把自己一方对僵局的责任归咎于原来的谈判人员——不管他们是否确实应该担负这种责任，还是莫名其妙地充当了替罪羊的角色——这种策略为自己重新回到谈判桌前找到了一个借口，缓和了谈判场上对峙的气氛。不仅如此，这种策略还含有准备与对手握手言和的暗示，成为己方调整、改变谈判条件的一种标志，同时也向对方发出新的邀请信号：我方已作好了妥协、退让的准备，对方是否也能作出相应的灵活表示？

谈判双方经过谈判暂停期间的冷静思考，若发现双方合作的潜在利益要远大于既有的立场差距，那么调换人员就成了不失体面、重新谈判的有效策略。同时，在新的谈判氛围下，双方可能会更加积极、迅速地找到一致点，消除分歧，甚至作出必要的、灵活的妥协，僵局由此得到突破。但是，必须注意两点：第一，换人要向对方作婉转的说明，使对方能够予以理解；第二，不要随便换人，即使出于迫不得已而换，事后也要对换下来的谈判人员做一番工作，不能挫伤他们的自信心和积极性。

当然，也不能忽视不同文化背景下人们不同的价值观念对谈判的影响。据某资料介绍，美国一家公司与日本一家公司进行一次比较重要的贸易谈判。美国方面派出了自认为最精明的谈判小组，大都是 20 岁左右的年轻人，还有一名女性。但是，到日本后，他们却受到了冷遇，不仅总公司经理不肯出面，就连分部的负责人也不肯出面接待。在日方看来，年轻人，尤其是女性，不适宜主持如此重要的会谈。结果，美方迫不得已撤换了这几位谈判人员，日方才肯出面洽谈。

在有些情况下，如协议的大部分条款都已商定，却因一两个关键问题尚未解决而无法签订合同时，也可由地位较高的负责人出面参与谈判，表示对僵持问题的关心和重视。同时，这也会向对方施加一定的心理压力，迫使对方放弃原先较高的要求，作出一些妥协，以利于协议的达成。

（八）从对方的漏洞中借题发挥打破僵局

谈判实践告诉我们，在一些特定的形势下，抓住对方的漏洞小题大做，会给对方一个措手不及。这就是从对方的漏洞中借题发挥，对于突破谈判僵局会起到意想不到的效果。虽然这有时被看做是一种无事生非、有伤感情的做法，然而对于谈判对方某些人的不合作态度或试图恃强凌弱的做法，运用从对方的漏洞中借题发挥的方法作出反击，往往可以有效地使对方有所收敛。相反，如果不这样做，反而会招致对方变本加厉的进攻，从而使己方在谈判中进一步陷入被动局面。事实上,当对方不是故意地在为难己方,而己方又不便直截了当地提出来时,采用这种旁敲侧击的做法,往往可以使对方知错就改、主动合作。

(九)利用"一揽子"交易打破僵局

所谓"一揽子"交易,即向对方提出谈判方案时,好坏条件搭配在一起,要同意一起同意。商务谈判中常有这种情况,卖方在报价里包含了可让与不可让的条件,买方还价时,可采用把高档与低档的价加在一起还的做法。比如,把设备、备件、配套件三类价均分出 A、B、C 三个方案,这样报价时即可获得不同的利润指标。在价格谈判时,卖方应视谈判气氛和对方心理再妥协让步。作为还价的人也应同样如此,即把对方货物分成三档价,还价时取设备的 A 档价、备件的 B 档价、配套件的 C 档价,而不是都为 A 档价或 B 档价。这招棋的优点在于有吸引力,具有平衡性,对方易于接受,可以起突破僵局的作用。尽管该策略在一次还价总额高的情况下不一定有突破僵局的作用,但是仍不失为一个合理还价的较好方法。

(十)有效退让打破僵局

对于谈判的任何一方而言,坐在谈判桌前的目的主要是成功达成协议,而绝没有抱着失败的目的前来谈判的。达到谈判目的的途径是多种多样的,谈判结果所体现的利益也是多方面的,有时谈判双方对某一方面的利益分割僵持不下,就轻易地让谈判破裂,这实在是不明智的。之所以会出现这种结果,就在于没有掌握辩证地思考问题的方法。如果是一个成熟的谈判者,这时他应该明智地考虑在某些问题上稍作让步,而在另一些方面去争取更好的条件。从经济的角度讲,这样做比起匆匆而散的做法要划算得多。

就拿从国外购买设备的合作谈判来说,有些谈判者常常因价格分歧而不欢而散,对诸如设备功能、交货时间、运输条件、付款方式等尚未涉及,就匆匆地退出了谈判。事实上,购货一方有时可以考虑接受稍高的价格,这样在购货条件方面就更有理由向对方提出更多的要求,如增加若干功能,或缩短交货期,或除在规定的年限内提供免费维修外,还要保证在更长时间内免费提供易耗品,或分期付款等等。

谈判犹如一架天平,每当我们找到了一个可妥协之处,就等于找到了一个可以加重自己谈判筹码的砝码。在商务谈判中,当谈判陷入僵局时,如果对国内、国际情况有了全面了解,对双方的利益所在又把握得恰当准确,那么就应以灵活的方式在某些方面采取退让的策略,去换取另外一些方面的得益,以挽回本来眼看要失败的谈判,达成双方都能接受的协议。当谈判陷入僵局时,我们应有这样的认识,即如果促使合作成功所带来的利益大于坚守原有立场而让谈判破裂所带来的好处,那么有效退让就是我们应该采取的策略。

在利益冲突不能采取其他方式协调时,客观标准的让步策略的使用会起到非常重要的作用。成功让步的策略和技巧表现在谈判的各个阶段，而要准确、有价值地运用好让步策略，总体来讲必须遵循以下原则：

1. 目标价值最大化原则

在商务谈判中，很多情况下，谈判者的目标并不是单一目标，在处理这些多重目标的过程中，不可避免地存在着目标冲突现象。谈判的过程事实上是寻求双方目标价值最大化的一个过程，但是这种目标价值的最大化并不是所有目标价值的最大化，否则就违背了商务谈判中的平等公正原则，因此也避免不了在处理不同价值目标时使用不同的让步策略。

2. 刚性原则

在谈判中，谈判双方在寻求自己目标价值最大化的同时，也对自己最大的让步价值有所准备。换句话说，谈判中可以使用的让步资源是有限的。所以，让步策略的使用是具有刚性的，其运用的力度只能是先小后大，一旦让步力度减小，则以往的让步价值也将失去意义。谈判对手对于让步的体会具有“抗药性”，一种方式的让步使用几次后就失去效果。同时，也应该注意到，谈判对手的某些需求是无止境的。必须认识到，即使你所拥有的让步资源比较丰富，但是在谈判中对手对于你的让步的体会是不同的，并不能保证你能取得预先期望的价值回报。

3. 时机原则

所谓“时机原则”，就是在适当的时机和场合作出适当适时的让步，使谈判让步的作用发挥到最大，所起到的作用最佳。虽然让步的正确时机和不正确时机说起来容易，但是在谈判的过程中，时机是非常难以把握的，常常存在以下问题：

(1) 时机难以判定。例如，对方提出要求时就认为让步的时机到了，或者认为让步有一系列的方法，谈判完成时是最佳的时机。

(2) 对于让步的随意性导致时机把握不准确。在商务谈判中，有些谈判者仅仅根据自己的喜好、兴趣、成见、性情等因素使用让步策略，而不顾及所处的场合、谈判的进展情况及发展方向等，不遵从让步策略的原则、方式和方法。这种随意性导致让步价值、让步原则缺失，进而促使对方的胃口越来越大，己方在谈判中丧失主动权，导致谈判失败。所以，在使用让步策略时，千万不得随意为之。

4. 清晰原则

所谓“清晰原则”，是指让步的标准、对象、理由、具体内容及实施细节应当准确明了，避免因为让步而导致新的问题和矛盾。常见的问题有：(1) 让步的标准不明确，使对方感觉自己的期望与你的让步意图错位，甚至感觉你没有让步，而是含糊其辞；(2) 让步的方式、内容不清晰，在谈判中你所作的每一次让步都必须是对方所能明确感受到的。也就是说，让步的方式、内容必须准确、有力度，让对方能够明确感受到你所作出的让步，从而激发对方的反应。

5. 弥补原则

即使是在迫不得已，己方再不作出让步就有可能使谈判夭折的情况下，也必须把握住"此失彼补"这一原则。即在这一方面(或此问题上)虽然己方给了对方优惠，但是在另一方面(或其他问题上)必须加倍地，至少均等地获取回报。当然，在谈判时，如果发觉此问题己方若是让步可以换取彼处更大的好处，就应毫不犹豫地作出让步，以保证全盘的优势。

在商务谈判中，为了达成协议，让步是必要的。但是，让步不是轻率的行动，必须慎重处理。成功的让步策略可以起到以局部小利益的牺牲换取整体利益的作用，甚至在有些时候可以达到"四两拨千斤"的效果。

(十一) 适当馈赠打破僵局

谈判者在相互交往的过程中，适当地互赠礼品，会对增进双方的友谊、沟通双方的感情起到一定的作用，这也是普通的社交礼仪。西方学者幽默地称之为"润滑策略"。每一个精明的谈判者都知道，给予对方热情的接待、良好的照顾和服务，对于谈判往往会产生重大的影响。它对于防止谈判出现僵局是一个行之有效的途径，等于直接明确地向对手表示"友情第一"。

所谓"适当馈赠"，就是说馈赠要讲究艺术，一是注意对方的习俗，二是防止有贿赂之嫌。有些企业为了达到自身的利益，或者企业领导人、业务人员为了自己的利益，在谈判中改变了送礼这一社交礼仪的性质，使之等同于贿赂，不惜触犯法律，这显然是错误的。所以，所馈赠的礼物应是在社交范围之内的普通礼物，突出"礼轻情义重"。谈判时，招待对方吃一顿地方风味的午餐，赠送对方一些小小的礼物，并不是贿赂，提供这些平常的招待也不算是道德败坏。如果对方馈赠的礼品比较贵重，通常意味着对方要在谈判中"索取"较大的利益。对此，要婉转地暗示对方礼物"过重"，予以推辞，并要传达出自己不会因礼物的价值而改变谈判的态度的信息。

(十二) 以硬碰硬打破僵局

当谈判陷入了僵局，并不是只有客气地商议、相互谅解才是解决问题的唯一方法。当对方通过制造僵局，给你施加太大压力时，适度的妥协退让已无法满足对方的欲望，这时应采用以硬碰硬的办法向对方反击，让对方自动放弃过高要求。比如，揭露对方制造僵局的用心，让对方自己放弃所要求的条件，有些谈判对手便会自动降低自己的要求，使谈判得以进行下去。也可以离开谈判桌，以显示自己的强硬立场。如果对方想与你谈成这笔生意，他会再来找你，这时他的要求就会改变，谈判的主动权就掌握在了你的手里。对方不来找你也不可惜，因为如果自己继续与对方谈判，只能使自己的利益降到最低点，这样谈成还不如谈不成。谈判中常用的以硬碰硬的方法有以下几种：

1. 据理力争

有时，对于对方提出的不合理要求，特别是当对方在一些原则性问题上蛮横无理时，要作出明确而又坚决的反应。如果对方明显理亏，任何其他替代性方案都将意味着无原则的妥协，己方就应该据理力争，让对方自知观点站不住脚，作出相应的让步。

2. 利益矛盾

谈判僵局有时不是由于双方协调不够造成的，而是对方内部矛盾的结果，这时如能抓住对方内部的矛盾，以其之矛攻其之盾，就会使对方陷入进退两难的境地。这样，就可能使谈判僵局得以突破，并使对方不得不付出造成谈判僵局的代价。

3. 抓住要害

在商务谈判中，要善于拨开笼罩在关键问题上的迷雾，找出问题症结所在。否则，无休止地在表面问题上争执，既会伤害双方的和气，又会使问题变得更加复杂，还可能会被对方抓住己方破绽，使己方陷入被动的境地。因此，抓住问题的要害是突破僵局的一种策略。

4. 釜底抽薪

这是一种有风险的策略，是指在谈判陷入僵局时，有意将合作条件绝对化，并明确表示自己已无退路，希望对方能让步，否则情愿接受谈判破裂的结局。使用该策略的前提是：双方利益要求的差距不超过合理限度。只有在这种情况下，对方才有可能忍痛割舍部分的期望利益，委曲求全，使谈判继续进行下去。相反，如果双方利益的差距太大，只靠对方单方面的努力与让步根本无法弥合差距，就不能采用此策略，否则只会使谈判破裂。当谈判陷入僵局而又实在无计可施时，这往往成为最后一个可供选择的策略。在作出这一选择时，必须要作最坏的打算，即对方拒绝让步，谈判破裂。切忌在毫无准备的情况下盲目滥用这一策略，这样只会吓跑对手，结果将是一无所获。另外，如果由于运用这一策略而使僵局得以突破，己方就要兑现承诺，与对方签订协议，并在日后的执行中充分合作，保证谈判协议的顺利执行。

5. 欲擒故纵

面对谈判僵局，有时还可以巧用欲擒故纵的方法，主动提出放弃进一步谈判或合作。这时，对方很有可能作出妥协和让步，放弃原来的过分要求。“纵”会使对方觉得失去合作伙伴之后，自己不但得不到这一“过分”要求所带来的大利益，而且连最起码的合作所带来的利益也不能获得，因此不得不作出让步，这就达到了“擒”的目的。

商务谈判僵局处理得成功与否，从根本上讲，要取决于谈判人员的经验、直觉、应变能力等综合素质。从这种意义上讲，僵局突破是谈判的科学性与艺术性结合的产物。在分析、研究和策略的制定方面,谈判的科学成分大一些;而在具体运用上,谈判的艺术成分大一些。

在具体谈判中,最终采用何种策略应该由谈判人员根据当时当地的谈判背景与形势决定。一种策略可以有效地运用于不同的谈判僵局之中,而一种策略在某次僵局突破中运用成功,并不意味着在其他同样类型的谈判僵局中也适用。只要僵局构成因素稍有差异,包括谈判人员的组成不同,各种策略的使用效果都有可能是迥然不同的。其关键还在于谈判人员的素质、谈判能力和本方的谈判实力,以及实际谈判中个人和小组的力量发挥情况如何。那些应变能力强、谈判实力强,又知道灵活运用各种策略与技巧的谈判者,通常能够成功对付、处理所有的谈判僵局,从而实现谈判目标。

第四节　处理谈判僵局应注意的几个问题

一、避免和遏制僵局的形成①

在谈判出现僵局的时候,要想妥善处理好僵局,不仅要分析原因,而且还要搞清分歧所在的环节及其具体内容。在分清这些问题的基础上,进一步估计目前谈判所面临的形势,检查一下自己曾经作出的哪些承诺可能存在不当之处,进而认真分析对方为什么在这些问题上不愿作出让步,以及其困难之所在等。特别是要想方设法找出造成僵局的关键问题和关键人物,然后再认真分析谈判受哪些因素制约,并积极主动地做好与有关方面的沟通工作,寻求理解、帮助和支持。最后,要认真研究突破僵局的具体策略和技巧,以便确定整体的行动方案,最终妥善地处理好谈判僵局。

(一)尽力避免僵局的主要原则

妥善处理僵局的最有效途径是将形成僵局的因素消灭在萌芽状态。为此,应遵循以下几项原则:

1. 坚持“闻过则喜”

俗话说:“褒贬是买主。”谈判出现意见分歧是平常的事,提出反对意见,一方面是谈判顺利进行的障碍,另一方面也是对议题感兴趣或想达成协议的表示。因此,听到对方的反对意见要“闻过则喜”,应诚恳地表示欢迎。问题的关键是,谈判双方在指导思想上都应坚持正确的谈判态度。提出反对意见者,说话要有充分依据,尊重对方;被提意见者,要谦虚,欢迎对方畅所欲言。

---

① 参见孙平主编:《当代商务谈判》,武汉大学出版社2007年版,第183—185页。

2. 始终保持冷静、诚恳态度，语言适中

谈判中，形形色色的反对意见中有相当一部分是不合理的。谈判者在解释回答这些反对意见时，决不能用针锋相对的愤懑口吻反驳，而是应该态度冷静、诚恳，解释时语言适中，既不多讲，也不寡言。这样，可以减轻对方的负担，满足对方自尊心的需要，而且可以在倾听对方意见的基础上探出对方的动机和真实目的，为制定对策作准备。同时，亦应将自己的看法和对方意见的不实之处反馈给对方，从而形成谈判的对等局面。

3. 决不因观点分歧而发生争吵

谈判既是智力的角逐，又是感情的交流。当谈判中的分歧较大时，双方都会不同程度地流露出各自的真实情感，即使是在理智的控制下，言谈都难免会出现一些冷嘲热讽的现象，甚至产生情绪上的对立。为此，谈判者必须有较强的自控能力，防止争论变为争吵，不要为观点分歧的争论而出言不逊，注意语言的委婉性、艺术性，以充分的理由强化说服力。同时，应注意对方的情绪变化，分析其心理状态，因势利导，寻求解决分歧问题的途径，使谈判得以顺利进行。

4. 了解各国商人的特点，做好谈判前的准备工作

国际商务谈判中，要面对的谈判对象来自不同的国家或地区。世界各国的政治经济制度不同，各民族间有着迥然不同的历史、文化传统，各国客商的文化背景和价值观念也存在着明显的差异。因此，他们在商务谈判中的风格也各不相同。在国际商务谈判中，如果不了解这些不同的谈判风格，就可能闹出笑话，产生误解，既失礼于人，又可能因此而失去许多谈判成功的契机。如欲在商务谈判中不辱使命，稳操胜券，就必须熟悉世界各国商人的不同谈判风格，采取灵活的谈判方式。

做好谈判前的准备工作，也是预防冲突激化的有效手段。谈判桌上风云变幻，谈判者要在复杂的局势中左右谈判的发展，必须作好充分的准备。只有作好了充分的准备，才能在谈判中随机应变，灵活处理，从而避免谈判中利益冲突的激化。由于国际商务谈判涉及面广，因而要准备的内容也很多，一般包括谈判者自身和谈判对手的分析、谈判班子的组成，精心拟定谈判目标与策略，必要时还要进行事先模拟谈判等。

（二）努力建立互惠式谈判，避免僵局发生

所谓“互惠式谈判”，是指谈判双方都要认定自身需要和对方的需要，然后共同探讨满足双方需要的一切有效的途径与办法。即谈判者应视对方为解决问题的合作者，而不是对手。

谈判者对于谈判对手所提供的资料应采取审慎的态度，而不要不信任对方。谈判中，谈判者要态度温和，眼光紧盯在利益目标上，而不是在不同立场上的纠缠。双方要寻求共同利益，而不是单纯从自身利益考虑。

为了使互惠式谈判能够有效地开展，可以采用“多头并进”的谈判方法。多头并进，就是同时议论有待解决的各个项目，如价格、付款条件、交货条件以及售后服务等。由于各个具体项目之间有较大的伸缩性可以调整，当其中的一项遇到难题时，可以暂时放一下，移到下一项；或者当在某一项目上不得不作出退让时，也可以设法从其他项目上得到补偿。这种谈判的方法，又叫做“横向谈判”。这种做法尽管进展缓慢，但是可以减轻谈判者的压力，有利于避免僵局。采取单项深入式的谈判时，每次只集中讨论一个项目，待这个项目双方认定达成协议之后，再转到另一个项目。这种谈判方法虽然进度快，但是各个项目之间缺乏呼应，易使谈判双方承受较大的压力，导致谈判陷入僵局。

互惠式谈判的核心是，谈判双方既要考虑自己的利益，也要兼顾对方的利益，是平等合作式的谈判。

二、处理潜在谈判僵局的方法①

潜在僵局是指僵局还没有完全暴露，只是处在萌芽状态，这时若处理得当，僵局就不会发展到影响谈判继续进行的程度。

（一）潜在僵局的间接处理法

所谓“间接处理法”，就是谈判者借助有关事项和理由委婉地否定对方的意见。具体办法有以下几种：

1. 先肯定局部，后全盘否定

谈判者对于对方的意见和观点持不同看法或是发生分歧时，在发言中首先应对对方的观点和意见中的一部分略加承认，然后引入有关信息和充分的理由，间接委婉地予以否定。例如，需方谈判代表说：“用这种包装的商品我们不能要！”经过通盘分析，供方认为他们是借包装问题为讨价还价找借口。这时，供方可用先肯定、后否定的方法处理，回答道：“是啊！许多用户都认为这种包装的商品不好卖掉，但是如果真正了解这种包装的使用价值，也许会改变原来的看法。事实上，已经有许多顾客专门挑选这类包装的商品了。”再如，需方说：“我们不需要送货，只要价格优惠。”根据分析，这种意见源于需方对利润的追逐。对于这种意见，供方不要直接予以答复，而应这样说：“你的意见有一定道理，但是你是否算过这样一笔账，价格的优惠总额与送货的好处相比，还是送货对你更为有利。”供方先肯定需方的一部分意见，然后进行核算和比较，最后间接否定需方的反对意见。

2. 先利用后转化，用对方的意见说服对方

这是指谈判一方直接或间接利用对方的意见说服对方，促使其改变观点。

---

① 参见方其主编：《商务谈判——理论、技巧、案例》，中国人民大学出版社2008年版。

例如,卖方对买方说:“你方所购买商品的数量虽然很大,但是要求的价格折扣幅度太大,服务项目要求也过多,所以这笔生意无法做。”对此,买方可以这样进行说服:“你提出的这个问题太实际了。正如你所说的,我们的进货数量很大,这是其他企业无法相比的,所以我们要求价格、折扣幅度大于其他企业是可以理解的,也是正常的。再说,今后我们还会成为你们主要的长期合作伙伴,这样可以减少你们对许多小企业的优惠费用。从长远观点看,这种做法是互惠互利的。”再如,买方说:“你们厂方的广告费用、包装费用开支太大了,你们如能削减一些,给我们公司多一点利润,我们公司可成为你们最忠实的推销伙伴。”厂方可以这样回答:“你可知道,该商品能够畅销,正是我们的广告起的作用,让它家喻户晓,让人们知道这种商品的用途;再加上别致的包装赋予了该商品个性,所以赢得了人们的青睐。”

3. 以提问的方式促使对方自我否定

这种方法是谈判者不直接回答问题,而是提出问题,让对方回答自己提出的反对意见,从而达到否定其原来意见的目的。例如,某运输公司为了得到一家建筑公司的订单,派一名业务员前去洽谈。建筑公司方面说:“我们不需要你们公司笨重的大型卡车,××运输公司的中小型卡车适合我们的需要。”在这种情况下,业务员要达成交易,必须使对方认识到他们需要的确实是大卡车。业务员采用提问法解决这一问题。

承运方:“请问你需要的运输工具主要用来干什么?”

托运方:“我们是建筑承包公司,当然是用来运输建筑材料,为施工服务了。”

承运方:“你们在确定需要车的型号时,看中的是以下哪些方面?是质量、速度、运载量,还是操作灵活性?”

托运方:“我们看重的是速度、运载量、操作灵活。”

承运方:“哦!原来你们需要速度快、运载量大和操作灵活的车辆。”

托运方:“是的。”

承运方:“操作灵活是我公司××大型卡车的优点之一,其他型号或牌号的车辆在这方面是无法相比的。”

托运方:“是吗?我要亲眼看一看。”

承运方:“你们每天运载货物的重量是多少?运输里程是多少?”

托运方:“每天运载量大约18吨,运输里程200公里。”

承运方:“在这种情况下,大型卡车每天需跑一趟,中小型卡车每天至少要跑两趟。”

托运方:“那是当然的。”

承运方:“你认为每天跑一趟,还是跑两趟,对你们单位更为有利呢?”

托运方:“让我考虑一下……”

承运方:“怎么样,有什么想法?”

托运方经过比较,认为大型卡车对自己更为有利,每天跑一趟,剩下来的时间还可以在工地做些其他服务。于是,双方达成了交易。在整个谈判过程中,业务员让对方回答了他自己提出的反对意见。

这种方法的优点是可以避免与对方发生争执,是一种比较好的方法。需要指出的是,在使用该方法时,首先,必须了解对方提出反对意见的真正原因和生产经营情况,然后层层深入地进行提问,才能取得预期的效果。其次,提问时不要以审讯、质问式的谈话方式进行,要采用委婉的方式提问。如果不注意以上两点,就会激怒对方,使此法失去作用。

4. 先重复对方的意见,后削弱

这种做法是谈判人员先用比较婉转的语气,把对方的反对意见复述一遍,再回答。复述的原意不能改变,文字或顺序可改变。

例如,谈判一方说:“你厂的××商品又涨价了,太不合理了!”回答方不妨这样说:“是的,我们了解你的心情,价格与去年相比,确实高了一些,你不希望涨价……”对方说:“那是当然的了。”这样做,可以缓和洽谈的气氛,显得比较温和。因为在复述对方的意见时,对方感到你是充分尊重他的意见的,心理压力就会相对减轻些。洽谈气氛因观点不同而形成僵局,如果能缓解潜在的对立情绪,实际上就意味着削弱了反对意见,己方接下来的辩护也就容易起到更好的作用了。运用这种方法时,要注意研究对方的心理活动、承受能力,要因时、因人、因事而异,不能机械地套用。

以上方法对解决潜在僵局是行之有效的。但是,由于它们本身都具有一定的局限性,在使用时,要结合实际谈判过程的具体情况,权衡利弊,视需要而定,切忌不分对象、场合、时间而千篇一律地使用。

(二) 潜在僵局的直接处理法

这是直接答复对方反对意见的一种处理方法,一般可采用的技巧有如下几种:

1. 列举事实法

事实和有关的依据、资料、文献等具有客观标准性,因而如果在谈判过程中大量引进,能使对方改变初衷或削弱其反对意见。例如,在一次商务谈判中,买方指出,卖方的产品价格又上涨了。卖方赶紧解释,根据本公司全球性的价格信息网反映,伦敦、东京、纽约等地的同类产品价格都有上升,其上升幅度超过了本公司。买方指出,根据我们的调查,贵公司的上升幅度已超过平均升幅。卖方抛出一个新的事实,因为本公司在产品结构上作了改进,其成本费用是每台××元。若考虑这一因素,本公司的升幅的确低于平均升幅。买方无言以对。在我国,各级职能部门颁布的文件在人们的心目中往往具有一定的权威性,很少有人对它产生怀疑。因此,面对潜在的僵局,不妨利用它展开有力的攻击。但是,采用列举事实法时,切忌引入复杂的数据和冗长的文件,否则便会作茧自缚。

2. 以理服人法

即用理由充分的语言和严密的逻辑推理影响或说服对方。但是,在运用时,也要考虑对方的感情和面子问题。有一次,在广州小天鹅饭店,我国某企业与加拿大的客商洽谈一个项目。当谈到双方相互考察时,外商问我方怎样安排考察。我方人员回答:"按照对等的原则,双方各自安排五人,你们负担我们什么费用,我们也负担贵方什么费用。"加拿大客商听了很不高兴地说:"这不是对等,加拿大费用高,你们中国费用低。"我方人员又一次申辩:"双方人员数量和考察时间是一样的,这就是对等,符合国际惯例。具体到负担接待费用的多少,各国的情况不一样,就像你们吃西餐,我们吃中餐,不好用价格平衡,不能说对等不对等。"这时,加拿大客商忽地站起来,一把抱住我方人员,并伸出大拇指"OK"起来,夸奖我方人员坚持对等原则不让步的劲头。协议就这样达成了。

3. 以情动人法

人人都有恻隐之心。当谈判中出现僵局时,一方可在不失国格、人格的前提下,稍施伎俩。例如,说可怜话:"这样决定下来,回去要挨批、革职、降薪水","求求您,高抬贵手吧"。装可怜相:有的日本商人在谈判桌上磕头、作揖等,还有的商人在谈判前精心化装。比如,某卖方人员在二次降价后坚守价格,双方对峙,形成僵局。为了打破僵局,他邀请买方去其居住的旅馆洽谈。买方人员走进他的房间,只见他头上缠着毛巾,腰上围着毛毯,脸上挂着愁容,表现出一副病态,并诉苦道:"头痛,胃疼,腰也疼,被你们压得心里急。"这一招很有感染力,买方有的人认为他"可怜,话语真切"。就这样,该卖方人员经过一番精心化装,博得了对方的同情心,感动了对方,促使协议达成。

4. 归纳概括法

这种方法是谈判人员将对方提出的各种反对意见归纳整理、集中概括为一种,或者把几条反对意见放在同一时刻讨论,有针对性地加以解释和说明,从而起到削弱对方观点与意见的效果。例如,买方代表对卖方提供的商品提出以下反对意见:"商品的外观不新颖,包装有问题,提供的质价不相称;你的产品不会受消费者欢迎;对于这种产品,应提供更多的服务……"这一连串的反对意见无非是在为讨价还价作准备,若逐一回答,不但啰唆,而且买方也未必听得进去。对此,卖方代表不妨把这些反对意见归纳概括为产品质量的意见,进而以产品质量问题为主加以说服和解释。这样,针对性强,说服力强,可以把对方的疑虑及早消除,有利于避免出现僵局。

5. 反问劝导法

谈判中,常常会出现莫名其妙的压抑气氛,这就是陷入僵局的苗头。这时,谈判人员适当运用反问法,以对方的意见反问对方,可以防止谈判陷入僵局,而且能够有效地劝说对方。例如,买方说:"你提供的商品无论是质量还是价格都可以,只是目前我不打算进!"卖方摸不清买方的真实意图,可以巧妙地说:"向您提供的这些商品,正像您说的那样,一切都不错。看来,您真是识货!目前,这种商品的销路看好,举手之劳,何乐而不为呢?"待买方进一步解释或回答时,卖方便可知其真实意图了,而后便可有针对性地开展劝导工作,从而避免谈判陷入僵局。

6. 以静制动法

即在对方要价很高而又态度坚决的情况下,请其等待己方的答复,或者以各种借口拖延会谈时间。但是,"缓兵"不是"拖延",表面是"静",实则是"动",为的是主动进攻。拖延了一段时间后,对方可能耐心大减,我方可乘机与对方讨价还价,达成谈判目的。

例如,深圳某公司与某港商就其引进机械设备事宜进行谈判时,对方提出了很高的开盘价。深方谈判代表在谈判桌上与对方展开了激烈的辩论,但是由于港商态度坚决,谈判没有取得任何进展。深方如果没有这种设备,扩大再生产的计划就无法实现,而如果答应港商的条件,就要被重重地宰一刀,这是深方所不情愿的。就在深方进退两难之际,公司谈判代表突然宣布谈判暂停,对港商的条件需要请示董事会,请求港商等待己方的答复。一拖就过去了半个月。港商急了,再三请求恢复谈判。深方均以董事会成员一时难以召集,无法达到法定人数,因此无法召开董事会讨论这一问题为由拖延时间。又过了一个星期,港商又来催问,深方仍是如此答复。这下港商慌了手脚,急忙派人打听消息,结果令其大吃一惊。原来该公司已经与日本一家公司商洽同类商品的进口问题,双方对达成这笔交易很感兴趣。时间就是金钱,港商眼看着可能要失去一笔十分重要的交易,于是马上转变了态度,表示愿意用新的价格条件与深方继续商谈。深方看到目的已经达到,就同意了港商的要求。谈判最终达成协议,深方大大节省了一笔外汇支出。

7. 幽默法

谈判中,本来轻松、和谐的气氛可能因双方在实质性问题上的争执而突然变得紧张,甚至剑拔弩张,一步就跨到谈判破裂的边缘。这时,双方面临的最急迫问题并不是继续争个"鱼死网破",而是应尽快使谈判气氛缓和下来。在这种情况下,诙谐幽默无疑是最好的调节剂。运用幽默的语言,委婉地对对方进行批评,可以避免谈判气氛的激化。运用幽默的语言可以把说话者的本意隐含起来,话中有话,意在言外。

例如，某青年拿着乐曲手稿去见意大利著名作曲家罗西尼，并当场演奏。罗西尼边听边脱帽。青年问："是不是屋内太热了？"罗西尼说："不，我有一个见到熟人就脱帽的习惯，在你的曲子里，我碰到的熟人太多了，不得不频频脱帽啊！"青年的脸红了，因为罗西尼用幽默的方式委婉地道出了他抄袭别人作品的事实。

8．站在对方立场上说服对方

说服是以充分的理由和事实使对方认可。但是，在商务谈判中仅有充分的理由和事实并不一定能使对方信服。当谈判中一方坚持固有意见不变时，要使说服有实效，除了无可辩驳的证据和严密的推理外，还必须使对方的需要得到一定的满足。所以，要站在对方的立场上讲清道理，使对方确实感到他原来所坚持的意见必须改变才行，从而扭转谈判的僵局。

三、妥善处理谈判僵局的最佳时机

在谈判实践中，选择最佳时机处理僵局，往往会收到事半功倍的效果。谈判活动处于发展变化中，在不同的时间采取相应的措施处理僵局，效果大不一样。这方面的技巧和方法主要有：

（一）及时答复对方的反对意见

在谈判中，双方都希望自己的意见得到对方的尊重和重视，若对方不能给予明确的答复，往往会造成心理障碍，形成谈判中的潜在僵局。为此，只要对方提出明确的反对意见，都应及时予以答复；若一时无法答复，亦应解释清楚。这样，可以掌握主动，使对方感到你的诚意，有利于消除僵局。如果此时不解决这个矛盾，将会影响下一步谈判工作的进行。

（二）争取主动，先发制人

在谈判中，如果事先发觉对方会提出某种反对意见时，最好是未等对方提出，抢在他前面把问题提出来，作为自己的论点，引导对方重新认识这个问题，这样可以有效地避免和消除僵局。例如，一家竹艺编织厂与外商洽谈业务时，厂方代表发现外商对竹艺的色彩颇有微词。该代表在外商发话之前提出："我厂产品属于中华传统工艺，这种大红大紫的色调正是传统文化的象征。如果换成其他浅色调，就可能失去民族特色，不足以吸引顾客的注意力。"外商仔细一琢磨："对呀！这正是促销的一个卖点。"之后，外商就与该厂达成了协议。选择先发制人的做法应善于察言观色，随时注意对方的态度，掌握好时间，这样可以避免争论，达到避免僵局的目的；同时还可使谈判气氛融洽，节省谈判时间。

3．适当拖延答复

在谈判中，会遇到很多棘手的问题，谈判者不能即刻答复。这时，可以拖延时间，多作考虑，以取得更好的效果。但是，拖延时间不宜过长，而且应当向对方说清楚。若出现下列各种情况，可以推延答复：(1) 对方提出的反对意见使你感到不能作出满意的答复时；(2) 反驳对方的意见缺乏足够的证据时；(3) 即刻回答会使己方陷入被动时；(4) 确实有把握控制谈判局势，使对方的反对意见随着谈判的深入逐渐削弱时；(5) 对方的反对意见明显偏离议题时；(6) 对方由于心理原因而提出“发泄性”的反对意见时。遇到以上各种情况时，都可作适当的推延，以便有时间应付这种局面。

复习思考题

一、名词解释

1. 商务谈判僵局　2. 潜在僵局　3. 互惠式谈判　4. 沟通障碍

二、简答题

1. 商务谈判中形成僵局的原因有哪些？
2. 商务谈判僵局根据不同划分方法可以分为哪些类型？
3. 如何避免谈判僵局的发生？
4. 应对商务谈判僵局的原则有哪些？
5. 打破谈判僵局的策略有哪些？
6. 如何处理潜在的谈判僵局？

三、案例分析

20 世纪 90 年代，上海某制鞋厂与日本一家株式会社做成一笔布鞋生意。因日方预测失误，加上海上运期长，步鞋运到日本后错过了销售的黄金季节，大量积压。日方提出退货。按惯例，这显然是行不通的。但是，中方却原则上同意了。此事一传开，中方有关部门及一些国际上的朋友立即哗然，认为该鞋厂这是自找麻烦，因为那是价值 260 万日元的大笔生意啊！但是，该制鞋厂还是坚持接受退货。

此事在日本见报后，马上就有几家大公司来人来函要求与该制鞋厂合作。这样，该制鞋厂不但没有赔钱，反而由此身价倍增，产品供不应求。日方这家株式会社在经过这次风浪后，愈发感到上海这家制鞋厂是个忠实的合作伙伴，提出愿当其在日销售的总代理，对其产品全部包销，合同一订就是 10 年，而且还积极向中方提供国际市场上的有关信息。两家的竞争伙伴关系更加稳固。

问题：

1. 在上述案例中，该制鞋厂运用什么技巧避免了与日本株式会社之间可能出现的僵局？

2. 在商务谈判中，如何灵活地运用对抗术和迂回术达到谈判的目的？

第八章　商务谈判礼仪

【本章学习目标】

- 了解商务谈判中礼仪的重要性；
- 了解商务谈判中要把握的基本礼仪与礼节；
- 掌握商务谈判中的各种常用礼仪；
- 了解各国日常交往中应注意的礼仪与禁忌。

商务谈判，尤其是对外商务谈判，是有关方相互交往的重要活动，谈判双方都渴望获得对方的尊重与理解。因此，懂得并掌握必要的礼仪与礼节，是谈判人员必备的基本素养。礼仪与礼节把握得是否得当，有时候能直接影响到谈判的进程与成败。礼仪与礼节不仅是人们自尊的生活规范，也是对客户表示尊敬的方式。同时，礼仪与礼节也在一定程度上反映了大到一个国家、一个民族，小到一个人的文化程度和精神风尚。因此，商务谈判人员必须了解有所为、有所不为的规则，在商务谈判中很好地把握自己的言行举止。

案例导读

这是一则将谈判礼仪变成谋略的例子。

有一家美国公司的总经理为了一桩十分重要的生意，亲自飞往日本准备参加两个公司间的谈判。经过13个小时的飞行，总经理早已精疲力竭，他对随行人员说："我现在最需要的是痛痛快快地洗个澡，然后美美地睡上一觉。所以，下飞机后，咱们哪也不去，直接到宾馆。"没想到，刚一走下飞机的舷梯，日本公司的一位穿戴十分讲究的年轻人迎上前来，非常热情地说："我们公司的总经理已经为您准备了欢迎晚宴，现已恭候多时，请您一定赏光。"他一边说一边不停地躬身施礼，其盛情使人实在难以推却。该美国公司总经理只好无可奈何地前去"赴宴"。

宴会上，不仅酒菜十分丰盛，而且东道主也表现得特别热情，不知哪来的那么多负责人，一个一个轮流来敬酒，也不知从哪里找来那么多的理由，把客人捧得晕头转向。这位美国公司总经理觉得这个晚上过得很痛快，所以直到深夜才返回宾馆休息。

第二天一早，美国公司总经理还在睡梦之中，日方便来人敲门，说日方的谈判代表已经等候多时了。这位总经理匆匆忙忙地洗漱、穿戴完毕，来到谈判桌前。谈判期间，日方的谈判代表精神焕发，头脑清醒，口齿伶俐。这位总经理和他的随行人员却还酒醉未醒，满脸倦意，结果在对方一阵凌厉的攻击下，败下阵来。

用良好的礼仪、酒宴招待客人，并非都有恶意。但是，日本商人在谈判前安排的这席盛宴中，却暗藏着“杀机”，虽不是置对手于死地，却是要诱其失败。这是利用“友好和善”的礼仪手段间接“杀人”，属笑里藏刀的“糖衣炮弹”之计。

第一节　商务谈判中的礼仪

一、商务谈判中礼仪的重要性

礼仪是世界上各民族的文化积累和精神财富，它是根据各民族文化风俗而建立起来的一套形式、礼貌和仪式，是人们在处理社会关系、业务奖惩或社会生活中认为可以接受或必需的行为规范。礼仪是商务活动中应遵守的一套礼貌的行为准则。这套行为准则是建立在尊重对方民族文化风俗的基础上的。一般来说，不同的民族文化有不同的礼仪。因此，当你和来自不同民族的人进行交际时，必须了解对方的民族文化。

在当前国际贸易竞争越来越激烈的情况下，是否懂得商务礼仪显得越来越重要。一个公司生意的成败往往不仅取决于其产品的质量和价格如何，而且还取决于其对待客户的态度如何，取决于其对商务礼仪的知识掌握如何。同时，是否懂得商务礼仪也是一个关系到个人和公司形象的问题。具体来说，注重商务礼仪有以下好处：

第一，有助于提高谈判者的个人谈判力。首先，良好的礼仪举止能使谈判者更容易被人接受。保持微笑，礼貌待客，整洁的着装，记住他人的名字，善于倾听等，这些能给对方留下良好的第一印象；设法了解对方，了解他们的风俗习惯，对商品的喜好与禁忌，谈论对方感兴趣的话题，真诚地赞赏对方等，这些好的习惯能帮助谈判者建立起良好的人际关系，在谈判中提高对方对自己的认同感。其次，遵守礼仪能增加谈判者的信服力。无论在何时何地、何种条件下开始谈判，都要以友好的方式开始，多从对方的角度真诚地看待问题，尊重对方的建议，尽最大的努力满足对方的合理要求，让对方受到应有的款待和礼遇，让他们感到自己受到重视，会使谈判者在交易中得到更多的信任。

第二，有助于在商务谈判中营造良好的交易气氛，拉近双方距离。良好的交易氛围是谈判成功的重要条件。一个企业，如果能热情周到、大方得体地接待客户，想对方之所想，帮对方解决疑难问题，尊重对方，这样会使客户感到你是有诚意的，会乐意与你打交道。在一种宽松和谐的氛围中谈判，就会比较容易找到一个双方均能接受、彼此都可以受益的均衡点。另外，从谈判目标的确定，时间、地点的选择，议程和席次的安排，以及接待的规格等方面，都可以体现出对对方的尊重。

第三，有助于提升个人素养，塑造良好的企业形象。比尔·盖茨讲，“企业的竞争是员工素质的竞争”，上升到企业，就是企业形象的竞争。在商务谈判中，交易双方可能并不相互了解，而此时个人形象往往代表着企业形象。因此，塑造企业形象和个人职业形象都是十分重要的。商务人员在商务交往中往往通过对方的仪容仪表、举止言谈判断对方的可信程度，从而影响交往的程度。由此可见，在商务谈判中，谈判人员高尚的道德情操、彬彬有礼的言谈举止、得体的待遇，都会给对方留下深刻的印象，使对方产生信任感、安全感，从而赢得尊重与欢迎，并且使对方对本企业产生好感，减少谈判阻力，推动交易成功。

第四，有助于加深理解，促进友谊。在商务谈判中，双方为了各自的利益，难免会发生一些冲突，出现僵局。企业与企业、人与人之间因商务活动而产生的冲突，不是对抗，更不可把交易中的矛盾变为对某个企业或个人的攻击，而是要把人和事区分开来。在双方相持不下的时候，也要使语言表现得文明、得体，切不可说出有伤他人尊严的话。通过理解和沟通，找出双方都能接受的方案，完成交易，双方建立友谊，成为长期的合作伙伴。即使交易不成，由于待人真诚，礼仪有加，双方也会沟通感情，建立友谊，日后会寻找其他的合作途径。商务谈判是在人与人之间进行的，因此谈判过程又是一个人际交往的过程，人际关系在谈判中往往起着十分微妙的作用。在谈判时，如果能够以诚相待，尊重对方，彬彬有礼，感情融洽，谈判可能会取得理想的效果。

二、商务谈判中基本礼仪与礼节的把握

礼仪与礼节可以说贯穿于商务谈判的整个过程，每一个阶段、每一项活动都有需要遵守和注意的细节。但是，总体来说，有一些基本礼仪和相关问题是需要我们提前作好准备，并在整个谈判过程中贯彻始终的。

（一）事前作好充分准备

谈判前，应尽可能详细地收集所有相关资料，不只是与谈判直接相关的资料，还包括谈判对手的经历和兴趣爱好之类的相关资料。这样做的益处很多，其中一个就是可以显示出你对对方的重视，以及体现出你对会谈的诚意。例如，已故的前东芝公司总裁石坂泰三在访问各国时，常常找机会以原文引用该国文学作品，博得不少赞誉。他之所以肯下这番工夫，是因为他明白，谈判除了在会议桌旁慷慨陈词以外，更重要的是让对方从感情上更快地接受你。

当然，服饰准备也是很有必要的。一般初次见面，外表给人的印象是很深刻、很重要的。参加谈判的人员应穿着得体、规范。只要是正式场合，男士最好

穿西装或中山装，女士应着裙装或套装等正式服装，争取给对方留下成熟、干练、可信赖、富有诚意的印象。

（二）介绍得体，举止大方

商务谈判见面之初，介绍与自我介绍是很重要的一个环节。在正式的谈判场合，介绍的礼仪规则是：不分男女老幼，只以社会地位的高低作为衡量标准，遵从社会地位高者有了解对方的优先权的原则。同时，地位高者应主动伸出手和对方相握，并礼节性地寒暄几句，以表示为相识而感到高兴。若备有名片，可适时递上。非正式的、较小范围的业务洽谈，介绍则不必拘泥于礼节和规则，可以采取更自由的方式，只要双方觉得合适、融洽就行。如果大家都是同行，就更应以自然、轻松为宜。介绍要大方、得体，吐字清楚，说话速度不要太快，以对方听得清楚为准。同时，目光应始终注视对方。如果对方是两人以上，最好采用环视大家的方式，不要把目光只集中到一个人身上，以体现出对所有人的尊重。

在整个谈判活动中，谈判人员应做到坐有坐姿，行有行态，落落大方，端庄稳重。站立时，两腿自然分开，约相距一肩宽，双手相握，自然下垂，放在身前正中间或身后，挺胸抬头，目光平视对方，面带微笑，表现出良好的精神状态和和善亲切的态度。坐时，应将双手放在桌上，挺腰近台，目光依旧要平视对方，专注从容，缓急适度。如果是陪同宾客走入房间，应先请客人坐到各自的座位上，然后自己轻步入席。如果因故迟到，应疾步入门，眼睛搜寻主宾，边走边伸手向主宾致意，同时诚恳表达迟到的歉意。

谈判时，态度要诚恳、谦恭、热情。当对方在谈判中摆出虚假、傲慢、冷漠的态度时，不要马上以牙还牙，以眼还眼。要冷静分析原因，然后对症下药。总之，要尽量做到不卑不亢，以维护谈判的融洽气氛为主旨，不要因失礼而危及谈判的成功。

（三）营造、维护和谐气氛

商务谈判中，良好气氛的营造与得体的礼仪行为是分不开的。从会谈一开始，谈判人员就要特别注意谈吐举止的礼仪修养。态度应热情诚恳，以便先入为主，使对方感到亲切、自然，这样有助于消除对方的距离感。彼此介绍、寒暄之后，不宜马上进入会谈正题，而应选择一些与正题不相关的中性话题作为过渡。因为中性话题容易引起双方共鸣，使双方在进入谈判正题前先适当地相互了解，建立起一定的熟悉感。业务洽谈中，常用的中性话题范围很广，这里把它归纳为四个方面：(1) 来访者旅途的经历；(2) 体育新闻或文娱消息；(3) 个人的爱好；(4) 双方熟悉的相关人员等。这些话题有助于和谐气氛的营造。通过对题外话的简单交谈，双方的感情就比较接近了，气氛也融洽了，再谈正题就显得自然、不唐突。另外，中性话题也有积极、消极之分，谈判人员应设法避免令人沮丧的话题。

在谈判过程中，每当出现争执分歧，和谐气氛开始遭到破坏时，谈判人员都应考虑用适当的方法进行调节，尽量避免僵持和激烈争吵的出现。此外，尤其要注意避免与谈判内容无关的争论。例如，与对方在宗教、政治、生活方式、工作习惯、个人性格、道德观念、公民权利和自由等话题上引发争论，就会因小失大，错失良机。

（四）平等尊重，以礼为先

商务谈判的最终目的是取得符合双方共同利益的积极成果，而不是打败对方，因此谈判过程中应始终遵循平等尊重的原则。洽谈过程中，双方应本着互谅互让的原则，一方面说服对方同意自己的意见，另一方面尽量满足对方的合理要求，避免正面冲突，贵在让对方理解自己。道理再充分，不能使对方理解也达不到目的，这就要求我们在谈判中既要合乎“理”，更应合乎“情”。

很多情况下，以礼为先也是谈判中要把握的基本原则。例如，在提问时，语言要委婉得体，问话内容尽量不要使对方难以回答。一旦发现对方面有难色或流露不悦神情，就应停止查问并及时调换话题，以免使对方产生防范心理，甚至采取不合作态度。当被问的一方回答提出的问题时，提问一方应注意倾听。如果对回答不满意，应等对方答完后再行提问，随意打断别人的谈话，或不等对方说完就进行批驳，都是不礼貌的行为。被问的一方回答提问时，应态度坦诚、简洁明了、实事求是地针对对方所问予以回答。

辩论是谈判中不可避免的情景，此时的关键是要控制情绪，保持冷静。若不加控制，不同观点的交锋很容易就变成了谈判人员的个人冲突。因此，辩论时一定要对事不对人，语言不要过激，切记不能涉及人身攻击。这也是谈判人员礼仪修养的重要内容。当局势渐渐无法控制时，要及时打住，避免无谓的争执破坏双方的感情。

另外，谈判人员的作风和个性往往会严重地影响会谈的气氛。在针锋相对的谈判场合，需要以冷静平和的态度应对，有时候轻松幽默更能起到出其不意的效果。

（五）重视、区别对待各国的不同习俗与特点

由于自然、历史、文化、宗教等各种因素的影响，世界各国、各民族在风俗习惯、交际礼仪、避讳禁忌上都有很大的区别，这些都应该得到理解和尊重。有时候，相同的方式或行为在不同的国家会引起完全不同甚至截然相反的效果。所以，谈判人员一定要重视并区别对待不同国家、不同民族的不同习惯。

三、商务谈判中的各种常用礼仪

（一）迎送礼仪

迎来送往是常见的社交活动，也是商务谈判的一个组成部分。因此，迎送礼

仪也成为商务谈判礼仪中的一项基本内容。在谈判中，作为东道主的一方，对前来参加谈判的人员，要视其身份和地位，以及谈判的性质、双方的关系等，综合考虑安排迎送工作。

对应邀前来谈判的人员，无论是官方人士、专业代表团，还是民间团体、友好人士，在他们抵达和离开时，都要安排相应身份的人员前往迎送。重要的客商、初次来的客商，要专人迎接，一般要求的规格也比较正式规范；一般的客商、多次来的客商以及习惯旅行的欧美商人，接送礼仪可相对简单；长期来往的非常熟悉的客商，有时也可以视情况不安排特别的接送仪式。迎送礼仪方面要注意以下几点：

1. 确定迎送规格

迎送规格是指迎送礼仪采取的方式、隆重程度以及参加迎送仪式人员的身份，一般应当依据前来谈判人员的身份，谈判的目的、内容，己方与被迎送者之间的关系，以及可遵循的以往惯例综合平衡决定。

(1) 主要迎送人的身份和地位通常要与来者相差不大，以对等为宜。当事人因故不能出面或者不能保证对等时，可适当灵活变通，由职位相当人士或副职代替。对此，无论作何种处理，当事人都应从礼貌出发，诚恳地向对方作出合理的解释。其他随行人员一般包括与谈判直接相关的工作人员，数量视情况而定，不宜过多。

(2) 迎送的地点可在机场、车站等客人到达处，宾馆等客人预备下榻处，或是谈判举行地。迎送路线越长，表示礼仪越隆重。最隆重的形式是在飞机舷梯处等待迎接以及告别，适用于特别重大及正式的国际会谈。最简单的则是在会场门口举行简单的迎送仪式，表示对客人的礼貌与尊重。

(3) 一般来说，迎送规格是有规则和惯例可遵循的，只有当对方与己方关系特别密切，或者己方出于某种特殊需要时，方可破格接待。除此之外，均适宜按常规接待。

2. 掌握抵达和离开的时间

迎候人员应当准确掌握对方的抵达时间，提前到达机场、车站、码头、宾馆、会场等客人到达处等候，以表示对对方的尊重。一般只能由主人等候客人，绝不能让客人等候。客人经过长途跋涉到达预定目的地，如果一下飞机、轮船或火车，就看见有人在等候，一定会感到十分愉快。如果客人是第一次来，则能因此而获得安全感。如果迎候人员迟到了，对方会立即陷于失望和焦虑不安之中。不论事后怎样解释，都很难使对方改变对迎候人员失职的印象。

同样，送别人员也应事先了解对方离开的准确时间，提前到达来宾住宿的宾馆，陪同来宾一同前往机场、车站或码头，亦可直接前往机场、车站或码头恭候，与来宾道别。在来宾临行之前，送行人员应按一定顺序与来宾一一握手告别。

飞机起飞或火车、轮船开动之后，送行人员应向来宾挥手致意，直至飞机飞走或火车、轮船开走方可离去。

3. 做好接待的准备工作

接待的准备工作一般包括以下几个方面：

（1）在得知来宾抵达日期后，应首先考虑到其食宿安排。对方尚未启程前，先问清楚对方是否已经自己联系好住宿，如未联系好，或者对方是初到此地，在征得其同意的情况下，可根据其要求为其预订宾馆。若完全由己方承担招待，最好在条件允许的情况下准备等级较高、条件较好的宾馆。客人到达后，通常只需稍加寒暄，即应陪客人前往宾馆，在行车途中或在宾馆简单介绍一下情况，征询一下对方意见，即可告辞。若需要安排饮食，一般应准备一些当地的特色，然后待客人抵达后征询其意见再作详细的安排。

（2）对于谈判日程的准备，一般事前根据对方停留的时间长短，作一份大致的计划，同时准备好随时调整。客人到达的当天，最好只谈第二天的安排，待客人充分休息后再详细讨论另外的日程安排。

（3）对于谈判中涉及的其他辅助性事项，例如场外的参观、游览等调节活动，需要馈赠的礼品等，更需要提前作好准备。要事先充分了解对方的特点和喜好，制订好合适的方案，以备不时之需。

4. 介绍

双方见面时，通常有两种介绍方式：一种是第三者作介绍，一种是自我介绍。第三者介绍是比较正式的介绍方式，一般双方初次见面都会安排专门的人员介绍各个成员的职务、姓名、职责等基本信息。自我介绍适用于人数多、分散活动而无人代为介绍的场合。自我介绍时，应先将自己的姓名、职务告诉来宾。客人初到，一般较拘谨，主人宜主动与客人寒暄。

关于介绍的顺序，各国不大一致：我国的习惯是年纪大的人在介绍顺序中优先；而西方国家是妇女优先，只有对方是年纪很大的人时才例外，在公事场合则一般是以职位高低为次序。商务谈判初次见面介绍时，应先将来宾向己方人员介绍，随即将己方人员向对方介绍。如果对方是己方人员都熟悉的人，只需将己方人员介绍给对方即可。介绍己方人员时，要把姓名、职务说清楚。介绍到具体人时，应有礼貌地以手示意，不要用手指指，更不要用手拍打别人。

5. 陪车

应请客人坐在主人的右侧。上车时，最好请客人从右侧车门上车，主人从左侧车门上车，避免从客人膝前穿过。如果客人先上车，坐在主人的位置上，不必请客人再移位。

6. 其他

（1）迎送地位高的客人时，事先在迎送地安排贵宾休息室，准备茶水、饮料招待客人。

(2) 指派专人协助办理出入境手续及票务、行李托运等手续，及时把客人的行李送往住地。

(3) 客人抵达住地后，一般不要马上安排活动，应稍作休息。

(二) 洽谈礼仪

洽谈是谈判过程中就主题进行实际讨论和磋商的阶段。与一般的会见活动相比，洽谈活动具有时间长、内容多的特点，往往会涉及各方的实际利益，因而它也是商务谈判活动的中心环节，涉及交易的最终结果。任何成功的谈判都包含了一定方式之下的圆满洽谈。在圆满的洽谈活动中，遵守洽谈礼仪无疑是占有重要地位的。当然，在洽谈活动中，遵守了洽谈礼仪，未必就因此使谈判一举成功。但是，如果违背了洽谈礼仪，必定会造成许多不必要的麻烦，甚至给达成协议造成威胁。因此，在洽谈活动中，必须讲究和严格遵守洽谈活动中的各种礼仪细节。

1. 时间、地点、人员

准确掌握会谈时间、地点和双方参加人员的名单，及早通知有关人员和有关单位作好必要的安排，主人应提前到达。

2. 注意迎接、照相和录像等

客人到达时，主人应到正门口迎接，也可在会议室门口迎接；或由工作人员在大楼门口迎接，引进会议室，主人在会议室门口迎候。如有合影，适宜安排在宾主握手之后。录像则可从宾主双方见面时就开始。会谈结束时，主人应送客人至门口或车前，目送客人离去。

3. 洽谈中座次安排的礼仪

座次安排是洽谈礼仪中一个非常重要的方面。尽管各国的风俗习惯有所不同，但是仍存在一定的国际惯例，即一个多数人能接受或理解的安排方式。座次顺序安排的基本讲究是以右为尊，右高左低。这里，高低是指洽谈参与者身份地位的高低。

业务洽谈(特别是双边洽谈)多使用长方形的桌子。通常，宾主相对而坐，各占一边。谈判桌横对入口时，来宾对门而坐，东道主背门而坐。谈判桌一端对着入口时，以进入正门的方向为准，来宾居右而坐，东道主居左相对而坐。双方的主谈人是洽谈中的主宾和主人，一般居中相对而坐，其余人员按职务高低和礼宾顺序分坐左右。原则仍是以右为尊，另外要加上一条优先原则——靠近主谈人的位置为尊。这样，主谈人右手第一人为第二位置，左手第一人为第三位置，右手第二人为第四位置，以此类推。记录员一般位于来宾的后侧，翻译位于主谈人的右侧。参与洽谈的人员总数应该避开一些双方忌讳的数字，例如13。如果需要，可以用增加临时陪座的方法避免这些数字。多边洽谈一般采用圆桌的形式，有时为了强调对贵宾的尊重，己方人员有不满座的习惯，一般坐满 2/3 的座位即可，但是也要具体情况具体对待。座次安排属于重要的礼节，是一定不能安排错误的，否则会引起谈判人员的不满。为避免出错，在座次安排妥当后，在每个位置前可安放一个名签以便识别，或者安排引座员加以指引。

4. 谈判中的语言礼仪

语言是人类进行信息交流的符号系统。从狭义上讲，语言是指由文字的形、音、义构成的人工符号系统。广义的语言包括一切起沟通作用的信息载体，不仅说话、写字，甚至连距离、眼神、手势、表情、体态等都包括在内。谈判的语言能充分反映和体现一个人的能力、修养和素质。

(1) 谈判用语

谈判用语是指在洽谈中如何在恰当的时机选择适当的词语，表明自己的立场、观点、态度和意思。谈判中常见的用语有五种，即礼节性的交际语言、专业性的交易语言、弹性语言、幽默语言以及劝诱性语言。

谈判用语的基本要求是清晰、明确，能充分、完整、快速、确切地表达己方的意见和意思。须注意的是，由于礼仪的规范，洽谈中话语的字面含义与其所实际表达的隐含意义并非完全一致。有时字面含义虽是简单、无歧义的，但其后却蕴涵了复杂的意思。能透过对方话语的字面含义识破其心机，深入、准确把握对方的意思，从而作出相应的反应，是谈判人员的一项重要素质。在谈判中，既能遵守礼仪，维护洽谈气氛，又能维护己方利益，是难能可贵的。因此，谈判用语既要准确明白，又要文雅中听。粗暴无礼的话语，有伤他人自尊心的话语，埋怨、责骂、挖苦、自夸的话语，都要尽量避免使用。

洽谈中用语的选择要视具体情况而定，要能准确表达意思。用语不要含糊难解，态度不要模棱两可，以避免对方作出错误理解，导致错误反应，引起洽谈的困难甚至破裂。出于策略需要的弹性语言须用得心中有数，做到不含糊，不致被误解。言语应尽量文雅有礼，任何出言不逊、恶语伤人的行为都会引起对方的反感，无助于洽谈目标的实现。

(2) 语速、语调和音量

在选择好合适的词语之后，还需将选择好的词语用适当的方式表达出来，即需考虑用什么样的语速、何种语调、多高的声音进行洽谈。

语速和说话的节奏对意思的表达有较大的影响。说话太快，一下子讲得很多而无停顿，会使对方难以明白你说话的主要意思，难以集中注意力去正确领会你实际表达的含义。这有时还会使对方误以为你在为完成某项工作而敷衍了事，于是不再费神倾听，导致双方语言交流不畅，难以沟通。使用翻译的情况下，要注意照顾翻译的工作，不要长篇大论，只顾自己发挥。反之，说话太慢，吞吞吐吐，易被人认为不可信任或过于紧张。因此，洽谈中陈述意见时，语速应尽量保持平稳，中速进行。有特殊需要时，适当改变一下语速，以期引起特别注意或加强表达效果。

说话时的语调、声音大小也对表达有一定的影响。不同语调可以使同一句话表达出不同的含义，而声音的大小则反映说话者一定的心理活动、感情色彩或某种暗含的意思。在洽谈中，一般问题的阐述应使用正常的语调，保持能让对方清晰听见的适中的音量。适当的时候，为了强调自己的立场、观点，可调整语调和音量，以增加话语的分量，加强表达的效果。一般而言，升调表达的是一种惊讶、不可思议、难以接受或不满的情感，降调则反映某种遗憾、无可奈何或失望灰心的心理活动。

声音高低的起伏表明说话者的某种情绪波动，有时是有意识的表达需要，有时则是潜意识的自然流露。谈判人员应对洽谈对手的话语敏锐把握，同时对自己的话语表达加强控制，不能出现音调、音量失控的情况。

总之，语速、语调和声音大小要由具体情况决定，但是一定要在人为控制中。谈话者不能失去内心的平衡，这样才可根据洽谈的气氛、洽谈的具体内容正确运用商务洽谈的语言，达到预期的洽谈效果，实现预期的洽谈目标。

(3) 体态和手势

体态是一种身体语言。洽谈中，一些不经意的动作可能透露出有关内心动态的有用信息。人在某种环境下，可以通过自觉的意识，在语言、语气等方面显示出强硬和雄辩，表现得信心十足，决不后退。但是，有时因为内心不踏实，没有把握，便在下意识中借助一些动作掩饰自己，平衡内心的紧张和冲突。比如，频繁地擦汗、抚摸下巴、敲击桌面等都反映出心情的紧张不安。有经验的洽谈人员能自我控制，最大限度地避免下意识的动作，在任何情况下都镇定自若，不慌不忙，显示出“风雨不动安如山”的风度。

另外，自觉的体态运用也能微妙地、不知不觉地影响对方的心理。如抱着胳膊，表示警觉和戒备的心理；摸鼻梁、扶眼镜，同时闭目休整，表示正在集中精力思考某个问题，准备作出重大决策，有时也表示进退两难的困境在内心引起的紧张；握拳或紧握双手，表示信心不足，是自我鼓励的反应；还有一些下意识的动作，反映焦虑和不知所措。以上这些体态能增加一个人的潜在影响力，表现出一定的人情味，也是一种礼仪和风度，在洽谈活动中是不可或缺的增效剂。

手势是另一种重要的身体语言，在洽谈过程中有助于表现自己的情绪，更好地说明某个问题，从而增加话语的说服力和感染力。手势要自然大方，恰到好处。有意做某种手势，易给人以虚假做戏的感觉；手势如果过多过密，就会分散对方的注意力，甚至引起对方的厌烦心理；做手势时如果动作太大，或是将手伸到越过双方距离中间线的地方，就会让对方感觉侵入了自己的身体空间，有故意挑衅之嫌。在比画双手时，一般不要超过双肩以内的范围，否则会给人以手舞足蹈、轻浮乃至轻狂、不实在的印象。当然，手势也不可太拘谨，生硬怯懦，缩手缩脚。因为这样既显得缺乏应有的自信，也难以引起他人对你的信任感。手势要注意与说话的语速、音调、声音大小密切配合，不能出现脱节的滑稽现象。做手势时，应把握好手势的力度，给人以轻重合适、表达自然的感觉。

总之，体态和手势是较难把握的无声语言，如果没有确切的把握，可以尽量少用，避免出错。一旦由于情绪激动而做出某种失礼的姿态和手势，应勇于承担错误，主动向对方致歉。总而言之，体态和手势也应视具体情况而定，以文雅含蓄为准，不可失控失态。

（4）距离和面部表情

人与人之间的空间距离与心理距离联系密切，空间距离的大小直接影响着洽谈双方心理上的距离。人们在交谈时，无论站或坐，都要保持一定的角度，避免直接相对。在洽谈活动中，双方却是直接相对的。在谈判中，较合适的双方距离应在1米到1.5米之间，这个距离也是谈判桌的常规宽度。距离过大，双方交谈不方便，难以相互接近，有谈不到一起的感觉；距离太近，声息相通，却显得人为地过分亲近，使人觉得不自在，难以进行良好的交流。距离的变化可以传递某种信息，反映交谈者的不同心态。

相互间移近可能表示交流良好，有兴趣，有好感，是一种友善认同愿望的自然流露，同时也可能是攻击前的一种威胁姿态，是一场针锋相对的斗争的前兆。这与洽谈的气氛和双方的心理活动是密切相关的。相互间的距离变远，反映谈判的分歧正在加大，或双方都想冷静一下，整理一下思路。一方加大距离，表现了一种占优势的自我感觉，特别是伴随后仰动作时，就有点显示胜券在握了。如果一方增加距离，另一方却想缩小距离，多半说明有一方想逃避，出现软弱心理。但是，事实上，双方距离无论远近，都是以中间线划分势力范围的，中间线两端为各自的身体空间，如一方侵入，则是极具攻击性和无礼的举动。

面部表情是内心情感的重要体现。人的表情十分丰富，有极强的感染力，通过面部各个器官的动作，能展示出内心多样的情绪和心理变化。在洽谈活动中，有人嘴唇紧闭，唇角下垂，眼睛睁大紧盯对方，有时甚至从牙缝中挤出话来，这表明此人是一个有攻击性的、怀有敌意的人，有一种“不是你死就是我活”的心态。有人满脸堆笑，目光闪烁，眉头不动，这反映了此人内心游离不定。有人面带微笑，脸露真诚，眉目平和安定，虽无咄咄逼人的气势，但却反映了一种内在的力量，可能是个有能力且难以对付的强手。在面部表情中，眼睛是最富表现力的，洽谈人员必须正确运用自己的目光。一般地，目光以看着对方脸部的上部三角部分，即双眼为底线、前额为上顶角的部位为宜，这样既能把握洽谈的进行，又不会因无礼而导致对方不快。视线接触对方脸部的时间应占全部谈话时间的30%—60%，超过或不足都有失态之嫌。对视的时机要正确把握，一般视交谈内容而定。当强调某一问题时，或当对方注视你，发出交流信号时，可对视。其他情况下，要视对方脸部为一个整体，不要将目光集中于对方的某一部位，目光要柔和。瞪与盯是非常规的目光，须慎用。斜视是无礼的举动，不应使用。

需要注意的是，由于文化背景的不同，对目光的运用在各国有较大的差异。欧美国家的人大多倾向于在谈话时彼此对视，认为这样才显得坦诚相待和相互信赖。他们认为，只有心怀鬼胎、居心不良的人才害怕看别人的眼睛。但是，也有例外，如英国人一向以传统保守著称，他们在交谈时不喜欢打量对方，特别对两眼盯着对方很反感，认为这使得别人紧张难堪，不是礼貌的绅士淑女行为。日本人交谈时一般看着对方的脖子。在地中海沿岸，人们普遍认为目光呆滞无神是某种凶险的预兆，因而忌讳瞪眼直视，害怕由此带来不吉祥。总之，了解对方的习惯很重要，应尽量以平静目光注视对方，显出坦诚与尊重，表明认真倾听对方的意见，或认真回答对方的提问，阐释你的意见；同时，应注意随时揣测对方的心理活动，及时作出应有的调整。

5. 洽谈中的女性礼仪

随着现代社会的发展，女性的社会地位得到提高，她们开始广泛参与各种各样的社会活动。在商务谈判人员中出现女性已不是什么新鲜事，而且有时女性谈判人员的表现往往对谈判结果起着意想不到的效果。女性在商务谈判中尤其应注意树立恰当的礼仪形象。

着装是女性在商务谈判中遇到的首要问题。什么样的季节、什么样的场合着什么样的装，关系到商务洽谈的成败。国际上公认的衣着原则（TPO 原则）为：T（time）指时间，P（place）指地点，O（object）指对象和目的。

据此原则，女性谈判人员在春秋季应以西装、西装套裙为佳，尤其在较为重要、正式的洽谈场合。应注意，女性裙装不宜高过膝盖。在一般会谈中，可穿着一般的毛衣套装，只要能体现女性的自信、自尊即可。在夏天或气候炎热地区，可着长、短衬衫配裙子或裤子，或者连衣裙、西装套裙等。切忌穿露出后背、前胸的无袖连衣裙。在沙特和伊朗从事商务活动的女性，或与这两个国家的商务人员打交道的女性，特别要注意着装，衣服的长度至少要长过膝盖，而且越长越好；要用头巾遮脸，尽量符合当地妇女的穿着习惯，以避免由于着装不当而引起不必要的麻烦。女装在正规场合不可以露，不可以透，内衣不可外现，长袖衫的下摆须扎进裙子或裤腰。穿裙装时，吊袜带、袜口不能暴露在外。穿套裙时，不宜穿短袜，最好与长筒袜或连裤袜搭配，袜子的色彩不宜太鲜艳，应以肉色、黑色或浅色透明丝袜为宜。避免选择过于复杂或网状的袜子图案，袜子不可有破损。穿实用舒适又不过于时髦的鞋，一般以穿中跟鞋为宜。

首饰佩戴和化妆可以给人以淡雅、端庄、大方的感觉，使人尊重之情油然而生；而过分鲜艳、俗气的首饰和化妆则会给人留下轻浮、不自重的印象，甚至引起对方的反感与轻视。

首饰是一种无声的语言，它反映了一个人的教养和阅历。首饰的佩戴一般说来有以下几个原则：一是以少为佳，不戴亦可。得体的首饰可以加深印象，给人以美好的感觉。二是同质同色。即佩戴一件以上饰物，讲究质地相同、色彩一致。要注意选择颜色恰当的首饰。商务洽谈活动中，要避免戴黑色饰物，因为黑色代表悲哀、恐惧、忧郁和沮丧，甚至代表黑暗与死亡。其他颜色首饰视各自在不同的国家代表的意义进行适当的搭配。英语国家极其重视颜色的情感反映与交际作用，通常用的有五种颜色：红色，代表热情与友好，一枚做工精细、质地上乘的红宝石戒指，将令你看起来充满活力；蓝色，代表和谐与宁静，一条蓝色的水晶项链不仅给你增辉添色，还会使你在凝重的商务场合从容不迫、谈笑自如；黄色，代表高贵与典雅；绿色，代表青春与活力；白色，代表纯洁与无邪。另外，紫色代表智慧与财富，橙色代表成果与收获。色彩要根据身份、年龄和个性慎重选择。三是要符合惯例。戒指一般戴左手，一般只戴一枚，不能超过两枚。国际商务洽谈中，左手小指不允许戴戒指；手链可以佩戴，一般戴一只，如果戴在右手且为一条，表示单身未婚，若戴在左手或两手都戴，则表示"名花有主"了。至于项链，在谈判中如能得体佩带，会使你显得端庄高雅。正式场合一般不宜佩带耳环。在挂件的形状选择中，一般以心形、几何形和动物类形状为宜。必须注意特殊的禁忌，慎重选择文字图形，不要侵犯了对方的习俗禁忌。国际商务活动中，十字形的挂件是不允许的，因为西方人认为它是不祥之兆，是天主教异教徒的标志，是修女、僧侣的职业标志。

化妆作为女性的第二服装，在国际商务活动中起着不可忽视的作用。在商务洽谈活动中，适度的化妆是对对方尊重的必要标志，西方人对此较为注重。化妆不宜过浓，尤其不可使用浓香型化妆品。在一些商业文化中，只欢迎喷少量淡雅的香水或不喷香水。例如，在日本，许多商业人士对西方浓烈的香水有极大的反感。另外，香水的使用也有一定的讲究，一般涂在身体的以下部位：一是两手腕的脉搏部位；二是下巴以下；三是耳根以下；四是在长裙的裙摆以下挂一香水喷过的棉球，或挂在短裙的膝盖处。商务谈判中，女性切忌在众人面前化妆，这是没有教养、不懂礼仪的表现。

商务女性宜采用大方的传统发型，不能过于摩登或标新立异。披肩发是西方妇女解放运动的产物，在正式的社交和商务场合，它给人端庄、恬静的感觉。梳理有型的短发则会给人留下干练、麻利的印象。所以，适当、得体的发型在商务活动中所起的作用是不容忽视的。

手提包是交际信息传递的另外一种方式。手提包的质地、式样都体现了主人的修养和品位。商务女性在社交场合宜使用质地考究、式样简洁大方的手提包，大小适中，以能装下商务洽谈所需的文件和日常用品为宜。包内所放之物应井井有条,这样使人觉得你做事认真可靠、条理性强、有组织才能。

举止和谈吐是女性在商务谈判活动中须注意的又一个方面。女性的站、坐、走姿均有着各自的礼仪标准,不可等同于男子礼仪要求。女性在站立时,双腿靠拢,身子不能乱晃。坐下时,应双腿并拢,端坐在椅边。坐下后,应注意整理一下衣着。行走时,头部要端正,不宜抬得过高,目光须平和,直视前方。行走间,上身自然挺直,收腹,两手前后摆幅要小,小步前行,走成一条直线,步态要轻柔、自然、和谐,体现出文静、端庄、窈窕的女性美。女性在业务洽谈中要注意语调、声音的正确运用,应有自尊自重的态度,同时又不失女性的温柔,切忌用撒娇的语调,或用不庄重的语调进行洽谈。

6. 谈判礼仪中的其他注意事项①

(1) 尊重对方,理解对方

在交谈活动中,只有尊重对方、理解对方,才能赢得对方感情上的接近,从而获得对方的尊重和信任。因此,谈判人员在交谈之前,应当调查研究对方的心理状态,考虑和选择令对方容易接受的方法和态度;同时,也要了解、分析对方的语言习惯、文化程度、生活阅历等因素可能对谈判造成的种种影响,做到知己知彼,有的放矢。切不可不分场合,信口开河,更不要咄咄逼人,专横跋扈。

尊重对方、理解对方,还包括在对方失言或讲话有错时,不要立即加以纠正,更不要当场表示惊讶。如果有必要作出某种表示,可于事后根据双方关系的亲疏程度妥善处理。如果双方有较好的感情基础,在适当场合、适当时机,善意指出其不足,可博得对方由衷的感谢。若对方固执己见、骄傲自负,但是又必须指出其问题,则应当采用婉转的方式或是转移话题,使谈判按计划程序继续进行下去。切忌批判和当众揭短,以免冒犯对方尊严。

交谈时还应当意识到,说和听是相互的、平等的,双方发言时都要掌握各自所占用的时间,不能出现一方独霸的局面。特别是当对方发言时,一定要注意认真倾听,并适当与讲话者进行目光交流,或用点头、微笑、手势等方式鼓励对方继续讲下去。如果对方是位健谈者,不管对方的话是否顺耳,都不要轻易打断对方的讲话,要让对方尽兴。即使对方的讲话已偏离主题,却仍滔滔不绝,也不要心不在焉,或做其他的事,或以与其他人交谈等方式表示不耐烦。否则,对方还可能责怪于你,你可能将因小不忍而失掉全局。每当遇到这种情况,谈判者应坚信:交谈并不是为了帮助对方改变平素存在的各种缺点,也不是为了帮助对方学会交谈,而是为了使对方最终按己方意向达成协议。

交谈时还应当注意,一旦自己出现失言或失态,应当立即向对方道歉,只要态度诚恳,一般都能够得到谅解。不要过多地自我辩解,以免越描越黑,画蛇添

① 参见姚立编著:《新编商务谈判》,中央编译出版社 2006 年版。

足。如果是在对方尚未完全作出反应的时候,则适宜镇定自若地随机应变,伺机将话题引开,或用补充说明作掩护,尽量将问题化解,避免引起对方的注意。

(2) 及时肯定对方

在谈判过程中,当双方的观点出现类似或基本一致的情况时,谈判人员应当迅速抓住时机,用赞誉之词积极地肯定这些共同点。如有可能,还要想办法及时补充、发展双方一致的论点,引导、鼓励对方就这一共同观点畅所欲言,将交谈推向高潮。

在交谈中,适时而中肯地确认了另一方的观点之后,会使整个交谈气氛变得活跃、和谐起来,能把双方的心理距离拉近。在此基础上,本着求大同存小异、互惠互利的原则达成协议就比较容易了。对对方观点表示赞同和肯定时,切忌态度虚伪,使用谄媚之词讨好对方,以免引起对方的怀疑和警惕,甚至招致对方的怒火,从而使自己失去与对方对话的平等地位。当然,赞美要态度诚恳,肯定要恰如其分,既不可言过其实,又不可词不达意。

在对方赞同或肯定己方的意见和观点时,己方应以动作语言如点头、微笑等进行反馈、交流。这种有来有往的双方交流,易于使双方谈判人员感情融通,从而为达成一致协议奠定良好基础。

(3) 态度和蔼,自然得体

交谈时,要充满自信,态度和蔼,语言要得体,神情要自然。说话时,手势不要过多过大,不要用手指指向别人,不要唾沫四溅。谈话距离要适当。

交谈的内容一般不要涉及疾病、死亡等不愉快的话题,不要径直询问对方的履历、收入、家庭、财产、衣饰价格等个人生活问题,不要谈论妇女的年龄、婚姻、体重等问题。对对方不愿回答的问题,不要追问不止。如果涉及对方反感的问题,应表示歉意。不要批评长者和身份地位高的人,不要随便议论宗教,不要议论别国内政。争论问题要有节制,不要讥讽他人或进行人身攻击。

(三) 仪容与服饰礼仪

不同的仪容和服饰,有不同的社会效果,反映出一个人的礼貌如何,也反映出一个人的精神面貌和文化修养程度如何。合适的仪容和服饰不仅体现出对自己的尊重,也体现出对别人的尊重,从而会对交易产生有利的影响。

1. 仪容的基本要求

仪容一般是指面容、发式、眼镜佩戴、香水用量等。在国际商务谈判中,必须特别注意保持仪容整洁。主要的要求是:头发要修整,发式要大方,要保持清洁;首饰不要佩戴过多,一般不超过三种;眼镜大小应合适,镜框要清洁;口腔要卫生,勤刷牙,忌吃洋葱和大蒜;指甲要保持清洁;香水不要使用过量;男士胡子要经常修整,女士化妆要适度;在业务交往场合,不要嚼口香糖。应每天自检仪容数次。

2. 服饰礼仪

在现代生活中,衣着打扮在交往中的作用也日益明显和重要。作为国际商务谈判人员,必须熟悉与外国谈判人员交往中服饰的基本礼节。意大利影星索菲娅·罗兰说:“你的衣服往往表明你是哪一类人物,它代表你的个性,一个与你会面的人往往自觉与不自觉地根据你的衣着判断你的为人。”在与谈判对手见面之后,对方首先注意的是你的仪表,这也是他对你的第一印象。如果你想给对方留一个良好的印象,就要注意着装。

(1) 服饰款式的选择

一般宴会或一般会谈,男士穿杂色西服即可,女士着一般职业女装即可。如果是参观游览、周末聚会或应邀到客商家里度周末,就不需要西装革履,一套便服会显得更潇洒随意。

男士着正装时,还有一些十分重要的细节需要注意。在极为重要的场合(如升国旗、唱国歌等),西服要扣上全部纽扣,其他场合则不要把两粒扣子都扣上,可以扣上面一粒,也可以不扣。新置的西服,袖口的商标一定要先撕去再穿,因为袖口上的商标仅仅是出厂标记,并非为炫耀名牌而设。在西方礼仪中,不撕去商标是非常滑稽的。穿西服一定得配皮鞋,这是一般常识。在天气炎热的地方,可以不穿外套,只穿一件衬衣(若配领带,衬衣下摆要塞进西裤)。如果穿的是长袖衬衣,一般不要高卷衣袖,否则会显得不太庄重。

美国有位谈判专家曾做过一个实验。当他身着西服,以绅士模样出现时,向他问路或问时间的人大多彬彬有礼,而且基本上都是绅士。在同一地点,当他打扮成无业游民时,跟他接近交谈或借烟找话的人,则多半是流浪汉。

国际社交场合中,正式、隆重、严肃的场合多穿深色礼服,配白色或浅色衬衫,不遵守这一礼仪就会带来麻烦。比如,1983 年 6 月,美国前总统里根出访欧洲四国时,就曾因穿了一套格子西装而引起一场轩然大波。因为按照惯例,在比较重要的正式外交场合,应着黑色礼服,以示庄重。

1960 年,尼克松和肯尼迪竞选美国总统。就当时的政治影响来说,尼克松获胜的可能性远远超过肯尼迪。但是,尼克松在竞选演讲时穿着肥大的衣服,显得精神不振;而肯尼迪则打扮得衣冠楚楚,精神饱满。结果,演讲时的服饰削弱了听众对尼克松的信任。

目前,大多数国家在穿着方面均趋于简化,隆重场合穿着深色质料的西装就可以了。但是,正式的民族服装有时候倒是可以用来应付各种场面。例如,南非前总统曼德拉总是以一身民族服装出席各种场合,以不变应万变。在亚太经合组织非正式首脑会议上,各国领导人也都是入乡随俗,全部穿着举办国的各色民族服装。所以,如果你在夏威夷做客,无论什么场合,一件夏威夷化衬衫足以应付。

(2) 服饰颜色的选择

服饰的颜色不宜过于单调,而应在某一色调的基础上求得变化。配色时不要太杂,一般不能超过三种颜色,另外不要用同比例搭配。

从颜色而言,黑色象征庄重,黑色的西服套装配上白衬衣,使人显得文雅。白色象征纯洁、素雅、洁净,给人以轻快的感觉。灰色服装则显得平静、淳朴,给人以谦和、平易近人的感觉。咖啡色象征着朴素、含蓄。蓝色服装象征安静与智慧,显得文静。

(3) 领带的选择

打领带也有讲究,心理学家认为,这会给初次见面的人一个深刻的印象。合适的领带会起到画龙点睛的作用,领带的图案不宜花哨,以深色为佳,这样会给对方留下稳重务实的感觉。在美国,系什么样的领带往往表示一种主张。1988年,美国流行一种式样的领带,一些政治家和经济学家都系这种领带。当年9月,时任日本首相竹下登访问美国时,有人送给他一条这样的领带。后来,竹下登在与美国总统的经济顾问举行会谈时,就系上这条领带,得到了美国方面的好感。美国总统的经济顾问对竹下登说:"现在里根政府内的很多人也系这种领带,看来你是自由经济的信奉者。"这使本来很麻烦的谈判出现转机,变得非常顺利。事后,日本人总结说:与美国人交朋友,领带是一个重要工具。

(四) 馈赠礼品的礼仪

谈判人员在相互交往中馈赠礼品,一般除了表示友好、进一步增强友谊和今后不断联络感情的愿望外,更主要的是表示对此次合作成功的祝贺,以及对再次合作能够顺利进行所作的促进。因此,选择适当时机,针对不同对象,选择不同礼品馈赠,成为一门敏感性、寓意性都很强的艺术。

在赠送礼物时,涉及价值、类型、包装、方式等方面的问题。礼物的价值应根据洽谈内容的具体情况而定。一般来说,西方社会较为重视礼物的意义和感情价值,而不是礼物值多少钱,即所谓"礼轻情意重"。礼物是加强友谊和交流感情的桥梁,因而选择时要注重它的纪念价值、实用性和民族特点。有时礼物过于贵重,效果却适得其反,使人觉得你别有用心。但是,诸如亚、非、拉、中东地区的客商,相对而言比较注重礼物的货币价值,在赠送礼品时就不可忽视所赠礼物的实际价值,以免被认为小气、吝啬,从而达不到赠送礼物的目的。

馈赠礼品要注意对方的习俗和文化修养。由于谈判人员所属国家或地区间有较大差异,文化背景各不相同,爱好和要求必然会有所不同。要注意投其所好,更要注意不能犯对方忌讳。例如,在阿拉伯国家,不能以酒作为馈赠礼品,不能给当事人的妻子送礼品;在英国,人们普遍讨厌有送礼人单位或公司标记的礼品;在法国,只有在办丧事时才使用菊花,所以不要在商务交往中送菊花;送礼给日本人不宜在公开场合进行,除非在场每人一份,并且日本人不喜欢带有狐狸图案的礼品，因为日本人视狐狸为贪婪的象征。

除此之外，选择礼品要考虑到国外朋友喜欢我国土特产品的特点。根据调查，外国朋友大多喜欢我国如下几项礼品：

1. 景泰蓝礼品

景泰蓝是我国传统的工艺，用它制成的实用品种类繁多，受到外国朋友的普遍欢迎。其中，男性主要欣赏用景泰蓝工艺制成的打火机、笔等，女士则喜欢饰物（如头饰、手镯）、镜子等。

2. 玉佩

玉本身就洋溢着神秘的色彩，我国的吉祥如意护身符更是如此。西方现较流行东方神秘的玉。他们对玉的挑选，常以色泽温润、明光通透为佳。此外，带有太极、八卦、龙纹等图案的玉制品，也深得一部分人的喜爱。

3. 具有我国传统格调或印有汉字而非花草的服饰

这是最受国外青年人喜爱的礼品之一。

4. 绣品

在我国的各种刺绣品中，近年来以苏绣、湘绣受到普遍欢迎。

5. 其他特色礼品

水墨字画、竹制工艺品、汉字纸扇、檀香木扇、中国结、各类茶具和瓷器等，也都是具有我国特色的礼品。

赠送礼品需注意包装。在选择好上述礼品后，要做好包装。在包装礼品前，必须取下价格牌。日本人最忌讳在包装上打蝴蝶结，送礼时在门口要打开包装；而欧美人则喜欢亲自接受礼品并拆开礼品包装。

赠送礼品还要注意时机、场合和赠送方式。一般情况下，各国都有初交不送礼的习惯。此外，英国人多在晚餐或看完戏之后送礼，法国人喜欢下次重逢时赠送礼品，我国以离别前赠送纪念品较为自然。如果为了达到让对方惊喜的目的，也可以在飞机即将起飞或火车即将开动之时赠送礼品，不过这一般适用于特别熟悉的朋友之间。

应当注意，礼品往往是有一定的暗示作用的，必须小心谨慎，不要因赠送礼品造成误解。例如，我国一般忌讳送梨或钟，因为梨与"离"同音，钟与"终"同音，"送离"和"送终"都是不吉利的字眼。男性对一般关系的女子，不可送贴身内衣、腰带和化妆品，更不宜送项链、戒指等首饰物品，否则极易引起误解。

礼尚往来，除馈赠礼品外，商务人员也会遇到接受礼品的问题。对于他人赠送的礼品能否接受要心中有数，因为如果接受了一件礼物，就容易丧失对某事物的一些控制。在国际商务洽谈中，接受礼物须符合国家和企业的有关规定、纪律。当所送礼物不能接受时，应说明情况并致谢，如是符合规定的礼物，除中国、日本两国外，一定要当面打开，并表示欣赏、真诚接受和道谢。受礼后，还有还礼的问题。还礼可以是实物，一般为对方礼物价值的1/2，也可以在适当时候提及，表示不忘和再次感谢。

（五）参观礼仪

参观企业，了解企业的经营状况、管理水平、设备状况、员工素质，是设备谈判活动的重要组成部分。

1. 外商参观我方企业

外商参观我方企业，多是想通过参观现场、考察生产线了解我方经营管理状况，这在很大程度上将决定他们是否投资或与我方成为贸易伙伴。所以，安排参观时，只要在预定时间内能有序地全部参观完毕，就可以完成任务了。此时，重在参观，而非招待。

（1）在外商到来之前，应准备好中、外文对照的公司（企业）简介。其内容应包括员工人数、男女员工比例、平均年龄、工作时间、工作年限、平均工资等，还要附上产品说明、企业沿革及现状等介绍材料。

（2）在适当地方，竖起参观客人的国旗和我国国旗。从外向内看时，外国国旗居左，我国国旗居右。

（3）在会客室里不必为招待花费太多时间，以便使外商有充分的时间参观。

（4）在接待和引导人员中，应有能回答技术问题的人员。对于一些技术保密的工序，不应允许参观。

（5）可以准备一份小小的纪念品，上面要有公司标志，一方面用作纪念，另一方面也是一种广告宣传，加深客商印象。

（6）就餐最好在公司内部餐厅，而不必去高级餐厅。因为外商的目的不在于赴宴，而在于参观。

2. 参观外商企业

在国外参观企业，应事先约好。若没有约好，有时就不能参观。在国外，有些企业的设备必须征得原制造商的同意才许参观；有些企业有自己的技术秘密，不许参观。

如果想参观尚未确定与其做不做生意的企业，应坦率地告诉对方："想参观贵公司企业，但是现在还没有决定是否与贵公司做生意，不过我们参观贵公司也有事先调查的目的。"坦率地告诉对方，可以使对方满意，给对方留下深刻印象。

（六）电话交际礼仪

1. 电话礼仪的重要性

电话是一种重要的交际工具，我们在与国外公司做生意时，经常需要打电话。虽然通过电子邮件传递信息已成为与国外公司沟通最重要的方式，但是打电话仍然是从事业务交际的重要方式。无论是打电话还是接电话，人们都希望对方能以礼相待。然而，不同文化习俗的国家有不同的礼节，我国就与西方国家有所不同。例如,在我国,接电话后一般就问:“喂,你找谁?”但是,在西方国家,这样问是不礼貌的,接电话后首先应自报家门。

2. 如何打电话

打电话时,通话内容应力求简明扼要,节省接电话人的时间。因此,通话内容应事先准备好,并将通话内容的有关资料放在手头备查。

(1) 选择适当的通话时间。如果打国际长途电话,应注意各国的时差。打公务电话应在对方的办公时间,最佳时间为对方时间的上午9:00至下午5:00。打私人电话的最佳时间为上午9:00至晚上9:00。如有急事,确须在对方未上班前或下班后打公务电话至对方家里,应首先表示歉意。例如,可以说:“I'm sorry to have called you this late, but...”或“I'm sorry to have called you this early, but...”或“I hope I didn't wake you up.”或“I'm sorry to have waken you up.”

即使是在对方办公时间内打公务电话,如果对方很忙,也应首先表示歉意,这样做较有礼貌。例如,可以说:“I'm sorry to call you when you are very busy.”

(2) 打错电话。如拨错电话,应表示歉意,不要挂断了事。

(3) 等对方电话铃响十下后再挂电话。打电话时,如果听到对方电话铃响了一两下而无人回答,不要立即挂断,应等对方电话铃响了十下后再挂电话。

(4) 弄清对方是不是你要的号码或公司。如电话号码或公司是对的,则你可向对方报出自己的姓名与公司,再说明你要找的人的姓名。

(5) 留下口信或要求对方回电话。如果你要找的人不在,你可留下口信,或要求对方回电话。留给对方你的姓名、电话号码及最佳通话时间,是有礼貌的行为。如果是国际或国内长途,最好还是自己重打,以免对方承担长途电话费,这样做也是有礼貌的行为。

(6) 集中精力倾听对方讲话。有的人喜欢边打电话边乱涂乱写,或整理办公桌上的文件,或玩弄手中的笔,以致未能集中精力倾听对方讲话,这是不礼貌的。应集中精力倾听,不应打断对方讲话,如果实在无法听清,可请对方重复。

(7) 注意说话的声音与口气。说话的声音不宜太大或太小,口气应和蔼可亲。声音与口气是电话交流中给对方的第一印象,应善于用声音与口气表达自己的思想感情。

(8) 注意语言的使用。要采用适当的尊称。如果知道对方喜欢被如何称呼,应使用对方喜欢的称呼。同时,要注意措辞和语法。

(9) 结束谈话。要注意通话时间不宜过长,否则会引起对方的反感。避免说一些与主题无关的话。在结束谈话之前,应使用礼貌用语感谢对方接电话。例如,可以说:“Thank you for taking the call.”或“I appreciate your taking the call.”

3．如何接电话

接电话往往关系到公司的形象和生意的成败。因此，接好外来电话是很重要的。

电话铃响后应尽快接电话，但是不要只响一下就接，最好是响两三下后再接。接起电话后，应先问候对方，并给对方你公司和你自己的名字。例如，"Good morning, ABC Company. This is Li Ming. May I help you?"

要尽量帮助打电话者，如果你不是对方要找的人，可向对方说："Hold the line, please. I'll get him to the phone."然后尽快告诉对方要找的人。

如果对方要找的人就是你，则应认真听对方讲话，力求避免让对方重复所说的话。同时，手头应备一支笔、一张白纸或一本笔记本，以便随时记下通话的主要内容。

如果要查找有关资料，而且需较长时间，则不宜请对方等，应告诉对方等你找到资料后再打过去。

第二节　日常交往中的礼仪

在国际商务谈判中，除了应在洽谈过程中注意遵守各种谈判礼仪之外，还应在日常交往中注意尊重各国的风俗习惯。

一、日常交往习俗

（一）守时守约

这是国际交往中极为重要的礼仪。参加任何形式的商务活动，都应按约定时间到达。过早到达会使主人因未准备好而难堪，迟到会因让其他客人和主人等候太久而失礼。万一因故迟到，要向主人表示歉意。如果有特殊原因不能应邀赴约，要设法有礼貌地尽早通知主人，并以适当方式表示歉意。在商务交往中，守时守约是对对方的尊敬和友好。

（二）尊妇敬老

在许多国家的社交场合和日常生活中，都奉行"老人优先，女士优先"的原则。比如，上下楼梯或车辆、进出电梯，让老人和妇女先行；男子帮助同行的老人和妇女提拎较重的物品；进出大门，男子应帮助老人和妇女开门、关门；同桌用餐，两旁若坐着老人和妇女，男子应主动照料，帮助他们入座就餐等。

（三）尊重各国、各民族的风俗习惯

不同的国家、民族，由于不同的历史、文化、宗教等因素，各有其特殊的风俗习惯和礼节，应该受到理解和尊重。例如，天主教徒忌讳"13"这个数字，尤其是"13日，星期五"，遇到这个日子，不举行宴请。印度、印度尼西亚、阿拉伯国家等,不能用左手与他们接触或用左手传递东西。使用筷子的国家,用餐时不可用一双筷子来回传递食物,也不能把筷子插在饭碗中间。日本人特别注重使用筷子的礼节,有“用筷子十忌”。保加利亚、尼泊尔等国家,摇头表示同意,点头表示不同意。不了解或不尊重对方的风俗习惯,不但失礼,严重的还会阻碍谈判达成协议,所以必须高度重视这一问题。

(四) 注意举止

谈判中的举止要端庄稳重,落落大方,表情要诚恳自然,和蔼可亲。站立时,不要将身体歪靠一旁,不要半坐在桌子或椅子背上。坐时,不要将裤腿卷起,不要摇腿跷脚,更不要躺在沙发上。女士就座时,应并拢双腿。走路时,脚步要轻,不要和伙伴搭肩而行。谈话时,手势不应过多,不要放声大笑或高声喊人。在一些隆重、正式的场合,应保持肃静,不要交头接耳、窃窃私语。

(五) 吸烟方面的礼节

在工作、参观、谈判和进餐中,一般不吸烟或很少吸烟。在进入谈判厅、会议室、餐厅之前,应把烟掐灭。在一些特殊场合或私人住宅、办公室等,应先向对方询问是否允许吸烟,得到肯定答复后再吸。当有女士在场时,最好不吸烟;若忍不住,应先征求其意见。如主人不吸烟又未请吸烟,或在场的人较多,或同座地位较高的人都不吸烟,则最好不吸烟。

二、见面时的礼仪

(一) 介绍

介绍时,要有礼貌地以手示意,而不要用手指点人,要讲清楚姓名、身份、国家和单位。国际商务谈判中,一般由双方主谈人或主要负责人相互介绍各自一方的组成人员。介绍的顺序有以下几方面要遵循:

(1) 先把年轻的介绍给年长的。

(2) 先把职位、身份较低的介绍给职位、身份较高的。

(3) 先把男性介绍给女性,即使女性非常年轻或刚参加工作也是如此。这项规则在我国还没有形成风气,在许多西方国家已被广泛应用。

(4) 先把客人引见给主人。在人多的场合,主人应对所有的客人一一认识。另外,对远道而来又是首次见面的客人,介绍人应准确无误地把客人介绍给主人。如果作为客人,又未被介绍人发现,最好能礼貌而又巧妙地找别人向主人引见。

(5) 先把个人介绍给团体,然后介绍团体的成员。介绍时,除妇女和年长者外,一般都应起立;如果是在宴席、会谈桌上,则不必起立。被介绍人要微笑、点头示意。

(二) 握手

握手是中国人最常用的一种见面礼,也是国际上通用的礼节。握手看似简单，但是这个小小的动作却关系这个人乃至公司的形象，甚至影响到谈判的成败。

普通的握手方式应当是：双方各伸出右手，手掌基本呈垂直状态，五指并拢，稍微握一下。握手的时间长短要适宜，一般以三秒钟左右为宜。握手的力度要适当，动作过大或者力度过轻、过重都显得不大礼貌。男性与女性握手时，往往只握其手指即可。切忌抓住他人的手来回摇晃。握手时，必须笑容可掬地双眼注视对方，以此致意；同时，目光不要左顾右盼。目光旁顾会给人心不在焉、一心二用的感觉，显得缺乏对他人的起码尊重。在对方人员较多时，与每位来宾握手的时间应大体相当，否则易给人不同等对待、厚此薄彼的感觉。与对方握手时，应脱去手套。

握手要注意先后顺序。握手的顺序基本是礼宾次序，由身份、职位的高低决定。在上下级之间，上级伸手后，下级才能伸手相握；在男女之间，女士伸手后，男士才能伸手；在主人与客人之间，主人应先伸手，客人再伸手相握。

握手还应该避免以下几种不礼貌的行为：(1) 握女性的手，尤其是年轻漂亮的女性的手时，时间过长，握得过紧，有失态之嫌。(2) 用左手与他人握手，这在有些民族尤为大忌，因为他们的左手一般用做不洁之事。(3) 在场人员较多时，注意不要发生交叉握手的情况。

最后应指出，握手并非全球性礼节。例如，东南亚一些佛教国家是双手合十致敬；日本、韩国是鞠躬行礼；美国人只有被第三者介绍后才行握手礼；东欧一些国家的见面礼是相互拥抱等。

（三）致意

有时，谈判的双方之间相距较远，一般可举右手打招呼并点头致意；与相识者在同一场合多次会面时，只点头致意即可；与一面之交或不大认识的人在谈判场合会面时，均可点头或微笑致意。

三、交谈时的礼仪

（一）称呼

正式介绍时，应使用对方的尊称和姓，同时要注意姓名的构成。一般来说，西欧和美国的姓名构成是名在前，姓在后。拉美国家一般是母亲名字在前，父亲名字在后。讲西班牙语的国家则是父亲名字在前，母亲名字在后。

介绍时，对外宾通常可称“先生”、“女士”、“小姐”。如不知道如何称呼某人，可直接问其本人。在称呼对方姓名时，应注意自己的发音。如不知对方姓名如何发音，也可直接问对方。

（二）名片交换

名片既是身份的说明，也是人际交往资料的来源之一。同时，交换名片又是彼此加深印象、增进了解的一种手段。在不同国家,名片交换的重要程度不同。在国际商务谈判中,应根据有关国家的礼仪决定名片如何交换。在设计和交换名片时,应注意以下几点:

1. 设计有两种语言的名片

设计一面是中文,另一面是英文或东道主国家语言的名片。在名片上,应标有职务和头衔。这种头衔有利于对方给你以恰当的礼遇,在有些国家是很重要的。此外,联系方式一定要清晰,若是在异地进行商务活动,最好补充上你在当地的下榻处和联系方式,方便对方随时和你联系。

2. 把名片放在自己的口袋里或公文包内,以便随时取用

名片应保持完整无损,并放在一个精致的名片盒内。同时,要带足够多的名片,因为有时可能见面人数较多,交换名片时必须每人一张,少了显得尴尬。

3. 了解交换名片的场合与时机

在美国和澳大利亚,交换名片比较随便,有时甚至并不交换。但是,在有些国家,交换名片较隆重。在日本,交换名片是在鞠躬和自我介绍后进行,客人先递交名片。如果你是被介绍者,递交名片必须在被介绍之后进行。在阿拉伯国家,名片交换一般是在会面后进行,也常常在握手时交换名片。在葡萄牙,名片交换是在见面后立即进行。在丹麦,名片交换是在见面开始时进行。在荷兰和意大利,通常是在第一次见面时交换名片。

4. 熟悉递交名片的方式

递交名片时,要把名片夹在双手的拇指和食指之间,微微鞠躬奉上。应把英语或东道主国家文字的那一面朝上,把中文的那一面朝下。在中东、东南亚和非洲国家,应用右手递交名片,因为印度、印尼、马里等一些用手抓饭的国家认为右手是干净的,左手是不干净的。在日本和新加坡,应用双手递交名片。

5. 懂得如何接受名片

接受对方的名片时,也要用双手以相同的方法接过,并说一声“谢谢”或点头。收到名片后,要对名片认真阅读,不要玩弄名片,然后郑重地将名片放入你的名片盒内或夹到文件上。不要在接到名片后,一眼未看,就随便放入口袋中,这是一种失礼的行为。也不要在对方名片上写字,有时候可能要在名片上记下更多的补充信息,但是至少不要当着对方的面写。

6. 回送名片

收到对方名片而不回送是不礼貌的。如果你的名片暂时告缺,要说明原因并道歉,争取尽快补送。如果是在国外访问,一般是在主人递出名片时再回递,切记不要像散发传单那样不看场合、不讲方式地发送名片。

（三）谈话与举止

1. 表情自然

与别人交谈时，表情要自然，切忌表情夸张或神情木然。另外，与人交谈时，不要离对方太近或太远。

2. 手势适当

手势要文明，幅度要合适，动作不要过大。不要用手指或拿着笔、尺子等物指人。

3. 参加别人谈话要先打招呼

别人在个别谈话时，不要凑近旁听。若有事需要与某人交谈时，要等别人谈完。谈话中遇有急事需处理或需离开时，应向对方表示歉意。

4. 人多时与所有人交谈

交谈现场超过三个人时，应不时地与在场所有人交谈几句，不要只和一两个人说话，而不理会其他人。

5. 给别人说话的机会，自己也说话

自己讲话时，要给别人说话的机会。自己讲话时，要给别人发表意见的机会；别人讲话时，也应寻找机会发表自己的看法。要善于听对方讲话，不要轻易打断别人的发言。一般不谈与话题无关的内容，如对方谈到一些不便谈论的问题，不要轻易表态，可转移话题。对方发言时，不要心不在焉，或注视别处，显出不耐烦的样子；不要做看手表、伸懒腰等漫不经心的动作。

6. 不询问

不问女士的年龄、婚姻状况等；不问对方履历、工资、财产、衣饰价格等方面的问题；不对他人评头论足，或讽刺他人；不随便谈论宗教问题。

四、宴请和赴宴的礼仪

（一）宴请礼仪

以宴请的方式款待宾客，是商务交往中的一项经常性活动。这不是一般的请客吃饭，而是商务交往的一种重要形式。因此，礼仪在宴请中占据着十分重要的位置。各个国家和民族都有自己的特点和习惯，采用何种宴请形式常根据活动目的、邀请对象以及经费开支等各种因素决定。

1. 确定宴请形式。

目前，国际上主要的宴请形式有宴会、冷餐招待会、酒会、茶会和工作进餐等几种。选择时，主要考虑时间、费用、交易重要程度等因素。具体情况如下：

（1）宴会。宴会是比较隆重的正餐。根据举行的时间，可以分为中餐、晚餐两种，其中以晚宴更为隆重。根据级别和隆重程度，宴会又分为三种：一是国宴，是为国家庆典或欢迎外国元首、政府首脑而进行的规格最高、最为隆重的宴会。

宴会形式正规,最为特别的是宴会厅里要悬挂国旗,并有乐队演奏国歌和席间乐。二是正式宴会,不挂国旗,不奏国歌,出席者也不同,其他方面均与国宴相似。这两种形式对于宾主座次、酒水、菜肴的道数、餐具以及来宾与服务人员的服饰,均有一定的要求。三是便宴,即非正式宴会。宴会形式较为随便,不排座次,不作正式讲话,各方面规格都相对简单一些,对出席嘉宾的要求也比较宽松。

(2) 冷餐招待会。冷餐招待会(简称“冷餐会”)相对宴会而言是更为自由的进餐方式,一般在招待人数较多时选用。按主客的身份和举办目的的不同,冷餐会规格有高有低,随之设置的菜肴和酒水也不相同。冷餐会一般在较大场地举行,可以是室内,也可以在室外(这也是冷餐会区别于其他宴请形式的重要特征)。冷餐会一般设有餐台和酒台,参与者可坐可立,并可自由活动。菜肴以冷食为主,酒和菜均可自取,也可请服务人员端送。

(3) 酒会。酒会是“鸡尾酒会”的简称,是指主要以各种饮料招待客人的宴请形式。酒会要准备多种饮料酒水,并搭配有少量小吃,由服务员端送,或将食品放在小桌和茶几上,由客人自取。酒会一般在中午和傍晚举行,时间较短,对客人到场和退场的时间没有严格要求,并且形式轻松随便,客人可自由活动和攀谈。

(4) 茶会。茶会是一种更为简便的招待方式,是指主人请客人一边品茶或喝咖啡,一边交谈。茶会一般适用于人数较少、氛围轻松和谐的情况。茶会可以在舒适安静的小宴会厅举行。

(5) 工作进餐。工作进餐是现代商务谈判中经常采用的一种非正式的宴请形式,是双方工作人员在谈判过程中的简单进餐,适应现代商务谈判的快节奏要求。工作进餐一般只有参加谈判的工作人员参加,不邀请客人的配偶以及其他与工作无关的人员。在进餐过程中,大家可以边吃边谈,进行简单的交流,不必过分拘束。

2. 确定举办宴会的目的、名义、邀请对象和邀请范围

确定邀请对象的主要依据是主客双方的身份、主客身份应对等。确定邀请范围,即确定邀请哪些人、什么级别、多少人、主人一方请什么人作陪。要多方面考虑,比如宴请的性质、主宾的身份、国际惯例、对方招待我方的做法以及政治气候等。

3. 宴请时间和地点的选择

宴请时间应对主客双方都合适。注意不要选择对方的重大节假日、有重大活动或有禁忌的日期和时间。小型宴请应首先征询主宾意见,最好口头当面询问,也可用电话联系。主宾同意后,时间即被认为最后确定,可按此邀请其他宾客。注意不要在客人住的宾馆招待设宴。

各种宴请活动一般均发请柬,事先口头约定的也应补发。请柬要在宴请之

前的一至二周发出，以便被邀请者有所准备。正式宴会的请柬上，一般都要标明席次和座位号，以方便参加者对号入座。国际上的习惯是，以离主桌位置远近决定桌次高低；同一桌上，以离主人的座位远近决定位次高低，右高左低。如有需要，可以注明请被邀请者答复是否出席。

选菜不是依据主人的爱好，而主要考虑主宾的喜好与禁忌。比如，对伊斯兰教徒用清真席，不用酒和猪肉，甚至不用带酒精的任何饮料；对印度教徒不能用牛肉；佛教和一些宗教人士吃素。也有由于身体原因不能吃某种食品的，应事先询问并注意。如宴会上个别人有特殊需要，也可单独为其上菜。不可简单地认为海味是名贵菜而泛用，其实不少外国人并不喜欢，特别是海参。另外，适宜用特色食品招待。

（二）参加宴请的礼仪

1. 应邀

接到邀请后，能否出席要尽早以电话或信函答复对方，以便对方妥善安排。接受邀请后，不要随意改动；万一非改不可，尤其是主宾，应尽早向主人解释、道歉。应邀出席之前，要核实宴请的主人、时间、地点、是否邀请了配偶以及主人对服装的要求等，以免失礼。

2. 着装

正式的宴会应着正装，非正式的宴会则不必过于拘泥，但是至少应该干净整洁、符合时令，以免由于穿着打扮不合时宜而闹笑话。出席宴会前，最好稍作修饰。每个客人都衣着整洁、容光焕发地赴宴，是对主人的尊重，也会使整个宴会的气氛庄重而热烈。好的气氛能使宾主双方更好地交流和沟通。最忌讳穿着工作服、带着倦容赴宴，这会使主人感到未受尊重，也会破坏整个宴会的气氛。

3. 掌握出席时间

出席宴请活动，抵达时间的迟早和逗留时间的长短在某种程度上反映了对主人的尊重程度，要根据活动的性质和当地习惯加以把握。迟到、早退、逗留时间过短是失礼行为。地位高的客人可略晚到达，一般迟到五分钟。一般客人应略早到达，一般提前两三分钟。确实有事需提前退席的，应向主人说明后悄然离去或事先打招呼，届时离去。宴会结束时，主宾退席后，其他客人再陆续告辞。

4. 抵达、入座

抵达宴请地点后，先到衣帽间脱下衣帽，然后前往主人迎宾处，主动向主人问好；若有吉庆活动，还应表示祝贺。入座应听从主人安排，客随主便。要先了解清楚自己的桌次和座位，尤其在无人领位的时候，不要随意乱坐，否则会造成尴尬。入座时，如邻座有女宾或年长者，应主动协助他们先坐下，席间也应适当照顾。

5. 进餐

入座后,主人招呼,即可开始进餐。用餐时,举止要文雅。有些细节一定要注意:身体与餐桌之间要保持适当的距离,以方便取食物和不影响邻座;喝汤不要发出声音,不要一边咀嚼食物一边说话,既不礼貌也不卫生;剔牙时,应用手遮口;咳嗽、吐痰要离开餐桌;喝茶或咖啡时,如果配有小茶匙,搅拌后要将小茶匙放回茶碟上,不要用小茶匙来喝;喝茶或咖啡时,右手拿杯把,左手端小碟;西式宴席上,在吃水果、龙虾或鸡时,有时递上一碗水,水上漂有花瓣或柠檬片,这是供洗手用的,千万不要喝;宴会进行中,不能当众解开纽扣,脱下衣服,如主人请客人宽衣,男宾可脱下外衣挂在衣架或椅背上。

一般来说,中餐礼仪相对简单,但是要注意:宴请外宾时,用公用餐具主动给外宾让菜,不能用自己的餐具让菜;如果外宾设宴,对方是主人,则不要主动让菜;遇到自己不能吃或不爱吃的菜肴,不要拒绝,服务员分到盘内时,应表示"谢谢",不要吐舌头或做出其他难堪的表情。

6. 交谈

无论是做主人、陪客或宾客,都应注意自由地与同桌的人交谈。特别是左右邻座,应相互介绍认识并简略交谈。交谈面可以宽一些,不要只关注老相识,要多结交新朋友,不要冷落其中的任何人。至于交谈内容,应注意宴会是交际场合,话题可以丰富、随意一些,不要专谈工作,否则会让其他人觉得扫兴和乏味。

7. 祝酒

作为主宾参加宴会,应了解对方的祝酒习惯,以便作必要准备。一般由主人和主宾先碰杯,再由主人和其他人一一碰杯。人多的时候,也可同时举杯示意,不需要一一碰杯,碰杯时尽量不要交叉碰。在主人和主宾敬酒、致辞时,应暂停进餐,停止交谈和其他活动,注意倾听,并向主人或主宾行注目礼。若主人和主宾来桌前敬酒,应起立举杯,碰杯时要目视对方致意。饮酒量要控制在自己酒量的1/3左右,以免因为饮酒过量,失言失态,影响整个宴会的气氛。对外宾敬酒要适度,不能劝酒。

8. 致谢

在出席私人宴请活动之后,有时以便函或名片致谢。

9. 意外情况的处理

宴会进行中,由于不慎而发生异常情况时,如餐具摔落、打翻酒水等,要沉着应付,首先轻声向邻座人说声"对不起",然后根据具体情况作出应对,切记不要惊慌失措。掉落的餐具由招待员另送一副。若打翻的酒水溅到邻座人身上,应表示歉意,并协助擦掉。若对方是女性,把干净的餐巾或手帕递上即可,由她自己擦净。

此外,还有以下几个注意事项:在酒席上一般不要谈生意,因为宴会厅人声嘈杂，不是谈生意的合适场所，而且有些国家的客户认为在酒桌上谈生意是一种诱惑、拉拢行为，对此比较反感；酒席上的谈话除了不应涉及他人隐私外，对政治、宗教问题也要慎重，要了解一下在座者倾向，以免无意中得罪他人。

第三节　各国日常交往中的禁忌

在国外，人们的各种忌讳较多，商务人员在与外宾交往之前，一定要尽可能多地了解他们的习俗和忌讳，以免由于不知道某些特殊讲究和禁忌而使外宾不快。下面简要地介绍一下各国日常交往中的禁忌。

一、亚洲、大洋洲各国日常交往中的禁忌

在日本，拍照时要注意礼貌。给人拍照时，一定要先得到本人的同意。在许多舞厅、剧场，禁止使用闪光灯。不能随便脱衣服，即使在一起的都是男人，日本人也不愿让人看见自己的皮肤，在印度、中东地区也是如此。不要送荷花，因为它意味着祭奠。

在菲律宾，衣着要整齐，很多场合讲究女士优先。在餐厅里，不要把手放在口袋里，因为菲律宾人与欧美人一样，认为口袋里很脏。

在新加坡，随地吐痰、吐唾沫要被罚款。嘴里叼着香烟走路和在路上丢垃圾，也要被罚款。

在泰国，许多人讨厌别人称泰国为“暹罗”。佛像、王家、僧侣是受泰国人尊敬的。泰国禁止僧侣接触妇女，也不能直接从妇女的手中拿东西。

在印度，不允许用左手抓饭或递东西，左手被认为是不干净的。中东某些地区也是如此。印度妇女可以露出肚脐，但是不可露出脚，否则乞丐会用手摸她的脚。所以，去印度的妇女要准备长裙或长裤。

在阿拉伯国家，穿脏衣服出门会被认为是坏人。不要随便与年轻的妇女搭话，更不能给她们拍照。在叙利亚，不要把手插在裤兜里或抱着胳膊与人讲话，这样会被认为是瞧不起人。

在澳大利亚北半部，短裤可做礼服，但是要系领带，而且还要穿长袜。

在南太平洋各国，星期日不要登门访客。在正式场合，要穿带领的衬衣，不要穿短袖衬衫。在汤加，星期日是安息日，商店要休息，无人上街闲逛。

二、欧美国家日常交往中的禁忌

打嗝、吐唾沫要向周围的人道歉；不要当别人的面脱鞋；蹲着或敞开腿坐都不雅观，会让周围的人难为情；上自动电梯要靠右边站，把左边让给有急事的人；不要忘记女士优先；作介绍时，要把男士先介绍给女士，把地位低的人先介绍给

地位高的人；不要一只手放在口袋里，另一只与他人握手；在女士面前一定要脱帽；不要用手指着别人的鼻子；穿无袖上衣是不准进教堂的，做礼拜时一定要严肃。

法国人认为用手捂着嘴笑是情人之间的秘密暗示，英国人则认为是嘲笑人。

在英国，一次不能给三个人点烟。据说在第一次世界大战期间，协约国的三个士兵夜间在战壕里吸烟，一个士兵划着火柴给自己和另外两个士兵点烟。结果，由于火柴的发光时间太长，第三个士兵被敌人瞄准打死了。

英国人认为黑猫是不祥之物，商品包装忌用。在法国，核桃被认为是不祥之物。在匈牙利，如果有人不小心打破了玻璃，会被认为是厄运的先兆。

三、其他禁忌

（一）数字的忌讳

西方人普遍认为“13”这个数字是凶险、不吉利的。他们之所以对“13”如此忌讳，主要源于两种传说：一种是源于基督教的传说。相传耶稣的十二门徒之一犹大，为了贪图30枚银币，将耶稣出卖给犹太教当权者，并为捉拿耶稣的人带路。由于他的出卖，耶稣被钉死在十字架上。意大利画家达·芬奇以此为题材创作了名画《最后的晚餐》，描述了耶稣被出卖前夕和弟子们一起进餐的情景，画面上参加晚餐的第13个人就是犹大。另一种传说源于北欧挪威的神话。传说在天国，一次众神正在英烈祠为追悼阵亡将士而聚餐。12位神同席就餐时，突然闯入了一位不速之客——凶神罗基，凑成了13个人，结果使在座的最高之神奥丁的儿子光神鲍尔德遇难死亡，其他众天神也因此处处失利。这两个传说流传很广。因此，西方人认为“13”是不幸的象征。

西方人还普遍认为星期五也是不吉利的。因为按基督教的传说，星期五是耶稣被钉死的一天。另一种传说里，星期五是亚当和夏娃违反上帝禁令，偷吃了伊甸园的禁果（即智慧果），犯了罪被赶出天堂的一天。

西方人在13日（特别是这一天又是星期五）一般不举行活动，甚至门牌号、旅馆号、楼层号、宴会桌号、汽车的编号等都不用“13”这个数字。宴请也不安排在13日举行，更忌讳13人同席共餐。如果13日与星期五碰巧在同一天，那么这天就被称为“黑色星期五”。

很多国家都存在数字的忌讳。非洲大多数国家认为奇数带有消极的色彩。日本则把奇数看做吉祥的数字，对偶数不感兴趣。日本特别忌讳“四”，因为“四”和“死”字的发音相近。日本医院没有四号病室、四号病房和四号病床。我国香港人中的广东籍人士也不用“四”作标志，遇到不可回避的“四”时，就用“两对”或“两个二”代替。

（二）颜色的忌讳

日本忌绿色，认为那是一种不吉利的颜色。但是，在意大利、马来西亚、新加坡、叙利亚、奥地利、保加利亚、瑞士等国，绿色受到普遍欢迎。欧美许多国家忌黑色，因为黑色为葬礼的颜色，人们普遍认为黑色肃穆，可表达对死者的悼念和尊敬。巴西人视棕黄色为凶丧之色，认为人死就像黄叶落下一样。叙利亚忌用黄色，认为它代表死亡之意。蓝色在埃及被看做恶魔。比利时也忌用蓝色，认为在梦中如看到蓝色的东西，可能会碰到倒霉的事。土耳其人忌用花色，认为它是凶兆。因此，在布置客厅时，他们喜欢用素色。

此外，由于政治和历史的原因，对颜色的使用也有忌讳。例如，爱尔兰忌用红、白、蓝色组（这是英国国旗）；委内瑞拉忌用红、绿、蓝、黑、白色组（表示五大党）；法国、比利时忌用墨绿色，因为这是纳粹军服的颜色。

（三）花卉的忌讳

花的颜色有不同的含义。一般来说，红花意味着爱，表示好感和友谊；白花表示纯真；黄花表示妒忌；深色花象征希望和坚毅；浅色花象征温柔。送给亲朋好友的花，色彩要鲜艳；探望病人时，不送香味浓烈和有特殊象征意义的花。

花虽是受人喜欢的，但不同的国家和民族对花也存在着不同的忌讳。荷花在日本被认为是不吉祥之物，意味着祭奠；黄色的花在法国被视为不忠诚；绛紫色的花在巴西用于葬礼；菊花在拉丁美洲一些国家被看做“妖花”，他们以菊花祭奠，室内不摆菊花，更不作为礼物送人。

在国际交际场合，忌将菊花、杜鹃花、山竹花、黄色的花等献给客人已成为惯例。

（四）动物图案的忌讳

英国忌用大象图案，认为它是蠢笨的象征。然而，大象在泰国和印度却被看做吉祥的动物，代表智慧、力量和忠诚。孔雀在我国是喜庆的象征，可是法国人却把它看做淫鸟、祸鸟。法国人还把仙鹤图案作为蠢汉和淫妇的代称。美国人认为蝙蝠图案代表凶神恶煞。日本人对狐狸和獾的图案很是反感。瑞士人认为猫头鹰图案是死人的象征。北非一些国家忌用狗做商标图案。

复习思考题

一、名词解释

1. 礼仪　　2. 谈判用语

二、简答题

1. 商务谈判中，为什么要重视礼仪礼节？
2. 商务谈判中，迎来送往有哪些注意事项？
3. 在商务谈判的洽谈过程中，要遵守哪些礼仪？

4. 宴请、赴宴时要注意哪些细节?

5. 馈赠礼品要注意哪些礼仪?

6. 日常交往中有哪些应注意的习俗?

三、案例分析

生产事务机器工厂的副总裁吉拉德突然中风,英国总公司第二天派了一位高级主管凯瑟琳,直飞沙特阿拉伯首都利雅得接替他的职务。凯瑟琳到沙特阿拉伯还身负另一个重要任务,就是要介绍公司的一项新产品——微电脑与文字处理机,并准备在当地制造行销。凯瑟琳赶到利雅得,正赶上当地的斋月,接待她的贝格先生是沙特国籍的高级主管,一位五十多岁的传统生意人。虽然正值斋月,贝格先生还是尽地主之谊,请凯瑟琳到他家为她洗尘。因时间急迫,凯瑟琳一下飞机就直接赴约。当时她饥肠辘辘,心想在飞机上没吃东西,等一会儿到了贝格先生家再好好地吃一顿。见面之后一切还好,虽然是在斋月期间,贝格先生仍为来客准备了吃的东西。凯瑟琳觉得菜肴非常合自己口味,于是大吃起来。然而,她发觉主人却一口都不吃,就催促主人和她一起享用。狼吞虎咽间,她问贝格,是否可在饭后到他的办公室谈公事。她说:"我对你们的设施很好奇,而且真是迫不及待地想介绍公司的新产品。"虽然凯瑟琳是个沉得住气的人,然而因为习惯,偶尔会双腿交叠,上下摇动脚尖。贝格一一看在眼里。在凯瑟琳上下摇动脚尖时,贝格还看到了她那双黑皮鞋的鞋底!顿时之间,刚见面的那股热情竟然消失得无影无踪。

问题:

(1) 凯瑟琳要求对方与她共餐并去公司谈生意是否应该?原因是什么?

(2) 凯瑟琳的鞋底可能出了什么问题?为什么使贝格立即失去了热情?

(3) 贝格想,凯瑟琳不该那么欠考虑,径自要求同他共餐,并觉得她不该那么直截了当地要求去他办公室。他的想法对吗?

(4) 贝格先生是否已尽了全部的地主之谊?为什么?

第九章 世界各地商人的谈判风格

【本章学习目标】

- 掌握谈判风格的概念及特点;
- 掌握英、美、法、德、日、韩等主要国家商人的谈判风格;
- 了解其他欧美国家、阿拉伯国家、大洋洲、非洲等国商人的谈判风格;
- 了解东西方商务谈判风格的差异。

英国哲学家培根在其《谈判论》一文中指出:"与人谋事,须知其性,以引导之。"要谈生意,就要研究、了解谈判对手的谈判风格。由于世界各国的历史传统、政治制度、经济状况、文化背景、风俗习惯以及价值观念之间存在明显差异,各国谈判者在商务谈判中都会形成不同的谈判风格。如果不了解这些不同的谈判风格,就可能闹出笑话,产生误解,既失礼于人,又可能因此而失去许多谈判成功的机会。

谈判者只有熟悉各国文化差异,了解不同国家、不同地区、不同民族的谈判风格,把握对方的价值观、思维方式、行为方式和心理特征,并巧妙地加以利用,采取灵活的谈判方式,才能左右逢源,掌握谈判的主动权,并取得预期的谈判成效。

案例导读

某年,我国的一家大型铝厂为进口意大利某公司的先进技术设备,派代表团前往意大利谈判。对方极为重视这次谈判,派出了公司总裁、副总裁和两名高级工程师组成的谈判组与中方进行谈判。

谈判一开始,对方企图采用先报价、报高价的谈判手法,为谈判划定一个框框,在中方身上大赚一笔。所以,他们抛出了一个高于世界市场最高价格的开价,企图先声夺人地镇住中方谈判代表。

中方主谈人是该铝厂精通技术的厂长,也精通谈判之道。他并没有被对方的计谋吓唬住,一边耐心地倾听对方公司代表吹嘘他们的技术设备世界第一,一边暗自想好了对付他们的策略。等到对方的报价、吹嘘完毕以后,他很有礼貌地对对方说:"我们中国人是最讲究实际的,既然贵公司的技术水平世界第一,请你们把图样拿出来让我们看看到底哪里先进吧!"

对方只好把图样拿来摊开。中方主谈人不慌不忙地走到图样前,一边看图样，一边向意大利方主谈人比比画画、指指点点，中肯而又内行地分析出图样上的哪些地方不够合理、哪些地方又不如某某国家的先进……

眼看着对方代表面面相觑，无法下台，中方主谈人又很有心计地给了他们一个台阶下："贵公司先进的液压系统是对世界铝业的重大贡献……"接着，他又不无讽刺地说："……我们在20年前就研究过了。"意方谈判代表深深地被折服了，其主谈人由衷地说："了不起，了不起……你们需要什么，我们就提供什么，一切从优考虑！"

这一仗打得非常漂亮，该铝厂以极为优惠的价格引进了一套代表世界先进水平的铝加工设备，不仅为该厂节约了一大笔外汇，而且使该厂进入全国同行中的先进行列。

这就是国际商务谈判中我国谈判手风采的一个缩影。在长期的国际商务谈判实践中，我国谈判手给国外同行留下了精明强干、经验丰富、认真敬业的印象。当然，我们也要详细地了解国外谈判手的特点和优缺点。

第一节　谈判风格概述

一、什么是"谈判风格"

所谓"谈判风格"，是指谈判人员在谈判过程中，通过言行举止表现出来的，建立在其文化积淀基础上的，与对方谈判人员明显不同的，关于谈判的思想、策略和行为方式等的主要气度和作风特点。

这一概念包括如下几层含义：首先，谈判风格是在谈判场合与过程中表现出来的关于谈判的言行举止；其次，谈判风格有其自身的特点，与不同国家或地区的风格存在显著的差异；最后，谈判风格历经反复实践和总结，为某一国家或民族的商人所认同。它具有如下几个基本特点：

（一）对内的共同性

同一个民族的谈判人员或者有着相同文化背景的谈判人员，在国际商务谈判中会体现出大体相同的谈判风格。这就是谈判风格的共同性特点。比如，受儒家文化影响的中国人和日本人，都有"爱面子"的特点。这一特征是由于文化对人的影响形成的。从这个意义上讲，世界上不同国家或地区的商人才存在不同的特点。

（二）对外的独特性

谈判风格的独特性是指特定群体及其个人在判断中体现出来的独特气质和风格。从社会学观点看，任何集团的人的集合都是一种群体。各群体有自己的主文化和亚文化，会体现出群体与群体之间的差异。在同一个群体内，个体与个体之间也存在着差异。谈判风格的独特性决定了它的表现形式的多样化。所以，不同国家、民族，或同一个国家、同一个民族，由于文化背景、生活方式、风俗习惯等的影响，其谈判人员会表现出不同的特点和风格。

（三）成因的一致性

无论哪种谈判风格，其形成原因都大体一致，即主要受文化背景、人的性格以及文化素养等的影响。

任何一个人都会受到本民族风俗习惯、价值观念和思维方式等的潜移默化的影响，形成他的世界观，并由此指导他的行为处事方式，表现该民族在特定文化背景下形成的共同气度和作风。

人的性格与文化背景有着源远流长的关系。根据社会心理学研究，在先天因素的基础上，人的性格与后天环境影响有着密切的关系，是社会化的结果。例如，我国北方人在历史上多以从事农业为主，多处于征战与政治旋涡的中心，形成了直爽、慷慨的性格；南方人长期遨游商海，形成了机智、灵活的特点。

二、研究谈判风格的目的

谈判对手的谈判风格对谈判有着不可忽视的作用，甚至关系到谈判的成败。学习和研究谈判风格，具有重要的意义和作用，具体如下：

（一）营造良好的谈判气氛

良好的谈判气氛是保证谈判顺利进行的首要条件。如果我们对谈判对手的谈判风格十分熟悉，我们的言行举止会表现得十分得体，能较快地赢得对方的好感，使他们从感情和态度上接纳我们。在这样的氛围下开展谈判，深入探讨问题，自然会容易得多。

（二）为制定谈判谋略提供依据

学习和研究谈判对手的谈判风格不仅仅是为了创造良好的谈判气氛，更重要的是为谈判谋略的制定提供依据。如果我们不研究对方的谈判风格，不了解其谈判风格的形成原因、表现形式和作用，或缺乏这方面的知识，就会在制定谈判谋略时束手无策，更谈不上主动地根据对方的谈判风格设计谋略了。谈判风格所涉及的知识领域非常广阔，既包括天文、地理、社会、宗教、民俗、文化，又涵盖心理、行为、政治、经济等方面的知识。这些知识本身都会为制定谈判谋略提供依据和帮助。

（三）有助于提高谈判水平

国际商务谈判是很理性化的行为，但是往往受到非理性或感性的东西的引导或驱使。谈判风格在认识上有可能是理性的，但是其表现形式多为感性。研究和学习谈判风格的过程本身，就是一种提高的过程。要吸取不同国家、民族和地区谈判风格中优秀的东西，进而形成自己的谈判风格，或使自己的谈判风格更加完善。

第二节　美洲商人的谈判风格

一、美国商人的谈判风格

在国际贸易中,美国占有举足轻重的地位。相应地,美国人的谈判风格在世界上也具有相当大的影响。从我国对外贸易的角度讲,美国是我国的主要贸易伙伴,在合资、合作的项目中,对美国资金和技术的引进也占较大比重,我国商务人员与美国商人谈判的机会较多。因此,研究掌握美国人的谈判风格对我国商务人员具有十分重要的意义。

(一)美国人的性格特点

从总体上讲,美国人的性格是外向、随意的。美国人的性格特点可归纳为:外露、坦率、诚挚、豪爽、热情、自信、说话滔滔不绝、不拘礼节、幽默诙谐、追求物质上的实际利益等。

美国人属于性格外向的民族,他们的喜怒哀乐大多通过言行举止表现出来。在谈判中,他们精力充沛、热情洋溢,不论是陈述己方观点,还是表明对对方立场的态度,都比较直接坦率。如果他们不能接受对方提出的建议,也是毫不隐讳地直言相告,甚至唯恐对方误会了。美国《新闻周刊》1983 年对世界上比较有代表性的五个国家,即法国、日本、英国、巴西、墨西哥的民众对美国人看法的调查表明,美国人最有代表性的四个特征是:民族性、有活力、勤奋和有创造力。所以,在某种程度上,美国人可以成为与东方文化相比较的西方文化的代表。

在商务谈判中,美国人与东方人,特别是与日本人和中国人的表达方式有明显的不同。美国人常对中国人在谈判中对不满与不同意采取迂回、兜圈子的做法感到莫名其妙。例如,美国西屋电气公司加拿大分公司与中国东方汽轮机厂的一个访问团商谈,向后者销售几台大型汽轮机。可是,接下来的不是签订合同,而是两次在北京紧急磋商。西屋公司不得不一次又一次地重申最初的动机,而中方则一次又一次地要求按最初的精神办。兜来兜去,最后西屋公司才弄明白,中方无非是要确定一个最理想的购买价。这项协议一直到西屋公司的代表两次回国后才通过电传签订了。美国人不理解,为什么中国人一开始不说明要求降低价格呢?对于中国人在谈判中用微妙的暗示提出实质性的要求,美国人更是感到不习惯。因此,在实际交往中,不少美国厂商因不善于体会中国人的暗示,失去了不少极好的交易机会。

谈判中的直率也好,暗示也好,看起来是谈判风格的不同,实际上是文化差异的问题。东方人认为,直接地拒绝对方,表明自己的要求,会损害对方的面子。僵化关系,像美国人那样感情爆发,使用直率、激烈的言辞,是缺乏修养的表现。

同样，东方人所推崇的谦虚、有耐性、有涵养，可能会被美国人认为是虚伪、客套、耍花招。

美国是个年轻的国家。历史上，大批拓荒者曾冒着极大的风险从欧洲来到美洲，寻求自由和幸福。他们从美国东海岸进军西海岸，开拓出一片片土地。这种开拓精神世代流传，现在的美国人仍具有强烈的进取精神。美国又是一个移民国家，人口流动性大，开放程度较高，现代观念强烈，传统的东方君主制和西方的贵族世袭制在这里找不到生存的根基。因此，美国人很少受权威和传统观念的支配，而是具有强烈的创新意识和竞争意识。

（二）美国谈判人员有着与生俱来的自信和优越感

美国是世界上经济、技术最发达的国家，国民经济实力也最为雄厚。英语几乎是国际谈判的通用语言，世界贸易有 50% 以上用美元结算。所有这些，都使美国人对自己的国家深感自豪，对自己的民族充满强烈的自尊感与荣誉感，这种心理在他们的贸易活动中也充分地表现出来。在谈判中，美国人的自信心和自尊感都比较强，加之他们所信奉的自我奋斗的信条，常使与他们打交道的外国谈判者感到美国人的优越感极强。美国谈判专家也认为："他们（美国人）意识到自己是公司的一部分之前，首先想到的是自己是某一领域的专家，他们往往认为自己的水平比对手要高。"

美国人的自信还表现在他们坚持公平合理的原则上。他们认为，两方进行交易，双方都要有利可图。在这一原则下，他们会提出一个"合理"的方案，并认为这是十分公平的。他们的谈判方式是：喜欢在双方接触的初始就阐明自己的立场、观点，推出自己的方案，以争取主动。在双方的洽商中，他们充满自信，语言明确肯定，计算科学准确。如果双方出现分歧，他们会怀疑对方的分析、计算，而坚持自己的看法。

美国人总是十分有信心地步入谈判会场，不断发表自己的意见和提出自己的权益要求，往往不太顾及对方而显得气势上咄咄逼人，而且他们语言表达直率，喜欢开玩笑。这种心态常常会使他们在谈判桌上形成一种优势，无论其年龄或资历如何，似乎不把对方放在眼里。他们坦率外露，善于直接向对方表露出真挚、热忱的感情，这种情绪也容易感染别人。对此，应充分利用，创造良好的谈判气氛，并以相应的态度予以鼓励，创造成功的机会。

（三）美国人尊重个人的作用和个人在实际工作中的表现

受美国文化的影响，美国人对角色的等级和协调的要求比较低，往往尊重个人的作用和个人在实际工作中的表现。在企业的决策上，常常是以个人或少数人为特点，自上而下地进行，在决策中强调个人责任。他们的自我表现欲望很强，乐于扮演"牛仔"或"英雄"的形象，在谈判中表现出大权在握的自信模样。在美国人的谈判队伍中，代表团的人数一般不会超过七人，很少见到大规模的代表团。即使是有小组成员在场，谈判的关键决策者通常也只有一两个人，遇到问题，他们往往有权作出决定。

（四）美国人特别珍惜时间，注重活动的效率

美国是一个高度发达的国家，生活节奏比较快，这使得美国人特别注重活动的效率。美国人的时间观念很强，办事要预约，并且要准时赴约。他们不喜欢事先没安排妥当的不速之客来访。与美国人约会，早到或迟到都是不礼貌的。一旦不能如期赴约，一定要致电通知对方，并为此道歉，否则将被视为无诚意和不可信赖。

美国谈判者总是努力节约时间，不喜欢繁文缛节，希望省去礼节、闲聊，直接切入正题。他们喜欢谈判紧凑，迅速决策，不拖沓，尽量缩短谈判时间。所以，在国际商务谈判中，美国人常抱怨其他国家的谈判对手缺乏工作效率，而这些国家的人也埋怨美国人缺少耐心。

美国谈判人员为自己规定的最后期限往往较短。谈判中，他们十分重视办事效率，尽量缩短谈判时间，力争每一场谈判都能速战速决。与美国人谈判，时间不宜过长，所以只要报价基本合适，就可以考虑抓住时机拍板成交。

（五）美国人办事干脆利落，不兜圈子

在谈判桌上，美国人精力充沛，头脑灵活，会在不知不觉中将一般性交谈迅速引向实质性谈判，并且一个事实接一个事实地讨论，乐于以积极的态度谋求自己的利益。对整个谈判过程，他们总有一个进度安排，精打细算地规划谈判时间，希望每一阶段逐项进行，并完成阶段性的谈判任务。美国人这种按照合同条款逐项进行讨论，解决一项，推进一项，直到最后完成整个协定的逐项议价方式，被称为“美式谈判”。他们常用最后期限策略增加对手的压力，迫使对手让步。

正因为美国人具有干脆的态度，与美国人谈判，表达意见要直接。如果美国谈判人员提出的条款是你方无法接受的，就必须明确告诉他们不能接受，不得含糊其辞，使他们存有希望。

（六）美国人注重实际利益，精于讨价还价

美国人往往以获取经济利益作为最终目标，更多考虑的是做生意所能带来的实际利益，而不是生意人之间的私人交情。美国人注重以智慧和谋略取胜，他们会讲得有理有据，从国内市场到国际市场的走势，甚至最终用户的心态等各个方面，劝说对方接受其价格要求。但是，他们一般不漫天要价，也不喜欢别人漫天要价。美国商人对商品既重视质量，又重视包装。他们认为，做买卖要双方都获利，不管哪一方提出的方案都要公平合理。所以，美国人对于日本人、中国人习惯的注重友情和看在老朋友的面子上可以通融的做法很不适应。

（七）当双方发生纠纷时，美国谈判人员希望谈判对手的态度认真诚恳

只要态度认真诚恳，即使双方争论得面红耳赤，美国人也不会介意。中国人

在出现纠纷时往往喜欢赔笑脸,以为这样能使对方消消怒气。这样做,实际上会使美国人更不满,因为他们认为笑容必定是装出来的,甚至认为面露笑容表示你已经认为自己理亏了。另外,在谈判过程中,要绝对避免指名批评,因为美国人谈到他人时,都会顾及避免损坏他人的人格。例如,不要指责客户公司中某人的缺点或竞争公司的缺点,这是美国人蔑视的行为。

(八) 美国人的法律意识根深蒂固,律师在谈判中扮演着重要角色

据有关资料披露,平均450名美国人就有一名律师。美国人口的高度流动性,使他们彼此之间无法建立稳固的持久关系,因而只能将不以人际关系为转移的契约作为保障生存和利益的有效手段。他们这种法律观念在商业交易中也表现得十分明显。由于生意场上普遍存在着不守诺言或欺诈等现象,美国谈判人员往往注重防患于未然。凡是商务谈判,特别是谈判地点在国外的,他们一定要带上自己的律师,并会在谈判中一再要求对方完全信守承诺。一旦发生争议和纠纷,他们最常用的办法就是诉诸法律,因为此时友好协商的可能性不大。合同一旦签订,美国人会认真履约,不会轻易变更或放弃。

(九) 美国人在谈判方案上喜欢进行全盘平衡的"一揽子交易"

所谓"一揽子交易",主要是指美国商人在谈判某项目时,不是孤立地谈其生产或销售,而是将该项目从设计、开发、生产、销售到价格等一起商谈,最终达成全盘方案。所以,美国谈判人员喜欢先总后分,先定了总交易条件,再谈具体各条件。他们这种一揽子交易手法,对于拓宽谈判思路、打破僵局虽有一定的积极意义,但却显得居高临下、咄咄逼人。

相应的策略可以是:从分析入手,不争高位。首先,谈判的项目不同,决定权不同。有的可由地方决定,有的需由中央批准,只有协调后才可进行一揽子交易。因此,可以以协调各部门为借口,推掉一些不合适的交易谈判方法。其次,若一揽子交易中许多关键细节不明确,双方实际利益不平衡,那么交易的实际获益会很少。最后,一揽子交易是由大及小的策略,可用逆向思维应付,即由小及大的方法。

(十) 不同地域的美国人的处事方式和商业习惯有差异

虽然美国谈判人员普遍具有上述特点,但是由于美国地域宽广、种族众多,不同地域的美国人的处事方式和商业习惯或多或少有些差异,有必要分别研究。

美国的东部,特别是以纽约等大城市为中心的东北部,是美国现代文明的发祥地,两百多年来一直处于美国政治、经济、金融、贸易活动的中心地位。该地区的人们深受现代文明的熏陶,随时掌握全球经济动态,在谈判中严格按照国际惯例办事,雷厉风行,寸利必争。因此,与他们谈判签约时,必须绝对注意合同措辞的严谨,不能让他们有隙可乘。否则,精明的东部人会在市场行情发生变化时,千方百计在合同中寻找理由毁约。

美国中西部地区以汽车、电机、钢铁工业和制造业为主，是美国工业的心脏。该地区的人比较保守，同时又比较和蔼和朴素，易于交往。如果在准备与他们做生意之前就常以朋友的身份款待他们，日后与他们进行商业谈判时，会收到很好的效果。中西部地区有个商业习惯，每年 9 月到 11 月是他们的黄金采购时间，他们往往把一年所需的货物集中在这个时候一次采购。因此，和他们做生意要注意，不要错过这段时间。

美国南部地区的人比较和蔼可亲，他们直爽无欺，但是有时稍显急躁。谈判时要注意：如果在谈判桌上他们气势汹汹、言辞激烈，你千万要沉得住气，耐心解释。当你解释完，他们就很容易再次坐下来与你笑脸相谈。美国南方人性格较为保守，这决定了他们的谈判节奏相对较慢，需要较长时间才能与他们建立良好的商业关系。

二、加拿大商人的谈判风格

加拿大经济比较发达，外贸总额约占国民生产总值的 1/3 左右，但是其对外贸易额的 2/3 左右是与美国进行的。加拿大的出口商品主要是汽车、原油、小麦、木材、纸浆、矿产品、面粉等。进口商品主要是机器、石油产品、电器设备和纺织品等。加拿大的绝大部分工业集中在安大略和魁北克两省，尤以蒙特利尔和多伦多两城市的工商业最为发达。此外，温哥华的运输和贸易也很发达。该城市是加拿大距离亚洲最近的港口，是加拿大每年定期举行国际贸易博览会的地点。

（一）加拿大人的性格特点

加拿大是个移民国家，民族众多，各民族相互影响，文化彼此渗透。大多数加拿大人性格开朗、随和、友善、讲礼貌而不拘繁礼，强调自由、个性。加拿大商人多属于保守型，不喜欢价格经常上下变动，也不喜欢做薄利多销的生意。作为冰雪运动大国，加拿大人讨论的话题多与滑雪、滑冰、冰雕、冰球等有关。他们忌讳“13”，宴请活动不宜安排在与此有关的日子里。加拿大人喜欢蓝色，应邀做客时，可带上一束蓝色的花或蓝色包装的礼品。

加拿大居民大多数是英国和法国移民的后裔，在加拿大从事对外贸易的商人也主要是英国后裔和法国后裔。英国裔商人大多集中在多伦多和加拿大的西部地区，法国裔商人主要集中在魁北克。温哥华是华侨的主要聚居地。温哥华商人中，华侨有一定势力，他们为我国与加拿大的商务合作起到了桥梁的作用。

（二）加拿大英国裔商人与法国裔商人在谈判风格上差异较大

1. 英国裔商人谨慎、保守、重守信誉

英国裔商人在进行商务谈判时相当严谨，一般在对所谈事物的每个细节都充分了解后，才可能答应要求。同时，他们在谈判过程中喜欢设置关卡，一般不会爽快地答应对方提出的条件和要求，所以从开始到价格确定这段时间的商谈是很费脑筋的。对此，要有耐心，急于求成往往不能把事情办好。不过，一旦最后拍板，签订合同，他们日后执行时很少出现违约的现象。

2. 法国裔商人没有英国裔商人那么严谨

与法国裔商人刚刚开始接触时，你会觉得他们都非常和蔼可亲，平易近人。但是，只要坐下来谈判，涉及实质问题时，他们就判若两人，讲话慢吞吞，难以捉摸，要明确谈出一个结果是非常费劲的。因此，若希望谈判成功，就要有耐性。法国裔商人对于签约比较马虎，常常在主要条款谈妥之后就急于要求签约。他们认为，次要的条款可以等签约后再谈。然而，往往是那些未被重视的次要条款成为日后履约纠纷的导火线。因此，与他们谈判时应力求慎重，一定要在所有合同条款都定得详细、明了、准确之后才可签约，以避免日后引起麻烦和纠纷。

三、拉丁美洲商人的谈判风格

拉丁美洲是指美国以南的地区，包括墨西哥、中美洲和南美洲，一共有 24 个国家。这些国家曾受属于拉丁语系的西班牙和葡萄牙的殖民统治，所以称为“拉丁美洲”。拉丁美洲与我国相距很远，商业交流也较晚。拉丁美洲虽与北美洲同处一个大陆，但人们的观念和行为方式却差异极大。因此，和拉丁美洲人谈生意时，一定要了解他们的谈判风格。

（一）拉美人的性格特点

拉丁美洲人最突出的性格特点是固执、个人人格至上和富于男子气概，同时也比较开朗和直爽。拉美人具有固执、不妥协的特点，在商贸谈判中对自己意见的正确性坚信不疑，往往要求对方全盘接受，很少主动作出让步；如果他们对别人的解释感到不能接受，一般也很难让他们转变。个人人格至上的特点使得拉美人特别注意谈判对手本人，而不是谈判对手所属的公司或者团体。他们判定谈判对手的工作能力以及在公司、团体中所处的地位，往往是根据对手讲话的语气和神情。一旦他们认定对方有较强工作能力和丰富工作经验，并且是公司、团体中的重要人物，就会对其肃然起敬，以后的谈判就会比较顺利。拉美人对男子气概的崇尚使他们不喜欢与女性谈判。当然也有例外，那就是女性谈判者如果能用带有权威的、不容置疑的语调和大量事实向他们表明，自己与他们一样有经验、懂技术，甚至做得比他们更好，并且令人信服地向他们展示自己的能力，就能让他们感到敬佩。

（二）拉美人不很注重物质利益，而比较注重感情

这与崇尚实际利益的美国人大为不同。因此，想与拉美人做生意，最好先与他们交朋友，一旦你成为他们的知己后，他们会优先考虑你为做生意的对象。同样，在与拉美人进行商务谈判时，感情因素也很重要，以公事公办、冷酷无情的态

度对待他们是绝对行不通的。相反,若彼此关系熟悉,私交不浅,当你有事拜托他们时,他们会毫不犹豫地为你优先办理,并充分考虑你的利益和要求。

（三）拉美人不愿因谈判而影响其娱乐活动

拉美人是享乐至上主义者,即使是谈判做生意,他们也不愿意使一些娱乐活动受到妨碍。许多拉美国家假期很多,如秘鲁的劳动法规定,工作一年,就可以有一个月的带薪假期。因此,在商务谈判过程中,常常会碰到这样的情况:一笔生意正在洽谈中,拉美谈判人员突然休假,使得谈判活动突然停止。即使你很着急,也要耐着性子等到谈判对方休假归来,才能继续谈判下去。

（四）拉美人处理事务节奏较慢,时间利用率低

在谈判中,拉美人也常常会慢半拍。当你觉得谈判已经到了实质阶段时,他们却会认为这仅仅是准备阶段。在洽谈中,常会听到他们说:“明天再谈吧”,或是“明天就办”。到了明天,却仍然是同样的话。拉美人这种处理事务节奏较慢、时间利用率低的作风,往往会让性急的外国人无可奈何。如果想用速战速决的办法和拉美人谈判,只会令他们非常恼火,甚至会使他们更加停滞不前。因此,最好的办法还是放慢节奏,始终保持理解和宽容的心境,并注意避免工作与娱乐发生冲突。

（五）拉美商人的责任感不强,信誉较差

与拉美人打交道的谈判者十有八九都会提到拉美人不讲信用,仅货款收回这一点就令人深有感触。他们接到货物后,不一定会按付款日期把钱汇来。有位银行家曾说过,他们是会付钱的,只是生性懒散,不把当初约好的付款日期当回事而已。所以,对这类问题,要多花时间耐心催促,不必太担心他们赖账。由于迟付货款会影响到你的资金周转,因此要开拓拉美市场,必须有充足的资金。

（六）拉美国家普遍存在代理制度

想在拉美做生意,要寻找代理商,建立代理网络。如果在当地没有代理商,做生意时会困难重重。尽管你可以向这些国家派驻代表,但是他们同样必须与当地的代理商打交道。外国人在拉美的首次谈判很可能发生在与期望成为其代理商的拉美人之间。在选择代理商时,必须非常慎重,要仔细审查,看其是否符合你开展业务的需要。如果不慎选中了一个不合格的代理商,日后想摆脱其就会遇到很大的麻烦。因为大多数拉美国家的法律保护当地的代理商,禁止随便解雇他们;即使可以解雇,雇主也必须赔偿由于其“任意”解雇而给代理商造成的损失。选定代理商后,必须与其签订代理合同,在合同中明确规定双方的权利和义务。更为重要的是,应该详细清楚地规定代理权限,以免日后发生纠纷。

（七）拉美人的工作时间短,而且工作松懈

这一方面是因为工业水平较低,企业家的竞争意识不强;另一方面是由于气

候的原因。拉美人早上起床晚，午饭后必须午睡，午休时间一般是中午12:00到下午3:00。另外，拉美国家金融界不稳定，罢工时常发生，造成金融活动停顿，这一点应当引起注意。

（八）拉美国家的进出口手续较复杂，多数采取奖出限入的贸易保护措施

拉美国家经济发展相对落后，产品在国际上缺乏竞争力，造成进口大于出口，既导致外汇紧张，又影响民族工业的发展。因此，大多数拉美国家都采取奖出限入的贸易保护措施，一些国家还实行进口许可证制度。所以，在进行贸易谈判前，必须深入了解这些保护政策和具体执行情况。例如，在未取得拉美国家的进口许可证之前，千万不能擅自发运货物，否则可能无法收回货物。近年来，拉美国家逐步认识到贸易保护主义给本国经济带来的不利影响，逐渐放开了一些进口限制。

（九）拉美各国的商人也有不同点

巴西人酷爱娱乐，他们不会让生意妨碍其享受闲暇的乐趣。当举世闻名的巴西狂欢节来临之时，千万不要去与巴西人谈生意，否则会被视为不受欢迎的人。巴西人重视与个人的良好关系，他们愿意和自己喜欢的人做生意。

阿根廷人比较正统，非常欧洲化。阿根廷商人会在商谈中不厌其烦地与对方反复握手。

哥伦比亚、智利、巴拉圭人非常保守，他们穿着讲究，谈判时服饰正规，也特别欣赏彬彬有礼的客人。

厄瓜多尔人和秘鲁人的时间观念不强，他们大多不遵守约会时间。但是，作为谈判另一方，在这一点上千万不能“入乡随俗”，而应遵守约会时间，准时出席。

总的来说，由于拉丁美洲与中国相距甚远，商业交往开始也较晚，交易额相对较小，因此要增进两地商贸关系，就必须注意他们的谈判风格。

第三节　欧洲商人的谈判风格

一、英国商人的谈判风格

英国是最早的工业化国家，它的贸易早在17世纪就遍及世界各地，当时被称为“日不落帝国”。自19世纪以来，美国、德国的经济水平相继赶超英国。第一次世界大战以后，英国殖民体系逐步动摇和瓦解，经济实力进一步削弱。近年来，英国的经济增长率不高，经济实力增长不快，在资本主义世界中徘徊在第五位至第七位之间。虽然如此，英国人的“曾经称霸过世界”的大国意识仍然很强，总是一副悠然自得的样子。

（一）英国人的性格特点

英国人的民族性格是传统、内向、谨慎。言行持重的英国人不轻易与对方建立个人关系。即使本国人，个人之间的交往也比较谨慎。英国人一般不在公共场合外露个人感情，也决不随意打听别人的事，未经介绍不轻易与陌生人交往。他们不轻易相信别人或依靠别人。英国人显得高傲、矜持，给人以难以接近的印象。英国商人在谈判初期，尤其在初次接触时，通常与谈判对手保持一定距离，决不轻易表露感情。

（二）英国商人十分注意礼仪，崇尚绅士风度

英国商人谈吐不俗，举止高雅，遵守社会公德，很有礼让精神。无论在谈判场内外，英国谈判人员都很注重个人修养，尊重谈判业务，不会没有分寸地追逼对方。同时，他们也很关注对方的修养和风度。如果你能在谈判中显示出良好的教养和风度，就会很快赢得他们的尊重，为谈判成功打下良好的基础。英国商人的绅士风度表现在：在谈判时不易动怒，也不易放下架子，喜欢有很强的程序性的谈判；谈判条件既定后不愿变动，喜欢用逻辑推理表明自己的想法。他们听取意见时随和，采纳意见时却不痛快，处理复杂问题比较冷静。绅士风度常使英国谈判人员受到一种形象的约束，甚至成为他们的心理压力，对此应充分利用。在谈判中以确凿的论据、有理有力的论证施加压力，英国谈判人员就不会因坚持其不合理的立场而丢面子，从而取得良好的谈判效果。

（三）英国商人看重与和自己身份对等的人谈判

古老的等级传统使英国人的等级观念变得非常严格而深厚，他们很看重与和自己身份对等的人谈问题。因此，洽谈生意时，在对话人的等级上，诸如官衔、年龄、受教育程度、社会地位等方面，都应尽可能对等，以求平衡，表示出平等和尊重。这对于推进对话、加强讨价还价的力量有一定的作用。

（四）英国商人行动按部就班

在商务活动中，英国人招待客人时间往往较长。当受到英国商人款待后，一定要写信表示感谢，否则会被视为不懂礼貌。与英国人约会时，若是过去不曾谋面的，一定要先写信告之面谈目的，然后再去约时间；一旦确定约会，就必须排除万难，按时赴约。因为英国人做生意很讲信用，凡事要规规矩矩，若不懂礼貌或不守承诺，以后办事就难以顺利进行。

（五）英国人不喜欢冒风险

英国人对于物质利益的追求，不如日本人表现得那样强烈，也不如美国人表现得那样直接。英国人认为，追求生活的秩序与舒适是最重要的，勤奋与努力是第二位的。所以，他们宁愿做风险小、利润少的买卖，也不喜欢做冒大风险、赚大利润的买卖。

（六）与英国人讨价还价的余地不大

在谈判关键时刻，英国人往往表现得既固执又不肯花大力气争取，使对手很头痛。如果出现分歧，他们往往不肯轻易让步，以显其大国风范。

（七）英国人很重视合同的签订，喜欢仔细推敲合同的所有细节

英国人一旦认为某个细节不妥，便拒绝签字，除非耐心说服，并提供有力的证明材料。他们一般比较守信用，履约率较高，注意维护合同的严肃性。但是，国际上对英国商人比较一致的抱怨是：他们经常不遵守交货时间，因而引起直接的经济损失。这使他们在谈判中比较被动，外国谈判者会利用这一点迫使他们接受一些苛刻的交易条件，如索赔条款等。

（八）英国商人都以使用英语为自豪

即使英国商人会讲第二外语，也不愿在谈判中使用。因此，与他们做生意要尽可能地讲英语。

（九）与英国人交谈时尽量不要涉及其政治问题

与英国人交谈时，话题尽量不要涉及爱尔兰的前途、共和制和君主制的优劣以及大英帝国的崩溃原因等政治色彩较浓的问题。英国由英格兰、威尔士、苏格兰、北爱尔兰四部分组成，虽然都是君主制国家，但是四个民族在事务上有许多微妙之处。我们提到“英格兰”时，一般是指整个联合王国，而在正式场合使用就显得不妥，因为这样会不自觉地漠视了其他三个民族。所以，在正式场合不要把英国人叫做“英格兰人”。涉及女王时，要说“女王”或正规地说“大不列颠及北爱尔兰联合王国女王”，而不应说“英格兰女王”。与英国人交谈时，比较安全的话题是天气、旅游和英国的继承制度等。

（十）英国人较少在夏季和圣诞节至元旦期间做生意

英国人生活比较优裕舒适，每年夏冬两季有三周至四周的假期，他们多会利用这段时间出国旅游。因此，他们较少在夏季和圣诞节至元旦期间做生意。英格兰从1月2日开始恢复商业活动，在苏格兰则要等到4月以后。在这些节假日，应尽量避免与英国人洽谈生意。

二、德国商人的谈判风格

（一）德国人的性格特点

德国人具有自信、谨慎、保守、刻板、严谨的特点，办事富有计划性，注重工作效率，追求完美。1990年，联邦德国与民主德国合并为统一的德国。虽然统一前由于意识形态的差别，联邦德国人和民主德国人在价值观念、思维方式等方面存在着许多差异，但是从整个民族的特点看，德国人沉稳、自信、保守、好强、严谨。德国谈判人员身上具有日耳曼民族的性格特征，他们做事雷厉风行，有军旅作风。

（二）德国商人在谈判前准备得十分充分周到

德国商人严谨保守的特点使他们在谈判前就准备得十分充分周到。他们会想方设法掌握翔实的第一手资料，不仅要调查研究对方要购买或销售的产品，还要仔细研究对方的公司，以确定对方能否成为可靠的商业伙伴。只有在对谈判的议题、日程、标的物的品质和价格，对方公司的经营、资信情况，以及谈判中可能出现的问题及对应策略作了详尽研究、周密安排之后，他们才会坐到谈判桌前。德国人对谈判对方的资信非常重视，因为他们保守，不愿冒风险。因此，如果与德国人做生意，一定要在谈判前作好充分准备，以便回答关于你的公司和你的建议的详细问题。

（三）德国商人非常讲究效率，思维富于系统性和逻辑性

德国商人不喜欢拖拉，他们的座右铭是“马上解决”。因此，德国商人在谈判桌上会表现出果断、不拖泥带水的特征。他们喜欢直接表明所希望达成的交易，准确确定交易方式，详细列出谈判议题，提出内容详细的报价表，清楚、坚决地陈述问题。他们善于明确表达思想，准备的方案清晰易懂。如果双方讨论列出问题清单，德国商人一定会要求在问题的排序上体现各问题的内在逻辑关系。因此，在与德国商人谈判时，进行严密的组织、充分的准备、清晰的论述，并有鲜明的主题，可以提高谈判效率。

（四）德国商人自信而固执，对本国产品极有信心

在谈判中，德国商人常会以本国的产品为衡量标准。德国企业的技术标准相当严格，对于出售或购买的产品都要求很高的质量。因此，要让德国商人相信你公司的产品能够满足交易规定的高标准，他们才会与你做生意。德国商人的自信与固执还表现在他们不太热衷于在谈判中采取让步的方式。他们考虑问题周到而系统，缺乏灵活性和妥协性。他们总是强调自己方案的可行性，千方百计迫使对方让步，常常在签订合同之前的最后时刻还在争取使对方让步。鉴于日耳曼民族这种倔强的个性特点，应尽量避免采取针锋相对的讨论方法，而要以柔克刚、以理服人，始终保持友好和礼貌的态度，以扭转其僵硬的态度。

（五）德国商人崇尚契约，严守信用，权利和义务的意识很强

在商务谈判中，德国商人对权利和义务划分得清清楚楚，涉及合同任何条款，他们都非常细心，对所有细节认真推敲，要求合同中每个字、每句话都准确无误，然后才同意签约。他们对交货期限要求严格，一般会坚持严厉的违约惩罚性条款。在商务往来中，他们尊重合同，一旦签约，就会努力按合同条款一丝不苟地去执行，不论发生什么问题都不会轻易毁约。签约后，他们对于交货期、付款期等条款的更改要求一般都不予理会。他们注重发展长久的贸易伙伴关系，求稳心理重。

（六）德国人非常守时

不论工作还是干其他事情，德国人都是有板有眼，严守规矩。因此，与他们打交道，不仅谈判时不应迟到，一般的社交活动也不应迟到。对于迟到的谈判人员，德国商人对之不信任的反感心理会无情地流露出来，破坏谈判气氛。

（七）在德国，谈判时间不宜定在晚上

虽然德国人工作起来废寝忘食，但是他们都认为晚上是家人团聚、共享天伦之乐的时间，而且他们会认为你也有相同的想法。所以，冒昧地请德国人在晚上谈论商务或是在晚上对他们进行礼节性拜访，会让他们觉得你不知趣。

（八）德国人对发展个人关系和商业关系都很严肃，不太重视在建立商务往来之前先融洽个人关系

德国人十分注重礼节、穿戴、称呼等。要想得到德国伙伴的尊重和信任，着装必须严肃得体。在交谈中，应避免提及个人隐私、政治以及第二次世界大战等。在与德国人最初的几次会面中，他们显得拘谨、含蓄甚至生硬，一旦彼此熟悉，建立商务关系且赢得他们的信任后，就能长期保持。

三、法国商人的谈判风格

（一）法国人的性格特点

法国人的性格开朗，眼界豁达，对事物比较敏感，为人友善，处事时而固执，时而随和。

（二）法国商人具有浓厚的国家意识和强烈的民族、文化自豪感

法国人对本民族的灿烂文化和悠久历史感到无比骄傲，他们时常把祖国的光荣历史挂在嘴边。诸如，他们拥有巴黎公社、波拿巴王朝、法兰西共和国的历史等等。重视历史的习惯使法国谈判人员也很注意商业与外交的历史关系以及交易的历史状况，即过去的交易谈判情况。

（三）法国人往往习惯于要求对方同意以法语为谈判语言

法国人为自己的语言而自豪，他们认为法语是世界上最高贵、最优美的语言。因此，在进行商务谈判时，他们往往习惯于要求对方同意以法语为谈判语言，即使他们的英语讲得很好也是如此，除非他们是在国外或在生意上对对方有所求。所以，要与法国人长期做生意，最好学些法语，或在谈判时选择一名好的法语翻译。

（四）法国人很有人情味，非常珍惜人际关系

法国商人很重视交易过程中的人际关系。一般来说，在成为朋友之前，他们是不会轻易与人做大宗生意的。一旦建立起友好关系，他们又会乐于遵循互惠互利、平等共事的原则。因此，与法国人做生意，必须善于和他们建立起友好关系。这不是件容易的事，需要作出长期努力。在社会交往中，家庭宴会常被视为

最隆重的款待。无论是家庭宴会还是午餐招待，法国人都将之看做人际交往和发展友谊的时刻，而不认为是交易的延伸。因此，如果法国商人发现对方的设宴招待是为了利用交际促使商业交易更为顺利，他们会很不高兴，甚至断然拒绝参加。

（五）法国人喜欢在谈判中谈些新闻趣事

与法国人谈判时，不应只顾谈生意上的细节，他们喜欢在谈判过程中谈些新闻趣事。法国商人大多性格开朗，十分健谈，他们喜欢在谈判过程中谈些新闻趣事，以创造一种宽松的气氛。所以，在谈判中，除非到了最后决定拍板阶段，需要一本正经地只谈生意之外，其他时间可谈一些关于社会新闻和文化艺术等方面的话题以活跃谈判气氛。另外，法国人在谈判中讲究幽默，但是不愿过多提及个人和家庭问题，与他们谈话时应尽量避免此类话题。

（六）法国商人在谈判方式上偏爱横向式谈判

与美国人对议题逐个磋商的方式不同，法国商人在谈判方式上偏爱横向式谈判，即先为协议勾画出一个轮廓，然后达成原则协议，最后再确认谈判协议各方面的具体内容。法国商人不如德国商人那么严谨，但是却喜欢追求谈判结果，不论什么会谈、谈判，在不同阶段，他们都希望有文字记录。另外，法国商人习惯于集中精力磋商主要条款，对细节问题不很重视，并且在主要条款谈成之后，便急于求成，要求签订合同，而后又常常会在细节问题上改变主意，要求修改合同。这一点往往令人十分为难。因此，签约时要小心从事，用书面文字加以确认，保证最终的文件具有法律约束力，以防止他们不严格遵守。

（七）法国商人谈判思路灵活，手法多样

为促成交易，法国商人常会借助行政、外交的手段，或让名人、有关的第三者介入谈判。例如，有些交易中常会遇到进出口许可证问题，往往需要政府出面才能解决问题。当交易项目涉及政府的某些外交政策时，其政治色彩就很浓厚，为达成交易，政府可以从税收、信贷等方面予以支持，从而改善交易条件，提高谈判的成功率。

（八）法国人注重个人决策权力

法国人喜欢个人拥有较大的办事权限，在进行商务谈判时，多由一人承担并负责决策，认为这样效率较高。一般情况下，法国公司的组织结构单纯，自上而下的层级不多，较重视个人力量，实行个人负责制，个人权力很大，很少集体决策。从事谈判大多由个人承担责任，决策迅速。法国商人大多专业性强，熟悉产品，知识面广。

（九）法国商人对商品的质量和包装要求较高

法国商人对商品的质量要求十分严格，同时十分重视商品的美感，要求包装精美。法国人从来就认为法国是精品的世界潮流领导者，巴黎的时装和香水就是典型代表。因此，他们在穿戴上都极为讲究。在他们看来，衣着可以代表一个人的修养与身份。所以，在谈判时，稳重考究的着装会带来好的效果。

（十）法国人的时间观念不强，对别人要求严格，而对自己比较随便

法国人在商业往来或社会交际中经常迟到或单方面改变时间，而且总会找一大堆冠冕堂皇的理由。在法国，还有一种非正式的习俗，即在正式场合，主客身份越高，来得越迟。所以，要与他们做生意，就需要学会忍耐。但是，法国人对于别人的迟到往往不予原谅，对于迟到者，他们会很冷淡地接待。

（十一）法国人严格区分工作时间与休息时间

这与日本人相比有极大的差异。法国人工作时认真投入，讲究效率，休闲时痛快地玩。他们十分珍惜假期，舍得在度假上花钱。法国全国在 8 月都会放假，很多法国人此时都去度假了，任何劝诱都难以让他们放弃或推迟假期去做生意。甚至在 7 月底和 9 月初，他们的心思都还放在度假和休息上。所以，应尽量避免在这段时期与法国人谈生意。

四、意大利商人的谈判风格

在欧洲国家中，意大利人比德国人少一些刻板，比英国人多一份热情。

（一）意大利人与外商做生意的热情一般不是太高

意大利的商贸较发达，意大利人更愿意与国内企业打交道。由于历史和传统的原因，意大利人不太注意外部世界，不主动向外国观念和国际惯例看齐。他们信赖国内企业，认为国内企业的技术生产的产品一般质量较高。所以，与意大利人做生意要有耐性，要让他们相信你的产品比他们国内生产的产品更价廉物美。

（二）在处理商务时，意大利人通常不动感情，决策过程也较缓慢

意大利人并不是像日本人那样要与同事商量，他们不愿仓促表态。所以，对他们使用最后期限策略，作用较好。

（三）意大利人重视商人个人的作用

这一点与法国商人一样。意大利的商业交往大部分都是公司之间的交往，在商务谈判时，往往是出面谈判的人决定一切。意大利商人个人在交往活动中比其他任何国家的商人都更有自主权。所以，与谈判对手关系的好坏是能否达成协议的决定因素之一。

（四）意大利商人常常不遵守约会时间

这也是与法国人相似的缺点。有时，他们甚至不打招呼就不去赴约，或单方面推迟会期。他们工作时有点松松垮垮，不讲效率。但是，他们在做生意时是绝对不会马虎的。

（五）意大利人善于社交，但情绪多变

意大利人做手势时情绪激动，表情富于变化。他们生气时，简直近于疯狂。意大利人喜好争论，他们常常会为了很小的事情而大声争吵，互不相让。

（六）意大利人有节约的习惯，关心商品的价格

意大利人对于合同条款的注重明显不同于德国人，而接近于法国人。他们特别看重商品的价格，谈判时表现得寸步不让，而在商品的质量、性能、交货日期等方面则比较灵活。他们力争节约，不愿多花钱追求高品质。德国人却宁可多付款以换取高质量的产品和准确的交货日期。

（七）意大利人崇尚时髦，注重着装

意大利人的办公地点一般设施都比较讲究。他们对生活中的舒适，如食宿、饮食都十分注重。意大利人通常衣冠楚楚，潇洒自如。与他们谈判时，着装潇洒入时会给他们留下好印象。

五、北欧商人的谈判风格

北欧主要是指挪威、瑞典、丹麦、芬兰等国家。它们有着相似的历史背景和文化传统，都信奉基督教，历史上为防御别国的侵略而互相结盟，或是宣布中立以求和平。现代的北欧，国家政局稳定，人民生活水平较高。

（一）北欧人的性格特点

北欧人具有心地善良、为人朴素、谦恭稳重、和蔼可亲的性格特点。这是由于北欧的宗教信仰、民族地位以及历史文化的影响。

（二）北欧商人是务实型的，工作计划性很强

北欧商人凡事按部就班，规规矩矩。与其他国家商人相比，北欧商人在谈判中显得沉着冷静。他们喜欢谈判有条不紊地按议程顺序逐一进行，谈判节奏较为缓慢。这种平衡从容的态度与北欧商人的机敏反应并不矛盾，他们善于发现和把握达成交易的最佳时机，并及时作出成交的决定。

（三）北欧商人在谈判中态度谦恭，非常讲究文明礼貌，不易激动

北欧商人善于与外国客商搞好关系。同时，他们的谈判风格坦诚，不隐藏自己的观点，善于提出各种建设性方案。他们喜欢追求和谐的气氛，但是这并不意味着他们会一味地顺应对方的要求。实际上，北欧商人在自以为正确时，具有相当的顽固性和自主性，这也是一种自尊心强的表现。

（四）与北欧商人谈判，更多的时候应考虑如何与其配合

首先，要以坦诚的态度对待来自北欧的谈判人员。这可以使双方感情融合，形成相互信任的气氛，以推进谈判。其次，要以理性的方式对付北欧商人顽固的态度，充分注意论述的理由。最后，可以利用北欧商人愿意追求和谐稳定的心理和善于提建设性方案的特点，有意制造僵局，激化矛盾，让他们提出方案，从而获

取更大的利益。

（五）北欧商人不喜欢无休止的讨价还价

北欧商人希望对方的公司在市场上是优秀的，希望对方提出的建议是他们所能得到的最好的建议。北欧商人性格较为保守，他们更倾向于尽力保护自己现在拥有的东西。因此，他们在谈判中更多地把注意力集中在怎样作出让步才能保住合同，而不是着手准备其他方案，以防作出最大让步也保不住合同的情况。

（六）北欧人喜欢高品质的产品

北欧人为保证其竞争力，总是大规模地投资于现代技术，他们出口的商品往往是高质量、高附加值的产品，进口的商品也多半是自己需要而在国内难以买到的高品质产品。北欧人有着强大的市场购买力，在谈判中，对于高档次、高质量、款式新奇的消费品，他们会表现出很大的兴趣；而对于一般性商品，则不屑一顾，常以种种苛刻条件让对方知难而退。

（七）在北欧，代理商的地位很高

尤其在瑞典和挪威，没有代理商的介入，许多谈判活动就难以顺利进行。因此，与北欧人做生意，必须时刻牢记这些代理商和中间商。

（八）北欧人较为朴实，工作之余的交际较少

北欧人晚间的招待一定在家里进行，不到外面餐馆去用餐。如果白天有聚餐，他们一般是在大饭店里预订好座位，这种宴会也不铺张浪费。如果是私下聚会，则往往只有咖啡和三明治。北欧人力戒铺张，他们把简朴的招待视为对朋友的友好表示。

（九）北欧人将蒸汽浴视为日常生活中必不可少的一部分

大多数北欧国家的宾馆里都设有蒸汽浴室。在北欧，谈判之后去洗蒸汽浴几乎成了不成文的规定。如果北欧谈判者邀请对方去洗蒸汽浴，不要以为这很荒唐。恰恰相反，这充分说明对方是很受欢迎的，因为洗蒸汽浴是受到良好招待的明显标志。到北欧洽谈生意的外国客商也应不失时机地发出邀请或接受邀请，以增加双方接触的机会，增进友谊。

（十）北欧人喜欢饮酒

为了公众利益，北欧国家都制定了严厉的饮酒法。因此，这些国家的酒价十分昂贵。北欧人特别喜欢别人送如苏格兰威士忌酒之类的礼物，如果对方在商务谈判中以酒作为馈赠礼品，他们会十分高兴的。

（十一）北欧人在商业交际中往往不太准时

特别是瑞典人，在商业交际中往往不太准时，而他们在其他社交场合却非常守时。遇到他们迟到的情况，只要没有出现什么严重后果，就不要太计较，许多时候，以一笑置之展示自己的洒脱是明智的做法。

(十二)北欧人通常在夏天和冬天分别有三周到一周的假期

北欧国家所处纬度较高,冬季时间较长,所以北欧人特别珍惜阳光。他们在夏天和冬天分别有三周到一周的假期。这段时间,几乎所有公司的业务都处于停顿状态,人们都休假去了。因此,做交易应尽量避开这段时间。当然,也可以利用假期将至,催促对方赶快成交。

六、俄罗斯商人的谈判风格

1991年12月,苏联解体,分裂为十几个国家。其中,俄罗斯是面积最大、人口最多、经济实力最强的国家。俄罗斯联邦包括16个自治共和国,总面积为1707.5万平方公里。俄罗斯人大多信奉俄罗斯东正教。由于从统一的苏联中分离出来,俄罗斯的社会生活发生了极大的变化,人们的社会地位、自我价值观念也有显著的变化。俄罗斯商人一般显得忧虑,自信心不足,进取心差,而且无政府主义蔓延。

(一)俄罗斯人办事断断续续,效率很低

这是由于受前苏联官僚主义办事拖拉作风的影响。俄罗斯商人绝不会让自己的工作节奏适应外商的时间安排,除非外商提供的商品正是他们急切想要的。在谈判过程中,如果外商向他们发信函或打电话征求意见,他们不会回答。俄罗斯商人谈判,往往喜欢带上各种专家,这样不可避免地扩大了谈判队伍,各专家意见不一也延长了谈判时间。因此,与俄罗斯商人谈判时,不要急躁,要耐心等待。

(二)俄罗斯商人的谈判能力很强

俄罗斯商人特别重视谈判项目中的技术内容和索赔条款。为了尽可能以较低的价格购买最有用的技术,他们特别重视技术的具体细节,索要的东西也包罗万象,如详细的车间设计图样、零件清单、设备装配图样、原材料证明书、各种产品的技术说明、维修指南等等。所以,在与俄罗斯人进行谈判时,要有充分的准备,可能要就产品的技术问题进行反复的磋商。

(三)俄罗斯人善于讨价还价,善于动用各种技巧

常用的技巧有制造竞争、欲擒故纵、虚张声势等。如果俄罗斯商人想要引进某个项目,首先要对外招标,引来数家竞争者,然后不慌不忙地进行选择。他们还会采取各种手段,让争取合同的对手之间相互压价,相互残杀,最后从中渔利。俄罗斯人开低价常用的一个办法就是“我们第一次向你订货,希望你给个最优惠价,以后我们会长期向你订货”、“如果你们给我们以最低价格,我们会在其他方面予以补偿”,以此引诱对方降低价格。俄罗斯人重视合同,一旦达成谈判协议,他们会按照协议的字面意义严格执行。同时,他们也很少接受对方变更合同条款的请求。在谈判中,他们对每个条款尤其是技术细节十分重视,并在合同中

精确表示各条款。

（四）俄罗斯人非常谨慎，缺少敏锐性和创新精神，喜欢墨守成规

长期以来，俄罗斯是以计划经济为主的国家。由于体制严格的计划性束缚了个性能力的发挥，而且这种体制要求经办人员对所购进商品的适用性、可靠性和质量进行审查，并要对所作出的决策承担全部责任，因此俄罗斯人非常谨慎。他们往往以谈判小组的形式出现，等级地位观念重，责任常常不太明确具体。俄罗斯人喜欢按计划办事，一旦对方的让步与其原订目标有差距，要让他们让步特别困难。由于俄罗斯人在谈判中经常要向领导汇报情况，因而谈判中决策与反馈的时间较长。

（五）俄罗斯人喜欢非公开的交往，喜欢私人关系早于商业关系的沟通方式

一旦彼此熟悉，建立起友谊，俄罗斯人表现得非常豪爽、质朴、热情，他们健谈、灵活，乐于谈论自己国家的艺术、建筑、语言学等。他们非常大方、豪迈，长时间不停地敬酒，见面和离开都要握手。

（六）俄罗斯人有四大爱好：喝酒、吸烟、跳舞和运动

俄罗斯商人对于研究过俄罗斯文化艺术的外商特别尊重，这会给商务谈判带来友好的气氛。俄罗斯人不论男女，几乎没有不喝酒的，而且大多爱喝烈性酒，如伏特加之类。俄罗斯人吸烟也很普遍，而且爱抽烈性烟。跳舞是俄罗斯人的传统，一般每周末都有舞会。过去人们主要跳民族舞蹈，现在的年轻人更愿意跳交谊舞。他们常在花园中的空地上或马路边的小广场上，在手风琴或吉他的伴奏下翩翩起舞。俄罗斯人重视体育运动，许多人都有一两项专长。

（七）俄罗斯人很重视仪表，喜欢打扮

俄罗斯人文明程度较高，不仅家中比较整洁，而且注意公共卫生。俄罗斯人重视仪表，在公共场合注意言行举止。比如，他们从不将手插在口袋里或袖子里，即使在热天也不轻易脱下外套。在商务谈判中，他们也注意对方的举止。如果对方仪表不俗，他们会比较欣赏。相反，如果对方不修边幅就坐在谈判桌前，他们会很反感。

七、东欧商人的谈判风格

东欧一般是指捷克、斯洛伐克、波兰、匈牙利、罗马尼亚、保加利亚等国，与我国的交往比较密切。

（一）东欧商人作风散漫，待人谦恭，缺乏自信，在谈判中急于求成，注重实利

东欧国家的政治体制改革和经济体制改革对社会文化的影响很大，国家制度的变化给这些国家人民的思想带来很大冲击。所以，东欧国家的谈判人员显得作风散漫，缺乏自信。他们通常对现实利益紧抓不放。

（二）东欧商人看重别人的尊重

与东欧商人谈判时，应以尊重为前提，以敬换情，通过一系列尊敬对方的做法感动对方，换取信任，以此促进思想的沟通和信息的交流，使谈判顺利进行。

（三）东欧商人也有各自的差异

例如，匈牙利商人具有东方人的气质，重视信誉，容易交往；罗马尼亚商人精明、开朗，善于察言观色和讨价还价；捷克和斯洛伐克商人进取心强，反应敏捷等等。

八、西班牙商人的谈判风格

（一）西班牙人生性开朗，且略显傲慢

西班牙商人在谈判时常常怀有一种居高临下的优越感。西班牙人考虑问题很注重现实，他们对工作、生活中的各种关系和事务的安排，都是十分严肃认真的。

（二）西班牙人一般不肯承认自己的错误

西班牙人即使按照合同遭受了一点损失，也不愿公开承认他们在签订合同时犯了错误，更不会主动要求对合同进行修改。这时，如果对方考虑到他们在合同中无意遭受到的损失而帮助他们下台阶，就会赢得他们的信任和友谊，为今后更好地与他们进行商务合作奠定坚实的基础。

（三）西班牙人认为直截了当地拒绝别人是非常失礼的

这是西班牙人的社交礼仪和传统习惯。西班牙商人口头上一般不会说“不”字。所以，在与他们洽谈时，不能使用诱导式问句，让他们回答“是”或“否”；否则，即使你得到了肯定的答复，也可能久久得不到回音，因为实际上他们拒绝了你。遇到这种情况，千万不要性急，只有仔细揣摩他们的真实意图，设法与他们达成相互谅解与信任，才能与他们继续商谈和合作。

（四）西班牙商人注重个人信誉

西班牙商人强调个人信誉，签订合同后一般都会很认真地履行。但是，也要小心一些投机性的商人。

（五）西班牙商人与外商洽谈时态度认真，谈判人员一般具有决定权

与西班牙商人谈判，必须选派身份、地位相当的人员前往，否则他们会不予理睬。另外，穿戴讲究的西班牙商人也希望谈判对方衣饰讲究。西班牙商人通常在晚餐上谈生意或庆祝生意成功，他们的晚餐大多从晚上 9:00 以后开始，一直进行到午夜才结束。

九、葡萄牙商人的谈判风格

葡萄牙位于欧洲西南部伊比利亚半岛的南端，曾经是世界上数一数二的殖

民国家。葡萄牙贫富分化严重，除少数人比较富有外，大多数人比较贫穷。

（一）葡萄牙人善于社交，而且很随和

在初次相识时，葡萄牙人就会表现出亲密感来。但是，当你想进一步接近他们时，他们却又退缩回去。因此，难以和他们开诚布公地交谈。

（二）葡萄牙人处理问题常以自我为中心，协调性较差

这导致葡萄牙人无法使优秀的个人能力结合起来，无法发挥团体的效用。

（三）葡萄牙人讲究打扮

即使在很热的天气，葡萄牙人也穿得西装革履，在工作和社交等场合一般都打领带。

（四）葡萄牙商人做生意没有很强的时间观念，在决策时有拖延的习惯

葡萄牙人喜欢用汇票作为交易的支付方式，但是常常不能爽快履约。比如，约定货款在某日期汇付，而到了约定日期，他们往往不会如数汇付，而是毫无愧意地提出只付其中一部分，剩下部分要延后到某日再汇付。这种要求延迟支付的现象常有发生。因此，与他们进行交易时，应在合同中严格确定付款日期，并尽可能加入相应的迟付解决条款。

十、希腊商人的谈判风格

希腊是欧洲古代文明的发源地，与其他欧洲国家相比，其经济不太发达。希腊人有着自己传统的价值观，他们敬重有钱的人或是有羊群、土地、橄榄园和房子的人。古希腊很早就进入商品买卖阶段，商人很多，商业的观念在希腊人头脑中根深蒂固。希腊商人做生意的方法至今还是很传统的，讨价还价随处可见，甚至餐馆的菜价也可以讨价还价。

（一）希腊商人的时间观念不强

希腊商人一点也不珍惜时间，更少遵守时间，在谈判时很少严谨地安排时间，有时提前结束，有时拖延好几天。希腊商人喜欢带客人到熟悉的餐馆，不论午餐安排在什么时候，都会耗掉整个下午。

（二）希腊人在做生意时比较诚实，但是履行义务的效率并不高

（三）与希腊商人谈话时，尽量不要提及土耳其

因为大多数希腊人对于来自土耳其的军事威胁这一问题非常敏感。

（四）希腊商人不十分讲究穿戴

因此，外国商人一定不要以貌取人，不要通过谈判人员的穿戴判断他们的财富和成就。

（五）希腊商人的交易淡季

每年的6月至8月，希腊的商务活动很少，遇每周三下午，很难联系到任何人。

十一、荷兰、比利时和卢森堡商人的谈判风格

荷兰、比利时和卢森堡是三个政治、经济关系密切的国家。

（一）三个国家的人的共同特点：办事较稳重

一般在面谈之后，他们会及时写信给对方提起面谈时的有关内容，目的是确认谈判的内容。他们都喜欢花些时间对商业协定或会谈作出计划，然后才行事。他们不喜欢对方没有事先约定就拜访自己。

（二）荷兰人性格坦率，开诚布公

荷兰曾是欧洲最正统的民族。荷兰以农牧业和园艺闻名，田园情调很浓，工业化程度也很高，在轻重工业方面都有相当的成就。荷兰人没有比利时人的贵族气息。

（三）荷兰人习惯于事先安排计划，讲究秩序

（四）荷兰商人擅长赚钱和理财，善于贸易谈判和建立国际商务关系

因为荷兰是靠对外贸易起家的商业国，荷兰人对贸易的认识非常深刻。荷兰商人很会利用自己的经济实力签订对自己有利的合同以获得额外的利益，他们在国际商贸领域非常有竞争性。

（五）与荷兰商人面谈后，要及时写信给他们以确认谈话内容

荷兰商人在商务谈判中喜欢时时插入闲谈，还会端出咖啡，边喝边谈。荷兰商人多数会讲多国语言，一般都会英语和德语，但是在内部协商时一般都用荷兰语。

（六）在与比利时人谈判时，要了解其是荷兰裔还是法国裔

比利时是一个发达的工业国家，与荷兰和法国接壤，兼有这两国的一些特征。首都布鲁塞尔是欧盟总部所在地，首都以北居住着弗拉芒人，他们是几个世纪以前来此定居的荷兰人的后裔；首都以南居住着说法语的比利时人。日耳曼血统的荷兰裔人与法国裔人的民族感情相当独立，而且多年来他们之间的积怨很深，隔阂很大。因此，在比利时进行商务活动时，要考虑到这一点，尽量避免卷入他们的争执之中。例如，在寄送产品目录时，使用英文目录较为保险，不要以为比利时人是法国裔而寄送法语目录，从而引起荷兰裔人的不满。同样，在洽谈业务时，也不要用法语与荷兰裔的比利时商人交谈，否则可能会受到严厉的指责。

（七）比利时人注重地位、外表和礼节

比利时人的贵族气息比较浓厚。谈判时，他们总希望对方的地位与自己相当。因此，与他们做交易，我方谈判人员的身份必须与之相当或略高。另外，想达成交易，应直接找高级负责人洽谈，首先要写信给他，写明要点并请他指定会面的日期，这被视为应有的礼节。在商谈中，若他们偶然提及对方下榻的旅馆，

并得知该旅馆仅属于一般旅馆时,他们尽管表面上不一定有蔑视的表示,但是心中可能已经看轻对方了,这可能会对交易产生不利的影响。比利时人注重礼节已到了极端的地步,无论什么时间、什么地点,只要相遇都要握手,只要道别都要握手并说“再见”,即使离开办公室时,对同事也是如此。可以说,在比利时,握手多多益善。

(八) 比利时商人的工作态度很现实、稳健

上层办事人员工作很努力,愿意加班。在工作需要时,星期六也可以洽谈。即使他们正在乡下度假,若有急事,也会马上赶回来。

(九) 比利时人的商业道德水平相当高

与比利时人做生意,几乎没有会使你上当或受骗的情况,收款时也很少发生纠纷。

(十) 卢森堡商人喜欢握手

卢森堡人虽然传统,但是并不守旧,也不像德国人或瑞士人那么古板。人们在商业交往中见面时握手,离去时握手,到办公室或建筑工地参观时也要与秘书小姐和建筑工人们握手。

(十一) 卢森堡商人注重饮食

卢森堡商人对工作早餐有特殊的偏爱,喜欢边吃边聊;午餐通常是又慢又长,切记不可让谈判话题扰乱了对美味佳肴的享受;在工作晚餐时,假如客人对产自摩泽尔河谷的卢森堡干白葡萄酒加以赞赏,主人会很高兴。卢森堡人邀请你去他家共进晚餐,给女主人带去一束花或者一盒糖是应有的礼节。

(十二) 卢森堡人注重本国特色

作为一个小国的国民,特别是在周围邻国都是强大国家的情况下,卢森堡人对客人不懂卢森堡的习惯和语言是能够理解的。但是,卢森堡人也十分注重本国的特色。如果冒昧地把卢森堡人与比利时人、德国人和法国人混为一谈,那将令卢森堡人非常不高兴。对卢森堡商人来说,了解商业伙伴不是路过,而是因为这个国家的特色而选择它,这一点非常重要。

因为国土狭小,卢森堡很容易受到外部影响,国内人民也是如此。夹在法国、德国和比利时中间,卢森堡人同时会讲法语、德语和当地语言。卢森堡不得不靠其他国家发展自己的经济,它的力量来自经济共同体。外来者会发现,这里的商业团体总是表现得友好、机警、含蓄而保守,步子迈得相对也较小。卢森堡也以其强烈的独立感和民族自豪感闻名于世。

如果你遵循德国、法国和比利时的行为规范和礼节,在卢森堡你就不会遇到任何困难。

十二、奥地利和瑞士商人的谈判风格

(一) 奥地利人和蔼可亲,善于交际

奥地利人较容易接近,除非在交易中发生很大纠纷,否则他们深藏不露的排他性格不易被发现。

(二) 奥地利人喜欢招待客人

奥地利人一般愿意在自己家中进行宴请。当然,上餐馆用餐的机会也不少,而且菜肴丰富。若商务繁忙,使你需要在奥地利逗留较长时间,不应总让对方破费请客,最好在对方招待一两次之后回请对方一次。适于招待的时间是周末下午。

(三) 奥地利人注重地位,且较保守

奥地利国有企业工作人员的素质较高,但是人浮于事明显,洽谈中往往难以判断谁是主要负责人。他们重视地位、头衔,所以在写信或平时称呼时应加倍小心,别把头衔弄错了。奥地利人较保守,一般在建立商业关系之前,他们不愿意公开有关公司业务情况的数据。

(四) 瑞士人具有强烈的排他性,待人十分严格

瑞士在第二次世界大战后成为一个转口贸易中心,经济地位十分特殊。它的精密仪表工业举世闻名,化工、手工艺品、食品加工工业也非常发达,旅游业是其财富的一大来源。作为一个地处内陆的山国,其居民自古以来团结一致,具有强烈的排他性。与瑞士人做生意,需花相当长的时间与他们交朋友,建立信任关系。

第四节 亚洲商人的谈判风格

一、日本商人的谈判风格

日本是个岛国,资源匮乏,人口密集,市场有限,民众有深厚的危机感。第二次世界大战后,日本通过引进高科技并发展外向型经济,创造了经济上的奇迹,从战后废墟中一跃而成为世界第二大经济强国。目前,日本正积极开拓中国这片巨大的市场,中日经济交往日益密切。因此,了解和掌握日本文化和日本人的谈判风格是十分必要的。

(一) 日本人的性格特点

日本人的特点是慎重、规矩、礼貌、团体倾向强烈,有强烈的团体生存和发展的愿望。日本商人的团队精神在世界上是首屈一指的。单个日本人与其他民族的人相比,在思维、能力、创新精神或心理素质方面往往都不见得出类拔萃。但

是，日本人一旦结为一个团体，这个团体的力量就会十分强大。日本有许多家族式企业，它们使个人、家庭和企业紧密相联，使个人对集体产生强烈的依赖感、归属感和忠诚心，使企业组织内部有高度的统一性和协调性。日本人往往是率团前去谈判，同时也希望对方能率团参加，并且双方人数大致相等。

（二）日本人注重集体决策

在日本企业中，决策往往不是由最高领导层武断地作出的，而是要在公司内部反复磋商，凡有关人员都有发言权。企业高层领导通常派某人专门整理所需决策的情况，集中各方面意见，然后再作出决策。与其相适应，日本企业的谈判代表团多是由曾经共事的人员组成，彼此之间互相依赖，有着良好的协作关系。因此，与日本企业打交道，与担任中层领导的人员以及其他有权参加决策的成员之间建立和培养良好的关系，往往有助于交易谈判的展开。

（三）日本人注重人际关系，愿与熟人长期打交道

日本商人在与外商进行初次商务交往时，喜欢先进行个人的直接面谈，而不喜欢通过书信交往。对于找上门来的客商，他们更倾向于选择那些熟人介绍来的。因此，在初访日商时，最好事先托朋友、本国使馆人员或其他熟悉的人介绍。日本商人善于把生意关系人性化，他们通晓如何利用不同层次的人与谈判对方不同层次的人交际，从而探明情况、研究对策、施加影响、争取支持。日本谈判人员总是善于创造机会，与谈判对手的关键领导拉关系。

（四）日本的等级观念根深蒂固

日本人非常重视尊卑秩序。日本商人在谈判时，总希望对方的地位能与自己的地位相当。在日本谈判团内，等级意识也很严重，一般都是谈判组成员奋力争取、讨价还价，最后由“头面人物”出面稍作让步，达到谈判目的。还应注意的一点是，日本妇女在社会中的地位较低，一般不被允许参与大公司的经营管理活动。日本人在一些重要场合也是不带女伴的。所以，遇到正式谈判，一般不宜让妇女参加，否则他们可能会表示怀疑，甚至流露出不满。鉴于日本人尊老敬长的心理，与日方谈判时，派出的人员最好官阶、地位都比对方高一级，这样有利于谈判的进行。

（五）日本人在谈判中耐心十足，强烈地希望谈判取得成功

日本商人在谈判时表现得彬彬有礼，富有耐心，实际上他们固执而坚毅。他们非常有耐性，一般不愿率先表明自己的意图，而是耐心等待，静观事态发展。日本人刻苦耐劳，他们在商务谈判中常常连续作战，废寝忘食。一旦谈判中发生细节变化，他们会主动整理，形成文字。这也是他们一项重要的谈判策略，通过整理过程中使用词语发生的细微变化，尽量使协议有利于自己。

（六）日本人重视合同的履行，履约率较高

在签订合同之前，日本商人通常格外谨慎，认真审查全部细节。合同订立之

后，他们一般较重视合同的履行。但是，这并不排除在市场行情不利于他们时，他们会千方百计寻找合同漏洞以拒绝履约的情况。

（七）日本人善于用小恩小惠或表面的小利软化对手的谈判立场，从而获取更大利益

日本人十分通晓“吃小亏占大便宜”和“放长线钓大鱼”的谈判哲理。例如，他们常用折扣手法迎合买方心理，其实在主动提出打折之前早已抬高了价格。他们喜欢出钱让几个人出国监造设备，在监装货物过程中用请客送礼等办法软化对手。对日方商人的这种做法，应注意避免舍本逐末，要追求根本利益，不要贪图表面的小利。许多日本商人在谈判战略上都能灵活处理眼前利益与长远利益的关系，比如在整台机械设备上让利，达成交易，从而取得之后的专用零配件的供应权。因此，与日本人谈生意，要对交易利益通盘考虑。

（八）日本人谈判时通常不带律师

日本人觉得每走一步都要与律师商量的人是不值得信赖的，甚至认为带律师参加谈判就是蓄意制造日后的法律纠纷，是不友好的行为。当合同双方发生争执时，日本人通常不选择诉诸法律这一途径。他们善于捕捉时机签订含糊其辞的合同，以便将来形势变化时可以作出有利于自己的解释。

（九）日本人待人接物非常讲究礼仪

日本人在贸易活动中常有送礼的习惯。他们认为礼不在贵，但是要有特色和纪念意义，并且对地位不同的人所送礼物的档次要有所区别。日本商人重视交换名片，一般不论在座有多少人，他们都要一一交换。交换时，首先根据对象不同行不同的鞠躬礼，同时双手递上自己的名片，然后以双手接对方的名片，在仔细看后微笑点头，两眼平视对方，说上一句“见到你很高兴”之类的客套话。

（十）日本人讲面子，不愿对任何事情说“不”字

日本人认为，直接的拒绝会使对方难堪甚至恼怒，是极大的无礼。因此，在谈判过程中，他们即使对对方的提议有异议，也很少直接反驳，一般是以迂回的方式陈述自己的观点。同样，在与日本商人谈判时，语气要尽量平和委婉，切忌妄下“最后通牒”。另外，不要把日本人礼节性的表示误认为是同意的表示。日本人在谈判中往往会不断点头并说：“哈依！”这常常是告诉对方他们在注意听，并不是表示同意。

（十一）日本商人的时间观念极强，生活节奏快

这是由日本人的生活充满着竞争造成的。在日本社会中，特别强调秩序和人际关系。

二、韩国商人的谈判风格

韩国是一个自然资源匮乏、人口密度很大的国家，近几十年经济发展较快。

韩国人在长期的贸易实践中积累了丰富的经验，常在不利于己的贸易谈判中占上风，被西方国家称为“谈判的强手”。

（一）韩国商人非常重视商务谈判的准备工作

在谈判前，韩国商人会千方百计对对方的情况进行咨询了解。他们一般是通过海内外的有关咨询机构了解对方情况，如经营项目、生产规模、企业资金、经营作风以及有关商品的市场行情等。了解掌握有关信息是他们坐到谈判桌前的前提条件。一旦韩国商人愿意坐下来谈判，就可以肯定他们早已对这项谈判进行了周密准备。

（二）韩国商人很注重谈判礼仪

韩国商人十分在意谈判地点的选择，一般喜欢在有名气的酒店、饭店会晤洽谈。如果由韩国商人选择谈判地点，他们定会准时到达，以尽地主之谊。如果由对方选择谈判地点，他们则会推迟一点到达。在进入谈判会场时，一般走在最前面的是主谈人或地位最高的人，多半也是谈判的拍板者。

（三）韩国商人重视在会谈初始阶段创造友好的谈判气氛

韩国商人一见面总是热情地打招呼，向对方介绍自己的姓名、职务等。就座后，若请他们选择饮料，他们一般会选择对方喜欢的，以示对对方的尊重和了解，然后再寒暄几句与谈判无关的话题，如天气、旅游等，以此创造一个和谐融洽的气氛，之后才正式开始谈判。

（四）韩国商人逻辑性强，做事条理清楚，注重技巧

谈判时，韩国商人往往先把主要议题提出讨论。他们能灵活地使用谈判的两种手法：横向谈判与纵向谈判。横向谈判是先为协议勾画出大体框架，达成原则协议后再逐项确定谈判各方面的具体内容。纵向谈判是对双方共同提出的条款逐项磋商、逐条讨论，最后签订一个完整的谈判协议。谈判过程中，韩国商人会针对不同的谈判对象，使用“声东击西”、“疲劳战术”、“先苦后甜”等策略，不断地讨价还价，并且显得十分顽强。有的韩国商人直到谈判的最后一刻还会提出“价格再降一点”的要求。但是，韩国商人在谈判时远比日本商人爽快，他们往往在不利的形势下以退为进，稍作让步以战胜对手。在签约时，韩国商人喜欢用三种具有同等法律效力的文字作为合同的使用文字，即对方国家的语言、朝鲜语和英语。

三、南亚、东南亚商人的谈判风格

南亚和东南亚包括许多国家，主要有印度尼西亚、新加坡、泰国、菲律宾、印度、马来西亚、巴基斯坦、孟加拉国等。这些国家与我国贸易往来频繁、互补性强，是我国发展对外经济贸易的重点地区之一。东南亚人因国别不同而体现出不同的性格特点，从事商务谈判的方式也有所不同。

（一）印度尼西亚人的宗教信仰坚定，与人交往十分小心谨慎

印尼除雅加达等大城市中用英语外，一般使用马来语。印尼90%的人是回教徒，贸易中必须特别注意他们的宗教信仰。首先，按照教义，印尼每年有一个月的“斋月”，从日出到日落不能吃东西。在这段时间，印尼人事务性的工作可以勉强支撑过去，但是体力劳动难以维持。其次，印尼人强调互助精神。印尼人很有礼貌，绝不讲别人的坏话。所以，除非是深交，一般难以听到他们的真心话。在洽谈时，若是交往不久，那么虽然表面上双方在极为友好的气氛中洽谈得很投机，但是他们心里想的是否与表面上完全一致就很难说了。假若能够与他们建立推心置腹的交情，则往往可以成为可靠的合作伙伴。

印尼人有一个特点，那就是很喜欢有人到家里来拜访，而且无论什么时候拜访都很受欢迎。所以，在印尼，随时都可以敲门拜访以加深友谊，使商谈得以顺利进行。

（二）新加坡人注重信义、友谊，讲面子

新加坡是连接太平洋和印度洋的要道，被誉为“四小龙”之一。其民族的构成中，华人占绝大多数，其次是马来人、印度人、巴基斯坦人等。

新加坡的贸易对手以华侨居多，他们同甘共苦的精神很强烈，同时也很讲面子，这些特征与我国大陆商人极为相似。在商业交往中，他们十分看重对方的身份、地位以及彼此的关系。对于年老的一辈来说，“面子”在商业洽谈中具有决定性的作用。在洽谈中，若遇到重要的决定，他们往往不喜欢做成书面的字据，可一旦订了契约，就绝对不会违约。即华侨一般重信义，珍惜朋友之间的关系，对对方的背信行为表现为十分痛恨。总的来说，华侨的勤奋、能干是举世公认的。

（三）泰国商人崇尚艰苦奋斗和勤奋节俭，不愿过分依附别人

泰国是亚太地区新兴的发展中国家。20世纪70年代以来，泰国经济发展十分迅速，目前的发展重点是农业、机械制造业、交通运输业、水利电力、建筑业、服务业和对外贸易。泰国的国内市场以曼谷和曼谷周围地区为中心，比较集中，市场条件较好，而且泰国政府为外商提供了优惠的投资环境。

泰国商人崇尚艰苦奋斗和勤奋节俭，不愿过分依附别人。他们的生意大都由家庭控制，不信赖外人。同业之间虽会互相帮助，但不会形成一个稳定的组织以共担风险。与泰国商人进行商务谈判时，要尽可能多地向他们介绍个人和公司的创业历程和业务开展情况，以获得他们的好感。与他们结成推心置腹的朋友，要费相当的时间和努力。但是，一旦建立友情，他们就会信任你，遇到困难，也会给你以帮助。他们喜欢诚实、善良和富有人情味的人。

（四）菲律宾人天性和蔼可亲，善于交际，应酬时注重着装和言行举止

菲律宾是个岛国，资源丰富，居民中有42个种族，其中马来裔人、印尼裔人占90%以上。菲律宾人天性和蔼可亲，善于交际。他们在商务活动中应酬较多，常常举行聚会。聚会大多在家中举行，稍微正式一点的聚会的请帖上会注明"必须穿着无尾礼服等正式服装"；如果没有无尾礼服，可以穿当地的正装，即香蕉纤维织成的开襟衬衫式衣服。与菲律宾人做生意，最容易取得沟通的途径是入乡随俗，在社交场合尽可能做到应酬得体，举止有度，言行中表现出良好的修养和十足的信心。

（五）印度商人观念传统，思想保守，商务交往中较难与其建立信任关系

印度商人观念传统，思想保守。印度的企业家，包括技术人员在内，一般不愿把自己掌握的技术和知识教给别人。在商务谈判中，印度商人往往不愿作出有责任性的决定，遇到问题时也常常喜欢找借口逃避责任。在工作中出现失误而受到指责时，他们会不厌其烦地重复解释，狡辩到底。所以，与他们做交易，要能够拉下面子，先小人后君子，合同条款规定务必严密细致，力求消除日后纠纷的隐患。印度商人疑心很重，要在商务往来中与其建立相互信任需要很长时间，而且无论如何也不会亲密到推心置腹的地步。在没有利害关系时，他们还是较好相处的；一旦发生利害冲突，他们就会判若两人，层层设防，处处猜疑。印度社会层次分明，等级森严。

印度税收很高，逃税情况相当严重而普遍。因此，对印度公司进行资信调查很困难，调查报告所列数据的真实性也不易分辨。所以，与印度人进行商务往来之前，最好先委托我国驻外机构帮助调查，或亲自进行调查，以免受骗上当。另外，由于印度法制不健全，社会监督不严，使得整个社会各个领域普遍存在行贿受贿现象。

（六）巴基斯坦和孟加拉国商人喜欢面对面商谈，以英语为谈判语言

巴基斯坦和孟加拉国的国民绝大多数是回教徒，在从事商务交往时，应首先了解这两个国家的社会生活和风俗习惯。孟、巴两国参加商务洽谈的人一般是处于管理职位上的人，这些人出身于上流社会，且以留学欧美者居多。他们不喜欢与对方用电话商谈，而希望对方亲自登门造访，这样才可以达成交易。与孟、巴两国商人做交易，会讲一口流利的英语是至关重要的，否则会被认为没有受过良好教育而遭到蔑视，从而影响商业活动。谈判中还应注意，任何约定都必须采用书面形式，以防日后产生纠纷。

四、阿拉伯商人的谈判风格

阿拉伯国家主要分布在西亚的阿拉伯半岛和北非，它们经济单一，绝大多数国家盛产石油，靠石油及石油制品的出口维持国民经济收入。进口商品主要是

粮食、肉类、纺织品、运输工具以及机器设备等。

（一）阿拉伯人的性格特点

阿拉伯人的家庭观念较强，重朋友义气，热情好客。由于受地理、宗教、民族等问题的影响，阿拉伯人以宗教划派，以部族为群。他们性情固执而保守，脾气也很倔强，不轻易相信别人。他们喜欢做手势，以形体语言表达思想。他们对远道而来并亲自登门拜访的外国客人十分敬重。如果他们问及拜访的原因，最好说是想得到他们的帮助。

（二）阿拉伯人重信誉

与阿拉伯人谈生意，必须首先赢得他们的好感和信任。与他们建立亲近关系的方法有：由回族人或者信仰伊斯兰教或讲阿拉伯语的同宗、同族的人引见；以重礼相待，在礼仪和实际待遇上均予以照顾，使其既有面子又得实惠。

（三）阿拉伯人的谈判节奏较缓慢

与阿拉伯人谈判，往往要很长时间才能作出谈判的最终决策。如果外商为寻找合作伙伴前往拜访阿拉伯人，第一次很可能不但得不到自己期望出现的结果，还会为他们的健谈所迷惑，有时甚至第二次乃至第三次都接触不到实质性话题。遇到这种情况，要显得耐心镇静。一般来说，阿拉伯人看了某项建议后，会去证实是否可行；如果可行，他们会在适当的时候安排由专家主持的会谈。另外，阿拉伯人不喜欢通过电话谈生意。

（四）阿拉伯人特别重视谈判的早期阶段

在这个阶段，阿拉伯人会下很大工夫打破沉默局面，制造气氛。他们会就谈判中的一些问题进行试探和摸底，并间接地进行讨论。谈话时的话题要把握分寸，不要涉及中东政治，不要谈论国际石油政策以及宗教上的敏感问题。同时，在交谈时，不能架起腿，更不能将鞋底对着谈话者，否则阿拉伯人会认为你不诚实可信。

（五）阿拉伯人等级观念强烈，谈判决策由上层人员负责

中下级谈判人员向上司提供的意见或建议会得到高度重视，但是决策仍由上层人员负责。阿拉伯人等级观念强烈，其工商企业的总经理和政府部长们往往自视为战略家和总监，不愿处理日常的琐事。许多富有的阿拉伯人是靠金钱和家庭关系获得决策者的地位，而不是依靠自己的能力。因此，他们的实际业务经验少得可怜，有的甚至对公司有关方面的运转情况一无所知，不得不依靠自己的助手和下级工作人员。所以，外商在谈判中往往要同时与两种人打交道，首先是决策者，他们只对宏观问题感兴趣；其次是专家和技术员，他们希望对方尽可能提供一些结构严谨、内容翔实的资料，以便仔细加以论证。

（六）阿拉伯的商业活动必须通过代理商开展

几乎所有阿拉伯国家的政府都坚持，无论外商的生意伙伴是个人还是政府

部门,其商业活动都必须通过阿拉伯代理商开展。一个好的代理商,会为外商提供便利,对业务的开展很有帮助。例如,可以帮助雇主与政府有关部门尽早取得联系,促使其尽快作出决定;快速完成日常的文书工作;帮助安排货款回收、货物运输、仓储等事宜。

(七) 阿拉伯人喜欢讨价还价

在阿拉伯国家,无论商店大小,都可以讨价还价,标价只是卖方的报价。不还价就买走东西的人还不如讨价还价后什么也不买的人更受到卖主的尊重。因此,为适应阿拉伯人讨价还价的习惯,外商应建立起见价即讨的意识,凡有交易条件,必须准备讨与还的方案;凡想成交的谈判,必定把讨价还价做得轰轰烈烈。高明的讨价还价要有智慧,即找准理由,令人信服。

(八) 阿拉伯人注重小团体和个人利益

有鉴于此,阿拉伯人谈判的目标层次极为鲜明,谈判手法也各不相同。在整体谈判方案中,应预先分析他们利益层次的所在范围。在与他们谈判时,应以某种小的牺牲换取更大的利益。

(九) 阿拉伯人不欣赏抽象的介绍说明

在谈判中向阿拉伯人介绍产品与其他情况时,要采用数字、图形、文字和实际产品相结合的方式。要注意的是,对于确实需要提供的材料,必须请一流的翻译,并按照阿拉伯人的习惯进行精细的译解,千万别为了节省成本而随便找人翻译;否则,翻译的失误可能会造成灾难性的后果。另外,材料中所附图片也应以从右向左的顺序排列,并且图片内容不得冒犯阿拉伯人的风俗习惯。

(十) 阿拉伯人在商业交往中习惯使用“IBM”

这里的“IBM”,不是指IBM公司。I是“因夏利”,即“神的意志”;B是“波库拉”,即“明天再谈”;M是指“马列修”,即“不要介意”。他们常以这几个词作为武器,保护自己,以抵挡对方的“进攻”。比如,双方已订好合同,后来情况发生变化,阿拉伯商人想取消合同,就会名正言顺地说,这是“神的意志”。在谈判中,当形势对外商有利时,他们却耸耸肩说:“明天再谈吧。”等到明天,一切又要从头再来。外商因阿拉伯人的上述行为或其他不愉快的事而恼怒不已时,他们又会拍着外商的肩膀,轻松地说:“不要介意。”所以,与阿拉伯人做生意,要记住其“IBM”做法,慢慢推进才是上策。

(十一) 阿拉伯国家的妇女地位较低,一般不能在公开场合抛头露面

应该尽量避免派女性去阿拉伯国家谈生意,如果谈判小组中有妇女,也应将其安排在从属地位,以示尊重他们的风俗。另外,在谈话中尽量不涉及妇女问题。

第五节　其他地区商人的谈判风格

一、大洋洲商人的谈判风格

大洋洲包括澳大利亚、新西兰、斐济、巴布亚新几内亚等二十多个国家和地区。澳大利亚和新西兰是两个较发达的国家,居民有70%以上是欧洲各国移民后裔,其中以英国和法国最多。多数国家通用英语。经济上以农业、矿业为主,盛产小麦、椰子、甘蔗、菠萝、羊毛,以及铅、锌、锰等多种矿物。主要贸易对象是美、日和欧洲一些国家。出口商品以农、畜、矿产品为主,进口商品主要是机械、汽车、纺织品和化工品等。下面简单介绍一下澳大利亚商人和新西兰商人的谈判风格。

(一) 澳大利亚商人在谈判中重视办事效率

澳大利亚商人派出的谈判人员一般都具有决定权,同时希望对方的谈判代表也具有决定权,以免在决策中浪费时间与精力。他们极不愿意把时间花在不能作决定的空谈中,也不愿意采用开始报价高,然后慢慢讨价还价的做法。他们采购货物时大多采用招标的方式,以最低报价成交,根本不给对方讨价还价的机会。

(二) 澳大利亚商人较守时

澳大利亚的员工一般都很遵守工作时间,不迟到早退,也不愿多加班,下班时间一到,就会立即离开办公室。参加商务谈判时也一样。经理阶层的责任感很强,对工作很热心。

(三) 澳大利亚商人待人随和,乐于接受款待,重信誉

澳大利亚商人乐于接受款待,但是他们认为招待与生意无关,是两项活动。他们在签约时非常谨慎,不太容易签约,一旦签约,则较少发生毁约现象。他们重视信誉,而且成见较重,如果谈判中对方有不妥的言行,会产生广泛的不良反应。所以,谈判人员必须给他们留下好的第一印象,才能使谈判顺利进行。

(四) 澳大利亚商人不大注重商品的完美性

澳大利亚商人以进口关税控制外来商品的竞争,所以他们的商品质量提高得很慢,而国内市场上进口商品的销售也处于不利地位。

(五) 新西兰商人在商务活动中重视信誉,责任心很强

新西兰是一个农业国,工业产品大部分需要进口。其国民福利待遇相当高,大部分人都过着富裕的生活。新西兰商人重视信誉,责任心很强,加上经常进口货物,多与外商打交道,所以他们都精于谈判,很难应付。

二、非洲商人的谈判风格

非洲是面积仅次于亚洲的世界第二大洲，包括五十多个国家，近六亿人口。绝大多数国家属于发展中国家，经济贸易不发达。按地理习惯，非洲可分为北非、东非、西非、中非和南非五个部分。不同地区、不同国家的人民在种族、历史、文化等方面的差异极大，因而在国情、生活、风俗、思想等方面也各具特色。

(一) 非洲人的禁忌

非洲人认为左手是不干净的，因此不要用左手与他们握手，否则会被认为是对对方的大不敬。

(二) 非洲人的工作效率低，办事拖拉，时间观念极差

非洲各部族内部的生活具有浓厚的大家庭色彩。非洲人认为，有钱人帮没钱人是天经地义的。只要其中有人有职业、有收入，他们的亲戚就会来要钱。这种风俗习惯使得很少有人愿意去积极谋职，努力赚钱，大多数人都将希望寄托在已有职业或家境富裕的族人身上。由此带来的后果是，非洲人的工作效率很低，办事能拖就拖，时间观念极差。谈判时，他们很少准时到场，即使到了也很少马上开始谈论正事。对此，其他国家的谈判人员只能忍耐。

(三) 非洲人的权力意识很强

每个拥有权力的人，哪怕是极小的权力，都会利用它索取财物。在非洲，利用采购权吃回扣的事屡见不鲜。因此，去非洲做生意，应当注意用“吃小亏占大便宜”的方法，以小恩小惠取得各环节有关人员的信任和友谊，才可能使交易进展顺利。

(四) 非洲人的业务素质低，并且有一些“皮包商”

在非洲，有些从事商务谈判的人员对业务并不熟悉。因此，与他们洽谈时，应把所有问题乃至所有问题的所有细节都以书面确认，以免日后产生误解或发生纠纷。另外，在非洲还要避免与“皮包商”做生意。他们往往只为骗取必要的许可证再转卖出去，或为了拿到你提供的样品，积极找你谈生意，并一口答应你的条件和建议，得手后便逃之夭夭。非洲国家的法制不健全，很难依靠法律追究他们的责任。

(五) 南非商人讲究信誉，付款守时

在非洲诸国中，南非的经济实力最强，黄金和钻石的生产流通是其经济的最大支柱。南非商人的商业意识较强，讲究信誉，付款守时。他们一般派出有决定权的人负责谈判，通常不会拖延谈判时间。

第六节 中西方商务谈判风格比较

一、先谈原则与先谈细节

中国商人喜欢在处理细节问题之前先就双方关心的一般原则取得一致意见,把具体问题安排到以后的谈判中去解决,即“先谈原则,后谈细节”。西方商人往往是“先谈细节,避免讨论原则”。

西方人认为,细节是问题的本质,细节不清楚,问题实际上就没有得到解决,而原则只不过是一些仪式性声明而已。所以,他们比较愿意在细节上多动脑筋,对于原则性的讨论比较松懈。这种差异常常导致中西方交流中的困难。美国一些外交官曾感受到中国人所具有的谈判作风对西方人的制约。专门研究中国谈判作风的美国学者查尔斯·弗里曼告诫西方外交界,在与中国人打交道时,应“坚持先谈具体而特定的细节,避免关于一般原则的讨论”。

中国人重视“先谈原则,再谈细节”的原因如下:

(1) 先谈原则可确立细节谈判的基调,使它成为控制谈判范围的框架。

(2) 可以利用先就一般原则交换意见的机会估计和试探对方,看看对方可能有哪些弱点,创造出一些有利于自己的机会。

(3) 先谈原则可以很快地把原则性协议转变为目标性协议。

(4) 先谈原则可以赢得逻辑上或道德上的优势。

(5) 通常,原则问题的讨论可以在与对方上层人物的谈判中确立下来,从而既避免了与实质性谈判中的下层人员可能的摩擦,又能在一定程度上控制他们的举动。

应当指出,先谈原则的谈判作风虽然有对于具体细节谈判的某种制约作用,但是在协议的执行过程中,如果对方对于自己的违约“站定脚跟”,对中国的批评不理,那么这种手法就不会特别有效。因为依照原则精神谈细节与依照原则精神执行协议毕竟是两码事。

二、重集体与重个人

西方人比较强调集体的权力、个体的责任,是一种“分权”。中国人比较强调集体的责任、个体的权力,是一种“集权”。

这种差异导致谈判场合出现这样两种现象:西方人表面看来是一两个人出场,但是他们身后却往往有一个高效而灵活的智囊群体或决策机构,决策机构赋予谈判者个体以相应的权限,智囊群体辅助其应对谈判中的复杂问题;中方则是众人谈判,一人拍板。可以想象,拍板的人是行家里手倒也还好,如果是外行,那么谈判的风险和结果就难以预料了。因此，在谈判中，我们应当科学而恰当地处理好集体与个人、集权与分权之间的关系，以在与西方人的谈判中始终处于较为主动的地位。

三、重立场与重利益

（一）中国人重立场

中国人把"面子"看得极重，在谈判中对于立场特别敏感。美国谈判学家雷法指出："在立场上投入的注意力越多，越不会注意如何调和双方利益。任何达成的协议，都只不过是机械式地消除双方在最后立场上的分歧，而不是精心制订出符合双方合法利益的解决方案。"立场争执往往会使谈判陷入僵局，导致彼此的对立。

同时，雷法又指出："谈判者在立场上争执时，会使自己更加陷入该立场中。你越澄清你的立场，越抵抗别人对它作的攻击，你就越会执著于它；你越设法叫别人相信你不可能改变立场，你越难做到这一点。于是，你的'自我'变得与你的立场混为一体。你现在有了'保住面子'这项新利益——把未来的行动与过去的立场联系起来——也就越不可能达成一项调和双方最初利益的明智的协议。"立场争执往往会使谈判陷入僵局，导致彼此的尖锐对立。多年的合作伙伴，会因此而分道扬镳；朋友从此会视同陌生人。

（二）西方人重利益

西方人对利益看得比立场更为重要。对于商务谈判人员，评价其工作绩效的标准是看其谈判成果。一个在谈判中勤恳稳重但低效无利的谈判者，在西方人看来是绝对不能容忍的。"苦劳"在西方人那里不可能被记入"功劳"账上。因此，一个在谈判中过分坚持立场而不能获得利益或放弃了应得利益的人，在西方是不可能被重用或提拔的。

西方的谈判者重效果而轻动机，他们对立场问题往往表现出极大的灵活性，在谈判中努力追逐利益。他们对待事物的态度，取决于其是否能为自己带来好处，是否会损害自己的利益。

复习思考题

一、名词解释

1. 谈判风格

二、简答题

1. 简述美国商人的谈判风格。
2. 英国商人一般有怎样的谈判风格？
3. 德国商人的谈判风格是什么？

4. 法国商人一般有怎样的谈判风格?
5. 北欧商人有什么样的谈判风格?
6. 意大利商人的谈判风格是什么?
7. 简述日本商人的谈判风格。
8. 简述东南亚商人的谈判风格。
9. 简述大洋洲和非洲商人的谈判风格。

三、案例分析

中国某公司与阿拉伯某公司谈判出口纺织品的交易。中方给阿方提供了报价条件,阿方说需要研究,约定次日上午9:30到某饭店咖啡厅谈判。中方小组9:20到了阿方指定的饭店,等到10:00还未见阿方人影,咖啡已喝了好几杯了。这时,有人建议:“走吧!”有人抱怨:“太过分了。”组长讲:“既然按约到此,就等下去吧。”一直等到10:30,阿方人员才晃晃悠悠来了,一见中方人员就高兴地握手致敬,但是未讲一句道歉的话。

在咖啡厅,双方谈了一个钟头,没有结果,阿方要求中方降价。组长让阿语翻译告诉对方:按约定9:30来此地,我们已等了一个钟头,桌上咖啡杯的数量可以作证。这说明我们诚心与贵方做生意,开价不虚(尽管有余地)。对方笑了笑,说:我昨天睡得太晚了。对于你们的谈判条件,我方难以接受。中方建议认真考虑后再谈。阿方代表沉思了一下,提出下午3:30到他家去谈。

下午3:30,中方谈判小组准时到了他家,并带了几件高档丝绸衣料做礼品。在对方西式的客厅坐下后,这位阿方人员招来他的三个妻子与客人见面。三个妻子岁数不等,脸上没有平日阿拉伯妇女戴的面纱。中方组长让阿语翻译表示问候,并送上事先准备好的礼品。三位妻子很高兴。见过面后,她们就退下去了。

这时,阿方代表说:“我让她们见你们,是把你们当朋友。不过,你们别见怪,我知道在中国是一夫一妻制。按穆斯林的规定,我还有权再娶一个,不过等我赚了钱再说。”中方人员趁机祝他早日如愿,并借此气氛将新的价格条件告诉他。对方高兴地说:“你们说研究就拿出了新方案。”于是,他也顺口讲出了自己的条件。中方一听,该条件与自己的新方案仍有距离,但是已进入成交线。

中方组长很自然地说:“贵方也很讲信用,研究了新方案,但是看来我们双方还有差距。怎么办呢?我有个建议,既然来了您家,我们也不好意思只让您让步,我们双方一起让如何?”阿方看了中方组长一眼,讲:“可以考虑,那么价格外的其他条件呢?”中方说:“我们可以先清理这些问题,然后再谈价。”于是,双方又把产品规格、交货期限以及合同文本等扫了一遍,确认、廓清和订正。阿方说:“好吧,我们折中让步吧,将刚才贵方的价与我方的价进行折中成交。”中方说:“这样折中是个很好的建议,不过该条件对我方还是过高些,我建议将我方刚才的价与贵方同意折中后的价再进行折中，以此价成交。”阿方大笑，说：“贵方真能讨价还价，看在贵方昨天等我一个小时的诚意上，我们成交吧！”于是，他的阿拉伯手握住了中国手。

问题：

（1）如何看中方人员对对方迟到的处理？为什么对方未就迟到一事道歉？

（2）如何看阿方把中方请到家里的做法？

（3）如何评价阿方提出的最终价格条件、谈判的次序安排和谈判的结构方式？

（4）通过双方的成交过程，评价中方的准备工作。

参考文献

1.〔美〕罗杰·费希尔、威廉·尤里、布鲁斯·巴顿:《谈判力》,王燕、罗昕译,北京:中信出版社2009年版。

2.〔美〕罗杰·道森:《优势谈判——一位王牌谈判大师的制胜秘诀》,刘祥亚译,重庆:重庆出版社2008年版。

3.《实用文库》编委会编:《实用谈判技法大全》,北京:电子工业出版社2008年版。

4. 陈文汉主编:《商务谈判实务》,北京:电子工业出版社2005年版。

5. 刘园主编:《国际商务谈判》,北京:中国人民大学出版社2007年版。

6. 刘向丽主编:《国际商务谈判》,北京:机械工业出版社2005年版。

7. 白远编著:《国际商务谈判:理论案例分析与实践》,北京:中国人民大学出版社2008年版。

8. 刘园主编:《国际商务谈判:理论·实务·案例》,北京:中国商务出版社2005年版。

9. 周忠兴主编:《商务谈判原理与技巧》,南京:东南大学出版社2003年版。

10. 孙庆和、张福春编著:《实用商务谈判大全》,北京:企业管理出版社2005年版。

11. 范云峰、贾文华:《谈判高手》,北京:京华出版社2004年版。

12. 潘肖珏、谢承志:《商务谈判与沟通技巧》(第二版),上海:复旦大学出版社2006年版。

13. 杨晶编著:《商务谈判》,北京:清华大学出版社2005年版。

14. 祖荣祺编著:《倾听的艺术与技巧》,北京:中国社会出版社2005年版。

15. 李品媛编著:《现代商务谈判》,大连:东北财经大学出版社2000年版。

16. 甘华鸣、许立东:《谈判》,北京:中国国际广播出版社2001年版。

17. 章瑞华、徐志华、黄华新等:《现代谈判学》,杭州:浙江大学出版社2002年版。

18. 杨群祥主编:《商务谈判》,大连:东北财经大学出版社2001年版。

19. 孙平主编:《当代商务谈判》,武汉:武汉大学出版社2007年版。

20. 姚立编著:《新编商务谈判》,北京:中央编译出版社2006年版。

21. 方其主编:《商务谈判——理论、技巧、案例》,北京:中国人民大学出版社 2004 年版。

22. 王绍军、刘增田主编:《商务谈判》,北京:北京大学出版社 2009 年版。

23. 仰书纲主编:《商务谈判理论与实务》,北京:北京师范大学出版社 2007 年版。

24. 汤秀莲主编:《国际商务谈判》,天津:南开大学出版社 2008 年版。

25. 吴仁波:《 如何突破国际商务谈判的僵局》,载《对外经贸实务》2002 年第 10 期。

26. 刘昌华:《如何打破国际商务谈判的僵局》,载《经济师》2000 年第 3 期。